Reiten mit *Verstand und Gefühl*

Praxisbezogene Ausbildung für Reiter und Pferd

der Deutschen Reiterlichen Vereinigung GmbH

Impressum

Bibliographische Information
der deutschen Bibliothek

Die Deutsche Bibliothek verzeichnet diese Publikation in der Deutschen Nationalbibliographie; detaillierte bibliographische Daten sind im Internet über http://dnb.ddb.de abrufbar.

©2004 **FN**_verlag_ der Deutschen Reiterlichen Vereinigung GmbH, Warendorf.
Das Werk ist urheberrechtlich geschützt. Die dadurch begründeten Rechte, insbesondere die der Übersetzung, des Nachdrucks, der Entnahme von Abbildungen, der Funksendung, der Wiedergabe auf fotomechanischem oder ähnlichem Wege und der Speicherung in Datenverarbeitungsanlagen bleiben, auch bei nur auszugsweiser Verwertung, vorbehalten. Die Vergütungsansprüche des § 54, Abs.2, UrhG werden durch die Verwertungsgesellschaft Wort wahrgenommen.

Druck: 3. Auflage 2007

Lektorat:
Dr. Carla Mattis, Warendorf

Korrektorat:
Stephanie Vennemeyer, Ahlen

Titelbild:
Ute Schmoll, Wiesbaden (Foto)

Fotonachweis:
Seite 255/256

Illustrationen:
Seite 256

Gesamtgestaltung:
Ute Schmoll, Captain Pixel, Wiesbaden

Druck und Verarbeitung:
Media-Print Informationstechnologie
Paderborn

ISBN 978-3-88542-358-4

Inhaltsverzeichnis

Impressum 2
Vorworte Klaus Balkenhol 6
Paul Stecken 7
Einleitung 8
Danksagung 10

Teil 1: Die Ausbildung des Reiters 11
1. Der Ausbildungsweg des Reiters 11
   1.1 Vertrauen und Abbau
       übergroßen Respekts 13
   1.2 Losgelassenheit und Balance 14
   1.3 Der Sitz und
       seine unterschiedlichen Formen 15
   1.4 Gefühl für das Pferd
       und seine Bewegungen 20
   1.5 Reiterhilfen und ihre Koordination .. 22
       1.5.1 Die Gewichtshilfen 22
       1.5.2 Die Schenkelhilfen 25
       1.5.3 Die Zügelhilfen 28
       1.5.4 Das Zusammenwirken der Hilfen . 30
   1.6 Technik des Reitens 33
   1.7 Einwirkung: Voraussetzung für
       eine gute Reiter-Pferd-Beziehung ... 34
   1.8 Resümee 34
2. Die Losgelassenheit des Reiters 35
   2.1 Wie können Losgelassenheit und
       Balance verbessert werden? 35
   2.2 Die Auswahl des passenden Pferdes .. 36
   2.3 Einstellung und Einstimmung 36
   2.4 Allgemeines zum Thema Ausrüstung ... 36
   2.5 Einfluss des Reiters auf das Pferd
       in der Lösungsphase 38
   2.6 Resümee 42
3. Pferd und Reiter im Gleichgewicht 43
   3.1 Leichttraben – so, dass es
       seinen Namen verdient 44
       3.1.1 Worauf kommt es beim
             Leichttraben an? 45
       3.1.2 Leichttraben auf
             dem richtigen Fuß 46
   3.2 Der Drehsitz: Schulter-Hüfte-Reiter-Pferd .. 46
4. Instinktiv – richtig? 48
   4.1 Position der Hände 48
   4.2 Wie lernt ein Pferd zu „ziehen"? ... 51
   4.3 Können Gewichtshilfen „schieben"? .. 51
   4.4 Ganze und halben Paraden 52
       4.4.1 Halbe Paraden 53
       4.4.2 Ganze Paraden 54
   4.5 Handfehler des Reiters 57
   4.6 Was bedeutet „innen" und „außen"? .. 61
   4.7 Hilfsmittel: Stimme, Gerte, Sporen . 61
   4.8 Reiterlicher Umgang mit ängstlichen
       und guckerigen Pferden 63
   4.9 Reiterlicher Umgang
       mit triebigen Pferden 65
       4.9.1 Was muss der Reiter vermeiden
             oder reiterlich ändern? 66
       4.9.2 Die falsche Vorstellung
             vom Treiben 67
       4.9.3 Das passende Grundtempo finden . 67
       4.9.4 Was kann zusätzlich die
             Gehfreude des Pferdes fördern? .. 68

> Die Ausbildung des Reiters

Teil 2: Die Ausrüstung des Pferdes 69
1. Der Sattel 70
   1.1 Wie man sattelt, so reitet man 70
       1.1.1 Wie kommt der Reiter zum
             richtigen Sitz im Sattel? 70
       1.1.2 Kritik am Sattelangebot 70
       1.1.3 Die Lage des Sattels 72
       1.1.4 Resümee 73
2. Der Trensenzaum 74
   2.1 Die Gebisse 75
   2.2 Die Zügel 76
   2.3 Anpassung des Trensenzaums 77
   2.4 Das Reithalfter 77
       2.4.1 Das hannoversche Reithalfter . 78
       2.4.2 Das englische und das
             kombinierte Reithalfter 78
       2.4.3 Das mexikanische Reithalfter . 79
       2.4.4 Das Bügelreithalfter 79
3. Zäumung auf Kandare 80
   3.1 Die Bedeutung und der Umgang
       in der Vergangenheit 80
   3.2 Der Umgang mit der Kandare heute ... 81
       3.2.1 Welche Voraussetzung muss der
             junge Reiter haben, um mit der
             Kandarenzäumung vertraut
             gemacht zu werden 81

> Die Ausrüstung des Pferdes

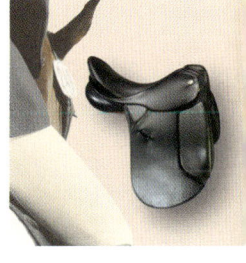

Inhaltsverzeichnis

  3.2.2 Ab wann kann ein Pferd an die Kandarenzäumung gewöhnt werden? . 83
  3.2.3 Welche Zügelführung ist empfehlenswert? 83
  3.2.4 Das Zusammensetzen des Kandarenzaums 84
  3.2.5 Die Anpassung der Kandare 85
  3.2.6 Die Auswahl der Gebisse 86
  3.2.7 Was beeinflusst die Schärfe der Zäumung? 88
4. Einsatz von Hilfszügeln 89
  4.1 Der Ausbindezügel 89
  4.2 Der Lauferzügel 90
  4.3 Der Dreieckszügel (Wiener Ausbinder)... 91
  4.4 Der Stoßzügel 91
  4.5 Der Halsverlängerer 92
  4.6 Der Schlaufzügel 92
  4.7 Das Chambon 94
  4.8 Der Dipo-Trainer 94
  4.9 Der Thiedemann-Zügel 95
  4.10 Das Martingal 95
  4.11 Der Aufsatzzügel 96
  4.12 Resümee 96

Teil 3: Die Ausbildung des Pferdes 97
1. Die Ausbildungsskala und ihre Bedeutung für jedes Reitpferd 98
2. Der Takt 102
  2.1 Expertensache: Die Grundgangarten ... 102
    2.1.1 Vorbemerkungen 102
    2.1.2 Zu den drei Grundgangarten im Einzelnen 103
    2.1.3 Zum Rückwärtsrichten 108
  2.2 Takt – Rhythmus, Tempo – Gangmaß . 109
  2.3 Schrittreiten: „Rühr' mich nicht an"? 110
    2.3.1 Zum Reiten des Schritts 111
3. Losgelassenheit – erstes und letztes Ziel in der Ausbildung eines Reitpferdes 113
  3.1 Was verstehen wir unter Losgelassenheit? .. 113
  3.2 Bedeutung der Losgelassenheit 114
  3.3 Wovon hängt die Dauer der Lösungsphase ab? 116
  3.4 Worauf kommt es bei der lösenden Arbeit an? 117

  3.5 Was bedeutet es, ein Pferd über den Rücken zu reiten? 118
  3.6 Wie ist lösende Arbeit zu gestalten? ... 121
  3.7 Woran erkennt man ein losgelassenes Pferd? . 122
  3.8 Resümee 123
4. Anlehnung – Ganz im Vertrauen 124
  4.1 Anlehnungsfehler 125
  4.2 Zwangs- und schwierige Seite 129
  4.3 Hinweis zur Korrektur von Anlehnungsfehlern 130
  4.4 Anlehnung kein Einzelziel 130
  4.5 Zungenprobleme 131
  4.6 Zähneknirschen 133
5. Schwung und was der Reiter davon hat ... 134
  5.1 Wann geht ein Pferd schwungvoll? 134
6. Geraderichten 136
  6.1 Warum keine „natürliche Geraderichtung"? 138
  6.2 Warum Geraderichten? 138
  6.3 Wann wird geradegerichtet? 139
  6.4 Wie wird geradegerichtet? 139
  6.5 Bedeutung des Geraderichtens 142
  6.6 Umgang mit der natürlichen Schiefe: Zwangs- und schwierige Seite 143
7. Versammlung und Aufrichtung 145
  7.1 Was ist Versammlung? 146
  7.2 Was ist Aufrichtung? 146
  7.3 Warum ist ein gewisses Maß an Versammlung für jedes Reitpferd vorteilhaft?..... 147
  7.4 Ausbildungsziel: Was kann mit versammelnder Arbeit erreicht werden? .. 148
  7.5 Wie wird Versammlung erreicht? 149
  7.6 Versammlungsfördernde Übungen und Lektionen 149
  7.7 Was ist das Schwierige bei der versammelnden Arbeit? 151
  7.8 Volle Entfaltung im Rahmen der natürlichen Anlagen 151
  7.9 Selbsthaltung des Pferdes 151
8. Durchlässigkeit – das übergeordnete Ausbildungsziel für jedes Reitpferd 152
  8.1 Verwerfen im Genick – ein typisches Problem der Durchlässigkeit 155

> Die Ausbildung des Pferdes

Inhaltsverzeichnis

Teil 4: Reiten von Übungen und Lektionen. 157
1. Zügel aus der Hand kauen lassen
   und Überstreichen 158
   1.1 Zügel aus der Hand kauen lassen 158
   1.2 Überstreichen 159
2. Reiten von Wendungen im Gang 160
3. Übergänge – Momente der Wahrheit 167
   3.1 Bedeutung der Übergänge 168
   3.2 Kriterien für gelungene Übergänge .. 168
   3.3 Was ist beim Reiten von
        Übergängen zu beachten? 168
4. Vorhandwendung 170
5. Schenkelweichen 171
6. Rückwärts .... mit Geduld 174
   6.1. Rückwärtsrichten mit
        dem fortgeschrittenen Pferd 176
   6.2 Fehlerhaftes Rückwärtsrichten 177
7. Hinterhandwendung, Kurzkehrtwendung,
   Schrittpirouette 178
8. Arbeit im Galopp:
   Versammelnde Arbeit, einfacher
   Galoppwechsel und Kontergalopp 182
   8.1. Hilfengebung zum Angaloppieren 182
   8.2. Wie kann die Versammlung im Galopp
        verbessert werden? 183
   8.3 Der einfache Galoppwechsel 185
   8.4 Der Kontergalopp 185
9. Verstärkungen und Übergänge
   als Prüfstein der Ausbildung 188
10. Seitengänge 192
    10.1 Schultervor 192
    10.2 Reiten-in-Stellung 194
    10.3 Schulterherein 195
    10.4 Travers 197
    10.5 Renvers 199
    10.6 Traversalen 201
          10.6.1 Umgang mit
                  der natürlichen Schiefe 202
          10.6.2 Umstellen zwischen
                  zwei Traversalen 206
          10.6.3 Fehler bei den Traversalen 207

11. Fliegender Wechsel 208
    11.1 Kriterien für gelungene
          fliegende Wechsel 208
    11.2 Hinweise zur Ausbildung 211
    11.3 Übungsvarianten 211
    11.4 Fehler und deren Korrektur 213
12. Serienwechsel 214
    12.1 Kriterien für gelungene Serienwechsel . 214
    12.2 Wechsel von Sprung zu Sprung 214
    12.3 Ausbildungshinweise 215
13. Galopppirouetten 216
    13.1 Hinweise zur Ausbildung 218
    13.2 Übungsvarianten 220
    13.3 Fehler und deren Korrektur 222
14. Abwechslung durch Cavaletti-Arbeit 223
    14.1 Resümee 226

Teil 5: Teilnahme an Dressurprüfungen... 227
1. Abreiten für Dressurprüfungen
   und Vorbereitung von Lektionen 228
   1.1 Was soll durch das Abreiten vor
        der Prüfung erreicht werden? 229
   1.2 Wie ist das Abreiten zu planen? 229
   1.3 Das Abreiten 230
2. Reiten einer Dressuraufgabe im Training
   und auf dem Turnier 231

Teil 6: Anreiten – Grundschule für Pferde 239
1. Prägende Erfahrungen 240
2. Wann kann mit dem Anreiten
   und der Ausbildung begonnen werden? ... 240
3. Gewöhnung an Zaum- und Sattelzeug 241
4. Das erste Mal als Reitpferd 242
   4.1 Das Aufsitzen 244
   4.2 Das Anführen 244
   4.3 Reiten ohne Longe 245
5. Vorstellen junger Pferde in
   Reitpferdeprüfungen 249

Schlusswort 253
Literaturverzeichnis 254

Reiten von ◄
Übungen
und
Lektionen

Teilnahme ◄
an Dressur-
prüfungen

Anreiten ◄
– Grund-
schule für
Pferde

Vorwort ❯ von Klaus Balkenhol

Klaus Balkenhol, einer der erfolgreichsten deutschen Dressurreiter und -trainer, seit einigen Jahren Coach des US-Teams

Es ist mir eine besondere Freude, das Vorwort zu dem Buch „Reiten mit Verstand und Gefühl" von Michael Putz verfassen zu dürfen.

Ich sehe dieses Buch als eine Notwendigkeit, denn die Ausbildung der Reiter hat bedauerlicherweise mit der qualitativen Verbesserung der Pferde durch den Fortschritt in der Pferdezucht in den letzten Jahrzehnten nicht mithalten können. Dabei beruht der Erfolg zu 75% auf der Ausbildung, nur zu 25% auf der Veranlagung des Pferdes. Deshalb verschwinden zahlreiche überdurchschnittlich veranlagte Pferde durch unsachgemäße und zu schnelle Ausbildung in der Versenkung, andere schwierige und eher durchschnittlich begabte Pferde werden durch überlegte und geduldige Ausbildung zu erfolgreichen Pferden.

Viele Reiter und Ausbilder haben aber auch nie die Gelegenheit gehabt, auf einem gut gerittenen Pferd fühlen zu lernen und es fehlt leider häufig, trotz aller theoretischen Ausbildung, am theoretischen Wissen.

Als Lehrgangsleiter habe ich mir oft die Frage gestellt, ob es möglich ist, den Reitern das Gefühl auf ihren zum Teil völlig verkrampften Pferden umzuschulen und eine Idee davon zu vermitteln, wie es sein sollte. Häufig wird schnell zu Schlaufzügeln gegriffen, damit es schneller und einfacher geht. Hilfszügel jeglicher Art sollten bei richtiger Ausbildung jedoch überflüssig sein. Kaum einem ist klar, dass es sich meistens um das Unvermögen der Reiter handelt.

Darüber hinaus stellen Pferde aber auch den erfahrenen Reiter und Ausbilder oft vor neue schwierige Situationen, die für Reiter bzw. Ausbilder Anlass sein sollten, sich wieder intensiv mit der Reitlehre und insbesondere mit der Ausbildungsskala auseinander zu setzen.

Ich selbst hatte das große Glück einen Ausbilder von der Kavallerieschule Hannover gehabt zu haben, einen exzellenten Reiter und Ausbilder nach allen Regeln der klassischen Reitlehre. Er hat mir beigebracht, dass die reelle Grundausbildung am Anfang steht. Er hat mich fühlen gelehrt, wie es ist, wenn das Pferd anfängt, sich loszulassen und wann die Zeit für die Versammlung gekommen ist. Er hat mich auch gelehrt, dass der Reiter die Versammlung auch bei jungen Pferden annehmen darf, wenn kein Zwang angewandt wird, und dass Zwang zu Verkrampfungen bei Reiter und Pferd führen kann. Bei seinen Pferden war zu beobachten, dass sie im Laufe der Ausbildung schöner wurden. Er hat mir beigebracht, dass Erfolg nicht alles ist und wir eine Verantwortung für die Pferde haben, die uns anvertraut und auch ausgeliefert sind.

Dies gilt sowohl für den Turnier-, wie auch für den Freizeitreiter. Ausbildungserfolge basieren grundsätzlich auf den Regeln der klassischen Ausbildung, die in den Richtlinien für Reiten und Fahren der Deutschen Reiterlichen Vereinigung niedergeschrieben sind.

Das vorliegende Buch kann eine große Hilfestellung für deren Umsetzung in die reiterliche Praxis sein. Herr Putz vermittelt und erklärt die Reitlehre nach den Richtlinien gut verständlich und vor allem umsetzbar. Dabei kann er auf jahrzehntelange Erfahrungen als Ausbilder, Richter und Reiter zurückgreifen, in denen er mit zahlreichen Ausbildungsproblemen konfrontiert wird und für die er immer eine Lösung durch Ursachenforschung und in den Richtlinien der klassischen Reitlehre findet.

Ich kann jedem Reiter und Ausbilder empfehlen, dieses Buch zur Hand zu nehmen. Und nicht erst, wenn Probleme auftreten und grundlegende Fehler gemacht werden. Mit diesem Lehrbuch haben Reiter und Ausbilder einen Begleiter für den gesamten Ausbildungsweg von Reiter + Pferd zur Hand, der von der Grundausbildung bis hin zum S-Niveau führen kann.

Ihr Klaus Balkenhol

Vorwort ≻ von Paul Stecken

In der Zeitschrift „Pferdesport international" schreibt seit einigen Jahren Michael Putz in zahlreichen Artikeln über reiterliche Themen „aller Art". Besonders betont er Grundsätze der Ausbildung von Pferd und Reiter von Kl. A bis S.

Diese Kurzartikel haben in weiten Kreisen der Reiterei viel Anerkennung gefunden. M. Putz versteht es, in wenigen Sätzen Wichtiges und Wesentliches zur Ausbildung von Pferd und Reiter verständlich zu erklären. Von vielen reitbegeisterten Lesern wurde daher geäußert, Herr Putz möge diese Artikel, gegebenenfalls überarbeitet, entsprechend geordnet mit guten Bildern und Unterschriften versehen, in Buchform herausbringen. Obwohl es in der Reiterei grundsätzlich nichts Neues gibt und letztlich in vielen Büchern auch nur gute alte Grundsätze teilweise unterschiedlich betont werden, hat dieses Buch von Michael Putz besondere Bedeutung. Zahlreiche Fragen im Umgang und in der Ausbildung von Reiter und Pferd werden mit wenigen Worten leicht verständlich für das praktische Reiten und Ausbilden zutreffend und sorgfältig – aus der Praxis für die Praxis – besprochen. Beim Durchlesen des Inhaltsverzeichnisses wird deutlich, dass der Autor nicht nur im engeren Rahmen Ausbildungsgrundsätze anspricht, sondern auch das umfangreiche Gebiet der Reiterei und des Umgangs mit Pferd und Ausbildung sinnvoll erläutert.

Die überlieferten Lehren der Ausbildung werden, wo es angebracht ist, unmissverständlich betont. Auch die Begründung für diese Grundsätze, die im Laufe der Jahrzehnte von bedeutenden Pferdeleuten, Reitern und Ausbildern erarbeitet wurden, werden überzeugend dargestellt. In dem Buch wird deutlich, dass zwar die Pferdezucht in den letzten 30 bis 40 Jahren das Gebäude, den Bewegungsablauf und die Leichtrittigkeit der Pferde deutlich verbessert hat. Das sollte aber nicht begründen, dass Reiter, Ausbilder und auch Richter sich vorbehalten können, von diesen überlieferten, wohl begründeten Lehren abzuweichen.

Nach abgeschlossenem Lehramts-Studium und Studenten-Reiterei hat Michael Putz den Dressurstall des erfolgreichen Reiters Josef Neckermann geleitet, dort die wohltuende aber konsequente Ausbildung des vorbildlichen Dressurreiters erlebt und selbst auf zahlreichen Turnieren das Goldene Reitabzeichen erworben. Nach vierjähriger Leitung der bekannten Landesreitschule in Vechta hat Herr Putz nach gründlicher Einarbeitung ca. 15 Jahre die Leitung der erfolgreich arbeitenden Westfälischen Reit- und Fahrschule in Münster übernommen, eine Einrichtung, die sehr mit den Namen Stecken und Klimke verbunden ist. An dieser bedeutenden Ausbildungsstätte hat der Autor wertvolle Erfahrungen im Ausbilden von Pferd und Reiter, im Lehren und der Durchführung von Ausbildungs- und Reitlehrer-Lehrgängen sowie in der verantwortlichen Leitung eines größeren Reitbetriebes gesammelt. Zurzeit arbeitet Michael Putz – auch als Turnier-Richter bis Grand Prix qualifiziert – in Kurzlehrgängen vermehrt im süddeutschen Raum und im Ausland.

Umfangreiche reiterliche Erfahrungen mit großen Erfolgen in bedeutenden Positionen, die besondere Freude am Schreiben und präzise Erklärungen von reiterlichen Zusammenhängen sind beste Voraussetzungen, um interessante Themen der Ausbildung von Reiter und Pferd für jüngere und ältere Reiter sowie für Ausbilder verständlich, aber so kurz wie möglich mit großer Sorgfalt in einem Buch mit guten Bildern und Graphiken niederzuschreiben.

Paul Stecken
22. April 2004

Paul Stecken, Leiter der Westfälischen Reit- und Fahrschule von 1950-1985, Ausbilder namhafter Reiter, Trainer und Richter, selbst ehemals internationaler Richter.

Einleitung

Michael Putz mit Lancelot

In meiner rund zwanzigjährigen Tätigkeit zunächst an der Landesreit- und Fahrschule Weser-Ems in Vechta und dann an der Westfälischen Reit- und Fahrschule in Münster war ich ständig mit der gesamten Palette reiterlicher Ausbildung auch disziplinübergreifend beschäftigt. Dabei stand zwar die Ausbildung von Amateur- und Berufsreitlehrern im Vordergrund, darunter auch erfolgreiche Reiter bis zur höchsten Klasse, dennoch war ich auch regelmäßig mit dem Unterricht für wirkliche Reitanfänger jeglichen Alters befasst.

Deshalb soll im vorliegenden Buch versucht werden, Reitern nahezu von Klasse E bis S ganz praxisbezogen Hilfestellung zu bieten und ihnen Tipps zu geben für ihre eigene Ausbildung, aber auch für die Ausbildung ihrer Pferde. Zu allen wichtigen in der dressurmäßigen Arbeit vorkommenden Problemen werden konkrete Lösungsvorschläge gemacht. Dabei wird immer versucht, an den Ursachen anzusetzen und nicht nur an den Symptomen.

Auch wenn ich in manchen Einzelheiten unorthodox erscheine, halte ich mich in allem grundsätzlich sehr genau an die so genannte klassische Reitlehre, wie sie in den „Richtlinien für Reiten und Fahren Band 1 + 2" der Deutschen Reiterlichen Vereinigung zusammengefasst ist.

Während meiner Tätigkeit hatte ich, besonders in den letzten 10 bis 15 Jahren, vielfach Gelegenheit, so genannte andere Reitweisen kennen zu lernen, mich mit ihnen etwas mehr zu befassen und teilweise auch mit jeweils bekannten Vertretern über Gemeinsamkeiten und Unterschiede zu diskutieren. Je mehr Einblick ich dadurch in diese Reitweisen bekam und je mehr ich zu vergleichen in der Lage war, desto sicherer wurde ich in meiner Überzeugung, dass unsere Reitweise absolut pferdegemäß ist und diesbezüglich von keiner anderen übertroffen wird. Ihr System und ihre Theorie basiert auf den Lehren eines Pluvinel, Guérinière, Hünersdorf, Seidler, Seeger, Kegel, Steinbrecht, Bürkner, v.Heydebreck, Lauffer, v. Redwitz etc. Zentraler Inhalt, man könnte auch sagen Philosophie dieser Reitweise ist es, Reiter und Pferd so auszubilden, dass beide Beteiligte möglichst lange Freude an der gemeinsamen sportlichen Betätigung haben.

Dennoch kommt es leider vor, dass unter Berufung auf diese Reitlehre viele Reiter und Ausbilder mangels echter Kenntnisse, reiterlichen Gefühls und Fähigkeit zur Selbstkritik wenig pferdefreundlich arbeiten, ihre Pferde teilweise sogar quälen und solches Reiten auch noch unter die Leute zu bringen versuchen.

Ein Pferd, das ehrlich und seriös gemäß unserer Skala der Ausbildung aufgebaut, also erzogen und trainiert wird, hat die besten Voraussetzungen und Chancen, trotz seines Dienstes unter dem Sattel und der damit verbundenen Leistungen länger gesund zu bleiben als ein in völliger Freiheit wild lebendes.

Ein Reiter, der gemäß unserem Ausbildungsweg gelernt und sich entwickelt hat, kann, egal auf welchem Niveau er sich mit Pferden betätigt, am besten seinem Pferd gerecht werden und mit ihm lange Freude haben.

Reiten ist sicherlich für alle mit dem „Virus Pferd" Infizierten die schönste Möglichkeit, sich sportlich zu betätigen. Für jede echte Pferdefrau

Einleitung

und jeden Pferdemann wird die Freude am Reiten erst dann ungetrübt sein, wenn es gelingt, die beiden Individuen so aufeinander abzustimmen, dass sie möglichst perfekt miteinander arbeiten – wenn also die Freude des Menschen nicht zu Lasten des Tieres geht.

Wer glaubt, zu dieser Harmonie zu finden sei ein Leichtes, wird wahrscheinlich enttäuscht. Dieses Ziel zu erreichen, wird dem Reiter nur gelingen, wenn er bereit ist, sich mit der Materie ernsthaft auseinander zu setzen; das gilt sowohl für den Sportreiter als auch für den Freizeitreiter.

Je anspruchsvoller, vielleicht auch komplizierter, ein Interessengebiet, in diesem Fall das Reiten, ist, desto mehr hängt der Erfolg davon ab, dass man mit der richtigen Vorstellung und Einstellung herangeht. Das gilt besonders, wenn es darum geht, Gewohnheiten zu ändern oder gar bereits eingeschliffene Fehler abzustellen. Nur wer mit seinem Verstand erfasst, also begriffen hat, warum etwas gerade so und eben nicht anders funktionieren kann, bzw. warum es wichtig ist, einen bestimmten Fehler abzustellen, wird voll motiviert und erfolgreich sein können.

Wirklich gutes und das bedeutet natürlich auch pferdegerechtes Reiten ist aber nur möglich, wenn seitens des Reiters auch die Fähigkeit und der Wille, mit Gefühl unserem Sport nachzugehen, genügend ausgeprägt ist. Das betrifft zunächst einmal das Gefühl des Reiters für sich selbst, für seinen eigenen Körper und dann, mindestens genauso wichtig, für die physische und psychische Befindlichkeit seines Pferdes. Auch dieses so genannte Reitergefühl kann und muss geschult und ständig vervollkommnet werden.

Sinn dieses Buches ist es – ich hoffe, dass das Anwenden des darin Gelehrten dazu beiträgt –, dass noch mehr Reiter und Reiterinnen echte Pferdeleute werden.

Die Themen Piaffe und Passage habe ich in diesem Buch ganz bewusst ausgespart.

Zum einen sind es Übungen, für die doch nur relativ wenige Pferde so veranlagt sind, dass sie sie vernünftig erlernen können.

Zum anderen erfordert es seitens des Ausbilders und Reiters große Erfahrung und sehr gutes Gefühl, Pferde damit vertraut zu machen, ohne sie zu quälen. Noch größer als bei anderen Lektionen ist die Gefahr, gravierende Fehler zu machen.

Das schließt nicht aus, dass jeder, der ausbalanciert zu Pferde zu sitzen versteht, auf einem entsprechenden „Schulpferd", sowie unter Anleitung und mit Hilfe eines erfahrenen Ausbilders Piaffe und mit Einschränkung auch Passage einmal erleben und erfühlen kann.

Zum Abschluss dieser Einleitung und zum Einstieg ins Lesen dieses Buches möchte ich Ihnen ein Zitat nicht vorenthalten, das für mich schon fast ein reiterlicher Wahlspruch ist:

„Ein guter Reiter hat einen denkenden Verstand, ist einfühlsam und hat eine gefühlvolle Hand." (Tu Yu, 72 v. Chr.)[1]

Michael Putz

Am Ende jeden Kapitels werden Hinweise gegeben, an welchen Stellen des Buches weiterführende Informationen zu der jeweiligen Thematik zu finden sind. Zusätzlich sind Punkte, die dem Verfasser besonders wichtig erscheinen, in mehreren Kapiteln angesprochen, um dem Leser ständiges Vor- und Zurückblättern zu ersparen.

Ein sehr detailliertes Inhaltsverzeichnis erleichtert gezieltes Nachschlagen und Querlesen bestimmter Themenbereiche.

Hinweis für den Leser

---

[1] Aus: Wanless, Mary, Reiten in Vollendung, CH-Cham. 1999

Danksagung

Folgende Reiterinnen und Reiter haben mit ihren Pferden beim Anfertigen der Photos mit Ausdauer geholfen:

- Dominik Buhl mit Rivondo und Moonlight
- Dorothee Schmid mit Lucky the Man
- Corinna Schultze mit Balou
- Falk Stankus mit Lancelot
- Monika Ulsamer mit Bowie, Piano Forte und Palisander
- Christoph Vente mit Chivas und Dorissima
- Anja Wilimzig mit Condillac
- Linda Birkhahn mit Whitney
- Andrea Huber mit Mists of Avalon
- Pferde der Westfälischen Reit- und Fahrschule: Albert, Gladness
- Pferde aus dem Stall Essing: Colossal, Lancelot und Rossini

Besonders Fehler darzustellen, war ein schwieriges und undankbares Unterfangen; dafür ganz besonderen Dank!

Danken möchte ich

- besonders all denen, die mich schon als ganz jungen Reiter in praxi mit gutem Reiten vertraut gemacht haben und mir gleichzeitig auch schon den Wert guter theoretischer Kenntnisse darüber aufgezeigt und mich an entsprechende Fachbücher herangeführt haben,

- außerdem allen Pferden und Schülern, durch die ich jeden Tag noch hinzulerne und „Aha-Erlebnisse" habe,

- der geduldigen und fachkundigen Lektorin, dem ausdauernden Photographen und der ideenreichen, stilsicheren Graphikerin,

- Herrn Stecken, der mich letztendlich ermuntert hat, die Masse der Pferdebücher noch durch ein weiteres zu vergrößern,

- und last but not least meiner lieben Frau, ohne die mein gesamter beruflicher Weg nicht in dieser Form hätte verlaufen können und die mir auch beim Aufnehmen der Photos geduldig und mit gutem Auge eine große Hilfe war.

Die Ausbildung des Reiters

Teil 1

1. ➢ Der Ausbildungsweg des Reiters

1. Der Ausbildungsweg des Reiters

In unserer Reitlehre gibt es als Leitfaden für die Ausbildung eines Pferdes die berühmte und viel diskutierte Ausbildungsskala.

Weniger bekannt, in unseren neueren Richtlinien aber schon beschrieben, gibt es etwas Ähnliches für die Ausbildung des Reiters, in diesem Fall bezeichnet als „Ausbildungsweg" mit den vier Abschnitten:

- Sitz und Sitzschulung
- Hilfengebung
- Gefühl
- Einwirkung

Nachdem in den letzten Jahren auch bei der Ausbildung von Reitern zunehmend Wert darauf gelegt wurde, Erkenntnisse der Sportpädagogik und vor allem auch der Bewegungslehre einzubeziehen und zu nutzen, erscheint es sinnvoll, dieses doch etwas magere Gerippe etwas auszubauen und zu komplettieren.

In diesem Zusammenhang lohnt es sich, einmal genauer in die von der Deutschen Reiterlichen Vereinigung zusammengestellten und veröffentlichten „Ethischen Grundsätze des Pferdefreundes"[1] hineinzusehen (erstmals veröffentlicht 1995). Dementsprechend muss schon dem angehenden Reiter vermittelt und der fortgeschrittene oder der sich gar im Sport betätigende Reiter immer wieder daran erinnert werden, welch große Verantwortung dem Menschen zukommt, wenn er mit dem Pferd sportlich aktiv werden will:

Den Züchtern ist es, besonders in den letzten Jahrzehnten, durch entsprechende Selektion nach Reitpferdepoints und -eigenschaften zunehmend gelungen, den Reitern Pferde zur Verfügung zu stellen, die sich sowohl auf Grund ihres Exterieurs als auch ihres Interieurs besonders gut für den Einsatz unter dem Sattel eignen. Dennoch gilt es zu bedenken, dass erst durch entsprechend fachgerechte, sorgfältige Ausbildung und durch ebensolches Training ein Pferd in die Lage versetzt wird, seinen Reiter tatsäch-

Die ethischen Grundsätze
Übernahme von Verantwortung
Anpassen an natürliche Bedürfnisse
Gesundheit hat oberste Bedeutung
Alle Pferde gleich achten
Geschichte des Pferdes ist kulturgeschichtliches Gut
Persönlichkeitsprägende Bedeutung
Ziel ist größtmögliche Harmonie
Orientierung an Veranlagung, Leistungsvermögen und Leistungsbereitschaft
Verantwortung für Lebensende

lich auf dem Rücken zu tragen und ihn nicht nur zu ertragen. Diesbezüglich muss sich jeder, der sich, sei es als Reiter, sei es als Trainer, mit der Ausbildung von Pferden befasst, möglichst gute Kenntnisse aneignen und diese in der täglichen Arbeit, aber auch in der mittel- und langfristigen Trainingsplanung versuchen umzusetzen. Besonders groß ist hier auch die Verantwortung der Richter, weil sie vorgeben, was auf Turnieren honoriert oder negativ bewertet wird und damit die Trainingsziele zumindest ihrer Klientel sehr stark bestimmen.

Bevor wir auf die Ausbildungsziele für den Reiter im Einzelnen eingehen, lohnt es sich, einmal darüber nachzudenken, welche mentalen Eigenschaften den Umgang mit dem Pferd erleichtern, teilweise sogar unabdingbar Voraussetzung sind:

- Ehrliche Achtung vor der Kreatur und Tierliebe
- Sensibles Einfühlungsvermögen und -bereitschaft
- Große Geduld und Ausdauer
- Absolute Ehrlichkeit sich selbst gegenüber und die Bereitschaft,

---

[1] Die Broschüre ist kostenlos zu bestellen bei der Deutschen Reiterlichen Vereinigung e.V. (FN), Abteilung Mitgliederservice, 48229 Warendorf, Tel. 02581 6362-222, Fax 02581 63 62 333, E-Mail: pschaffer@fn-dokr.de

- eigene Fehler einzugestehen
- Neugier und ständige Lernbereitschaft
- Gute Konzentrationsfähigkeit
- Sichere Beobachtungsgabe, besonders für Bewegungsabläufe
- Disziplin und Selbstbeherrschung

Diese Eigenschaften werden aber im Laufe einer entsprechend systematischen und gut betreuten Ausbildung auch noch gefördert werden, eventuell sogar aufgebaut.

Wer unseren wunderbaren Sport mit Pferden betreiben möchte, egal ob als Freizeitreiter oder Leistungssportler, hat die moralische Verpflichtung, sich und sein Pferd mindestens soweit einer Ausbildung zu unterziehen, dass beide Beteiligte möglichst lange mit Freude diesem Sport nachgehen können, ohne dass es zu Lasten des Pferdes geht.

Viele Menschen glauben, Reiten sei eine Sportart, bei der Leistung in erster Linie durch das Pferd erbracht werden muss und deshalb auch nur bei diesem die entsprechenden Voraussetzungen geschaffen werden müssen. Dies ist natürlich völlig falsch! Auch ein reiner Freizeitreiter z.B., der nichts anderes anstrebt, als mit seinem Pferd im Gelände Spaß zu haben, muss eben in der Lage sein, solange er auf dem Pferde sitzt, sich auszubalancieren und dem Pferd seinen Einsatz so leicht wie möglich zu gestalten.

Bevor überhaupt mit Ausbildung auf dem Pferd begonnen werden kann, muss der angehende Reiter eine gute Grundfitness haben. Anderenfalls ist es dringend notwendig, begleitend daran zu arbeiten. Mit diesbezüglichen Defiziten muss auf Grund der heutigen Lebensgewohnheiten selbst bei Kindern und Jugendlichen durchaus gerechnet werden. Ganz Ähnliches gilt für die oben schon angeschnittenen Kenntnisse. Dadurch, dass beim Reiten zwei Lebewesen zusammenkommen und möglichst gut harmonieren sollen, ist dies eine der anspruchsvollsten und kompliziertesten Sportarten. Deshalb kann nur derjenige dabei Freude und Erfolg haben, der sich möglichst viel Wissen über Pferd und Reiter, besonders aber über die Querverbindungen und Abhängigkeiten beider aneignet und bereit ist, ein Reiterleben lang hinzuzulernen. Richtig wertvoll wird dieses Wissen aber erst, wenn es durchdacht, verstanden und durch persönliches reiterliches Erleben erfüllt wird. Theoretisches und praktisches Lernen gehen idealerweise Hand in Hand und ergänzen sich gegenseitig.

Die vielfältigen Ausbildungsziele auf dem Weg zum guten Reiter kann man in folgenden acht Punkten zusammenfassen. Dabei muss, ähnlich wie bei der Ausbildungsskala des Pferdes, klar sein, dass sie nicht einzelne Etappen darstellen, die jeweils nach Erreichen erledigt sind und dass trotz einer vorgegebenen Reihenfolge manches parallel angesteuert werden muss:

Der Ausbildungsweg des Reiters

- Vertrauen und Abbau übergroßen Respekts
- Losgelassenheit und Balance
- Sitz (-formen)
- Bewegungsgefühl und -kontrolle/Koordination ⟶ Reaktionsvermögen
- Gefühl für das Pferd und seine Bewegungen ⟶
- Hilfen und ihre Koordination
- Reittechnik
- Einwirkung

1.1 Vertrauen und Abbau übergroßen Respekts

Besonders Menschen, die nicht mit (großen) Tieren aufgewachsen sind, womöglich überhaupt noch keinen näheren Kontakt zu Tieren hatten, werden Pferden zunächst übergroßen Respekt entgegenbringen; das ist ganz natürlich. Deshalb muss noch vor Beginn der eigent-

1. ➤ Der Ausbildungsweg des Reiters

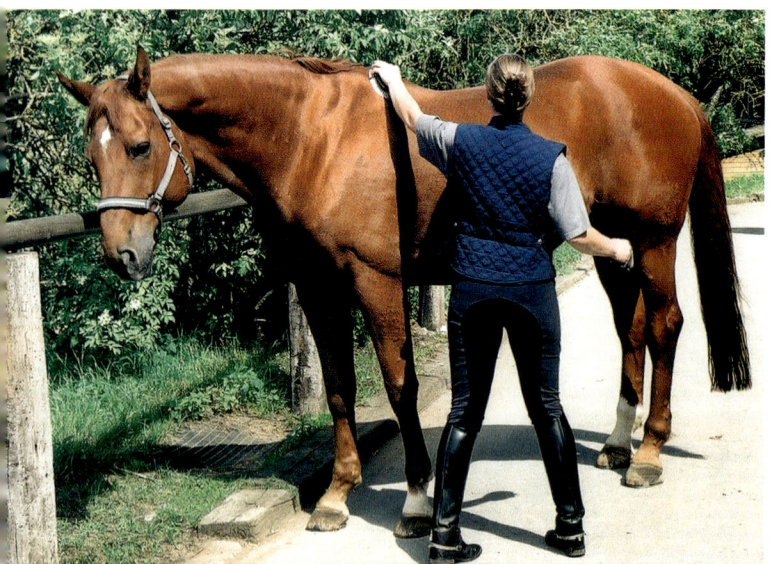

Schon beim Pflegen kann das Vertrauen zwischen Reiter und Pferd aufgebaut und gefestigt werden

lichen Reitausbildung durch das Erlernen eines fachgerechten, aber auch sicheren Umgangs, z.B. beim Führen und bei der Pflege, ein gewisses Vertrauen zunächst zu den eigenen Fähigkeiten, dann aber eben auch zum Pferd aufgebaut werden. Fehler in dieser Phase, etwa wegen mangelnder oder wenig fachgerechter Unterweisung, können sehr schnell dazu führen, dass Angst entsteht. Allerdings muss auch bedacht werden, dass zu sorgloser oder unachtsamer Umgang mit Pferden durchaus gefährlich werden kann. Durch ihre relativ große Körpermasse und -größe haben sie selbst bei langsamer Bewegung ein ganz erhebliches Energiepotenzial, dem der doch deutlich weniger stabile Körper des Menschen im Zweifelsfall wenig entgegenzusetzen hat. Von Anfang an sollte ganz selbstverständlich dem Grundsatz Rechnung getragen werden, dass der Anfänger am schnellsten und besten übergroßen Respekt abbauen und Vertrauen aufbauen kann, wenn dafür erfahrene, wohl erzogene Pferde zur Verfügung stehen, deren Vertrauen zum Menschen ungestört ist und die gelernt haben, den Menschen als ranghöheres Wesen zu akzeptieren.

Bereits in dieser Phase der Ausbildung kann alles leichter und schneller vorangehen, wenn der angehende Reiter auch theoretisches Wissen über das Pferd erwirbt, z.B. bezüglich

- typischer Eigenschaften und Wesensmerkmale,
- der entwicklungsgeschichtlich begründeten Ausbildung seiner Sinnesorgane,
- seiner natürlichen artgemäßen Bedürfnisse, die für seine Haltung wichtig sind etc.

Auf welche Art diese Kenntnisse am besten erworben werden können, ob durch theoretischen Unterricht, aus Büchern und Videos oder durch Erklärungen des Ausbilders während des Umgangs, hängt ganz von den individuellen Lernvoraussetzungen des Schülers ab; optimal ist sicherlich eine Kombination aus allem.

1.2 Losgelassenheit und Balance

Losgelassenheit und Balance sind für erquickliches, gutes Reiten unabdingbare Voraussetzungen. Beide sind untrennbar miteinander verbunden und voneinander abhängig:

Ein Reiter, der aus welchen Gründen auch immer starke Balanceprobleme hat, wird sich psychisch und physisch nicht loslassen können (siehe hierzu Losgelassenheit des Reiters).

Ebenso wenig kann einer, der, z.B. aus Angst vor einem bestimmten Pferd, sich verspannt oder sogar verkrampft, auch nur annähernd ausbalanciert auf diesem sitzen.

Losgelassenheit bedeutet, dass der Reiter bei aller Konzentration und gegebenenfalls auch Leistungswillen weder physisch noch mental verkrampft, sodass die Atmung, der Kreislauf sowie der gesamte Bewegungsapparat gut und ökonomisch funktionieren (siehe hierzu auch Losgelassenheit des Pferdes).

Wie gut und schnell der angehende Reiter lernen kann, sich auszubalancieren und allmählich auch bei unvorhergesehenen, abrupten Bewegungen und Richtungsänderungen des Pferdes im Gleichgewicht zu bleiben, hängt von seiner entsprechenden Veranlagung sowie etwaiger

Gymnastische Übungen, z.B. an der Longe verbessern die Losgelassenheit des Reiters

Das Loben hinter dem Sattel entspannt auch den Reiter

Ausbalancierter leichter Sitz

Vorbildung, z.B. in anderen Sportarten ab. Auch was die Motorik anbelangt kann, wie oben schon angedeutet, wegen mangelnder Spiel- und Bewegungsmöglichkeiten heute selbst bei Kindern nicht mit einem großen Spektrum an Erfahrungen und Möglichkeiten gerechnet werden. Gezielte, begleitende Gymnastik kann auch diesbezüglich sehr wertvoll sein, ist gelegentlich sogar unabdingbar.

Auch im Hinblick auf Losgelassenheit und Balance ist das gut geschulte, selbst gut losgelassene und ausbalancierte Pferd der beste Lehrmeister.

1.3 Der Sitz und seine unterschiedlichen Formen

In der neueren Ausgabe der Richtlinien Band I bzw. der Deutschen Reitlehre werden drei Sitzformen unterschieden:

- **Dressursitz**
- **Leichter Sitz**
- **Rennsitz**

Der Dressursitz ist nach unserer Reitlehre auch der Grundsitz, der als Erstes erlernt werden sollte. Dies hat seinen guten Grund: In dieser Form fällt es den meisten angehenden Reitern am leichtesten, Balance zu finden. Dazu später mehr.

Unter dem Oberbegriff „leichter Sitz" werden alle Sitzformen zusammengefasst, bei denen durch entsprechendes Vornüberneigen des Rumpfes aus der Hüfte heraus das Gewicht vermehrt auf die Oberschenkel, die Knie und die in den Bügeln stehenden Füße verlagert wird, der Rücken des Pferdes also entlastet wird. Dazu gehören der Entlastungssitz, der Remontesitz, der Geländesitz sowie der Springsitz (der Sitz zwischen den Sprüngen und in den verschiedenen Phasen des Sprunges).

Der Rennsitz ist, wie der Name schon ausdrückt, die Form, die für das Reiten in großem Tempo auf der Rennbahn optimal geeignet ist. Dazu werden zum Teil spezielle Sättel benutzt, auf jeden Fall aber die Bügel extrem verkürzt. Der Reiter beugt dabei seine Hüft- und Kniegelenke sehr stark, sodass der

Korrekter Dressursitz

1. ➢ Der Ausbildungsweg des Reiters

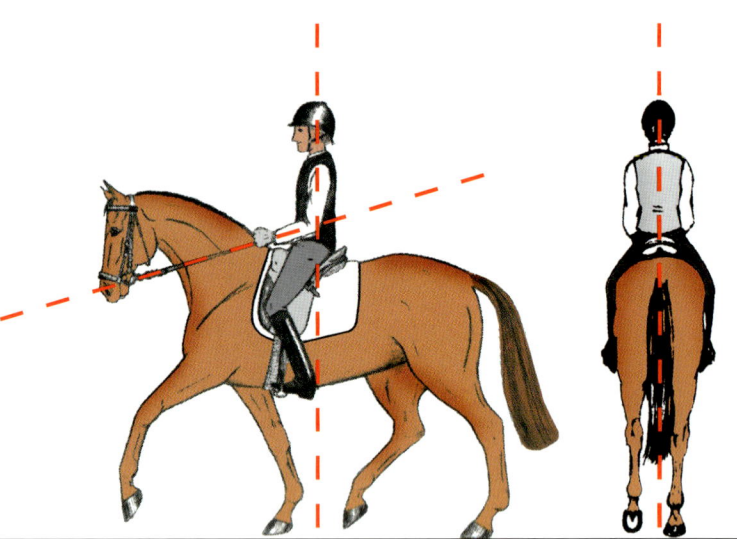

Beim korrekten Dressursitz ergeben sich diese geraden Linien

Korrekter Sitz, Becken kann mitschwingen

Federweg seiner Beine besonders groß wird und er in der Lage ist, die Bewegungen des schnell galoppierenden Pferdes nahezu vollständig abzufedern. Dadurch braucht das Pferd nicht mehr bei jedem Galoppsprung das Gewicht des Reiters anzuheben. Man kann die stark gewinkelten Beine des Reiters mit den längeren Federgabeln eines Geländemotorrades vergleichen. Da bei dieser Sitzform nurmehr eine sehr geringe direkte Verbindung zwischen Reiter und Pferd besteht, setzt sie seitens des Reiters eine hervorragende Körperbeherrschung und hundertprozentiges Balancevermögen voraus.

Gerade wenn es um motorisches Lernen geht, ist es ein großer Vorteil, wenn Körperbeherrschung und Balancevermögen die Lernfähigkeit der Kindheit und frühesten Jugend für das Reiten ausgenutzt werden kann.

Nach unserer Reitlehre wird der Dressursitz als Grundform des Sitzes wohl überlegt als Erstes gelehrt. Was ihn gegenüber dem leichten Sitz einfacher erlernbar macht, ist die Tatsache, dass es in dieser Sitzform relativ einfach ist, einigermaßen ausbalanciert zu sitzen. Beim leichten Sitz muss der Oberkörper einschließlich Kopf mit Muskelkraft getragen und stabilisiert werden.

Im Folgenden soll der Dressursitz beschrieben, besonders aber an Beispielen dargestellt werden, dass alle ihn betreffenden Formvorschriften funktionell begründet sind und immer in Abhängigkeit von den individuellen Gegebenheiten des einzelnen Reiters und seines Pferdes bezüglich Körperbau und Proportionen gesehen werden müssen. Die in diesem Zusammenhang wichtige Forderung aus der Bewegungslehre „Funktion geht vor Form!" hatte schon immer für den vernünftigen und fachkundigen Ausbilder Gültigkeit. Übertrieben formalistisches Lehren und Beurteilen zeugte schon immer von mangelndem Verständnis.

Es sei an dieser Stelle ein Bild erwähnt, welches dem lernenden Reiter eine gute Vorstellung davon vermittelt, in welcher Haltung er sich am leichtesten ausbalancieren kann:

Er muss von Kopf bis Fuß eine Position einnehmen, in der es ihm möglich wäre, ohne Pferd, wenn dieses unter ihm plötzlich verschwände, gut ausbalanciert zu stehen.

  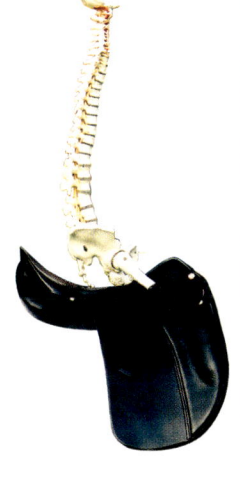 

Spaltsitz, Becken in Endposition gekippt

Stuhlsitz, Becken in Endposition aufgerichtet, („nach hinten gekippt")

Dieses Bild gilt übrigens auch für den leichten Sitz.

Sinnvollerweise beginnt die Beschreibung des Dressursitzes bei der Basis des Sitzes, der so genannten Mittelpositur. Besonders für den lernenden Reiter ist es wichtig, auf einem Pferd und in einem Sattel zu sitzen, die zu ihm passen und ihn körperlich nicht überfordern, z.B. was die Weite seines Beckens und die Beweglichkeit seiner Hüftgelenke anbelangt. Nur der losgelassene (s.o.) Reiter kann dank unverkrampfter Gesäßmuskulatur dicht am Pferd sitzen sowie aus einer Normalposition des Beckens heraus in die Bewegung des Pferdes einsitzen und mitschwingen. Auch die Oberschenkellänge und Stärke sollten berücksichtigt werden.

Auf keinen Fall darf versucht werden, durch die Verwendung eines Dressursattels mit dicken, fixierenden Kniepauschen oder zu langen Bügeln, eine besonders gestreckte Länge der Beine zu erzwingen. Durch eine solche „Zwangshaltung" würde zu viel Druck auf die Oberschenkel kommen und so ein tiefes Sitzen im Sattel verhindert werden. Außerdem, und das ist der schwerwiegende Nachteil solcher Sättel, würde der Reiter in eine Hohlkreuzposition hineingezwängt werden, die Losgelassenheit und Elastizität geradezu verhindert sowie die Unabhängigkeit der Hand beeinträchtigt.

Die gesamte Lage von Ober-, Unterschenkel und Fuß muss aus der Hüfte heraus, also von oben an, optimiert oder korrigiert werden. Nur dann ist es möglich, richtig zu treiben und die gewünschte annähernd parallele Fußhaltung einzunehmen. Da für die treibenden Schenkelhilfen mit der Wade die hintere Oberschenkelmuskulatur verantwortlich ist, muss das Knie genügend gewinkelt sein. Ein übermäßiges Herunterdrücken des Absatzes oder, wie beim Reiten ohne Bügel, Anheben des Vorfußes führt nur zu Verkrampfungen und ist deshalb kontraproduktiv. Ähnliches gilt für schräge Bügel oder Bügeleinlagen, die zu einer unnatürlichen Haltung des Fußes und des Fußgelenkes führen.

Das gewinkelte Knie und der lotrecht unter dem Schwerpunkt des Reiters befindliche Fuß sind für gutes Leichttraben, was diese Bezeichnung auch aus Sicht des Pferdes verdient, Voraussetzung. Nur dann wird der Reiter in der Lage sein, elastisch und ohne Zuhilfenahme der Hände bzw. der Zügel aufzustehen und sich auch weich wieder hinzusetzen.

Der Reiter sitzt, sowohl von der Seite als auch von hinten gesehen, mit aufrechtem, geradem Oberkörper und ebensolcher Kopfhaltung. Mangelt es daran, sollte er die Idee haben, sich am ei-

Stehen wie im Dressursitz

1. ➤ Der Ausbildungsweg des Reiters

Leichttraben in guter Balance

genen Schopf nach oben zu ziehen und dadurch die Körperhaltung zu verbessern.

Eine aufrechte, vor allem aber losgelassene Schulterpartie ist eine wichtige Voraussetzung für die Atmung, die Kopfhaltung, besonders aber für die fast als Kardinalforderung anzusehende Fähigkeit, mit vom Sitz unabhängigen Händen Zügelhilfen geben zu können. Dazu müssen die Schultern zurückgenommen werden; hat der Reiter dabei die Vorstellung, die Arme hängen zu lassen und sich im Oberkörper zu öffnen, wird er ein verkrampfendes Hochziehen vermeiden.

Leider gibt es heute schon junge Menschen, besonders aber viele am Schreibtisch oder Computer tätige Menschen, die unter einer verkürzten Brust- (Pectoral-)muskulatur leiden und deshalb zu einer so aufrechten Haltung des Oberkörpers nicht in der Lage sind. Dieses Problem sei hier als typisches Beispiel aufgeführt, für Haltungsmängel bzw. -fehler, die gutes Reiten sehr erschweren können, deren Lösung im normalen Reitunterricht kaum möglich ist, wohl aber durch gezielte Physiotherapie und Gymnastik, eventuell an der Longe.

Da der Mensch sowohl körperlich als auch mental ein kopfgesteuertes Wesen ist, kann die Haltung des Kopfes gar nicht genügend Beachtung finden, diesbezügliche Mängel dürfen keinesfalls als Schönheitsfehler abgetan werden.

Ein seitliches Schiefhalten, der Reiter stellt sich mehr als sein Pferd, wie man es häufig beim Reiten von Wendungen oder Seitengängen sieht, verursacht bis zum Becken eine ungewollte seitliche Verbiegung in der Wirbelsäule, eine fehlerhafte Gewichtsverlagerung und somit eine Dysbalance.

Ein Hängenlassen des Kopfes nach vorne wirkt sich bis zur Mittelpositur aus und reduziert deren Elastizität, also die Fähigkeit, mitzuschwingen. Ein manchmal fälschlicherweise angemahnter Blick unter die Decke, also übertriebene Aufrichtung des Kopfes, führt zu einer Blockade im Genick, genauer im Okzipitalgelenk zwischen Schädel und Atlas.

Wenn Sally Swift in ihrem Buch „Reiten aus der Körpermitte" den sanften Blick fordert[1], so ist dieser tatsächlich eine wichtige Bedingung der Losgelassenheit. Am einfachsten kann der Reiter sich diesbezüglich verbessern, wenn er immer wieder seinen Blick schweifen lässt, anstatt starren Blicks den Hals oder den Kopf des Pferdes zu fixieren.

Ähnlich beschreibt das schon Udo Bürger in „Vollendete Reitkunst".

Schräge Bügeleinlagen verhindern eine natürliche Fußhaltung

Leichter Sitz

Auch was die Arm- und Handhaltung anbelangt, müssen die Proportionen des jeweiligen Reiters berücksichtigt werden:

Aus der losgelassenen, leicht zurückgenommenen, aber nicht hochgezogenen Schulter heraus sollen die Oberarme leicht am Körper anliegen. Insgesamt müssen die Arme leicht gewinkelt bleiben als Voraussetzung für die Unabhängigkeit und Beweglichkeit der Hände. Die berühmte gerade Linie Ellbogen-Hand-Pferdemaul soll sowohl von der Seite gesehen als auch aus der Perspektive des Reiters annähernd durchgängig erhalten bleiben. Die Hände sollen nur so fest geschlossen sein, dass der Reiter tatsächlich Kontrolle über sein Zügelmaß hat, sie aber nicht verspannt. Der leicht dachförmig gekrümmte Daumen ist mit Voraussetzung für ein bewegliches Handgelenk und nur aus einem beweglichen Handgelenk heraus können feine Zügelhilfen gegeben werden. Die grundsätzliche Elastizität der Anlehnung jedoch kommt aus der Beweglichkeit des ganzen Armes, also der des Ellenbogen- und Schultergelenks.

Der leichte Sitz stellt, wie oben schon angesprochen, erhöhte Anforderungen an die Körperbeherrschung des Reiters, aber auch an die Kraft bestimmter Muskelgruppen. Die unterschiedliche Ausprägung in Bezug auf das entlastende Vornübersitzen, aber auch das Bügelmaß, hängt von den Fähigkeiten des Reiters und vom Zweck ab, also davon, was geritten werden soll.

Im Gegensatz zum Dressursitz, dessen Basis das Gesäß (Kufen der Sitz- und Schambeinäste) ist und bei dem ein verstärkter Knieschluss sogar unerwünscht und hinderlich ist, wird beim leichten Sitz zur Entlastung des Pferderückens durch das Vornüberbeugen aus der Hüfte heraus das Gewicht vermehrt auf den Oberschenkel, die Knie und die im Bügel ruhenden Füße verlagert. Hierbei ist nun ein etwas stärkerer Knieschluss vonnöten und es ist durchaus für den Reiter förderlich, sich vorzustellen, im Sattel zu knien, wodurch sich ein Teil des Gewichts über die Pauschen des Sattels auf die Seiten des Pferdes verlagert; der Rest des Gewichts wird mit elastischem Fußgelenk im Bügel abgefedert. Durch das Vornüberbeugen des Rumpfes („Einknicken in der Hüfte") und das dazugehörige Verkürzen der Zügel kommt der Schwerpunkt des Reiters weiter nach vorn. Für die Balance des Reiters ist es deshalb wichtig, dass die Unterschenkel sicher in Position bleiben und nicht zurückrutschen.

Selbstverständlich kann man auch in einem normalen Dressursattel, sogar mit langen Bü-

Stehen wie im leichten Sitz

1. ➢ Der Ausbildungsweg des Reiters

Klettern ist eine gute Übung, um das Gleichgewicht auch im leichten Sitz zu verbessern

geln entlastend sitzen. Soll jedoch länger oder in stärker ausgeprägter Form im leichten Sitz geritten werden, ist es zweckmäßig, einen Vielseitigkeits- oder Springsattel zu benutzen, der auch bei verkürzten Bügeln den Knien eine sichere Position ermöglicht.

Das Erlernen des leichten Sitzes sollte für jeden Reiter eine Herausforderung und ein wichtiges Ziel sein. Da die Gleichgewichtssituation für den Reiter etwas instabiler als beim Dressursitz ist, wird nur derjenige zu sicherer Balance finden, der sich ernsthaft damit befasst und entsprechend übt. Besonders die Fähigkeit, mit einer vom Sitz unabhängigen Hand zu führen, dem Pferd durch eine konstante und elastische Verbindung auch in dieser Sitzform Vertrauen zur Hand[2] zu vermitteln, ist entscheidende Voraussetzung für eine gedeihliche Arbeit.

Das Reiten im leichten Sitz ist auf jeden Fall die Sitzform der Wahl für das Arbeiten junger Pferde, besonders in der Anreitphase, für das Reiten im Gelände und bei der springmäßigen Ausbildung. Weniger gebräuchlich, deswegen aber nicht weniger nützlich, ist er bei der Arbeit mit Dressurpferden. Beim Lösen, in kleinen Erholungs- bzw. Belohnungspausen während der Arbeitsphase sowie zur Entspannung am Ende der Arbeit oder an Tagen der aktiven Erholung ist es eine für Pferd und Reiter wunderbare Abwechslung. Wer entsprechend geübt ist, wird auch ein Pferd im leichten Sitz sicher an den Hilfen und vor sich haben; so kann diese Art der Arbeit geradezu eine Therapie sein für überanstrengte Pferde und Reiter.

1.4 Gefühl für das Pferd und seine Bewegungen

Wenn in der bisherigen kurzen Form des Ausbildungsweges des Reiters allgemein von Gefühl gesprochen wird, so muss diesbezüglich in unterschiedlicher Richtung nachgedacht und geschult werden:

Um gefühlvoll und gefühlsmäßig reiten zu können, ist es zunächst einmal Grundvoraussetzung, ein gutes und zuverlässiges Gefühl für den eigenen Körper zu haben bzw. dieses zu verbessern. Eckart Meyners apostrophierte den Begriff „Be-

---

[2] Das Pferd nimmt bereitwillig den Kontakt zum Gebiss auf und geht willig vorwärts. Es wird, soweit es losgelassen ist, besonders auch bei Übergängen ohne zu stocken mit den Hinterbeinen heranschließen. Darüber hinaus zeigt es beim Zügel-aus-der-Hand-kauen-lassen gute Dehnungsbereitschaft. Allerdings kann es dazu kommen, dass das Pferd versucht, sich auf die Hand zu stützen, wenn der Reiter nicht genügend die treibenden Hilfen einsetzt und nicht im richtigen Augenblick nachgibt. ➜ Instinktiv – richtig?; Halbe und Ganze Paraden; Zügel aus der Hand kauen

wegungsgefühl" im Titel der Erstauflage seines für diese Thematik so wichtigen Buches als „das innere Auge des Reiters", ein Bild, das eigentlich alles zum Ausdruck bringt. Nur wer in der Lage ist, jederzeit die Position und die Haltung seines eigenen Körpers, besonders auch seiner Gliedmaßen zu fühlen, kann Kontrolle darüber haben. Deshalb kann Reitunterricht auch nur dann erfolgreich sein, wenn Ausbilder und Schüler sich dieser Bedeutung bewusst sind und immer wieder daran arbeiten. Jeder hat sicherlich schon einmal erlebt, dass der Ausbilder eine fehlerhafte Schenkellage oder auch Schenkelhilfe moniert und zu korrigieren versucht hat, der Schüler aber ohne Spiegel oder Videoaufzeichnung gar nicht wusste , was gemeint war, weil er sich dieses Fehlers gar nicht bewusst war. In solch einem Fall ist es notwendig, ganz gezielt an dem Problem zu arbeiten, bevor wieder an der vorher deshalb misslungenen Lektion gearbeitet werden kann. Zu dieser Thematik sind die Bücher von Susanne von Dietze „Balance in der Bewegung" (auch als Video) und von Eckart Meyners „Das Bewegungsgefühl des Reiters" sehr empfehlenswert.

Über das allmählich verbesserte Bewegungsgefühl kommt der losgelassen und ausbalanciert sitzende Reiter zu immer sicherer Kontrolle und Koordination seiner Bewegungen.

An der Verbesserung des Gefühls für die Bewegungen des eigenen Körpers und der Kontrolle bzw. der Koordination kann man auch ohne Pferd arbeiten. Auch hierzu gibt es Anregungen in den bereits genannten Büchern.

Für den Reiter, und das ist die große Herausforderung für jeden, der diesen Sport gut betreiben will, gilt es, frühestmöglich auch Gefühl für das Pferd und seine Bewegungen zu erwerben und ständig noch zu verbessern.

So hängt z.B. schon der Erfolg jeder lösenden Arbeit sehr stark davon ab, ob der Reiter das für das Pferd passende individuelle Grundtempo erfühlt und reitet.

Ein Beispiel:
Nur wenn ein Reiter fühlt, wann genau sich das Pferd in welcher Stützphase des Schritts oder

des Galopps befindet, kann er seine Hilfen für das Angaloppieren oder den fliegenden Wechsel präzise zeitlich abstimmen. Mit zunehmender Erfahrung und Ausbildung wird es dem guten, feinfühligen Reiter sogar möglich sein, nicht nur die Bewegungen des Pferdes genau zu fühlen, er wird sogar in der Lage sein, Bewegungen vorherzuahnen, zu antizipieren, wie das Pferd sich im nächsten Moment bewegen wird.

Deshalb steht auch über diesen beiden Abschnitten der Gefühlsschulung als weiteres Ziel das Reaktionsvermögen. Wie schon angedeutet, wird beim ganz guten, natürlich auch entsprechend talentierten Reiter aus dem **Reaktions**vermögen ein verbessertes **Aktions**vermögen.

Auch wenn Sensibilität beim Menschen genau wie beim Pferd in hohem Maße eine Sache der Veranlagung ist, kann und muss diese ganz zielgerichtet geschult werden. Eine sehr hilfreiche und wirkungsvolle Methode dabei ist es, beim Reiten einmal die Augen zu schließen, um sich noch besser auf das Fühlen konzentrieren zu können. Die Kontrolle und gegebenenfalls Bestätigung kann dann am besten durch den Aus-

Das Sitzen auf einem ungesattelten Pferd verbessert das Gefühl für die eigenen Bewegungen und die des Pferdes.

1. Der Ausbildungsweg des Reiters

Gelegentliches Reiten mit geschlossenen Augen verbessert das Bewegungsgefühl

bilder erfolgen; in Ermangelung eines solchen können Reitbahn-Spiegel oder Videoaufnahmen helfen.

1.5 Reiterhilfen und ihre Koordination

Über die Hilfen kann sich der Reiter mit dem Pferd verständigen; sie werden deshalb manchmal auch als die beide verbindende Sprache bezeichnet. Allerdings kann nur der die Antworten des Pferdes verstehen, der genügend Gefühl entwickelt hat, um die Querverbindungen zwischen den eigenen Bewegungen und denen seines Pferdes zu spüren und diese auch zu interpretieren.

Der Reiter kann durch sein Gewicht, mit seinen Schenkeln und mit den Zügeln auf das Pferd einwirken. Diese Einwirkungen bezeichnet man als Hilfen. Ihrer Natur nach wirken die Gewichts- und Schenkelhilfen mehr vortreibend, die Zügelhilfen mehr verhaltend.

Ziel, und somit auch Kriterium korrekter Hilfengebung ist es, das Pferd dafür zu sensibilisieren, damit der Reiter allmählich zunehmend feiner und dezenter einwirken kann.

Da wir unsere Pferde nicht in erster Linie abrichten wollen, sondern für unsere Hilfen natürliche Reaktionen und Reflexe auszunützen versuchen, kann die Bedeutung des Gefühls für den Reiter gar nicht hoch genug eingeschätzt werden. Nur wer fühlt, wie das Pferd auf die Hilfe reagiert, kann die Dosierung und die zeitliche Abstimmung seiner Einwirkungen verbessern und verfeinern.

Auch wenn stets nur mehrere Hilfen zusammen und gut aufeinander abgestimmt, also niemals eine einzelne Hilfe alleine etwas Sinnvolles bewirken kann, lohnt es sich, zum besseren Verständnis die dem Reiter zur Verfügung stehenden Hilfen systematisch aufzuzählen und Besonderheiten zu analysieren, bevor auf das Zusammenspiel bzw. die Abstimmung eingegangen wird:

1.5.1 Die Gewichtshilfen

Mit dem Gewicht können wir

- **beidseitig belastend,**
- **einseitig belastend und**
- **entlastend einwirken.**

Um die Gewichtshilfen besser und richtiger einsetzen zu können, ist es notwendig, sich deren Wirkungsweise zu überlegen.

Dazu stelle man sich einmal vor, selbst einen „Reiter" auf den Schultern zu tragen, und sich mit ihm bewegen zu müssen (siehe Seite 23). Schnell begreift man das Prinzip: Wenn der Obermann sein Gewicht verlagert, z. B. nach rechts, so ist der Untermann geradezu gezwungen, sich ebenfalls nach rechts, nämlich unter den Schwerpunkt des „Reiters" zu bewegen, um wie-

Korrektur der Schenkellage durch den Ausbilder

der Stabilität herzustellen. Und genauso soll es zwischen dem Reiter und einem ausgebildeten Pferd funktionieren. Dafür ist es besonders wichtig, dass der Schwerpunkt des Reiters möglichst nahe und senkrecht über dem des Pferdes liegt.

Derjenige Reiter kann besonders wirkungsvoll die Gewichtshilfen einsetzen, der während aller Bewegungen den eigenen Schwerpunkt mit dem seine Lage ständig wechselnden Schwerpunkt des Pferdes in Übereinstimmung halten kann. Dieser Reiter ist für das Pferd dann auch leicht und angenehm zu tragen. Ein Reiter dagegen, der nicht im Gleichgewicht zu sitzen und mangels Losgelassenheit nicht mit den Bewegungen des Pferdes mitzuschwingen vermag, stört Gang und Haltung des Pferdes und wird es in seiner Gehfreude beeinträchtigen.

Wenn oben schon angesprochen wurde, dass die beiden Schwerpunkte etwa senkrecht übereinander liegen sollen, so gilt dies nur im Halten oder bei genau gleichmäßiger Vorwärtsbewegung. Immer dann aber, wenn es in Übergängen zu einer Beschleunigung oder Verzögerung des Tempos kommt, muss der Reiter dieser Dynamik des Gleichgewichtes Rechnung tragen und etwas vorn- bzw. hintenübersitzen (siehe hierzu Instinktiv – richtig?).

Bei der **beidseitig belastenden Gewichtshilfe** sollen beide Gesäßknochen voll belastet werden. Dies geschieht durch das so genannte „Kreuzanspannen".

Dazu muss der Reiter bei guter Aufrichtung des Oberkörpers, durch ein kurzfristig vermehrtes Anspannen der Bauchmuskulatur und der unteren Rückenmuskulatur das Becken leicht nach hinten kippen („aufrichten") (s. Abb. S. 17). Damit diese Belastung, in Verbindung mit Schenkelhilfen, das Pferd zum vermehrten Vortreten beider Hinterbeine anregen kann, muss es auf den Rhythmus der Bewegungen des Pferdes abgestimmt sein und aus einem Wechselspiel zwischen An- und Abspannen bestehen.

Diese Hilfe muss immer dann eingesetzt werden, wenn es darum geht, die Hinterbeine des Pferdes besonders zu aktivieren, also bei allen halben und ganzen Paraden und somit auch bei allen Übergängen.

Ein starkes Zurücklegen des Oberkörpers, ein Hochziehen der Oberschenkel und der Knie sowie das damit verbundene Vorrutschen der Unterschenkel behindert die Wirkung dieser Hilfe. Vor allem sollte der Rei-

So kann man eine Vorstellung von der Wirkung der Gewichtshilfen bekommen.

1. ▶ Der Ausbildungsweg des Reiters

ter niemals die Vorstellung haben, sein Pferd mit dem Gesäß anschieben zu können. Durch die daraus resultierende Rücklage würde er in der Mittelpositur seine Elastizität einbüßen, hinter der Bewegung sitzen und wahrscheinlich auch mit den Händen rückwärts wirken.

Bei der **einseitig belastenden Gewichtshilfe** verlegt der Reiter sein Gewicht etwas mehr auf einen Gesäßknochen. Dabei wird sich die Hüfte etwas senken, das Knie sollte dabei eine tiefere Lage erhalten. Der vermehrte Druck auf den inneren Gesäßknochen kommt hauptsächlich dadurch zustande, dass der äußere Schenkel aus der Hüfte heraus verwahrend zurückgenommen und dabei gut lang gemacht wird. Eine Verlagerung des Gewichts des Oberkörpers ist nicht nur unnötig, sondern wirkt sich störend auf das gemeinsame Gleichgewicht zwischen Reiter und Pferd aus. Zur Verbesserung dieser Hilfe, z.B. bei Traversalen, kann es hilfreich sein, sich vorzustellen, mit dem äußeren Gesäßknochen etwas in Richtung Sattelmitte zu rutschen.

Beim Antraben vom Fleck weg oder zu Beginn einer Verstärkung kann ein leichtes Vornübersitzen dem Pferd das Antreten erleichtern.

Viele Reiter neigen dazu, die Verlagerung des Gewichts zu übertreiben. Sie knicken dadurch in der inneren Hüfte seitlich ein und rutschen mit dem Gesäß nach außen, der Schwerpunkt des Reiters verlagert sich dadurch sogar zur falschen Seite. Um dies zu vermeiden, sollte der Reiter beim Einsatz einer einseitigen Gewichtshilfe die Vorstellung haben, diese Hilfe so zu geben, dass sie für einen Außenstehenden kaum wahrnehmbar ist. In normalen Wendungen, wie sie beim dressurmäßigen Reiten vorkommen, wird sich das Pferd so viel wie nötig „in die Kurve legen", den Reiter also richtig hinsetzen. Erst bei Wendungen, die in sehr hohem Tempo geritten werden, kann es richtig sein, dass sich der Reiter vermehrt nach innen hereinbeugt. Er kann dadurch dem Pferd helfen, sich nicht zu sehr in die Kurve hineinlegen zu müssen, was besonders auf weniger griffigem Boden problematisch sein kann. Um dem bei dieser Hilfe sehr häufig zu beobachtenden Einknicken in der Hüfte vorzubeugen, sollte der Reiter versuchen, mit möglichst tiefliegendem inneren Knie zu sitzen; ein zu starkes Austreten des inneren Bügels bewirkt dagegen meist ein Durchdrücken des inneren Knies und damit erst recht ein Sitzen zur falschen Seite[1].

Der vermehrte Druck auf dem inneren Gesäßknochen unterstützt die Wirkung des am Gurt liegenden inneren Schenkels, wenn es darum geht, vermehrt an den äußeren verwahrenden Zügel heranzutreiben, also immer dann, wenn das Pferd mit Stellung bzw. Biegung gehen soll.

Diese Hilfe ist bei allen Wendungen eine stets notwendige Unterstützung der Zügel- und Schenkelhilfen, beim gut ausgebildeten Pferd sogar die entscheidende Hilfe. Besonders beim Schenkelweichen, bei der Vorhandwendung,

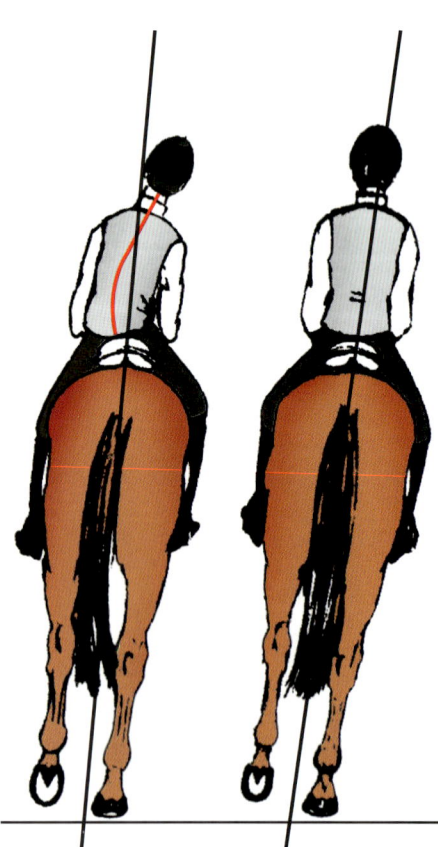

Links: Durch das Einknicken in der Hüfte sitzt der Reiter zur falschen Seite
Rechts: Der Reiter bleibt gerade sitzen und wird vom Pferd mit in die Wendung genommen

[1] Das Knie muss also gut gewinkelt bleiben. Wird es dagegen durchgedrückt, wird das Bein zwar „verlängert", aber mehr nach oben, sodass das Becken sogar zur äußeren Seite geschoben wird. Nur wenn auch der Sattel nach außen verrutscht ist, muss dessen Lage durch ein vermehrtes Austreten des inneren Bügels korrigiert werden.

Sitzen in Rücklage verhindert ein elastisches Mitschwingen in der Mittelpositur, meist wirkt auch die Hand rückwärts.

Entlastende Gewichtshilfe, hier beim Rückwärtsrichten – die Unterschenkel sind schon etwas zu weit zurückgelegt.

aber auch beim Schulterherein gilt es, die einseitig belastende Hilfe sehr dezent einzusetzen, damit nicht das Pferd verleitet wird, sich genau in die falsche Richtung zu bewegen.

Bei der **entlastenden Gewichtshilfe** verlagert der Reiter sein Gewicht etwas vermehrt auf seine Oberschenkel, ohne das Gesäß anzuheben oder gar aus dem Sattel zu nehmen. Dazu bringt er seinen Oberkörper aus der Hüfte heraus geringfügig vor die Senkrechte, ohne den Rücken rund zu machen[1] und ohne seine Sitzposition zu verändern.

Die entlastende Gewichtshilfe wird immer dann angewandt, wenn der Rücken oder die Hinterhand des Pferdes entlastet werden sollen, z. B. beim Anreiten junger Pferde, beim Lösen und bei den ersten Übungen des Rückwärtsrichtens.

Sie ist aber auch, entsprechend fein dosiert, sinnvoll bei Übergängen in eine Verstärkung, in eine Piaffe oder Passage hinein oder wenn das Pferd präzise vom Fleck weg antraben oder angaloppieren soll. Dem gehfreudigen, gut an den treibenden Hilfen stehenden Pferd wird es dadurch erleichtert, aus dem losgelassenen Rücken mit den Hinterbeinen aktiven Schub zu entwickeln, anzutreten bzw. anzuspringen, aber auch vermehrt heranzuschließen und Gewicht aufzunehmen.

Eine gute Elastizität des Sitzes sowie ein immer sichereres Gefühl für den Rhythmus und Bewegungsablauf des Pferdes gestalten den Einsatz der Gewichtshilfen effektiver und ermöglichen es dem Reiter, Schenkel- und Zügelhilfen dezenter zu benutzen.

1.5.2 Die Schenkelhilfen

Die Schenkelhilfen können

- **vorwärtstreibend,**
- **vorwärts-seitwärtstreibend und**
- **verwahrend eingesetzt werden.**

Der **vorwärtstreibende** Schenkel liegt dicht hinter dem Gurt, also etwa so, dass der Absatz lotrecht unter der Hüfte ist, und regt das jeweilige Hinterbein zu vermehrtem Abfußen an. Diese Wirkung ist besonders gut gegeben, wenn er entsprechend dem Bewegungsablauf jeweils dann einen Impuls gibt, wenn der gleichseitige Hinterfuß abfußt: der Schenkel sollte stets gut anliegen, ohne aber zu klemmen.

---

[1] In diesem Zusammenhang wird manchmal empfohlen, „an Hohlkreuz zu denken", es natürlich nicht zu machen!

1. ▶ Der Ausbildungsweg des Reiters

Schenkel erneuern

Bei allen Übungen und Lektionen, bei denen das Pferd mit Längsbiegung gehen soll, ist der innere, vortreibende Schenkel die entscheidende Hilfe; um ihn soll das Pferd sich biegen, besonders im Bereich des Brustkorbs (Rippenbiegung). Dessen muss sich der Reiter besonders auf der Hand bewusst sein, auf der das Pferd etwas fester und weniger biegsam ist. Hier versucht sich das Pferd der Längsbiegung dadurch zu entziehen, dass es mit der Schulterpartie nach innen in die Biegung bzw. Wendung hineindrängt; dem muss der Reiter entschlossen mit dem inneren Schenkel dicht am Gurt entgegenwirken.[1]

Wegen der heute leider weit verbreiteten Dressursätteln mit sehr dicken Kniepauschen (siehe „Sättel") rutschen vielen Reitern die Schenkel deutlich weiter zurück, was zu Schwierigkeiten in der Balance, der Losgelassenheit, aber auch in der präzisen Positionierung ihrer Schenkel führt.

Der Schenkel soll gleichmäßig, je nach Beinlänge bis etwa einschließlich der Wade anliegen. Die Wadenmuskulatur spannt dank der leicht angehobenen Vorfüße und des im Bügel federnden Fußgelenks wechselweise an und ab, der Schenkel „atmet". Sowohl ein ständig vor- und zurückrutschender als auch ein klemmender Schenkel desensibilisiert das Pferd; zu Letzterem neigen viele Reiter, weil sie eine falsche Vorstellung von treibenden Hilfen (vermittelt bekommen) haben und glauben, ständig Druck machen zu müssen, um dieses „faule Tier" anzuschieben oder in Bewegung zu halten.

Um gegebenenfalls für eine bessere oder promptere Akzeptanz des Schenkels zu sorgen, kann ein energischer, präziser Impuls notwendig sein, der mit Hilfe der Oberschenkelmuskulatur gegeben wird (hierzu später mehr); bei sensiblen, gut schenkel-empfindlichen Pferden reicht es häufig schon, das ganze Bein aus der Hüfte heraus etwas zu lösen und neu an das Pferd zu legen oder den Unterschenkel einmal plötzlich wegzunehmen, also so zu tun, als ob ein starker Impuls folgt.

Der **vorwärts-seitwärtstreibende** Schenkel soll bewirken, dass entsprechend der zu reitenden Übung oder Lektion das jeweilige Hinterbein oder Hinter- und Vorderbein gemeinsam vorwärts-seitwärts übertreten. Dazu wird der Schenkel ungefähr eine Handbreit hinter die Position des treibenden Schenkels zurückgenommen, darf dabei aber keinesfalls hochgezogen werden. Auch diese Hilfe gelingt dann am besten, wenn der Reiter jeweils in dem Augenblick einwirkt, in dem das oder die jeweiligen Beine gerade abfußen.

Ein zu starkes Umlegen ist in der Regel kontraproduktiv, besonders wenn der Schenkel den Flankenbereich erreicht, weil das Pferd sich dann entweder verspannt oder mit der Hinterhand ausweicht. Die Betonung bei dieser Hilfe muss

---

[1] siehe hierzu im Kapitel Geraderichten den Kasten über Stellung und Biegung

Lage des vorwärtstreibenden Schenkels

Lage des vorwärts-seitwärts-treibenden Schenkels

Lage des verwahrenden Schenkels

auf dem „Vorwärts" liegen, um das Kreuzen der Beine in Takt und Fluss zu ermöglichen.

Wie weit genau dabei der Schenkel zurückgelegt werden muss, hängt davon ab, wie leicht das Pferd die seitwärtstreibende Hilfe annimmt und mit den Beinen zu kreuzen vermag. Merkt der Reiter z.B. beim Schenkelweichen, beim Travers oder in einer Traversale, dass das Pferd mit der Hinterhand zu stark seitwärts tritt, mit der Vorhand vielleicht sogar etwas zu wenig, so muss er den seitwärtstreibenden Schenkel weniger weit zurücklegen.

Der verwahrende Schenkel liegt etwa in der gleichen Position wie der vorwärts-seitwärtstreibende Schenkel, wirkt aber weniger aktiv ein; nur gelegentlich, wenn er nicht genügend respektiert wird, kann und muss er auch einmal aktiv eingesetzt werden; ihn dann weiter zurückzulegen bringt keinen Vorteil (siehe oben beim vorwärts-seitwärtstreibenden Schenkel).

Seine Aufgabe besteht darin, die Hinterhand des Pferdes zu begrenzen und zu verhindern, dass der jeweilige Hinterfuß seitwärts ausweicht. Immer wenn das Pferd um den inneren Schenkel deutlicher gebogen werden soll, ist der verwahrende Schenkel das entscheidende Gegenüber zu diesem.

Hier muss der Reiter dann deutlich weniger weit den Schenkel umlegen, wenn er auf der Hand reitend, auf der das Pferd sich eher etwas hohl macht (also weniger dehnungsfähig ist), in Verbindung mit dem verwahrenden äußeren Zügel verhindern möchte, dass das Pferd mit der Schulter oder auch der Rippenpartie nach außen auszuweichen versucht.

> **Auch der verwahrende Schenkel ist immer für die Vorwärtsbewegung mitverantwortlich.**

Alle Schenkelhilfen sollten grundsätzlich mit dem ruhig anliegenden Schenkel gegeben werden. Ein vorübergehender stärkerer Einsatz darf nur im Einzelfall, gewissermaßen zur Ermahnung, impulsartig gegeben werden; dazu darf der Reiter dann auch einmal den Absatz vermehrt nach innen drehen.

Zum gelegentlich notwendigen korrigierenden stärkeren Einsatz der Schenkel später mehr im Abschnitt über das Zusammenwirken der Hilfen.

1. Der Ausbildungsweg des Reiters

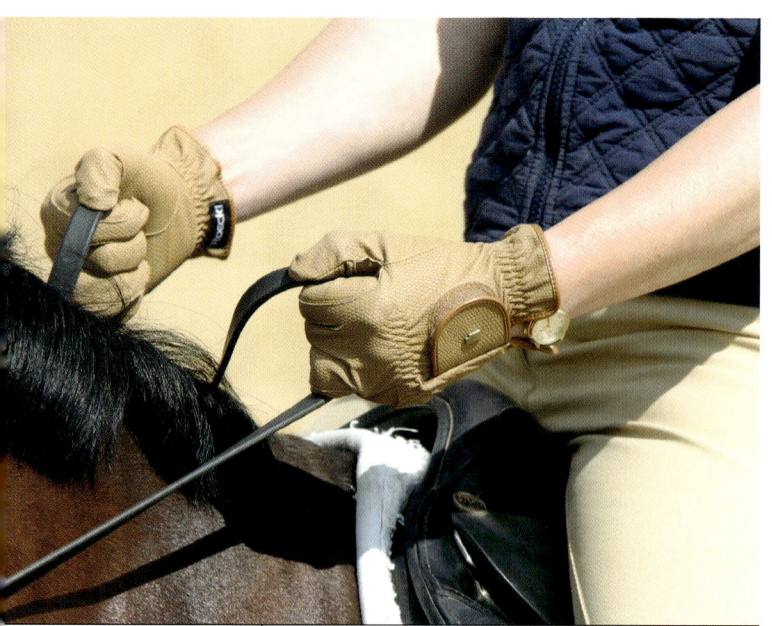

Gute Zügelführung

1.5.3 Die Zügelhilfen

Im Hinblick auf die Ausbildungsziele unserer Reitlehre dürfen Zügelhilfen nur in Verbindung mit Gewichts- und Schenkelhilfen gegeben werden. Nur bei einem durchlässigen, sicher über den Rücken gehenden Pferd können die Zügelhilfen über Maul, Genick, Hals und Rücken bis auf die Hinterhand wirken.

Der Reiter kann mit den Zügeln

- nachgeben,
- annehmen,
- verwahren,
- durchhalten und
- seitwärtsweisen.

Im Zusammenhang mit den Zügelhilfen muss noch einmal auf die Bedeutung der richtigen Position der Hand hingewiesen werden: Sie richtet sich stets nach der Haltung des Pferdes und sollte immer eine gerade Linie von Unterarm und Zügel gewährleisten; auch aus der Perspektive des Reiters sollten Ellbogen, Hand (einschließlich Handrücken) und Pferdemaul annähernd eine Gerade bilden. Nur bei richtigem Zügelmaß, also wenn die Hände bei leicht gewinkelten Armen weit genug vor dem Leib getragen werden, kann sicher zur Hand hingeritten werden und der Reiter wird das Pferd vor sich haben. Bei zu langem Zügelmaß dagegen wird er unwillkürlich vermehrt „rückwärts reiten".

Nachgebende und annehmende Zügelhilfen müssen immer im Zusammenhang gesehen werden. Ob das Nachgeben oder das Annehmen zuerst erfolgen muss, hängt von der Situation, von der Haltung des Pferdes ab. Wichtig dabei ist die angemessene, feine, also gefühlvolle Dosierung aus dem Handgelenk heraus, welche nur bei korrekter aufrechter Haltung der Zügelfaust möglich ist.

Diese Hilfen können ihre Anwendung finden (in Verbindung mit den entsprechenden Gewichts- und Schenkelhilfen)

- bei allen halben und ganzen Paraden, also bei Übergängen von einer Gangart in die andere, beim Verkürzen des Gangmaßes (Tempo), zur Verbesserung der Selbsthaltung, zur Vorbereitung auf jede neue Übung und bei jedem Halten,
- immer wenn das Pferd gestellt oder gebogen werden soll und
- gegebenenfalls beim Rückwärtsrichten.

Für die **annehmende Zügelhilfe** gilt ganz besonders die Warnung, niemals im Annehmen „stecken zu bleiben". Für diese Hilfe wird die Hand aus dem Handgelenk heraus eingedreht, etwa mit dem kleinen Finger Richtung Bauchnabel (siehe Video Die Reitschule 2); sie darf nicht in Ziehen am Zügel ausarten, sondern muss im Wechsel mit nachgebenden Hilfen nötigenfalls wiederholt gegeben werden, wenn der Erfolg nicht sogleich eintritt. Sie ist häufig nur notwendig, um anschließend nachgeben zu können.

Bei der **nachgebenden Zügelhilfe** ist besonders darauf zu achten, dass sie nicht ruckartig gegeben wird, dass die Verbindung zwischen Reiterhand und Pferdemaul erhalten bleibt und der Reiter mit der Hand also **nur leicht wird**, sie aber nicht öffnet. Da sie fast immer auf eine annehmende oder durchhaltende Zügelhilfe folgt, bei der die Muskeln des Armes und der Hände etwas angespannt werden, reicht es für die nachgebende Zügelhilfe meist aus, diese entsprechend wieder abzuspannen.

Die nachgebende Zügelhilfe bereitet die annehmende Zügelhilfe vor oder folgt ihr unmittelbar. Als positive Bestätigung, ja als Lob, ist sie wohl die wichtigste Zügelhilfe.

Wie viel nachgegeben werden muss, hängt von der jeweiligen Situation ab. Ist es im stärkeren Maße notwendig, z. B. um dem Pferd Gelegenheit zu geben, den Hals länger zu machen, sollte die Hand unbedingt direkt in Richtung Pferdemaul vorgehen.

Die **verwahrende Zügelhilfe** ist bei jedem Stellen oder Biegen das Gegenüber zum inneren Schenkel und zum annehmenden oder seitwärtsweisenden (Stellung gebenden) inneren Zügel. Bei dieser Hilfe muss der Reiter mit der äußeren Hand wohl bemessen so viel nachgeben, dass das Pferd sich im Genick stellen bzw. sich im Hals biegen kann, muss aber auch das Ganze begrenzen und verhindern, dass der Hals zu viel abgestellt wird, dass das Pferd gar über die äußere Schulter ausfällt oder dass das Gebiss durchs Maul gezogen wird.

Besonders bei dieser Hilfe muss die jeweilige Hand gut tief geführt werden. Sollte das Pferd diese Zügelhilfe nicht genügend respektieren, kann es durchaus notwendig sein, gewissermaßen zur Ermahnung, diesen Zügel einmal kurz anzunehmen und wieder nachzugeben, ohne dabei aber über den Mähnenkamm herüberzudrücken.

Soll das Pferd zur Korrektur einmal etwas stärker im Hals gebogen werden, ist es vorteilhaft, die verwahrende Zügelfaust leicht zur Seite zu nehmen, sodass der äußere Zügel von der Hand aus gerade zum Maul und nicht um den Hals gebogen verläuft.

Die **durchhaltende Zügelhilfe** besteht darin, dass die an ihrem Platz verbleibenden Hände fest geschlossen werden und den vermehrten

Auch so kann der Reiter das Pferd einrahmen

Druck des Pferdes auf das Gebiss aushalten, bis das Pferd sich am Zügel abstößt, im Genick nachgibt und leicht wird. Dazu muss der Reiter gut aufrecht sitzen und die Ellbogen leicht am Rumpf anlegen. Für diese durchhaltende Zügelhilfe ist das „Anspannen des Kreuzes" (s. o.) und eine wirkungsvoll treibende Schenkelhilfe Voraussetzung. Um dem Pferd deutlich zu machen, was man von ihm erwartet, muss die Hand im richtigen Moment belohnend leicht werden, ohne die Anlehnung aufzugeben. Die durchhaltende Zügelhilfe wird bei Pferden benutzt, die gegen oder über den Zügel gehen; bei durchlässigen Pferden kann sie in entsprechend fein dosierter Form, z. B. bei Paraden und beim Rückwärtsrichten, die annehmende Zügelhilfe ersetzen.

Wenn das Pferd gelernt hat, vertrauensvoll an die Hand heranzutreten und zu „ziehen", kann ihm mit einer wohl dosierten durchhaltenden Zügelhilfe signalisiert werden, wieder aktiver vorwärts zu gehen. Es wird wie gewünscht reagieren, weil es die Erfahrung gemacht hat und „weiß", dass der Reiter darauf mit der Hand sofort wieder leichter werden wird.

Die **seitwärtsweisende Zügelhilfe** soll, wie die Bezeichnung schon sagt, dem Pferd beim Reiten

1. ➢ Der Ausbildungsweg des Reiters

Seitwärtsweisende Zügelhilfe

hat, sind das Zügel-aus-der-Hand-kauen-lassen und das Überstreichen (siehe diese).

1.5.4 Das Zusammenwirken der Hilfen

Auch wenn das Prinzip „Learning by Doing" auf vielen Gebieten sehr empfehlenswert ist, sollte beim Reiten um des Pferdes willen nicht zu sehr danach gearbeitet werden. Das bedeutet, dass der Reiter sich nur an eine neue Übung oder Lektion heranwagen sollte, nachdem er sich dazu etwas Wissen angeeignet hat, sie sich hat erklären und am besten auch zeigen lassen (gegebenenfalls auf Video). Je genauere Vorstellungen er von einer Übung hat, desto größer ist seine Chance, sie wenigstens ansatzweise hinzubekommen und zu einem Aha-Erlebnis zu kommen.

Diese wertvollen Vorkenntnisse beinhalten so grundsätzliche Dinge, wie die Bedeutung der so genannten diagonalen Hilfengebung.

von Wendungen (in der weiteren Ausbildung auch bei Seitengängen) die Richtung weisen. Sie ist in der Regel verbunden mit der leicht annehmenden Zügelhilfe, die das Pferd stellt oder für die Wendung biegt und wird also mit der inneren Hand gegeben. Dazu nimmt der Reiter die Hand, die er zum Stellen oder Biegen leicht aus dem Handgelenk heraus eingedreht hat (kleiner Finger Richtung Bauchnabel!), einige Zentimeter vom Hals weg, als ob er die Nase des Pferdes in die entsprechende Richtung führen wolle.

Jeder Reiter muss sich stets vor Augen halten, dass der Mensch seiner Natur nach ein „Handarbeiter" ist und immer versucht, im Zweifelsfall alle möglichen Dinge mit der Hand zu erreichen oder zu verhindern. Deshalb muss der Reiter immer bestrebt sein, mit fortschreitender Ausbildung und dank verbessertem Einsatzes der Gewichts- und Schenkelhilfen mit immer feineren Zügelhilfen auszukommen.

Zwei sehr gute Übungen, um zu überprüfen, ob der Reiter diesbezüglich richtig gearbeitet

> Die diagonale Hilfengebung ist einer der roten Fäden, die sich durch unsere Reitlehre ziehen. Darunter versteht man, dass mit dem jeweils inneren Schenkel in Richtung des äußeren Zügels getrieben werden soll, besonders wenn das Pferd mit Stellung und/oder Biegung gehen soll, vor allem auf jeder gebogenen Linie und in den Seitengängen. Das Annehmen dieser Hilfengebung ist Voraussetzung für jegliche erfolgreiche geraderichtende und weiterführende Arbeit, weil es dazu notwendig ist, dass der Reiter am inneren Zügel leicht werden kann und das Pferd am äußeren Zügel steht. Erst dadurch wird ein optimales Durchschwingen und Lastaufnehmen mit dem jeweils inneren Hinterbein ermöglicht.

Nur wenn alle Gewichts-, Schenkel- und Zügelhilfen gut aufeinander abgestimmt sind und zusammenwirken, kann eine sichere Einwirkung gewährleistet sein. Um das Pferd, wie man sagt, gut „vor sich zu haben", muss stets ein leichtes Vorherrschen der treibenden Hilfen gegeben sein.

Dies gilt auch bei einem sehr gehfreudigen Pferd; dessen (Über-)Eifer wird der Reiter nur dann in die richtigen Bahnen lenken können, wenn er mit der Vorstellung arbeitet, es besonders mit den treibenden Hilfen, durch richtige (also mit allen Hilfen gegebene) halben Paraden so gut zu beschäftigen, dass es gewissermaßen „ausgelastet" ist und dadurch zufrieden wird. Die dabei sicherlich auch notwendigen verhaltenden Zügelhilfen dürfen dem Pferd dabei niemals das Gefühl vermitteln, festgehalten oder gehindert zu werden. Sie müssen dann lieber etwas entschlossener und stärker gegeben werden, dafür umso schneller von nachgebenden Zügelhilfen begleitet werden.

Bei mangelnder Gehfreude gilt es als Erstes herauszufinden, was die Ursache dafür ist. Zunächst können wir nämlich davon ausgehen, dass Pferde ihrer Natur nach gehfreudige Lebewesen sind und der Reiter nur dafür zu sorgen hat, diese Gehfreude zu erhalten, wieder zu wecken oder zu regulieren. Deshalb muss er sich immer wieder bemühen, so zu sitzen und einzuwirken, dass das Pferd sich unter oder besser gesagt mit ihm wohl fühlt, ja Freude an der gemeinsamen Bewegung bekommt.

Oft lohnt es sich bei mangelnder Aktivität der Hinterhand oder bei mangelnder Gehfreude darüber nachzudenken, ob die Hand genügend zulässt und ob das Pferd genügend Vertrauen zur Hand hat; liegt es hier im Argen, nützt alles Treiben wenig, ja es ist sogar kontraproduktiv.

Um vortreibende und verhaltende Hilfen im richtigen Verhältnis einzusetzen, ist es hilfreich, wenn der Reiter möglichst oft die Idee hat, dem Pferd positiv sagen zu wollen, was er von ihm erwartet und nicht was es lassen soll. Er wird dann z.B. bei einem Übergang vom Galopp zum Trab die neue Gangart fordern und dadurch vermehrt zur Hand hin reiten sowie die treibenden Hilfen einsetzen, anstatt den Galopp beenden zu wollen und somit rückwärts zu wirken und zu ziehen.

Zügelführung beim gebogenen Pferd; die Richtung, in der die Zügel zum Maul führen, bleibt dank der etwas versetzt getragenen Hände unverändert (s. Abb. S. 206)

Insgesamt ist es sinnvoll, wenn der Reiter sich vorstellt, das Pferd zwischen den vortreibenden Hilfen einerseits und den verhaltenden Hilfen andererseits einzurahmen und sich das Ziel setzt, mit der Zeit die einzelnen Hilfen immer feiner einsetzen zu können. Vielfach reicht es dann, mit den Hilfen gleichsam nur ein Signal zu geben, z.B. nach einer Verstärkung für die halbe Parade bei gutem Heransitzen mit anliegendem Schenkel die Zügel leicht anzunehmen und nachzugeben. Das Pferd kommt im Nachgeben fast von selbst zurück und kann so optimal mit den Hinterbeinen heranschließen.

Dazu ist, wie oben schon angesprochen, die Verbesserung des reiterlichen Gefühls von größter Bedeutung.

Beim Pferd muss eine immer bessere Sensibilität für die Hilfen des Reiters das Ausbildungsziel sein. Das bedeutet, dass eine entschlossene, energische, aber kurze und präzise Hilfe im Zweifelsfall einer halbherzigen, zu vorsichtigen und dabei meist ungenauen Hilfe vorzuziehen ist.

Reagiert das Pferd zu wenig oder nur verzögert auf eine Schenkelhilfe, muss durchaus ein energischer Impuls, eventuell in Verbindung mit Sporen und/oder Gerte, die gewünschte Reaktion anmahnen. Dieser Impuls muss sofort, trotzdem sehr präzise und überlegt erfolgen. Wenn mehr Fleiß und Vorwärts gewünscht werden, sollten

1. ➢ Der Ausbildungsweg des Reiters

beide Schenkel dicht am Gurt eingesetzt werden. Wenn der seitwärtstreibenden oder verwahrenden Hilfe mehr Nachdruck verliehen werden soll, darf wirklich nur ein Schenkel den Impuls geben, während der andere Schenkel unverändert liegen bleibt. Solch ein einseitiger Impuls fällt vielen Reitern durchaus schwer.

In jedem Fall muss dem Pferd gestattet werden, einer solchen herzhaften Aufforderung nach vorne auch entsprechend zu folgen. Dazu muss der Reiter mit Hand und Gewicht gut nachgeben bzw. mitgehen, niemals aber hinter der Bewegung sitzen und im Maul hängen.

Die Ausbildung und Erziehung eines Pferdes wird dann optimal vonstatten gehen, wenn die Hilfengebung stets verständlich und absolut konsequent erfolgt. Das heißt, der Reiter muss versuchen, immer eindeutig zu zeigen, was er genau will und in identischen Situationen auch immer auf die gleiche Art agieren bzw. reagieren.

Das beste Mittel zur so genannten Konditionierung[1] ist und bleibt die positive Bestätigung durch Nachgeben, Zulassen vorübergehender Dehnungshaltung und/oder Lob.

Da nur die allerwenigsten Menschen geborene Reiter bzw. so genial und in der Lage sind, ohne darüber nachdenken zu müssen, auf das Pferd korrekt einzuwirken, muss selbst der Erfahrene immer wieder seinen Verstand benutzen und sich bewusst machen, **warum** er **wann** und **wie** stark **welche** Hilfe einsetzt. Er muss sich selbst prüfen oder prüfen lassen, ob sich, eventuell unbewusst, irgendwelche Fehler eingeschlichen haben, und mit Hilfe seines Verstandes seinen ihn manchmal in die Irre führenden Instinkt kontrollieren (siehe Instinktiv – richtig?).

Nur wenn er bereit und fähig ist, sich vollkommen auf die jeweilige reiterliche Anforderung zu konzentrieren, wird der Reiter seine Fehlerquote diesbezüglich niedrig halten können. Was die Sensibilität des Pferdes für die Hilfen und seine Bereitschaft, diese ohne Verzögerung anzunehmen, anbelangt, gleicht es häufig im Training einer Gratwanderung: Auf der einen Seite wünschen wir uns Gehorsam und optimale Durchlässigkeit, auf der anderen aber keine Antizipation, also ein Zuvorkommen des Pferdes. Deshalb gilt es beim wiederholten Üben von Lektionen, aber besonders auch von ganzen Aufgaben, sofort umzuschalten und „erstens anders, und zweitens, als das Pferd denkt" zu reiten. Nach dem mehrmaligen Üben der Grußaufstellung empfiehlt es sich z.B., erst einmal wieder mehrmals die Mittellinie zu durchreiten, ohne zu halten, oder auch bei X eine Volte einzulegen.

Die wichtigsten Voraussetzungen für eine sichere und wirkungsvolle Einwirkung in allen Sitzarten sind

- **der jeweils korrekte ausbalancierte, losgelassene Sitz, der es dem Reiter gestattet, dank seiner Geschmeidigkeit in der Mittelpositur,**
- **vom Sitz unabhängige Schenkel- und Zügelhilfen zu geben,**
- **die Fähigkeit und Bereitschaft, in das Pferd hineinzufühlen, um alle Hilfen individuell und der Situation entsprechend gefühlvoll aufeinander abstimmen zu können,**
- **die Bereitschaft und Fähigkeit, sich voll auf das Reiten zu konzentrieren,**
- **größtmögliche Konsequenz sowie**
- **sichere Kenntnisse in der Reitlehre mit der daraus resultierenden**
- **richtigen Vorstellung von der jeweils zu reitenden Übung oder Lektion und**
- **dem entsprechenden Bewusstsein für die korrekte Hilfengebung.**

Selbstverständlich wird es keinem Reiter gelingen, die Fehlerquote im Umgang mit seinem Pferd auf Null zu drücken; je besser er jedoch diese Voraussetzungen erfüllt und je mehr er über Erfahrungen auch mit verschiedenen Pferden verfügt, desto häufiger wird er die „richtigen Knöpfchen drücken" zur eigenen, aber auch zur Freude seines vierbeinigen Partners.

Ein Punkt darf keinesfalls außer Acht gelassen werden, ja er ist **der entscheidende**, wenn es um

> ➢ Das beste Mittel zur so genannten Konditionierung[1] ist und bleibt die positive Bestätigung durch Nachgeben, Zulassen vorübergehender Dehnungshaltung und/oder Lob.

---

[1] Ein Pferd oder auch einen Menschen positiv zu konditionieren, bedeutet in diesem Zusammenhang, ganz konsequent gewünschte Reaktionen oder entsprechendes Verhalten positiv zu bestätigen, man nennt dies in der Psychologie auch Verstärkung. Der Reiter muss durch Nachgeben oder Leichtwerden mit der Hand sowie eventuell durch entlastendes Sitzen dem Pferd zeigen, dass das Gehen in Dehnungshaltung etwas Angenehmes ist. Der Begriff Konditionierung darf nicht mit „ein Pferd konditionell aufbauen" verwechselt werden.

das Gelingen, um den Erfolg geht:

> **Die richtige Einstellung „vom Kopf" her.**

Über die Bedeutung der **mentalen Verfassung** wird in nahezu jeder Reportage berichtet, wenn es um Siege oder Niederlagen egal in welcher Sportart geht. Doch dass sie nicht erst im Wettkampf eine ganz entscheidende Rolle spielt, sondern schon beim täglichen Üben auch zu Hause, gilt im Reitsport ganz besonders. Pferde haben eine sehr feine Antenne dafür; sie fühlen ganz genau, ob der Reiter entschlossen sowie mit Selbstvertrauen an die jeweilige Aufgabe herangeht, ob er sich und seinem Pferd zutraut, die Übung oder Lektion erfolgreich zu absolvieren. Ähnlich wie Menschen neigen Pferde dazu, so zu reagieren, wie es erwartet wird.

Dazu zwei ganz einfache Beispiele:
- **Angaloppieren aus dem Schritt:** Nur wenn der Reiter selbst davon überzeugt ist und daran glaubt, dass der Übergang gut vorbereitet sowie für ihn und sein Pferd leicht durchführbar ist, wird er sicher gelingen.

  Andernfalls wird das Pferd wahrscheinlich, wenn überhaupt, zögerlich reagieren, wenig aktiv oder auch „spannig" angaloppieren, weil der Reiter mit den Schenkeln klemmt, zu schieben versucht und dadurch hinter der Bewegung sitzt oder mit der inneren Hand nicht genügend nachgiebig ist.
- **Beim Springen:** Wenn ein übervorsichtiger oder gar ängstlicher Reiter beim Anreiten eines Sprunges daran zweifelt, ob sein Pferd springen wird, vielleicht fast sogar erhofft, dass es stehen bleiben wird, wird dieses ihn nicht „enttäuschen", es wird anhalten.

Gerade weil der Reiter dem Pferd an physischer Kraft in jedem Fall unterlegen ist, kann und sollte er stets zeigen, dass er, was psychische Kraft und Willen anbelangt, dominiert.

Als Lohn für ein Befolgen all dieser Regeln und Empfehlungen wird der Reiter immer öfter das wunderbare Gefühl erleben, dass er nur noch an etwas zu denken braucht und das Pferd setzt es schon um.

1.6 Technik des Reitens

Unter Technik versteht man die Fertigkeiten, welche es ermöglichen, bestimmte reiterliche Aufgaben geschickt, mit möglichst geringem Kraftaufwand und den Regeln unserer Reitlehre entsprechend zu bewältigen. Das können in der Grundausbildung ganz einfache Dinge, wie z.B. das Umreiten mehrerer Kegel, beim Springen Hindernisfolgen oder ganze Standard-Parcours oder in der Dressurausbildung besonders die so genannten technischen Lektionen sein, wie beispielsweise Kurzkehrtwendungen oder fliegende Galoppwechsel.

Dazu ist all das notwendig, was bis hierher auf dem Ausbildungsweg erworben, verfeinert und gefestigt wurde. Zusätzlich sind aber auch gute theoretische Kenntnisse zunehmend wichtig. Je anspruchsvoller und umfangreicher die jeweilige Aufgabenstellung sich darstellt, desto wichtiger ist es für den Reiter, möglichst genaue Vorstellungen von den richtigen Bewegungsabläufen, den Kriterien und auch von den typischerweise zu erwartenden Fehlern zu haben. Nur dann wird es ihm möglich sein, ohne allzu große Um- oder Irrwege und in entsprechend systematisch sich steigernden Schritten zur Zielübung zu kommen und diese erfolgreich zu bewältigen.

Diese Kenntnisse und Vorstellungen können auf unterschiedliche Art erworben werden. Durch Beobachten von Demonstrationen erfahrener Reiter live oder per Video – am besten mit begleitenden Erklärungen –, aus guten Fachbüchern oder durch theoretischen Unterricht. Optimal ist eine Kombination aus allem.

Das beste Medium in der weiteren Ausbildung technisch richtigen Reitens ist ein korrekt ausgebildetes Lehrpferd, welches im Idealfall bezüglich seiner Sensibilität den momentanen Fähigkeiten des Reiters angemessen ist.

So ist „Reittechnik" nicht zu verstehen!

1. Der Ausbildungsweg des Reiters

Dazu ein Beispiel:

Bei den ersten Versuchen, fliegende Galoppwechsel zu reiten, wäre ein Lehrpferd ideal, welches diese Übung sicher beherrscht, leichte Fehler in der Hilfengebung aber verzeiht, sodass der junge Reiter erst einmal einen fliegenden Wechsel erleben und fühlen kann. Um sich allmählich technisch weiterzubilden, sogar die Fähigkeit zu erlangen, ein Pferd die Wechsel lehren zu können, wäre ein sensibleres Pferd wichtig, welches schon auf feinere Hilfen reagiert, vor allem aber auch reiterliche Fehler entsprechend quittiert, etwa durch Nach-, Vorspringen oder Wegeilen.

Insgesamt erweitert jede zusätzliche Erfahrung auf verschiedenen Pferden in unterschiedlichen Situationen, z.B. auch in Prüfungen, das technische Repertoire des Reiters. Dazu gehört als besonders wichtiger Bestandteil die Fähigkeit, mit der natürlichen Schiefe eines Pferdes richtig umgehen zu können. (siehe Geraderichten, Umgang mit der natürlichen Schiefe)

1.7 Einwirkung: Voraussetzung für eine gute Reiter-Pferd-Beziehung

Schon zu Beginn dieses Abschnittes wurde angesprochen, dass Reiten eine sehr anspruchsvolle Sportart ist, die nicht ganz leicht zu erlernen ist. Deshalb kann nur derjenige es gut erlernen und wirklich Freude daran haben, der sich aus vollem Herzen dieser Sache widmet und Pferde als Individuen betrachtet, auf deren Eigenheiten es sich einzugehen lohnt. Allerdings muss dabei der Mensch stets als der Ranghöhere akzeptiert werden, was bei besonders charakterstarken Pferden in der Regel nur Ausnahme-Reitern gelingt.

So wie bei der Ausbildungsskala des Pferdes die Durchlässigkeit das Endziel ist, sollte jeder Reiter sich vornehmen, im Laufe seiner eigenen Ausbildung sichere, gefühlvolle Einwirkung zu bekommen. Schon in den Richtlinien wird ausdrücklich angesprochen, dass es irreführend ist, einen starken Reiter als „guten Reiter" zu apostrophieren. Vielmehr wird derjenige mit der besten Einwirkung reiten – und das sollte auch aus der Perspektive des Pferdes so gelten – der dank Erreichens aller Ausbildungsziele in der Lage ist und sogar Spaß daran hat, sich auch auf unterschiedliche Pferde einzustellen. Er wird sie ohne übermäßigen Kraftaufwand auf ihrem Ausbildungsstand, auch was Leistungsfähigkeit, -bereitschaft und Sensibilität anbelangt, mindestens halten. Letztendlich wird er auch in der Lage sein, Pferde entsprechend auszubilden und zu fördern.

Wenn das Pferd durchlässig ist, der Reiter sichere, gefühlvolle Einwirkung hat und beide gut aufeinander abgestimmt sind, kommt es zu den beglückenden Pferd-Reiter-Beziehungen, in denen über viele Jahre hinweg beide miteinander Freude am gemeinsamen Sport haben.

1.8 Resümee

Das Ziel dieses Ausbildungsweges, nämlich ein guter Reiter zu werden, wird, wie schon mehrfach erwähnt, durch geeignete Lehrpferde ungeheuer erleichtert.

Nur mit fachkundigem, kompetentem Unterricht kann es möglich sein, diesen Weg ohne unnötige Umwege zu gehen. Das Beispiel eines guten Ausbilders, der den Reiter dabei begleitet, führt und ihm vorlebt, was es heißt, Pferdemann bzw. Pferdefrau zu sein, wird ihm helfen, auch die dazu notwendige richtige innere Einstellung zum Pferd zu bekommen.

Zum guten Reiter und Pferdemann gehören auch Kenntnisse über die Regeln und Gebräuche, die ein gedeihliches Zusammenleben innerhalb einer Reit- und Stallgemeinschaft erleichtern, sowie die Bereitschaft, sich danach zu richten.

Wenn der Reiter diesen mühevollen, aber interessanten und abwechslungsreichen Weg geht, wird er zunehmend Sicherheit und Freude beim Reiten verspüren, und er kann zum „Pferdemann" werden, also Horsemanship erwerben.

➔ Losgelassenheit des Reiters; Losgelassenheit (des Pferdes); Instinktiv – richtig?

2. ➤ Losgelassenheit des Reiters

2. Losgelassenheit des Reiters

Losgelassenheit hat auf dem Ausbildungsweg des Reiters einen ebenso großen Stellenwert wie auf der Ausbildungsskala des Pferdes. Erhöht wird dieser noch dadurch, dass auch das best ausgebildete Pferd unter einem Reiter, der nicht losgelassen zu sitzen vermag, kaum lange losgelassen gehen wird. Deshalb soll diesem Thema hier ein eigener Abschnitt gewidmet sein:

Die Bedeutung des korrekten, oder man möchte eigentlich lieber sagen, jeweils angemessenen Sitzes kann gar nicht genügend betont und immer wieder beachtet werden. Er ist wichtigste Voraussetzung dafür, dass Reiter und Pferd miteinander auch langfristig Freude und Erfolg im Sport haben können. Wenn in diesem Zusammenhang von angemessenem Sitz gesprochen wird, so soll damit zum Ausdruck gebracht werden, dass es zwar für die unterschiedlichen Sitzarten relativ genaue Beschreibungen gibt, die auch funktionell begründet sind, dass aber der gute Ausbilder bezüglich Sitzschulung und Sitzkorrekturen sehr viele unterschiedliche Faktoren mitberücksichtigen muss.

Die beiden wichtigsten Voraussetzungen für einen funktionierenden Reitsitz sind mit Sicherheit Losgelassenheit und Balance, wobei das eine ohne das andere nicht möglich ist. Nach unserer Reitlehre kann der angehende Reiter im Dressursitz als der Grundform des Sitzes am schnellsten lernen, losgelassen und ausbalanciert zu sitzen.

2.1 Wie können Losgelassenheit und Balance verbessert werden?

Bezüglich der Losgelassenheit kann, ähnlich wie beim Pferd, zwischen dem psychischen (mentalen) und dem physischen (körperlichen) Aspekt differenziert werden, obwohl beide auf das Engste miteinander verknüpft sind. Für den Reitanfänger gilt deshalb zunächst, sich in einem seriösen Reitbetrieb, in dem auch entsprechende Schulpferde zur Verfügung stehen, mit genügend Zeit und vor allem in den ersten Wochen mit möglichst *häufigem* Unterricht eine entsprechende Sitzschulung angedeihen zu lassen. Dazu gehört selbstverständlich auch eine vorbereitende Ausbildung im Umgang mit Pferden (Führen, Putzen, Satteln, Zäumen, Abwarten usw.). Der Wert dieses ergänzenden Unterrichtes kann gar nicht hoch genug eingeschätzt werden, weil er die Voraussetzung dafür schafft, dass der angehende Reiter sich einigermaßen stressfrei in einem Reitbetrieb bewegen kann. Nur so hat er echte Chancen, sich auch beim Unterricht auf dem Pferd, z. B. bei den anfänglich unbedingt notwendigen Sitzübungen, angstfrei zurechtzufinden. Je sorgfältiger und fachgerechter dieser Einstieg ins Reiten durchgeführt und betreut wird, desto erfolgreicher und schneller wird die weitere Ausbildung vonstatten gehen.[1] Wenn wir einmal davon ausgehen, dass in der Regel nur derjenige sich dem Reiten zuwendet, der Tiere und im besonderen Fall eben Pferde gern hat, dann wird er sich schon alleine aus dieser Tierliebe heraus verpflichtet fühlen, mindestens so gut reiten zu lernen, dass er für das jeweilige Pferd keine unangenehme Last darstellt und dieser Sport auch für das Pferd nicht unangenehm ist. Auch deswegen ist sichere Balance und gute Losgelassenheit des Reiters eine zwingende Voraussetzung. Wie leicht und wie schnell der Einzelne in der Lage ist, dies zu erlernen, hängt von verschiedenen Voraussetzungen ab:

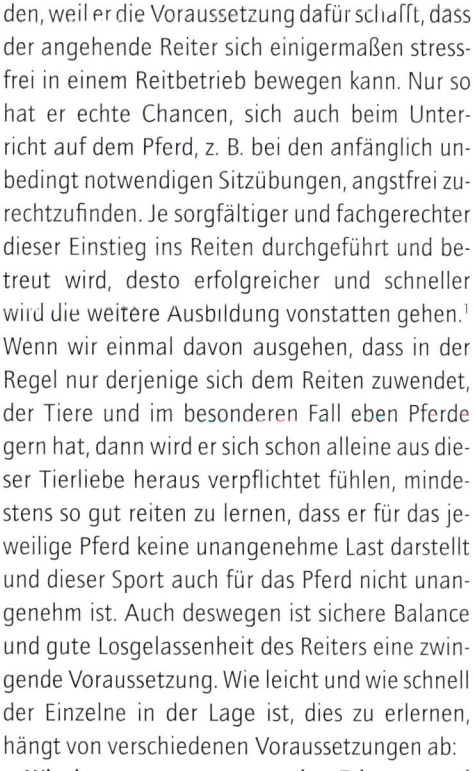

- Wie immer, wenn es um das Erlernen und Automatisieren neuer Bewegungsabläufe geht, hat das Kind oder der Jugendliche die besten Voraussetzungen. Sportwissenschaftler glauben sogar, dass das Erlernen absolut neuer Bewegungsschemata nur bis

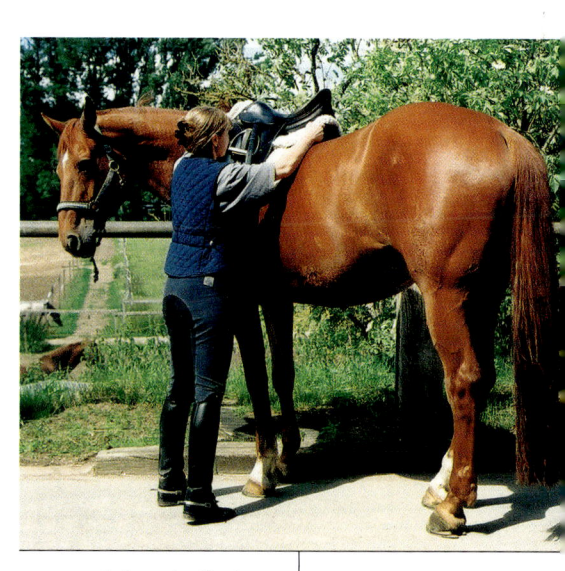

Auch richtiges Satteln will gelernt sein.

---

[1] (Zu dieser Thematik gibt es drei Lehrvideos, die mit dem Verfasser dieses Buches an der Westfälischen Reit- und Fahrschule gedreht wurden: Die Reitschule Teil 1 - 3 zu beziehen über Thomas Vogel, TV-Produktion)

2. ➤ Losgelassenheit des Reiters

zur Pubertät ohne Weiteres möglich ist.
- Wer also erst in reiferem Alter das Reiten neu erlernen möchte, wird sich leichter tun, wenn er als Kind oder Jugendlicher Gelegenheit hatte, sich motorisch gut vorzubilden. Ein hohes Maß an Körperbalance, Bewegungsgefühl und Koordinationsfähigkeit, um nur einige wichtige Punkte zu nennen, erleichtert und verkürzt den Weg der Reitausbildung.
- Da unser klassisches Reitsystem insgesamt sehr logisch aufgebaut ist und von Generationen hocherfahrener Horsemen auch niedergeschrieben wurde, kann der wirklich Interessierte sein reiterliches Fortkommen auch durch Lesen und häufiges Nachschlagen in entsprechenden Büchern fördern. Durch das Zusammentreffen zweier Lebewesen, deren Befindlichkeit sich ständig ändern kann, die aber als Voraussetzung für gutes Reiten auf eine Wellenlänge gebracht werden müssen, kann dieser Sport niemals „so einfach nebenbei" erlernt werden. Besonders gilt dies für denjenigen, der die wunderbaren reiterlichen Möglichkeiten unserer modernen, meist hoch im Blut stehenden und deshalb auch recht sensiblen Warmblutpferde nutzen möchte.

2.2 Auswahl des passenden Pferdes

Wer auf hoffentlich geeigneten Schul- und Lehrpferden soweit reiten gelernt hat und vom Pferdevirus so befallen ist, dass er sich ein eigenes Pferd anschaffen möchte, sollte sich vor der im Reitsport weit verbreitenden Überschätzung der eigenen reiterlichen Fähigkeiten hüten. Er sollte auf der Suche und bei der Auswahl des zukünftigen Pferdes immer folgenden Grundsatz beherzigen:

> **Der junge, unerfahrene Reiter braucht ein erfahrenes Pferd, das junge Pferd kann nur von einem erfahrenen Reiter gefördert und ausgebildet werden.**

Dieser Grundsatz steht schon im Vorwort der FN-Richtlinien. Wer sich also dementsprechend ein Pferd sucht und das Glück hat, ein solches zu finden, das auch seinen reiterlichen Fähigkeiten angemessen ist, hat gute Voraussetzungen, erfreuliche Stunden auf dem Pferderücken zu erleben, in denen er sich unverkrampft und losgelassen sportlich betätigen kann. Unter anderem ist diese Losgelassenheit leicht daran zu erkennen, dass der Reiter rhythmisch durchatmet und deshalb auch nicht vorzeitig außer Atem kommt oder gar von Seitenstechen geplagt ist.

2.3 Einstellung und Einstimmung

Wie bereits angesprochen, sollte man mit Verstand, Gefühl und vor allem aus vollem Herzen reiten. Dann wird es auch nicht schwer fallen, selbst am Ende eines anstrengenden Arbeitstages sich voll auf das Reiten zu konzentrieren und allen Stress loszuwerden. Es lohnt sich, sich so viel Zeit zu nehmen, dass man selbst das Pferd wenigstens noch etwas überbürsten oder satteln kann. Richtiges Putzen und Fertigmachen des Pferdes, einschließlich der Hufpflege, des Bandagierens und anderem, eignen sich wunderbar, um die erste Phase innerer und äußerer Losgelassenheit zu erreichen.

Selbstverständlich gibt es auch viele gymnastische Übungen, die man zur Vorbereitung und Dehnung des eigenen Körpers auch auf der Stallgasse oder in der Reitbahn vorschalten kann. [1]

Wenn Reiter und Pferd soweit vorbereitet sind, sollte man sich nicht scheuen, für sich und das Pferd das Aufsitzen zu erleichtern. Dazu kann man entweder ein Podest, einen Hocker benutzen oder sich von einem geschickten Helfer aufs Pferd heben lassen.

2.4 Allgemeines zum Thema Ausrüstung

Da der Sattel das Verbindungsstück, man könnte auch sagen den Adapter zwischen Reiter und Pferd darstellt, kommt ihm für beide Beteiligten eine ganz entscheidende Bedeutung zu. Hierzu einige Anmerkungen (Mehr dazu im Kapitel „Wie man sattelt, so reitet man):

---

[1] Literaturhinweis: Balance in der Bewegung von S. von Dietze (auch als Video); Das Bewegungsgefühl des Reiters von E. Meyners; Fit fürs Pferd von Frau Dr. C. Heipertz-Hengst

- Der Sattel muss unbedingt dem Pferderücken sorgfältig angepasst sein, er muss den Druck gut und gleichmäßig verteilen und in einer Position liegen, die weder im Schulterbereich noch im Rücken Beschwerden verursacht. Der Sattel muss fast schon ohne Gurt sicher liegen und durch diesen dann entsprechend fixiert sein. Ein zu abruptes und/oder zu starkes Angurten kann die Losgelassenheit des Pferdes negativ beeinflussen.
- Je nachdem, was reiterlich geplant ist, muss der Sattel dem Reiter einen korrekten Sitz mit entprechender Bügellänge gestatten. Auch wenn heute fast jeder Reiter glaubt, mindestens zwei verschiedene Sättel haben zu müssen, so möchte ich doch betonen, dass der Reiter, der keinen disziplinspezifischen größeren Ehrgeiz hat, mit einem Vielseitigkeitssattel durchaus vielseitig seinem Hobby frönen kann.

Hier nun einige häufig zu beobachtende Knackpunkte, die den Reiter stören und vor allem in seiner Losgelassenheit beeinträchtigen können:

- Ein zu kleiner Sattel, besonders bei Reitern mit großem Gesäß, langen Oberschenkeln und Beinen.
- Ein zu großer Sattel mit zu langen Blättern und – besonders unangenehm – mit zu breiter, nicht genügend taillierter Sitzfläche.[1]
- Ein Sattel, bei dem der tiefste Punkt zu weit hinten liegt, und der eventuell im Bereich der Kammer zu hoch ist. Dadurch würde eventuell ein Stuhlsitz verursacht.
- Ein Sattel, dessen tiefster Punkt zu weit vorne liegt und der im hinteren Bereich zu hoch ist, sodass der Reiter fast zum Spaltsitz gezwungen wird.
- Ähnlich problematisch sind viele aktuelle Dressursättel, durch deren übermäßig ausgeprägten Pauschen der Reiter zu viel Druck auf den Oberschenkel bekommt. Der Reiter wird dadurch in eine ihm eventuell muskulär gar nicht mögliche überstreckte Beinhaltung gepresst. Vielfach werden diese Sättel empfohlen und bevorzugt, weil sie den Reiter sehr fest hinsetzen und ihm ein sicheres Gefühl geben. Dabei ist zu bedenken, dass ein fixierter Reiter kaum in der Lage ist, losgelassen zu sitzen, erst recht nicht, wenn sein Becken dadurch in eine Hohlkreuzposition gekippt wird.
- In diesem Zusammenhang muss betont werden, dass der beste Dressursattel, der den Reiter weitestgehend gestreckt hinsetzt, für diesen nur dann geeignet ist, wenn durch entsprechendes Training (eventuell auch Gymnastik) die körperlichen Voraussetzungen dafür geschaffen sind.
- Ähnliches gilt auch für die Bügellänge: Von einer normalen mittleren Länge ausgehend muss der Reiter allmählich lernen und seinen Körper entsprechend trainieren, um dressurmäßig allmählich mit etwas längeren und springmäßig mit kürzeren Bügeln zurechtkommen zu können.
- Bügel und Bügeleinlagen, die zu einer abgeknickten Haltung des Fußgelenkes führen, beeinträchtigen eine natürliche und losgelassene Haltung von Schenkel und Fuß.

Der Reiter kann sich vorstellen, der Sattel sei eine Steckdose, in die sich sein Gesäß mit den beiden Gesäßknochen gewissermaßen wie ein Stecker einfügt

---

[1] Da sich weibliches und männliches Becken bezüglich Form und Beweglichkeit unterscheiden, müssten Sättel geschlechtsspezifisch etwas unterschiedlich konstruiert sein, wenn sie ganz ideal zum Reiter passen sollen; dies gilt besonders für Dressursättel.

2. ➤ Losgelassenheit des Reiters

Nach diesen Übungen fällt es dem Reiter leichter, „die Mitte zu finden".

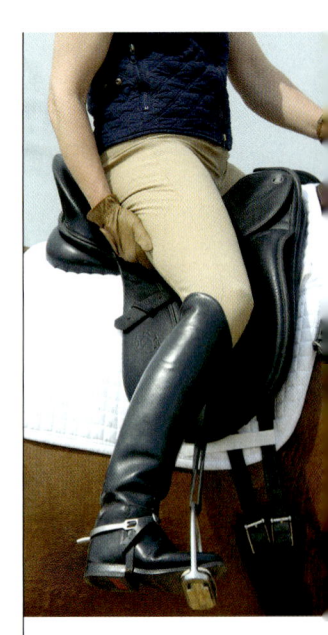

Aus der Hüfte heraus die Beine einzeln vom Sattel bzw. Pferd lösen und wieder neu positionieren.

Auch die Ausrüstung des Reiters kann eventuell die Losgelassenheit beeinträchtigen:
- Ungeeignete, eventuell Scheuerstellen verursachende Unterwäsche,
- zu enge Jacken oder Hosen, die die Bewegungsfreiheit des Reiters einschränken,
- zu weite Hosen, die eventuell Falten schlagen und im Bereich des Gesäßes oder der Knie stören,
- zu lange Stiefel oder Chaps, die in der Kniekehle scheuern,
- zu steife oder zu enge Stiefel, die die Beweglichkeit des Unterschenkels und des Fußes einschränken,
- zu weiche oder zu weite Stiefel, die vor allem beim Dressurreiten eine sichere Lage des Unterschenkels erschweren,
- Stiefel aus einem Material oder mit einer Beschichtung, die den Unterschenkel gewissermaßen festkleben usw.

2.5 Einfluss des Reiters auf das Pferd in der Lösungsphase

Wenn der Reiter nach all diesen Vorbereitungen hoffentlich gut eingestimmt und sich schon mehr oder wenig konzentriert aufs Pferd setzt, kann er die Zeit des Schrittreitens in der Lösungsphase hervorragend nutzen, um sich selbst zu lösen. (Bei sehr kalter Witterung sollte er zunächst mit entsprechend zusätzlicher Bekleidung beginnen.) Auf einem Schritt gehenden Pferd kann sich der Reiter optimal auf seinen Sitz konzentrieren. Er kann nun die hoffentlich richtig erlernte, für ihn passende Sitzform einnehmen und auch einmal mit geschlossenen Augen in sich hineinfühlen, dabei sein Bewegungsgefühl schulen und dieses vielleicht sogar durch einen gelegentlichen Blick in den Spiegel überprüfen. Keinesfalls sollte er mit starrem Blick „in sein Pferd hineinglotzen" und es fixieren. Auch die Haltung des Pferdes sowie die im Schritt gut fühlbaren Nickbewegungen muss er versuchen zu erfühlen, anstatt sie nur über die Augen zu erfassen. Um die gerade auch für die Balance so wichtige Haltung einzunehmen, kann er sich vorstellen, sich so hinzusetzen, dass er auch für den Fall, sein Pferd verschwände unter ihm, sicher und ausbalanciert auf seinen Füßen stehen könnte. Dies gilt übrigens für alle Sitzformen und Arten.

Wie oben schon angesprochen, ist die Beweglichkeit eine wichtige Voraussetzung für Losgelassenheit. So gibt es eine ganze Reihe von Übungen, die man gerade auch auf dem Schritt gehenden Pferd sehr gut durchführen kann.[2]

---

[2] Literaturhinweis: vgl. Reiten aus der Körpermitte von Sally Swift Band 1; Balance in der Bewegung von S. Dietze (auch als Video); Richtlinien für Reiten und Fahren Band 6 Longieren

Zügel in eine Hand und loben.

Ein paar besonders einfache Übungen will ich hier erwähnen:
- Den Oberkörper abwechselnd so weit wie möglich seitwärts nach rechts und links beugen, um anschließend besser die Mitte zu finden,
- mit einer Hand versuchen, den jeweils gegenüber liegenden Fuß zu berühren,
- aus der Hüfte heraus die Beine einzeln vom Sattel bzw. Pferd lösen und wieder neu positionieren,
- leichtes Kreisen mit den Schultern in beide Richtungen,
- den Kopf kreisen lassen usw.

Für die beim Reiten so überaus wichtige Unabhängigkeit der Hand vom Sitz ist die gesamte Losgelassenheit, besonders auch in der Mittelpositur, sehr wichtig. Andererseits muss der Reiter auch lernen und üben, aus losgelassenem Schulter- und Ellbogengelenk heraus elastische und gleichmäßige Verbindung zum Maul zu halten. Hierzu ist das Schrittreiten am langen Zügel ideal geeignet. Besonders gut gelingt dies dem Reiter, wenn er sich dabei vorstellt, er habe einen Zügel mit einer eingebauten Federwaage in der Hand und er wolle das Maul des Pferdes so gleichmäßig begleiten, dass diese Federwaage in der gewünschten, aber gleichbleibenden Ausdehnung konstant bleibt.

Beim Schrittreiten, wofür mindestens zehn Minuten am Anfang des Reitens zur Verfügung stehen sollten, kann der Reiter optimal erfühlen, was es heißt, im Pferd zu sitzen. Dazu muss er versuchen, sich im Becken- und Hüftbereich ganz losgelassen in die dreidimensionale Bewegung des Pferderückens einzufühlen.[1] Er kann sich vorstellen, der Sattel sei eine Steckdose, in die sich sein Gesäß mit den beiden Gesäßknochen gewissermaßen wie ein Stecker einfügt. Keinesfalls sollte er versuchen, durch aktives und aufwendiges Schieben das Pferd zu treiben oder zu aktivieren. Sollte er das Gefühl haben, dass der Fleiß des Pferdes nicht ausreicht oder nachlässt, muss er es mit dem Schenkel einmal entschlossen auffordern, dann aber auch die gewünschte Vorwärtsreaktion des Pferdes mit Hand und Gewicht durch leichtes Nachgeben und Vornübersitzen (Entlastungssitz!) zulassen.

Bevor die Trabarbeit beginnt, kann er durchaus im Schritt schon ein paar Mal im Wechsel das Pferd etwas schließen und wieder herauskauen lassen; dazu werden die Zügel bei gleichzeitigem Treiben leicht verkürzt und wieder verlängert.

Eine andere Übung, die auch schon während des Schrittreitens der Losgelassenheit von Reiter und Pferd dient, ist das zeitweilige Reiten mit „Zügel in einer Hand", wobei der Reiter mit der zügelführenden Hand nach wie vor für eine elastische, aber konstante Verbindung sorgen muss, während er mit der anderen Hand das Pferd lobt. Dieses Loben kann entweder seitlich hinter dem Oberschenkel oder vorne unmittelbar vor der Schulter, am besten auf der gegenüberliegenden Seite, erfolgen.

---

[1] Der Rücken des Pferdes bewegt sich in Bewegungsrichtung auf und ab (besonders im Galopp aber auch im Schritt), gleichzeitig (in allen drei Gangarten) schwingt aber sein Rumpf etwas seitlich hin und her, woraus wiederum auch eine seitliche Auf- und Abbewegung der jeweiligen Seite des Pferderückens resultiert; zusätzlich muss das Becken auch um die senkrechte Achse beweglich sein, um richtige Gewichtshilfen geben zu können (siehe Gewichtshilfen).

2. ➢ Losgelassenheit des Reiters

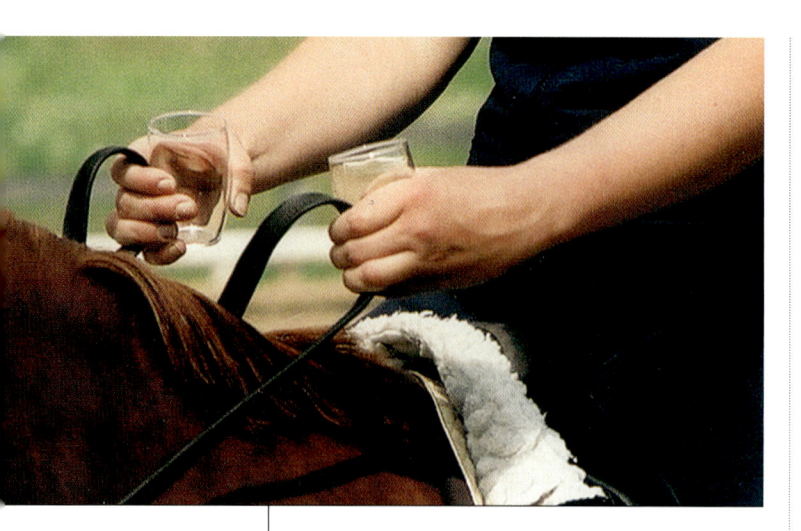

Nur die vom Sitz unabhängig getragene Hand könnte die Gläser gefüllt behalten.

In diesem Zusammenhang sei schon jetzt einmal betont, dass der gute Reiter in der Lage sein muss ruhig zu sitzen, dass ruhig aber keinesfalls unbeweglich bedeutet. Je mehr Bewegung seitens des Pferdes gegeben ist, also besonders im Trab, im Galopp, bei allen möglichen Lektionen und erst recht im Gelände sowie beim Springen, desto mehr muss dem Reiter bewusst sein, dass das für gutes Reiten so entscheidende Gleichgewicht zwischen Reiter und Pferd etwas ganz Dynamisches ist.

Nach der lösenden Arbeit im Schritt beginnt die Trabarbeit. Üblicherweise wird dabei leichtgetrabt, um – wie der Begriff Leichttraben eigentlich ja schon zum Ausdruck bringen soll – Reiter und Pferd in dieser Phase entgegenzukommen, für die Losgelassenheit der Bewegungszentren, nämlich beider Rücken, etwas Gutes zu tun. Nachdem schon mehrfach die enge Beziehung zwischen Losgelassenheit und Balance angesprochen wurde, ist es wohl leicht zu verstehen, dass gerade auch beim Leichttraben, währenddessen das Gleichgewicht des Reiters durch den Bewegungsablauf des Aufstehens und Hinsetzens instabiler ist, dem Gleichgewicht des Reiters größte Aufmerksamkeit geschenkt werden muss. Um wirklich geschmeidig und ohne jegliche Hilfe durch die Zügel aufstehen zu können, müssen der Unterschenkel und der Fuß des Reiters aus dem Knie heraus so positioniert sein, dass sich der Fuß möglichst genau unter dem Schwerpunkt des Reiters befindet. Durch ein leicht entlastendes Vornübersitzen aus der Hüfte heraus, selbstverständlich ohne dabei den Bauch einzuziehen und/oder einen runden Rücken zu machen, wird dies wesentlich erleichtert. Die Zügel sollten dabei etwas verkürzt werden, damit sich Hände und Unterarme deutlich genug vor dem Leib des Reiters befinden, wodurch wiederum der Schwerpunkt etwas nach vorn verlagert wird. Beim Leichttraben gilt noch mehr als beim Aussitzen, dass mit einer deutlich vor dem Leib getragenen Hand besser zur Hand hingeritten wird, während mit etwas langen Zügeln unwillkürlich vermehrt rückwärts eingewirkt wird. Da es im Leichttraben schwieriger ist, sich optimal auszubalancieren, ist auch das unabhängige Tragen der Hände schwieriger und muss deshalb besonders sorgfältig geübt werden, um zu vermeiden, dass die Bewegungen des Leichttrabens ans Maul weitergegeben werden. Sehr gut lässt sich dies an der Longe durch Leichttraben ohne Zügel üben; der Reiter kann sich aber diesbezüglich auch alleine immer wieder schulen, indem er sich wirklich darauf konzentriert, eventuell sogar die Augen schließt, um in sich hineinzufühlen und zu überprüfen, wie es um seine Hand bestellt ist. Man kann sich zusätzlich auch noch vorstellen, jeweils ein Glas Wasser in den Händen zu tragen, ohne etwas zu verschütten. Auch im Leichttraben ist es sehr empfehlenswert, zur Überprüfung der Balance und zur Verbesserung der Losgelassenheit immer wieder einmal die Zügel in eine Hand zu nehmen und mit der anderen Hand über den Mähnenkamm hinweg auf die jeweils andere Halsseite das Pferd zu klopfen.

Es ist oft deutlich zu beobachten, dass das Pferd nahezu im gleichen Moment, in dem der Reiter die Zügel in eine Hand nimmt, mit der Nase besser nach vorn kommt, losgelassener durchschwingt und zufrieden abschnaubt. Der Vorteil der einhändigen Zügelführung ist zum einen die dadurch bedingte ruhige Lage des Gebisses im Pferdemaul – mit einer Hand ist ein auch nur leicht riegelndes Hinundherbewegen gar nicht möglich – zum anderen kann mit einer Hand nicht mit so viel Kraft eingewirkt werden wie mit zwei Händen. Aus diesem Grund ist es sinnvoll, auch im weiteren Verlauf einer Übungseinheit, wenn sich eventuell Verspannung bemerkbar macht, darauf zurückzukommen.

Auch bei den weiteren lösenden Übungen lässt sich wunderbar beobachten und auch nutzen, wie eng verknüpft und abhängig voneinander die Losgelassenheit von Reiter und Pferd ist. Deshalb sei hier auch noch einmal der Hinweis gegeben, dass ein Reiter, der mit seiner eigenen Losgelassenheit Probleme hat, wenig Chancen hat, dies auf einem zur Verspannung neigenden Pferd zu verbessern, geschweige denn das Pferd zur Losgelassenheit zu bringen.

Die im weiteren Verlauf der lösenden Arbeit anstehenden einfachen Übergänge Schritt-Trab-Schritt und Trab-Galopp-Trab fördern allein schon durch den Wechsel des Bewegungsablaufes, des Tempos und damit auch der Balance, die Losgelassenheit. Um jeweils sofort im Übergang und in der neuen Gangart losgelassen das gemeinsame Gleichgewicht beizubehalten bzw. wiederherzustellen, muss der Reiter versuchen, die neue Gangart mit den treibenden Hilfen von hinten nach vorne zu fordern, keinesfalls die vorhergehende Gangart zu beenden und sich nur auf den Übergang zu konzentrieren. Dies gilt natürlich ganz besonders für die Übergänge von der höheren in die jeweils niedrigere Gangart.

Dazu Beispiele:
Wenn aus dem Trab angaloppiert werden soll, wird zunächst das Pferd mit richtigen halben Paraden, also besonders auch mit den treibenden Hilfen, aufmerksam gemacht und etwas geschlossen, bevor präzise und entschlossen, besonders mit dem inneren Schenkel die Galopphilfe gegeben wird. Wenn der Reiter dies gut vorbereitet hat, sowie selbst davon überzeugt ist, dass seine Hilfen richtig sind und der Übergang gelingen wird, wird er beim Angaloppieren in der Bewegung gut mitkommen und sofort den Rhythmus des Bewegungsablaufes und damit die Balance im Galopp finden.

Beim Übergang vom Galopp zum Trab muss er seinem Pferd mit allen Hilfen, besonders aber mit der treibenden Hilfe sagen, dass es nunmehr Trab gehen soll. Wenn er mit dieser Vorstellung, genügender Selbstsicherheit und Überzeugung an die Sache herangeht, wird er ein Stocken im Übergang vermeiden, wodurch wiederum Balance und Losgelassenheit erhalten bleiben.

Je mehr die Übungen den Reiter in seiner Kondition und Konzentration fordern, desto mehr wird die Gefahr zunehmen, dass aus der notwendigen positiven Anspannung Verspannung wird. Dem muss durch entsprechend häufigen Wechsel der Belastung vorgebeugt werden. Bei aller Konzentration sollte der Reiter über diese Verbindung zwischen innerer und äußerer Losgelassenheit nachdenken, die sich so wunderbar im Gesicht des Reiters ablesen lässt. Sally Swift spricht in ihrem Buch „Reiten aus der Körpermitte" dabei vom sanften und vom starren Blick. Damit ist gemeint, und das kann jeder Reiter für sich selbst erfühlen, dass es auch in den Phasen höherer Konzentration von großem Vorteil ist, seinen Blick schweifen zu lassen, sich z. B. zu orientieren, wo sich die anderen Reiter befinden. Wer dagegen vor lauter Konzentration nur noch in sein Pferd hinein-„glotzt" oder -starrt, wird sich unwillkürlich verkrampfen.

Ertappt man sich selbst dabei, sollte man einen Gang zurückschalten, eventuell zum Schritt durchparieren und die Arbeit erst fortsetzen, wenn man

Leichttraben an der Longe : Der Unterschenkel liegt hier etwas zu weit zurück.

2. ➤ Losgelassenheit des Reiters

Geschmeidiges Leichttraben

Steifes Aufstehen beim Leichttraben

sich wieder etwas entspannt hat und in der Lage ist, wieder ruhig und tief durchzuatmen.

Über die Aussagekraft und Bedeutung der unverkrampften Atmung lohnt es sich genauer nachzudenken:

Zum einen ist sie Voraussetzung für einigermaßen ökonomisches Arbeiten, unter anderem um nicht wegen mangelnder Sauerstoffversorgung vorzeitig zu ermüden. Zum anderen kann man daran sehr schön ablesen, ob die Anspannung anfängt in Verspannung umzukippen. Wenn erst einsetzende Seitenstiche als Signal verstanden werden, dann wird eine längere Entspannungs- und Regenerationsphase notwendig sein.

2.6 Resümee

Nur ein Reiter, der bei aller notwendigen psychischen und physischen Anspannung in der Lage ist, genügend losgelassen, also im gesunden Wechsel zwischen An- und Abspannen zu Pferde zu sitzen, kann darauf bauen, dass auch sein Pferd sich loslässt, kann somit Freude und auch Erfolg mit seinem Pferd haben. Dazu sind folgende Punkte beachtenswert:

- Eine korrekte und solide Basisausbildung unter entsprechender Aufsicht, auf einem gut geeigneten Lehrpferd und mit genügend Zeit.
- Eine permanent genügend kritische Einschätzung des eigenen Könnens, eventuell mit Hilfe eines kompetenten und ehrlichen Ausbilders.
- Die immer wieder ganz bewusste Verknüpfung von Gefühl und Verstand.
- Die nicht immer ganz leichte, dem eigenen Leistungsvermögen angepasste Auswahl des Pferdes.
- Eine dem eigenen Leistungsvermögen angepasste Auswahl der Anforderung, die „Aha-Erlebnisse" und befriedigende Stundenabschlüsse ermöglicht.
- Das Bewusstsein und die Bereitschaft, sich immer wieder auch für das Reiten gesund und fit zu halten.
- Die Besinnung darauf, dass die größte Befriedigung beim Reiten aus dem Gefühl erwächst, in Harmonie mit dem Pferd den Sport betreiben zu können, unabhängig davon, auf welchem Niveau.

Hinweis: Bei körperlichen Problemen des Reiters ist fachkundiger Rat und eventuell auch eine Betreuung durch einen Physiotherapeuten, der selbst über reiterliche Erfahrungen verfügt, notwendig und wertvoll.

3. ➤ Pferd und Reiter im Gleichgewicht

3. Pferd und Reiter im Gleichgewicht

Schon für den jüngsten Reitanfänger wird es nach anfänglichen vertrauensbildenden Begegnungen im Stall und bei der Pferdepflege vom ersten Aufsitzen an ein Hauptlernziel sein, sich auf dem Pferd ausbalancieren zu können. Selbstverständlich werden sich Menschen, die durch Erfahrungen in anderen Sportarten und entsprechende gezielte Übungen gut ausbalanciert sind, dabei erhebliche Vorteile haben. Erste reiterliche Übungen hierzu finden immer an und auf dem stehenden Pferd, manchmal sogar auf einem Holzpferd, statt. So hat der angehende Reiter Gelegenheit, erst einmal in Ruhe die Grundform des Reitsitzes zu erfühlen und zu erlernen, welche individuell durchaus etwas unterschiedlich richtig ist, nämlich in Abhängigkeit vom Körperbau und seinen Proportionen. Man kann nur hoffen und wünschen, dass ihm dabei ein Pferd zur Verfügung steht, welches nicht nur ruhig und gelassen ist, sondern auch von seinem Körperbau und seinen Dimensionen her gut zu ihm passt.

Ohne jetzt die Form des Sitzes im Einzelnen beschreiben zu wollen, sei hier doch noch einmal ein oft benutztes Bild erwähnt, mit dessen Hilfe der Lernende erfahrungsgemäß eine gute Vorstellung vom ausbalancierten Grundsitz bekommt:

Der Reiter soll von oben bis unten eine Position einnehmen, in der es ihm möglich wäre, ohne Pferd, wenn dieses z.B. unter ihm verschwände, gut ausbalanciert zu stehen.

Dies alles ist im Halten noch relativ einfach und stimmt vom Prinzip her auch dann, wenn das Pferd sich, was eigentlich nur theoretisch möglich ist, in völlig gleich bleibender Geschwindigkeit und genau geradeaus bewegt. Dieses mehr oder weniger statische Gleichgewicht zwischen Reiter und Pferd kommt sofort ins Wanken, wenn das Pferd in irgendeiner Form sein Tempo oder seine Richtung verändert. Dann muss aus dem statischen ein dynamisches Gleichgewicht werden.

Dies kann jeder sofort nachvollziehen, wenn er sich vorstellt, selbst einen Reiter auf den Schultern zu tragen (s. S. 22/23). Es ist sehr einfach zu verstehen, dass je nach Grad der Beschleunigung man nicht nur sich selbst mehr oder weniger deutlich nach vorne beugen wird, sondern dass auch der auf den Schultern befindliche „Reiter" dem Untermann nur dann keine Gleichgewichtsprobleme bereitet und ihm das Zulegen erleichtert, wenn er sich auch entsprechend vornüber beugt. Genau umgekehrt ist es beim Verzögern, wenn also das Tempo zurückgenommen wird; dann ist zum optimalen Ausbalancieren eine leichte Rücklage durchaus richtig.

> ◄ Der Reiter soll von oben bis unten eine Position einnehmen, in der es ihm möglich wäre, ohne Pferd, wenn dieses z.B. unter ihm verschwände, gut ausbalanciert zu stehen.

Korrekter, ausbalancierter leichter Sitz in der Wendung

Der gerade sitzende Reiter wird vom Pferd auch in der Wendung richtig hingesetzt.

Zentaur – Einheit von Mensch und Pferd

Reiten mit *Verstand und Gefühl* **43**

3. ➢ Pferd und Reiter im Gleichgewicht

Rasante Wendung

So sitzt der Reiter auf dem gebogenen Pferd richtig.

Entsprechendes gilt auch für die in Wendungen entstehende Querbeschleunigung, die wiederum abhängig ist von dem Tempo in der „Kurve". Allerdings gilt es im Hinblick auf das Reiten von Wendungen zu bedenken, dass das Pferd sich dann ja selbst je nach Tempo gewissermaßen in die „Kurve" legt, sodass der Reiter sich nicht noch zusätzlich seitwärts beugen muss, zumindestens solange es sich nur um normales Galopptempo handelt, und sich das Pferd auf einem griffigen Untergrund bewegt, der die notwendige Schräglage zulässt.

In der Springausbildung erscheinen diese Zusammenhänge bei Absprung und Landung an einem Hindernis völlig selbstverständlich. Beim dressurmäßigen Reiten finden sie dagegen leider nur sehr selten die angemessene Berücksichtigung.

So sollte der Reiter bei dem immer wieder geforderten Antraben vom Fleck weg, also aus dem Halten, oder beim entschlossenen und willigen Zulegen zu Beginn einer Verstärkung stets versuchen, dem Pferd seinen Einsatz dadurch leichter zu gestalten, dass er gut mitkommt, auch mit der Hand, und keinesfalls hinter der Bewegung sitzt. Dann wird auch die gewünschte und wertvolle Rahmenerweiterung kein Problem darstellen, die dem Pferd den optimalen Vortritt, besonders auch mit den Hinterbeinen, erst ermöglicht. Fast noch wichtiger ist es, einem Pferd, welches mit einem herzhaften treibenden Impuls des Schenkels aufgefordert wird, die gewünschte Reaktion nach vorn positiv zu quittieren, anstatt durch ein Hängen im Zügel und im Rücken das Gehorchen auf diesen Impuls eigentlich zu bestrafen.

In diesem Zusammenhang sei noch eine andere, gar nicht so seltene Situation erwähnt: Wenn ein junges Pferd einmal ans Stürmen kommt, eventuell auch nach einem Hindernis, an dem der Reiter hinter der Bewegung geblieben ist, muss dieser beim Parieren versuchen, besonders gut im Gleichgewicht zu sitzen, damit sich das Pferd nicht als Reaktion auf das Balanceproblem verkrampft und erst recht zu „flüchten" versucht. Dies ist besonders wichtig, wenn aus Platzgründen, z.B. in einer Halle, unmittelbar eine Wendung folgt. Der Reiter muss dann dicht am Sattel sitzen, sich klein zu machen versuchen, darf sich aber keinesfalls in die Bügel stellen und an den Zügeln ziehen. Gut gelingen wird dies nur einem Reiter, der einen gefestigten und ausbalancierten leichten Sitz mit gutem Kniechluss und stabiler Unterschenkellage hat, aus dem heraus es ihm möglich ist, auch in solch einer Situation mit vom Sitz unabhängigen Händen einzuwirken.

➔ Hilfengebung; Instinktiv – richtig?

3.1 Leichttraben – so, dass es seinen Namen verdient

Das Leichttraben, manchmal auch noch als „englisch traben" bezeichnet, ist eine besondere Form des entlastenden Sitzens. Dabei nutzt der Reiter die schwingende Bewegung des Pferderückens, um immer abwechselnd einen Trabtritt mit leichtem Kniechluss in den Bügeln stehend abzufedern, bevor er den nächsten geschmeidig platznehmend aussitzt. Wenn Leichttraben auch für das Pferd angenehm und entlastend sein soll, muss es gekonnt, d.h. sicher ausbalanciert und geschmeidig vom Reiter ausgeführt werden – das ist gar nicht so einfach.

Durch Leichttraben kann zum einen der Rücken des Pferdes entlastet werden und zum anderen auch für den Reiter die Trabarbeit angenehmer und weniger anstrengend gestaltet werden.

Leichttraben ist in folgenden Situationen angebracht:
- Während des Lösens zu Beginn der Arbeit, in Entspannungsphasen während des Trainings und in der Erholungsphase am Ende der Arbeitseinheit,
- stets bei jungen, noch wenig trainierten Pferden, deren Muskulatur noch nicht genügend gekräftigt ist,
- bei allen Pferden, die Losgelassenheits- und Rückenprobleme haben,
- in der Regel beim Reiten im Gelände,
- häufig bei der dressurmäßigen Arbeit von Springpferden.
- Außerdem traben manche Reiter leicht, um den eigenen Rücken zu entlasten; ein sehr erfahrener Reiter, der in der Lage ist, voll ausbalanciert leichtzutraben und dabei sein Pferd sicher an den treibenden Hilfen und vor sich zu behalten, kann eigentlich alles, bis hin zu versammelten Lektionen einschließlich Seitengängen im Leichttraben reiten.

Der lernende Reiter sollte frühestmöglich, also schon bei den ersten Sitzübungen mit dem Leichttraben vertraut gemacht werden.

3.1.1 Worauf kommt es beim Leichttraben an?

Beim Aufstehen sollte sich der Reiter mit seiner Mittelpositur nur so weit vom Sattel entfernen, wie es sich aus dem Bewegungsablauf des Pferdes ergibt. Er sollte sich nur soweit erheben, dass seine Kniegelenke noch leicht gewinkelt bleiben. Andernfalls geht der für das Leichttraben wichtige Knieschluss verloren, der Reiter stellt sich nur in die Bügel und sein gesamter Bewegungsablauf wird unharmonisch und eckig.

Um diesen Fehler zu vermeiden, sollte der Reiter vermehrt die Vorstellung haben, beim Aufstehen knien zu wollen. Er muss versuchen, das Aufstehen und Wieder-Einsitzen als fließende Bewegung, nicht als zwei voneinander getrennte zu gestalten. Nur wenn der Fuß im Bügel sicher in der Position genau unter dem Schwerpunkt des Reiters bleibt, wird ihm dies möglich

sein. Dazu muss das Kniegelenk stets gut gewinkelt sein; zu lange Bügel sind dabei störend, weil der Absatz nicht mehr tief genug bleiben kann und so das Abfedern der Bewegung im Fußgelenk unmöglich wird.

Wenn dagegen der Unterschenkel so unsicher liegt, dass der Fuß ständig vor- und zurückgeht, wird der Reiter zum Aufstehen die Zügel zur Hilfe nehmen müssen, um sich daran hochzuziehen, und beim Platznehmen mehr oder weniger der Schwerkraft folgend in den Sattel plumpsen.

Auch beim Leichttraben soll der Reiter an sich mit aufrechtem Oberkörper sitzen und beim Einsitzen in der Mitte des Sattels Platz nehmen. Soll der Rücken etwas stärker entlastet werden, kann mit leicht vornübergeneigtem Oberkörper leichtgetrabt werden. Dies kann, besonders wenn mit kürzeren Bügeln geritten wird, für einen geschmeidigen, harmonischen Bewegungsablauf von Vorteil sein. Dabei darf dann aber der Reiter nicht vornüberfallen und das Gesäß hinten herausschieben. Er muss stets in die Mitte des Sattels einsitzen und das Pferd vor sich behalten.

Auch beim Leichttraben ist ein auch nur geringfügig zu langes Zügelmaß störend, weil dadurch die Balance beeinträchtigt und das vom Sitz und Bewegungsablauf unabhängige Tragen

Links steifes Leichttraben, mitte und rechts geschmeidiges Leichttraben

> Ein sehr erfahrener Reiter, der in der Lage ist, voll ausbalanciert leichtzutraben und dabei sein Pferd sicher an den treibenden Hilfen und vor sich behält, kann eigentlich alles auch im Leichttraben reiten.

3. ➢ Pferd und Reiter im Gleichgewicht

der Hände stark erschwert wird; auch hier gilt: „Langer Zügel zieht."[1]

Reiter und Ausbilder müssen darauf achten, dass die Hände sicher unabhängig getragen werden und sich eben nicht ständig mit dem Körper auf- und abbewegen.

3.1.2 Leichttraben auf dem richtigen Fuß

Beim dressurmäßigen Reiten wird normalerweise auf dem inwendigen Hinterfuß leichtgetrabt, d.h. dass der Reiter jeweils in der Trittphase aussitzt, wenn dieser Fuß belastet wird, und sich erhebt, wenn dieser nach vorn geführt wird. Um diese Phase richtig zu finden, achtet er auf die äußere Schulter des Pferdes, die auf Grund des diagonalen Bewegungsablaufes gleichzeitig mit dem inneren Hinterbein vorgeht.

Auf diese Art wird der innere Hinterfuß stärker belastet und zum vermehrten Vortreten angeregt.

Bei jungen Pferden oder allgemein solchen, die noch nicht in der Lage sind, mit dem inneren Hinterbein mehr Last aufzunehmen, kann auch auf dem anderen Hinterfuß ausgesessen und leichtgetrabt werden. Dadurch wird vermieden, dass das Pferd in Wendungen mit der Hinterhand ausweicht und nach außen wegschwingt.

Auch im Gelände bei Ausritten muss in gewissen Abständen der Fuß gewechselt werden, um eine einseitige Belastung zu vermeiden. Dabei muss der Reiter ganz bewusst darauf achten, auf welchem Fuß er leichttrabt, weil er sonst eventuell immerzu auf demselben aussitzt, auf den ihn nämlich das Pferd durch seine natürliche Schiefe hinsetzt.

➔ Innen – Außen; Grundgangarten (Trab); Losgelassenheit

3.2 Der „Drehsitz":
Schulter-Hüfte – Reiter-Pferd

Um den Sitz verbessern zu können, muss der Reiter stets die Zielvorstellung haben, auf dem Pferd so losgelassen und ausbalanciert korrekt zu sitzen, dass er in der Lage ist, jeweils unabhängig und bewusst seine Hilfen geben zu können. Dies betrifft vor allem auch die Schenkel- und Zügelhilfen.

Nun wird teilweise, auch in der Fachliteratur, empfohlen, so zu Pferde zu sitzen, dass die Schultern des Reiters parallel zu den Schultern des Pferdes und seine Hüften ebenfalls parallel zu dessen Hüften sein sollen; teilweise wird dies als Drehsitz bezeichnet.

Sicherlich lohnt es sich, darüber einmal nachzudenken, jedoch wäre der Reiter wohl irritiert und in seiner Losgelassenheit beeinträchtigt, würde er diesen Überlegungen zu sehr während des Reitens nachhängen.

Da ja auch ein sehr gut durchgymnastiziertes Pferd sich im Bereich der Rippen nur sehr wenig und im Kreuz- und Beckenbereich des Rumpfes überhaupt nicht zu biegen vermag, werden sich auch auf stärker gebogenen Linien Schulter und Hüften des Pferdes nur in einem sehr spitzen Winkel zueinander befinden. Diesbezüglich sollte man sich nicht dadurch täuschen lassen, dass heute vielfach in entsprechenden Lektionen (z.B. auf dem Zirkel, in Volten, aber besonders auch in Seitengängen) die Pferde leider mit einem zu stark abgestellten Hals, dafür aber häufig mit sehr wenig Rippenbiegung vorgestellt werden.

Wenn der Reiter voll ausbalanciert im Gleichgewicht sitzt, wird er sich wahrscheinlich mit seinen Schultern und Hüften genau auf der Hälfte dieses Winkels befinden (s. Graphik S.47). Ein bewusstes stärkeres Zurücknehmen der inneren Schulter würde die Gefahr mit sich bringen, dass der Reiter in der inneren Hüfte einknickt und/oder auch mit der inneren Zügelhilfe hängen bleibt und dadurch das Durchschwingen des inneren Hinterbeins behindert, ja sogar Taktfehler verursacht. Deshalb gilt es als eine wesentliche Voraussetzung für das gute Reiten von solchen Lektionen, dass das Pferd sicher am inneren Schenkel und äußeren Zügel (diagonale Hilfengebung) steht, der Reiter also am inneren Zügel leicht werden kann.

---

[1] siehe hierzu Näheres im Kapitel Handfehler des Reiters

Ein Reiter, der aus einer korrekten Sitzgrundlage heraus losgelassen und ausbalanciert zu Pferde sitzt und immer bemüht ist, seine Hilfen einerseits zwar bewusst einzusetzen, aber andererseits auch immer gefühlvoller und gefühlsmäßiger einzuwirken, sitzt automatisch richtig und wird diesbezüglich keine Probleme haben. Man kann sagen: Der Reiter braucht nur seinen Blick dorthin zu wenden, wohin er reiten und zu denken, was er reiten möchte, und das Pferd wird seinem Blick und seiner Körpersprache folgen.

Bezogen auf die Hilfengebung, z.B. beim Reiten einer Volte, bedeutet das:

Wenn der Reiter seinen äußeren Schenkel aus der Hüfte heraus etwas zurücklegt und ihn dabei gut lang macht, um damit zu verwahren, wird unwillkürlich die innere Gesäßhälfte vermehrt belastet. Wenn er zusätzlich sein inneres Knie gut tief zu halten versucht (s. S. 24), gelingt ihm die einseitig belastende Gewichtshilfe auch ohne das schon fast übliche, störende Einknicken in der Hüfte. Seine Hüften sind geradezu automatisch richtig platziert und er wird in der Mitte des Pferdes zu sitzen kommen. Der innere Schenkel bleibt dabei sicher in vortreibender Position dicht am Gurt, damit das Pferd um ihn gebogen werden kann.

Um dem Pferd die benötigte Stellung und Biegung im Hals zu geben, muss er vor dem Abwenden seinen inneren Zügel leicht verkürzen, dabei die annehmende und leicht seitwärtsweisende Zügelhilfe aus dem Handgelenk heraus vornehmen und vor allem im Moment des Abwendens mit der inneren Hand wieder leicht werden. Der verwahrende äußere Schenkel wurde schon angesprochen.

Wenn der Reiter gelernt hatte, seine Schenkel- und vor allem auch seine Zügelhilfen in guter Unabhängigkeit vom Sitz einzusetzen, braucht er sich dabei in seinem Rumpf auch nicht zu verdrehen.

Um diesem Zurückhängen mit der inneren Hüfte vorzubeugen, ist es hilfreich, wenn der Reiter sich die Bedeutung des Herantreibens an den äußeren Zügel immer wieder klar macht. Ähnlich bedeutsam ist es, das Zurückhängen der inneren Schulter in Verbindung mit einem Ziehen am inneren Zügel zu vermeiden. Dazu sollte der Reiter ständig durch Leichtwerden oder „Vorfühlen"[1] am inneren Zügel überprüfen, ob sein Pferd sicher an den äußeren Zügel herantritt. Dabei sollte er darauf achten, dass die innere Hand nicht seinem Leib näher ist als die äußere.

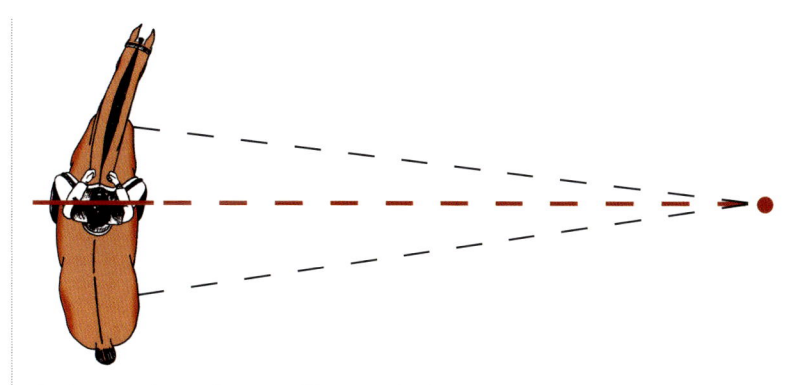

Ein verdrehter Sitz mit eingeknickter innerer Hüfte ist besonders häufig in der Galopparbeit und hier beim Reiten von Verstärkungen zu beobachten. Meistens ist das dadurch verursacht, dass der Reiter eine falsche Vorstellung davon hat, wie er auch im Mittel- oder starken Galopp sein Pferd gerade halten kann. Anstatt mit dem vortreibenden inneren Schenkel vermehrt an den äußeren Zügel heranzutreiben und an Schultervor zu denken, wird häufig versucht, durch ein stärkeres Zurücklegen dieses Schenkels die Hinterhand herauszudrücken. Das ist aber vom Grundsatz her falsch, weil das Pferd dadurch animiert wird, mit der Zeit vermehrt gegen diesen Schenkel zu drücken, also noch schiefer wird. Diese Art der Korrektur ist das berühmte Behandeln von Symptomen anstelle des Forschens nach der Ursache und des Arbeitens daran.

Ein weiteres ganz typisches Beispiel in dieser Richtung ist das Reiten des Schulterhereins:

Auch hier wird mangels richtiger Kenntnisse sehr häufig versucht, mit dem inneren Schenkel die Hinterhand herauszudrücken, anstatt das Pferd um den inneren Schenkel zu biegen und jeden Tritt so zu reiten, als ob eine Volte begonnen werden soll.

---

[1] Der Reiter fühlt vor, ob das Pferd trotz sicheren Herantretens an den jeweiligen Zügel (meist den inneren, gelegentlich auch den äußeren) im Genick nachgiebig ist und sich selbst trägt. Dazu wird er mit der jeweiligen Hand leicht, indem er die entsprechenden Muskeln etwas abspannt, ohne die Verbindung ganz aufzugeben.

4. ➤ Instinktiv – richtig?

Die hohe Hand zäumt noch mehr bei und macht das Pferd eng.

Die drückende Hand provoziert das Pferd, dagegen anzugehen und sich noch mehr herauszuheben.

4. Instinktiv – richtig?

Der heutige Mensch ist sicherlich im Durchschnitt kein sehr instinktbetontes Wesen. Manches Mal wünschte man sich sogar, dass der eine oder andere früher noch deutlicher ausgeprägte Instinkt sich etwas besser bis in die heutige Zeit erhalten hätte.

Im Folgenden wollen wir uns einmal mit instinktiven Reaktionen beim Reiten befassen, die sich störend auswirken, wo also der Reiter sein Tun unbedingt mit dem Verstand besonders gut kontrollieren muss.

4.1 Position der Hände

Als Erstes sei in diesem Zusammenhang die Position der Hände und deren Einwirkung angesprochen, weil hier die Problematik am einfachsten zu verstehen ist.

Sehr häufig taucht bei unseren modernen Reitpferden, gerade wegen ihrer meist wunderbaren Hälse und ihrer in der Regel sehr guten Genickformationen, die Schwierigkeit auf, sie nicht zu tief kommen und zu eng werden zu lassen. Wie oft hört man dann beim Unterricht die Aufforderung des Ausbilders: „Halte ihn oben!" Leider wird den Reitern aber zu selten erklärt, wie sie das zu bewerkstelligen haben. Ohne weiter darüber nachzudenken, wird dann häufig, dem Instinkt folgend, mit aufwärts wirkender, teils auch höher getragener Hand versucht, Abhilfe zu schaffen. Dies ist aber genau falsch und bewirkt eher das Gegenteil; je mehr die Hand aufwärts wirkt oder auch höher getragen wird, desto mehr wirkt sie beizäumend. Umso weniger wird das im Maul eventuell sehr sensible Pferd vertrauensvoll ans Gebiss herantreten und durchschwingen.

Wenn das Pferd also zu tief kommt, muss mit Gewichts- und Schenkelhilfen impulsartig an die **tiefe** Hand herangetrieben werden, wobei ein jeweils gleichzeitiges entschlossenes, aber kurzes Annehmen und vor allem Leichtwerden eine wieder verbesserte Selbsthaltung des Pferdes anmahnt und bewirkt. Wenn zu dem Zutiefkommen auch noch ein mangelhaftes Herantreten an das Gebiss oder gar „Verkriechen" hinzukommt, werden diese Korrekturen an den Symptomen sicherlich nicht ausreichen, sondern es muss längerfristig das Vertrauen zur Reiterhand wieder verbessert werden.

Die Hand muss stets so getragen werden, dass Unterarm und Zügel eine gerade Linie bilden.

Drehen der Unterarme: Elle um die Speiche

Erst recht kontraproduktiv wirkt sich die steigende oder hohe Hand bei Zäumung auf Kandare aus, weil durch die höhere Position der Hand die Kandare auf Grund der Hebelwirkung automatisch stärker angenommen wird und dadurch auch noch mehr beizäumend wirkt. Um dies zu vermeiden, müsste in diesen Momenten der Kandarenzügel etwas verlängert werden.

Genau umgekehrt verhält es sich, wenn das Pferd sich anhebt, gegen die Hand geht oder sich auch nur im Genick versteift. Häufig wird dann, wieder ohne viel darüber nachzudenken, mit tiefer, geradezu herunterdrückender Hand versucht, das Pferd wieder besser einzustellen. Auf die nach unten drückende Einwirkung dieser Handhaltung wird das Pferd aber genau gegenteilig reagieren; es wird geradezu provoziert, gegenan zu gehen.

Stattdessen muss der Reiter ganz konsequent mit seiner Hand insofern dem Maul des Pferdes folgen, als dass er diese sorgfältig so positioniert, dass Ellbogen-Hand-Pferdemaul wieder eine gerade Linie bilden. In den Momenten, in denen das Pferd nach oben drückt, im Genick nicht nachgibt oder gar gegen die Hand geht, muss bei sicherem Treiben durchgehalten werden und jegliches Nachgeben des Pferdes durch Leichtwerden oder entsprechendes Tiefergehen mit der Hand positiv quittiert werden. Die Hand muss tatsächlich zunächst etwas höher getragen werden. Dabei neigt man leider dazu, den Arm fester anzuspannen, eventuell zu verkrampfen. Dies muss unbedingt vermieden werden. Nur wenn die Verbindung aus Schulter- und Ellbogengelenk besonders elastisch bleibt, kann die Hand etwas Positives bewirken. Um im Arm losgelassen zu bleiben, sollte der Reiter immer wieder seine Unterarme etwas mit der Elle um die Speiche drehen, sodass die Ellbogen wieder besser an den Leib herankommen und die Daumen kurz nach außen zeigen.

Dies zu beachten ist auch beim Reiten von Springpferden im leichten Sitz ganz wichtig. Wenn ein Pferd dabei, und das gibt es vor allem bei „Blütern" häufiger, mit etwas höherer Nase galoppiert, muss die Hand auch so hoch getragen werden, dass die oben schon genannte und beschriebene gerade Linie nicht unterbrochen wird; andernfalls wird das Pferd mit noch höherer Nase dagegen angehen, wodurch es wiederum in seiner losgelassenen Rückentätigkeit beeinträchtigt wird.

Was die Position der Hand anbelangt, sollte diese gerade Linie, die Unterarm und Zügel bilden, in jeder Situation Beachtung finden. Es gibt hierzu ein altes Merkwort:

„Hoher Zügel zäumt, tiefer Zügel bäumt!"

4. ➤ Instinktiv – richtig?

Auch wenn das Pferd, wie hier, mit etwas höherer Nase galoppiert, sollte die Gerade Ellbogen-Hand-Pferdemaul erhalten bleiben. (Reithelme mit Kinnschale sind heute aus Sicherheitsgründen nicht mehr erlaubt.)

Touchieren mit der Gerte an der äußeren Schulter

Ein anderer Fehler im Zusammenhang mit den Zügelhilfen, der auch durch intuitive, aber falsche Reaktionen verursacht wird, ist in manchen Fällen das Herüberdrücken einer Hand über den Mähnenkamm.

Das beginnt bei so einfachen Dingen wie dem Ausweichen über die Schulter auf der offenen Zirkelseite und setzt sich fort bei anspruchsvollen versammelten Dressurlektionen wie Kurzkehrtwendungen, Seitengängen und auch Galopppirouetten. Dieser Fehler wird sowohl mit der inneren als auch mit der äußeren Hand leider sehr häufig gemacht.

Wendet das Pferd in einer Kurzkehrtwendung nicht willig genug mit der Vorhand herum, oder mangelt es im Schulterherein an genügend Abstellung, weil das Pferd, meistens mit zu viel Halsabstellung, mit der Schulter zur Bande drängt, ist ein Herüberdrücken mit der äußeren Hand völlig kontraproduktiv, weil dadurch ganz gravierend am äußeren Zügel rückwärts gewirkt wird, was mit Sicherheit die an sich gewünschte Bewegung erst recht behindert. Ganz ähnlich ist es auch bei Traversalen, wenn das Pferd nach der einen Hand nicht genügend Parallelität zeigt, mit der Hinterhand vorauszugehen scheint, aber in Wirklichkeit nicht genügend mit der Vorhand zu kreuzen und in die entsprechende Richtung sich seitwärts zu bewegen bereit ist.

In diesen Fällen nimmt das Pferd meistens den äußeren Zügel zu sehr an und stützt sich darauf. Dem muss mit deutlichem Annehmen und Nachgeben mit der äußeren Hand begegnet werden, eventuell kann es sinnvoll sein, vorübergehend geradeaus oder sogar konter zu stellen. Auch diese Korrektur kann nur funktionieren, wenn dabei mit den treibenden Hilfen für fleißiges Vorwärts gesorgt wird. Ein Touchieren mit der Gerte an der äußeren Schulter kann das Ganze unterstützen.

Das Herüberdrücken mit der inneren Hand geschieht meist auf der eher festen (Zwangs-) Seite, weil das Pferd sich hier nicht genügend stellen und biegen will. Entscheidend ist es, mit dem inneren Schenkel das Herüberdrängeln der Vorhand in die Bewegungsrichtung zu verhindern, die innere Hand muss entschlossen seitwärtsweisend die Stellung geben, wobei der äußere Zügel aber verhindern muss, dass das Gebiss durch das Maul gezogen wird.

4.2 Wie lernt ein Pferd zu „ziehen"?

Dieses „Kapitel" ist schon bei der Grundausbildung der Remonte ein wichtiger Lernabschnitt. Frühestmöglich muss das Reitpferd dahingehend konditioniert[1] werden, vertrauensvoll und bereitwillig an die Hand heranzuschreiten, zu treten und zu springen. Nur dann wird es jeweils beim Aufnehmen mit der Hinterhand heranschließen, sich also versammeln lassen, sich aber auch z.B. beim Reiten im Gelände an ihm gefährlich erscheinender Stelle fester an die Hilfen nehmen lassen und gehorsam weitergehen. Deshalb muss der Reiter, immer wenn das Pferd sich verhält, konsequent und entschlossen, eventuell auch mit einer Gerte, weitertreiben. Er muss vor allem auch die Verbindung zum Pferdemaul erhalten, diese eher sogar etwas straffer gestalten, um sofort mit der Hand leichter zu werden, wenn das Pferd wieder vorangeht, eben „zieht". Vielfach reagieren hierbei weniger erfahrene Reiter fälschlicherweise, indem sie dem sich verhaltenden Pferd mit der Hand nachgeben. Es bedarf nur weniger Male dieser falschen Reaktion, und schon hat das schlaue Pferd gelernt, dass es einer etwas stärker durchhaltenden Hand ganz leicht ausweichen bzw. entgehen kann, wenn es sich verhält. Es wird in der Folge sehr schwer werden, ein so (v)erzogenes Pferd auch nur einigermaßen sicher an die Hilfen und durchs Genick zu reiten.

Wer dieses Prinzip beim Reiten beachtet, kann nicht nur Pferde besser zum „Ziehen" bringen, sondern er wird auch bei übereifrigen, oder wie man heute sagt „heißen" Pferden richtig zu reagieren verstehen. Hierbei kommt es nämlich darauf an, dass diese Pferde sich keinesfalls eingezwängt oder festgehalten fühlen. Wenn der Reiter im richtigen Moment nachzugeben versteht, werden sie am ehesten gelassener und ruhiger. Selbstverständlich sind dabei auch richtige, also mit allen Hilfen gegebene Paraden notwendig. Bezüglich der Zügelhilfen muss sich der Reiter aber mit seinem Verstand richtiggehend zwingen, diese lieber etwas entschlossener, eventuell auch etwas stärker einzusetzen, um möglichst schnell wieder zum Nachgeben kommen zu können. Keinesfalls darf er festhalten und ziehen.

Dies gilt ganz genauso bei der Springausbildung: Wer bis kurz vor dem Sprung mit den Zügeln rückwärts wirkt und das Pferd festzuhalten versucht, wird dieses immer „heißer" machen, es vermehrt zum „Pullen" erziehen.

Umgekehrt wird ein beim Springen eher triebiges Pferd kaum lernen, fleißiger zum Sprung zu galoppieren und zu ziehen, wenn der Reiter seinen treibenden Hilfen nicht das Gegenüber einer elastischen, aber vor allem sicheren, eher sogar strafferen Anlehnung bietet. Auch hierbei müssen die treibenden Hilfen entschlossen und lieber impulsartig gegeben werden. Dauerdruck und ständiger Einsatz von Gerte und Sporen stumpfen das Pferd nur ab, sodass es sich eventuell sogar gegen die treibenden Hilfen steckt.[2]

4.3 Können Gewichtshilfen „schieben"?

Ähnlich oft, wie das oben zitierte „Halt ihn oben!", ist bei Reitstunden die Aufforderung zu hören: „Schieb ihn an!"; und so sitzen dann auch viele Reiter in ihrem Bemühen, mehr mit der Gewichtshilfe zu treiben, vermehrt in Rücklage hintenherüber. Auch dieser gut gemeinte Versuch, besser zu Treiben, ist eigentlich völlig kontraproduktiv. Meistens spannen die Reiter dabei vermehrt die Bauch- und unteren Rückenmuskeln permanent an, sodass das Becken stark aufgerichtet (manche sprechen dabei nicht ganz kor-

> Beim Versuch, mit dem Sitz das Pferd anzuschieben, wird der Reiter in der Mittelpositur fest und wirkt meist auch mit den Händen rückwärts.

---

[1] Zum Begriff „Konditionieren" siehe Kapitel 1 Seite 32
[2] Wenn ein Pferd sich gegen die treibenden Hilfen steckt, verhält es sich umso mehr, je mehr der Reiter treibt; es reagiert auf die treibenden Hilfen gegensätzlich. Es ist ganz ähnlich wie bei mancher rossigen Stute: Je mehr der Reiter mit dem Schenkel oder gar mit dem Sporen drückt und presst, desto weniger nimmt sie die treibenden Hilfen an; man hat das Gefühl, sie wird immer dicker.

4. ➢ Instinktiv – richtig?

> ➢ Nur wenn der Reiter in der Mittelpositur mitschwingt und dabei dank guten Gefühls optimal in den Bewegungsablauf des Pferdes hineinfindet, erhält bzw. fördert er dessen Gehfreude und Leistungsbereitschaft.

rekt auch von „nach hinten gekippt") ist, und dadurch die für gutes, geschmeidiges Sitzen so wichtige Elastizität in der Mittelpositur sehr stark eingeschränkt wird (Abb. Seite 51).

Wenn wir davon ausgehen, dass ein Pferd dann den treibenden Hilfen am besten folgt, wenn ihm der Reiter das Folgen auf diese Hilfen möglichst angenehm gestaltet und positiv quittiert, dann ist diese Art zu sitzen mit Sicherheit nicht richtig. Hinzu kommt noch, dass dabei der Reiter meistens unwillkürlich, anstatt dem Pferd bei der Reaktion nach vorn mehr Hals und Rahmen zu geben, vermehrt mit den Zügeln rückwärts wirkt und das Pferd dadurch eng macht.

In diesem Zusammenhang lohnt es sich auch einmal darüber nachzudenken, worauf die treibende Wirkung von Gewichtshilfen beruht:

Zum einen begleitet, erleichtert und bestärkt das elastische Mitschwingen in der Mittelpositur den hoffentlich über den losgelassenen Rücken durchschwingenden Bewegungsablauf des Pferdes. Dieses Mitschwingen erfolgt aber nicht allein passiv durch losgelassenes Einsitzen, sondern muss aktiv, mit der Zeit hoffentlich automatisiert, durch ein mehr oder weniger starkes An- und Abspannen der oben schon genannten Bauch- und unteren Rückenmuskulatur erfolgen. Nur wenn der Reiter dank guten Gefühls dabei optimal in den Bewegungsablauf des Pferdes hineinfindet, erhält bzw. fördert er dessen Gehfreude und Leistungsbereitschaft.

Zum anderen hat das gerittene, gut ausgebildete Pferd gelernt, auch von sich aus immer wieder das gemeinsame Gleichgewicht mit seinem Reiter zu suchen, um sich gut ausbalanciert bewegen zu können. Deshalb ist es auch völlig unsinnig, wenn der Reiter womöglich gerade dann mehr hintenüber sitzt, wenn das Pferd mehr vorwärts gehen soll, z.B. zu Beginn einer Verstärkung. Selbst wenn bei höher versammelten Lektionen ein aktiveres, weiteres Heranschließen der Hinterhand gefordert werden soll, wird vor allem bei sensibleren Pferden dieses ganz schwere Einsitzen wenig förderlich sein.

Unter Beachtung dieser Zusammenhänge und Grundsätze ist es empfehlenswert, zu Beginn einer Verstärkung oder auch beim Antraben oder Angaloppieren vom Fleck weg eher etwas entlastend zu sitzen. Der Reiter muss einfach die Vorstellung haben, den prompten Antritt des Pferdes dadurch zu erleichtern, dass er ganz ähnlich wie bei einem Sprung gut mitkommt und keinesfalls hinter der Bewegung sitzt. Dann wird es auch ein Leichtes sein, die notwendige Rahmenerweiterung zuzulassen.

4.4 Ganze und halbe Paraden

Die Unterscheidung in halbe und ganze Paraden ist eine reine Sache der Definition:
Jede Parade, die zum Halten führt, wird als ganze Parade, alle anderen als halbe Paraden bezeichnet.

Durch die Bezeichnung als „halbe" und „ganze" darf nicht der Eindruck vermittelt werden, dass sie sich durch die Stärke der Einwirkungen unterscheiden. So kann bei ein und demselben Pferd eine ganze Parade aus dem Schritt zum Halten sich leichter und mit weniger Aufwand bewerkstelligen lassen als eine halbe Parade für den Übergang vom Galopp zum Schritt.

Nur wer die richtige Vorstellung von Paraden hat, wird in der Lage sein, diese gut zu reiten. So muss schon der junge Reiter möglichst früh lernen, beim Begriff „Parade" und erst recht beim Reiten einer solchen, an die Gesamtheit der Hilfen zu denken. Mit zunehmender Ausbildung sollte er sogar lernen, halbe und ganze Paraden so geschickt reiten zu können, dass die treibenden Gewichts- und Schenkelhilfen dabei primär zum Einsatz kommen und er mit immer feineren verhaltenden Zügelhilfen dabei auskommt, dass diese zunehmend in den Hintergrund treten.

Gute Aufstellung, Nase könnte noch etwas besser vorgelassen werden.

4.4.1 Halbe Paraden

> Halbe Paraden werden gegeben, um
> - Übergänge von einer Gangart in die andere zu reiten,
> - das Pferd innerhalb einer Gangart aufzunehmen bzw. zu regulieren,
> - innerhalb einer Gangart das Tempo zu wechseln, z.B. nach einer Verstärkung zurückzuführen zum versammelten Tempo,
> - das Pferd für eine neue Übung oder Lektion aufmerksam zu machen und vorzubereiten,
> - Versammlung und Selbsthaltung zu verbessern bzw. zu erhalten.

Der gute Reiter begleitet das Pferd eigentlich mehr oder weniger ständig mit teilweise kaum wahrnehmbaren halben Paraden.

Für eine halbe Parade gibt der Reiter aus dem losgelassenen Sitz heraus durch kurzfristiges Anspannen der Bauchmuskulatur (und der unteren Rückenmuskulatur) eine beidseitig belastende Gewichtshilfe, gleichzeitig eine vorwärtstreibende Schenkelhilfe und eine wohl bemessene annehmende und nachgebende Zügelhilfe. Je feiner die Abstimmung zwischen Reiter und Pferd ist, desto weniger wird es notwendig sein, eine annehmende Zügelhilfe einzusetzen, es reicht dann schon eine leichte durchhaltende. Das Nachgeben oder besser gesagt das Leichtwerden mit der Hand muss sofort erfolgen; es darf damit nicht gewartet werden, bis der entsprechende Erfolg eintritt. Gegebenenfalls muss die halbe Parade insgesamt wiederholt werden.

Wenn man davon spricht, dass der Reiter, besonders im Trab und im Galopp das Pferd mit halben Paraden begleitet, so darf dies in der Galopparbeit nicht bei jedem Galoppsprung erfolgen, weil sonst das Pferd mangels Selbsthaltung anfängt, im Rhythmus des Galopps zu nicken.

Das Pferd bekommt durch die treibenden Hilfen der Parade jeweils einen Impuls nach vorne. Vorausgesetzt, dass es genug Vertrauen zur Hand hat, tritt es vermehrt an das Gebiss heran. Das gut gerittene Pferd holt sich dadurch gewissermaßen die Zügelhilfe von der ruhig stehenden Hand selbst ab und wird bei entsprechender Durchlässigkeit vermehrt in Richtung unter den Schwerpunkt fußen.

Um zu vermeiden, dass die Zügelhilfen rückwärts wirken und damit das Durchschwingen der Hinterbeine blockieren, dürfen sie nicht zu stark gegeben werden, vor allem aber muss das Nachgeben so schnell erfolgen, dass das Pferd auch tatsächlich mit den Hinterbeinen nach vorne durchschwingen kann. Dabei muss zumindest eine leichte Verbindung zum Maul bestehen bleiben. Bei sensiblen Pferden mit einem feinen Maul würde ein momentan springender Zügel eventuell dazu führen, dass sie sich erschrecken und herausheben.

Da wir in der Regel die meiste Zeit mit gestelltem oder sogar gebogenem Pferd reiten, müssen die halben Paraden in erster Linie mit der einseitig belastenden Gewichtshilfe und dem inneren treibenden Schenkel an den äußeren Zügel herangegeben werden. Die innere Hand muss dann ruhig durchhalten und dafür sorgen, dass das Gebiss ruhig liegt und nicht durch das Maul gezogen wird.

Der oft zu hörende Ausdruck „halbe Parade am linken, rechten oder äußeren Zügel" sollte vermieden werden; er ist irreführend, weil er eventuell die Vorstellung vermittelt, eine halbe Parade erschöpfe sich in einem Annehmen des betreffenden Zügels. Erst durch den gleichzeitigen Einsatz aller Hilfen kommt eine richtige wertvolle halbe Parade zustande.

Der richtig ausgebildete Reiter wird beim Stichwort „Parade geben!" immer die Vorstellung haben, von hinten nach

Gutes, sehr geschlossenes Halten

4. ➢ Instinktiv – richtig?

> ➢ Bei allen halben und ganzen Paraden gilt es, ganz besonders sorgfältig die Hände so zu positionieren, dass stets die gerade Linie Ellbogen-Hand-Pferdemaul erhalten bleibt.

vorne an die Hand heranzuarbeiten, mit dieser natürlich auch etwas abzufangen, aber vor allen Dingen mit dieser auch etwas zuzulassen.

Auch beim Üben halber Paraden ist positive Bestätigung die beste Konditionierungsmethode, das heißt das Pferd wird den Hilfen dann am schnellsten und sichersten zu folgen lernen, wenn es für jedes willige Annehmen der Hilfen in irgendeiner Form belohnt wird.

Dazu ein Beispiel: Bei allen Übergängen von einer Gangart in die andere, besonders aber bei Übergängen von der höheren in die niedrigere, also z.B. vom Galopp zum Trab, sollte der Reiter zur Vorbereitung das Pferd etwas schließen. Er sollte bei gut treibenden Hilfen die Zügel etwas vermehrt annehmen, die Idee haben, das Pferd insgesamt stärker zwischen den vortreibenden und den verhaltenden Hilfen einzurahmen, es etwas kürzer zu machen, um dann im Übergang nachgeben und wieder etwas mehr Rahmen geben zu können.

Wichtig für den Erfolg einer solchen halben Parade ist auch die Einstellung des Reiters: Er sollte sich vorstellen, im Übergang die neue Gangart, in diesem Fall den Trab, zu fordern, anstatt den Galopp beenden zu wollen. Dann wird er automatisch die Hilfen richtiger geben und nicht zu viel rückwärts wirken. Da Pferde sehr sensibel für die gesamte Befindlichkeit des Reiters sind, muss dieser auch mit Überzeugung und Sicherheit die Hilfen geben und an deren Erfolg glauben.

Häufig werden halbe Paraden vom Pferd schlecht angenommen, wenn es eng im Hals und nicht genügend losgelassen im Rücken ist. Wenn dann auch noch mit zu starker Handeinwirkung geritten wird, verpuffen die Zügelhilfen gewissermaßen im Hals, dieser wird noch enger, ohne dass die halbe Parade durchs Pferd bis zur Hinterhand gelangt.

Völlig falsch wäre es, mangelhaftem Annehmen von Paraden mit einem schärferen Gebiss oder enger verschnalltem Reithalfter begegnen zu wollen. Das Pferd muss sich loslassen, auch im Maul und im Genick; deshalb ist unbedingt auf optimale Zäumung und einen beschwerdefreien Zustand des Mauls einschließlich der Zähne zu achten (siehe hierzu „Reithalfter").

Immer wieder werden Reiter, die Probleme mit halben Paraden haben und deshalb das Pferd nicht genügend aufnehmen können, aufgefordert, „mehr mit Kreuz zu reiten, sich schwerer hinzusetzen". Dies ist vom Wortlaut her falsch und auch vom Inhalt her nur bedingt richtig. Natürlich muss der Reiter losgelassen und tief im Sattel Platz nehmen, er darf nicht auf dem Oberschenkel sitzen oder gar in den Bügeln stehen. Andrerseits wird bei sehr gehfreudigen, im Rücken feinen Pferden ein vermehrtes, schweres Hinsetzen nur für noch mehr Spannung im Rücken sorgen, sodass das Pferd sogar noch fester und eiliger wird. In solch einem Fall kann es zur Korrektur sogar notwendig und richtig sein, im Übergang etwas entlastend zu sitzen, durch leichtes Vornüberbeugen aus der Hüfte heraus etwas Gewicht vom Gesäß auf die Oberschenkel zu verlagern.[1]

Bei allen halben und ganzen Paraden gilt es, ganz besonders sorgfältig die Hände so zu positionieren, dass stets die gerade Linie Ellbogen-Hand-Pferdemaul erhalten bleibt. **Auch diesbezüglich wäre es optimal, wenn der Reiter eventuellen Fehlern seines Pferdes vorbeugend begegnet und nicht nur reagiert.** Wenn er z.B. erwartet oder sogar weiß, dass sein Pferd sich im Übergang versuchen wird herauszuheben, kann er dazu die Hände sogar etwas oberhalb dieser geraden Linie tragen, muss sie aber sofort wieder auf die richtige Position nehmen, wenn das Genick nachgiebig bleibt. Wenn dagegen zu erwarten ist, dass das Pferd in der Parade zu leicht wird, tiefer kommt oder gar abkippt, muss er an die gut tief geführte Hand herantreiben. (siehe hierzu „Instinktiv – richtig?")

4.4.2 Ganze Paraden

Die ganze Parade zum Halten wird immer von halben Paraden vorbereitet und unterscheidet sich technisch überhaupt nicht von halben Paraden. Deshalb gilt fast alles, was zu den halben

---

[1] Vermehrtes Einwirken mit dem „Kreuz" ist nur sinnvoll und effektiv, wenn das Pferd entsprechend muskulär gut trainiert ist und bezüglich der Kreuzeinwirkung positiv konditioniert ist.

Paraden gesagt wurde, analog auch für die ganzen Paraden. Vor allem muss beim Pferd dafür gesorgt werden, dass es auch das Halten als etwas Angenehmes kennen lernt und sich auf keinen Fall dabei eingezwängt fühlt.

Deshalb muss der Reiter das Ziel haben, mit fortschreitender Ausbildung und feiner werdender Abstimmung zwischen Reiter und Pferd allmählich mit ganz leichten Hilfen (besonders Zügel-) auszukommen. Da das Pferd im Halten auf allen vier Beinen gleichmäßig und in guter Selbsthaltung stehen soll, ist es wichtig, dass die nachgebende Zügelhilfe sofort erfolgt und nicht erst, wenn das Pferd zum Stillstand gekommen ist. Erfolgt das Leichtwerden verzögert, wird die Hinterhand entweder nicht genügend heranschließen, eventuell sogar zurücktreten, zumindest wird das Pferd aber auf den Zügel kommen und beim Grüßen, wenn der Reiter die Zügel in eine Hand nimmt, nach vorne treten.

Wenn die ganze Parade nicht durchlässig angenommen wird, ist es notwendig, die Hilfengebung komplett zu wiederholen. Wird sie gut angenommen, wird das Pferd sich nur dann korrekt hinstellen und in Selbsthaltung stehen, wenn es gewohnt ist, während des Haltens mit nur leichter Anlehnung zu stehen, nicht aber mit strammer Zügelverbindung.

Auch im Halten sollte der Reiter die Vorstellung haben, das Pferd vor sich zu haben – er muss bequem Platz behalten und die Schenkel in der vortreibenden Grundposition liegen lassen. Eine Korrektur des Sitzes kann die Gelassenheit des Pferdes stören. Je ruhiger und gleichmäßiger die Verbindung zwischen Reiterhand und Pferdemaul bestehen bleibt, desto besser wird das Pferd sich ruhig abkauen. Leider wird oft empfohlen, das Pferd im Halten mit der Hand zu beschäftigen; das ist falsch und vermindert das Vertrauen zur Reiterhand. Macht sich das Pferd im Halten in Genick und Maul fest, kann die Verbindung mit leicht steigender Hand strammer gestaltet werden, um aber jegliches Nachgeben sofort durch Leichtwerden positiv zu quittieren.

Bei Pferden, denen das Halten noch schwer fällt, sollte es zunächst an der Bande und eventuell mit Hilfe einer zweiten Person, die an der Schulter des Pferdes steht, auf das Pferd ruhig einredet und es abklopft, geübt werden. Erst wenn das Pferd gelassen zu stehen gelernt hat, darf der nächste Schritt, das geschlossene und gerade Stehen, als Ziel angegangen werden. Bei einem sensiblen und gehfreudigen Pferd muss vor solchen Übungen dafür gesorgt werden, dass es genügend gelöst ist und seinen Stallmut abreagieren konnte. Die Dauer des Haltens darf nur allmählich ausgedehnt werden. Das Pferd sollte von Anfang an lernen, dass der Reiter bestimmt, wann es weitergeht. Erst wenn an der Bande ein gelassenes Halten möglich ist, kann man versuchen, die Qualität des Haltens zu verbessern und auch an anderer Stelle zu halten.

Hat das Pferd gelernt, an beliebiger Stelle gerade und gelassen zu halten, so wird es in der Regel auch seinem Versammlungsgrad entsprechend geschlossen stehen, das heißt mit allen vier Beinen im Rechteck und mit den Hinterbeinen herangeschlossen. Sollte doch Korrekturbedarf bestehen, so hat dies immer nach vorne zu geschehen. Deshalb muss auch dem Pferd sofort gestattet werden, einen halben Schritt nach vorne zu gehen, wenn es mit einem oder gar beiden Hinterbeinen zu weit herangeschlossen hat. Im Bereich der Klasse A und L darf es noch nicht zu kritisch beurteilt werden, wenn die Hinterhufe noch nicht exakt nebeneinander stehen.

Auch schiefes Halten muss immer im Vorwärts korrigiert werden; wenn stattdessen versucht wird, die Hinterhand herum- und auf die gerade Linie zu drücken, lernt das Pferd sehr schnell, in der ganzen Parade hinten zu schwanken.

Hilfe von unten fördert die Gelassenheit beim Halten

4. ➤ Instinktiv – richtig?

"QUIIIIIETSCH."

So abrupt soll das Pferd nicht halten

Überhaupt sollte man sich darüber im Klaren sein, dass sich ein korrekt ausgebildetes Pferd, welches unter dem Reiter losgelassen geht, gleichmäßig an beide Zügel herantritt und einigermaßen geradegerichtet zu gehen vermag, von sich aus am liebsten geschlossen und im Rechteck aufstellt. Wenn ein Pferd sich überwiegend breit, schief oder nicht geschlossen aufstellt, gilt es die Ursache dafür herauszufinden und gegebenenfalls seine Balance, seine Geraderichtung und Versammlung zu verbessern. Eine ständige Korrektur einzelner Beine gleicht einem Herumdoktern nur an Symptomen und führt in der Regel zu noch größerer Unsicherheit. Besonders nachteilig wirkt es sich auch aus, wenn der Reiter nach jedem Halten herunterblickt und dann mit dem Schenkel, dem Sporen oder der Gerte kommt, womöglich sogar strafend. Wer noch nicht genügend Gefühl entwickelt hat, um zu spüren, wie das Pferd steht, muss sich helfen lassen oder einen Spiegel benutzen. Wenn er dann allerdings schon mit verdrehtem Kopf zum Haltepunkt hinreitet, kann er kaum Verbesserung erwarten.

Die beste Korrektur erfolgt immer noch durch Anreiten, Verbesserung des Pferdes im Gang, am einfachsten im Trab und erneutes Halten einschließlich verbesserter Vorbereitung. Dies ist in der Regel erst nach ca. einer halben Runde möglich.

Bei mehrmaliger Wiederholung darf es nicht dazu kommen, dass das Pferd schon auf die ganze Parade lauert und diese antizipiert. Nötigenfalls müssen dann erst einmal wieder andere Übungen geritten werden.

Gelegentlich gibt es Pferde, die die ganze Parade abrupt annehmen, ich nenne das „Anker werfen", und dann mehr auf der Vorhand halten. Das darf keinesfalls für ein Zeichen von Durchlässigkeit gehalten werden, es ist eigentlich noch nicht einmal gehorsam. Sie sind meistens im Halten nicht mehr sicher an den treibenden Hilfen und setzen sich nur zögerlich wieder in Bewegung. Um dies zu korrigieren, reitet man vorübergehend die ganzen Paraden so, als ob man ein Auslaufen wünschte und fordert bewusst im Halten noch einen halben Schritt nach vorne.

Ein übertrieben forciertes Treiben, gar mit dem Sporen, unmittelbar vor der ganzen Parade führt dazu, dass das Pferd sich eventuell fest macht, vielleicht auch Angst bekommt und umso weniger mit der Hinterhand gelassen heranschließt. **Es ist nicht möglich, beim Halten mehr Versammlung, also Lastaufnahme mit der Hinterhand, zu verlangen, als dies in der Bewegung möglich ist.**

Neigt ein Pferd im Halten zum Abkippen, zum Zutiefkommen, so muss der Reiter schon in der Vorbereitung der ganzen Parade mit tief geführter Hand reiten – er darf auf keinen Fall mit der hoch getragenen Hand versuchen, das Pferd oben zu halten. Umgekehrt sollte er bei einem Pferd, welches beim Halten im Genick noch nicht genügend nachgibt, die Hand mindestens so tragen, dass die gerade Linie zwischen Unterarm und Zügel erhalten bleibt, eventuell sogar etwas höher, und die Hand erst dann tiefer nehmen, wenn das Pferd nachgibt („die Hand folgt dem Pferdemaul").

Um sicher zu stellen, dass das Pferd gelassen auch einmal etwas länger steht, muss man sich in seine Situation hineinversetzen: In der Regel folgt dem Halten das berühmte Antraben vom Fleck. Wenn nun im Halten ständig zu befürchten ist, dass überfallartig eine womöglich grobe Hilfe zum Antraben folgt, kann gerade beim leistungsbereiten Pferd nicht erwartet werden, dass es gelassen auf diese Hilfe wartet. Also muss dafür gesorgt werden, dass eine vorbereitende leichte halbe Parade, ein leichter Schenkeldruck oder sogar ein leises Schnalzen dem Pferd die letztendlich das Antraben fordernde Hilfe ankündigt.

Bei einem leichten Zögern im Antritt sollte der Reiter lieber die Schenkelhilfe noch einmal deutlicher impulsartig wiederholen, als dass er so lange Druck, womöglich auch noch mit dem Sporen, ausübt, bis sich das Pferd in Bewegung setzt; meist ist dann der erste Tritt verspannt. Das gut ausgebildete Pferd trabt dagegen an, wenn der Schenkel nach dem kurzen Druck sich wieder streckt und durchfedert, dann aber flüssig und losgelassen.

Die versammelnde Wirkung der ganzen Paraden beruht zum großen Teil auf dem darauf folgenden Antraben vom Fleck.

Bei ganzen Paraden gilt es besonders, durch kurze und präzise Hilfen, die ruhig auch einmal etwas herzhafter gegeben werden können, das Pferd sensibel zu behalten und durch ein Lob im richtigen Moment, ihm zu zeigen, was man von ihm erwartet.

Wenn Pferde ganze Paraden zwanglos und gerne annehmen, kann man sowohl in der Arbeit als auch in der Prüfung immer wieder beobachten, wie sie im Halten abspannen. Sie atmen tief, manchmal sogar seufzerartig durch und genießen geradezu den Augenblick der Ruhe.

Wer dies einmal kennen gelernt hat, weiß es zu schätzen. Auch auf dem Turnier ist damit der erste und der letzte Eindruck bei den Richtern positiv gesichert.

> Paraden fein und effektiv reiten zu können, zeichnet den guten Reiter aus, es ist ein ganz wesentlicher Teil der sicheren und freudvollen Verständigung zwischen Pferd und Reiter.

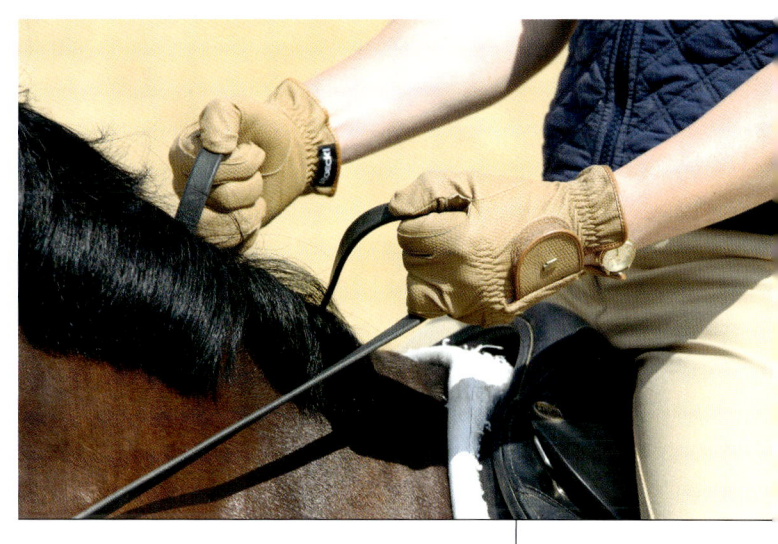

4.5 Handfehler des Reiters

Ein Großteil aller reiterlichen Probleme lässt sich auf zwei entscheidende Mängel seitens des Reiters zurückführen:
Zum einen auf ungenügenden oder ungeschickten Einsatz der treibenden Hilfen, und zum anderen auf zu starken und/oder fehlerhaften Gebrauch der Hand.

Mit dem zweiten dieser Punkte wollen wir uns einmal genauer befassen:

Voraussetzung für richtige und wohl dosierte Zügelhilfen ist selbstverständlich ein korrekter, gefestigter Sitz, zunächst im Grund-, nämlich im Dressursitz, später dann auch im entlastenden bzw. im leichten Sitz. Hierbei ist von entscheidender Bedeutung, dass der Reiter gelernt hat, möglichst in jeder Situation losgelassen und ausbalanciert im Gleichgewicht zu sitzen.

In diesem Zusammenhang wird häufig vom „unabhängigen Sitz" gesprochen; gemeint ist aber damit eigentlich, dass der Reiter in der Lage ist, sowohl seine Schenkelhilfen als auch seine Zügelhilfen unabhängig von den Bewegungen, die der Rumpf des Reiters, einmal mehr, einmal weniger macht, einzusetzen. Besondere Bedeutung hat dies selbstverständlich für die Hand, weil diese auf einen der sensibelsten Körperteile einwirkt, nämlich das Maul.

Korrekte unverkrampfte Zügelfäuste

4. ➤ Instinktiv – richtig?

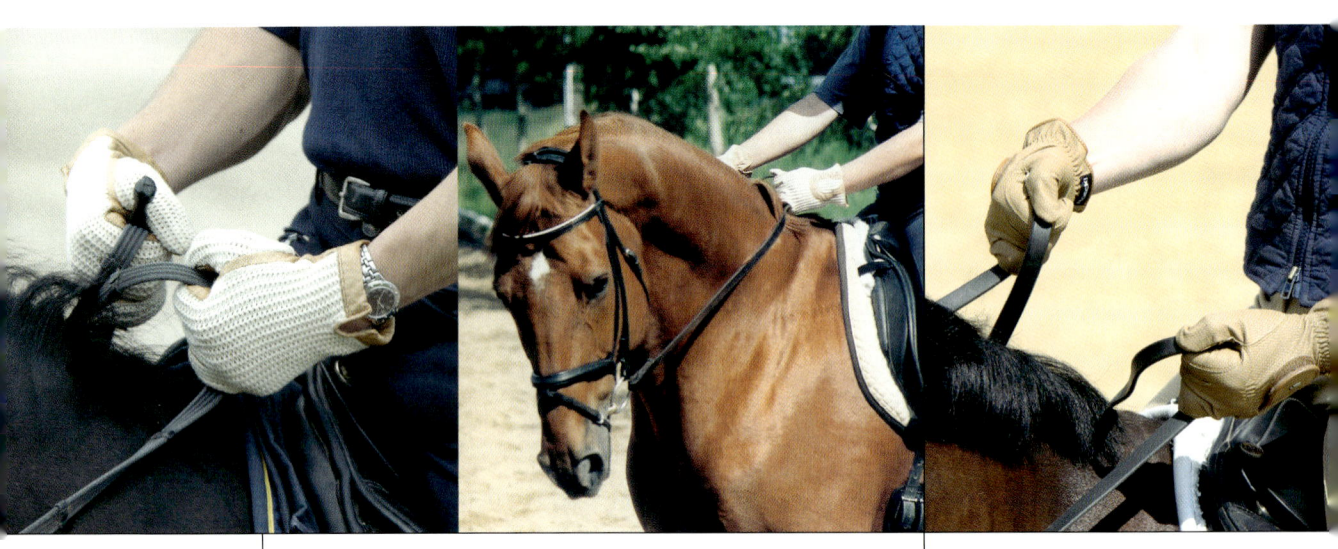

Zu dicht beieinanderstehende Zügelfäuste sind unnachgiebig und können keine freundliche Anlehnung bieten. Hier ist die rechte Hand abgewinkelt und verkrampft.

Innere Hand drückt über Mähnenkamm

Äußere Hand drückt über Mähnenkamm

• **Die vom Sitz unabhängige Hand**

Ein sensibles, aber keinesfalls überempfindliches Maul ist eine der wichtigsten Voraussetzungen für ein durchlässiges und angenehm zu reitendes Pferd. Nur ein sehr guter Reiter ist fähig, diese Sensibilität zu erhalten oder sogar wieder zu verbessern. Dazu muss er willens aber auch fähig sein, dem Pferd eine weiche, konstante Anlehnung bieten zu können, er muss in der Lage sein, seine Hand, verglichen mit dem Pferdemaul, möglichst ruhig zu tragen. Das heißt z. B.: Auch wenn das Pferd noch nicht voll gelöst ist, es den Reiter noch nicht so gut sitzen lässt oder gar beim Leichttraben, darf die Zügelfaust nicht die Bewegungen des Reiters mitmachen. Der Arm muss aus Schulter- und Ellbogengelenk heraus, ähnlich wie ein Stoßdämpfer, alle Unebenheiten auffangen, sodass der Reiter sogar das berühmte mit Wasser gefüllte Glas vor sich hertragen könnte. (s. Abb. S. 40)

Diese Vorstellung mit dem Glas Wasser in der Hand kann durchaus hilfreich sein, zumal dadurch auch die aufrechte Haltung der Hand gefördert wird.

Die unverkrampfte Beweglichkeit auch des Handgelenks ist neben dieser aufrechten Haltung eine weitere Voraussetzung für feine Zügelhilfen eben aus dem Handgelenk heraus. Ein irgendwie abgewinkeltes Handwurzelgelenk kann nicht locker sein, deshalb sollten Unterarm und Handrücken in etwa eine Gerade bilden.

• **Die Position der Hand**

Eine immer wieder auftauchende, auch schon bei Reitabzeichenprüfungen häufig gestellte Frage gilt der richtigen Position der Hand. **Diese muss immer in Abhängigkeit von der jeweiligen Haltung des Pferdes gesehen werden und muss bezüglich der Höhe stets, und das gilt auch im Entlastungssitz oder beim Springen, so gewählt werden, dass Ellbogen, Faust und Pferdemaul eine gerade Linie bilden.** Insbesondere in diesem Punkt müssen die meisten Reiter Fehler abstellen und versuchen, die Hilfen bewusster und damit richtig zu geben. Es wird nämlich häufig – mehr instinktiv als überlegt – versucht, ein zu tief kommendes Pferd durch eine steigende Hand zu heben bzw. ein sich heraushebendes oder nicht durchs Genick gehende mit sehr tiefer Hand herunterzudrücken. In beiden Fällen wird der Fehler nicht abgestellt, sondern erst recht provoziert oder gar verstärkt.

Die Gründe dafür sind folgende: Die höhere oder sogar aufwärts wirkende Hand wirkt ver-

| Verwerfen im Genick, hier im Schultervor bei zu strammem äußeren Zügel | Abgespreizte Ellbogen und verdeckte Fäuste verhindern gefühlvolle Zügelhilfen | Zu langer ziehender Zügel |

mehrt auf die Maulwinkel, das heißt schärfer und somit noch mehr beizäumend ein, sodass das Pferd allmählich nicht nur zu tief kommt, sondern auch zu eng wird, sich eventuell sogar hinter dem Zügel verkriecht.

Der besonders tief fuhrende oder herunterdrückende[1] Zügel bewirkt ähnlich wie ein Stoßzügel ein Gegenangehen des Pferdes und verursacht auf Dauer sogar eine Verstärkung der Unterhalsmuskulatur. Um diese nach unten drückende Wirkung zu vermeiden, muss das nicht ganz unerhebliche Gewicht von Unterarm und Hand aktiv getragen werden. Bei der Mehrzahl der Reiter ist zu beobachten, dass dies besonders mit der linken Hand zu wenig gelingt, dass diese häufig einfach hängen gelassen wird und somit drückt. Besonders wenn auf der linken Hand geritten wird, fällt das auf und macht sich negativ bemerkbar, weil gerade die jeweils innere Hand sicher auf der geraden Linie Ellbogen-Hand-Pferdemaul positioniert sein sollte. Deshalb merke man sich nicht nur, sondern beachte auch den alten Merksatz: „Hoher Zügel zäumt, tiefer Zügel bäumt!"

- Das Zügelmaß

Es gibt da noch einen Satz, der mir von meinen Ausbildern her in Erinnerung ist, und der etwas über die Position der Zügelfaust aussagt: „Langer Zügel zieht" – Warum?

Je länger der Zügel, desto weniger direkt ist die Einwirkung auf das Maul. Geht dann auch noch die Stetigkeit der Verbindung verloren (springender Zügel), provoziert das Anlehnungsfehler wie über oder hinter dem Zügel gehen. Hinzu kommt, dass bei längerem Zügelmaß vermehrt mit Kraft aus der Schulter und dem Oberarm, nämlich mit stärker abgewinkeltem Ellbogengelenk und somit angespanntem Bizeps geritten wird.

Dass manche Spitzenreiter, vor allem im Springsport auch mit zu langen Zügeln erfolgreich sind, beweist nur, dass sie trotz dieses Fehlers dank ihres überdurchschnittlichen Gefühls fein genug einzuwirken in der Lage sind.

Selbstverständlich ist auch der zu kurze Zügel von Nachteil, da der dann fast gestreckte Arm mangels Elastizität eine weiche Anlehnung unmöglich macht.

Eine leicht stumpfe Winkelung des Ellbogens sollte deshalb angestrebt werden, was vor allem bei Reitern mit kurzen Armen schon recht lange Zügel erfordert.

Auch über den Abstand der Fäuste voneinander lohnt es sich einmal nachzudenken:

---

[1] Herunterdrückend: Wie im Kapitel „Instinktiv-richtig?" angesprochen, versuchen die Reiter, durch den Instinkt dazu verleitet, ein gegen den Zügel gehendes oder sich heraushebendes Pferd mit der Hand daran zu hindern bzw. es herunterzudrücken.

4. ➢ Instinktiv – richtig?

Gute Zügelführung – vertrauensvolle Anlehnung

Der häufig genannte Abstand von einer Handbreite ist nur beim Kandarenreiten und hier bei „angefasster Trense" (3:1) korrekt, da dann die linke Hand über dem Mähnenkamm zu stehen hat. Ansonsten richtet er sich nach der Stärke des Pferdehalses, da auch von oben gesehen, also aus Reitersicht, die Linie vom Ellbogen über die Hand zum Maul eine Gerade sein soll.

Werden die Fäuste enger geführt, werden die Zügel durch den Hals teilweise umgelenkt, können also nicht mehr direkt einwirken.

Es entsteht eine ähnliche Wirkung wie bei der über den Mähnenkamm drückenden Hand.

- **Die aufrechte Zügelfaust mit anliegenden Ellbogen**

Auch in diesem Punkt, ähnlich wie bei dem zu langen Zügel, wird im großen Sport teilweise nicht sehr vorbildlich geritten. Und auch hier gilt: Nicht wegen der verdeckten, sondert trotz der verdeckten Fäuste können diese Reiter erfolgreich sein. Denn nur aufrechte Fäuste, bei denen in Grundhaltung die kleinen Finger eher sogar etwas dichter zusammen sind als die Daumen, ermöglichen feines, gefühlvolles Annehmen und Nachgeben aus den Handgelenken heraus, während bei verdeckter, also fast waagerechter Haltung, diese nur mit dem ganzen Oberkörper aus der Schulter heraus möglich ist. Hinzu kommt noch, dass bei Zügelführung mit verdeckten Fäusten die Reiter dazu neigen, den Bauch einzuziehen. Das Anspannen der Bauchmuskulatur, um z.B. einmal kurz und entschlossen eine durchhaltende Zügelhilfe zu geben, ist fast unmöglich. Diesbezüglich sollte jeder Reiter immer wieder einmal selbstkritisch in sich hineinfühlen, zumal viele glauben, diesbezügliche Korrekturen hätten nur optischen Wert.

- **Zügelhilfen mit weniger Kraft, aber mehr Gefühl**

Da der Mensch seiner Natur nach in der Regel mit seinen Händen am geschicktesten ist, neigt er beim Reiten dazu, Schwierigkeiten hauptsächlich mit den Zügeln zu beheben. Aus diesem Grund gibt es leider noch viele andere individuelle Handfehler:

So reiten viele im Bemühen um eine weiche Verbindung mit einer ständig offenen Faust, die nur schwerlich eine kontrollierte, stete Anlehnung gewährleistet. Weich wird aber die Verbindung durch die Elastizität in Schulter- und Ellbogengelenk sowie im Handgelenk.

Auch der Versuch, besonders im Halten, durch ständig leichtes Vibrieren mit der Hand für bessere Maultätigkeit zu sorgen, bewirkt mittelfristig nur das Gegenteil; an der ruhigen Hand und dem ruhig im Maul liegenden Gebiss wird das Pferd am besten lernen, sich vom Gebiss abzustoßen, im Genick nachzugeben und zufrieden mit geschlossenem Maul zu kauen.

Insgesamt zeigt sich immer wieder, dass nur der Reiter eine „gute Hand" hat, und somit in der Lage ist, seine Pferde weich und tätig im Maul zu erhalten, oder sie sogar in dieser Hinsicht zu verbessern, der mit korrekten Zügelhilfen reitet und sich nicht zu irgendwelchen Fehlern oder so genannten Tricks verleiten lässt.

Pferde, die so ausgebildet und geritten werden, sind leicht nachzureiten und behalten dann auch Zeit ihres Lebens ihre natürliche Gehfreude und Leistungsbereitschaft.

4.6 Was bedeutet „innen" und „außen"?

Gute Kenntnisse und richtige Verwendung der reiterlichen Fachausdrücke erleichtern die Kommunikation zwischen Ausbilder und Reitschüler. Zusätzlich wird dadurch auch die richtige Vorstellung von fachlichen Zusammenhängen und das Verständnis dafür verbessert. Ein gutes Beispiel ist die richtige Verwendung der Begriffe „innen" und „außen":

Ganz grundsätzlich gilt, dass sich im Zweifelsfall die Bezeichnung innerer oder äußerer Schenkel nicht danach richtet, wo die Bande oder Platzbegrenzung ist, sondern dass immer die Seite als die innere bezeichnet wird, nach der das Pferd gestellt und/oder gebogen sein soll und hoffentlich auch ist.

> **Hierzu zwei Beispiele:**
> - Wenn der Reiter auf der linken Hand auf dem Hufschlag hält (in der Halle auf dem zweiten oder dritten), um eine Vorhandwendung zu reiten, so muss das Pferd nach rechts gestellt werden (keine Längsbiegung). Somit wird auch hier der bisher äußere rechte Schenkel und Zügel zum inneren.
> - Und ein weiteres Beispiel: Wenn der Reiter im Rechtsgalopp von der rechten auf die linke Hand wechselt, also Kontergalopp reitet, muss das Pferd rechts gestellt bleiben (auch hier keine Längsbiegung), bleibt also der rechte Schenkel und der rechte Zügel der innere.

Um keine Verwirrung zu schaffen, sollte der Begriff „Außenstellung" auch nur benutzt werden, wenn das Pferd z.B. auf der rechten Hand fehlerhaft und ungewollt mit Linksstellung geht.

Wird das Pferd dagegen bewusst, etwa im Kontergalopp, im Konterschultervor oder im Konterschulterherein auf der rechten Hand nach links gestellt und zum Teil auch gebogen, muss stets von Konterstellung gesprochen werden.

→ Hilfengebung; Vorhandwendung; Galopparbeit; Seitengänge

4.7 Die Hilfsmittel: Stimme, Gerte, Sporen

Zur besseren Verständigung mit dem Pferd bzw. zur Unterstützung der Hilfengebung, können die Stimme des Reiters, die Reitgerte und die Sporen sinnvoll eingesetzt werden.

Die Stimme ist als Hilfsmittel bei der ersten Ausbildung und beim Anreiten junger Pferde unentbehrlich. Bei älteren Pferden sollte sie allmählich sparsamer verwandt werden, um eine Abstumpfung zu vermeiden, und vor allem um beim Reiten in Gesellschaft andere Reiter nicht zu stören. Bei Dressurprüfungen gilt der hörbare Gebrauch der Stimme als fehlerhaft.

Beim Einsatz der Stimme kommt es in erster Linie auf den richtigen Tonfall an; so wirkt eine ruhige, tiefe Stimmlage auf das Pferd beruhigend, während ein kurzes, präzis im richtigen Moment bzw. im richtigen Rhythmus angewandtes Schnalzen mit der Zunge sehr guten Aufforderungscharakter hat. Zischlaute hingegen wirken eher aufregend auf das Pferd. Man erlebt es immer wieder, dass Reiter versuchen, ihre Pferde mit einem Zischlaut zu beruhigen, so wie man ihn gelegentlich benutzt, um Kinder zur Ruhe zu mahnen. Dies ist an sich falsch und funktioniert zunächst auch nicht. Allerdings ist es erstaunlich, wie sich Pferde nach einiger Zeit an alles mögliche gewöhnen können.

Wenn der Reiter bei bestimmten Übungen oder Lektionen die gleichen Worte und den gleichen Tonfall wählt, den das Pferd vielleicht schon von Vorübungen an der Longe oder an der Hand kennt, so versteht das Pferd auch unter dem Sattel, was der Reiter von ihm will. Zum Beispiel: Wenn man

Korrekt geführte Dressurgerte

Korrekt geführte Springgerte

Korrekt sitzende Sporen

4. ➢ Instinktiv – richtig?

mit einem ganz jungen Pferd gelegentlich schon an der Hand bzw. an der Longe an der Bande einige Tritte Rückwärtsrichten versucht, dabei mit der Hand oder mit der Longierpeitsche vor dem Bug touchierend hilft und dabei im ruhigen Ton „zurück, zurück, zurück" murmelt, wird dies im gleichen Tonfall vom Sattel heruntergesprochen sehr hilfreich sein. Ähnliches gilt besonders auch beim Üben der ganzen Parade, also dem Halten.

Dank seiner großen und beweglichen Ohren hat das Pferd ein viel besseres Gehör als der Mensch, sodass sehr laute Worte nicht nur unnötig sind, sondern sogar stören.

Beim Reiten sehr junger Pferde und in der Springausbildung kann die Springgerte Verwendung finden. Sie darf laut LPO max. 75 cm lang sein, sollte einen kräftigen, gut in der Hand liegenden Griff und am Ende unbedingt eine Lederklatsche haben. Sie wird an der Schulter des Pferdes, möglichst im Rhythmus der Bewegung verwendet. Durch das Geräusch der Klatsche wirkt sie auffordernd; beim Einspringen junger Pferde kann sie viel mehr bewirken als der Einsatz von Sporen. Gelegentlich kann sie auch sehr gut zur Unterstützung des äußeren verwahrenden Zügels benutzt werden, um zu verhindern, dass das Pferd über die Schulter ausbricht.

Problematisch dabei ist nur, dass bei ungeschickter Anwendung sehr leicht die Hand über die Zügel störend auf das Maul einwirken kann. Deshalb muss der Reiter einfach üben, sie nur aus dem Handgelenk heraus an die Schulter zu bringen.

Die Dressurgerte sollte ca. 110 cm - max. 120 cm lang sein und keinesfalls so elastisch sein, dass durch ein Wippen des Gertenendes ungewollt das Pferd berührt werden kann. Sie wird nicht ganz am Ende angefasst, sondern etwas näher bei ihrem Schwerpunkt, weil sie der Reiter dann noch feiner und gezielter benutzen kann. Ihr Ende sollte normalerweise schräg über den Oberschenkel abwärts zeigen.

Mit ihr kann die Schenkelhilfe unterstützt werden bzw. kann das Pferd, wenn es den Schenkel nicht genügend respektiert, ermahnt werden.

Deshalb sollte unbedingt dicht hinter dem Unterschenkel touchiert werden, wozu der Reiter die gertenführende Hand etwas zur Seite nehmen muss, um besser mit der Gerte über den Oberschenkel hinweg das Pferd zu erreichen. Dies ist zwar einerseits umständlich, verhindert aber andererseits das ständige unbewusste und abstumpfende Touchieren. Auch muss diese Bewegung mit der Hand und dem Unterarm so geschickt möglich sein, dass das Pferd dadurch nicht im Maul gestört wird.

Ein Touchieren im Flankenbereich oder unter dem Bauch ist in der Regel fehlerhaft, weil es zum einen sehr leicht zu Striemen führt, zum anderen viele Pferde dazu neigen, darauf mit hoher Kruppe zu reagieren, nicht aber mit verbesserter Aktivität des Hinterbeins. In diesem Zusammenhang muss unbedingt unterschieden werden zwischen dem Einsatz der Gerte durch den Reiter und der Arbeit an der Hand, also vom Boden aus.

Selbstverständlich kann auch die Dressurgerte wie die Springgerte an der Schulter sinnvoll eingesetzt werden.

In geschlossenen Reitbahnen wird die Gerte üblicherweise in der dem Bahninneren zugewandten Hand getragen; so vermeidet man ein Schleifen der Gerte an der Bande und entsprechend irritierende Geräusche.

Soll die Gerte von einer Hand in die andere gewechselt werden, werden beide Zügel in die gertenführende Hand genommen. Die übernehmende Hand zieht die Gerte langsam aus der führenden Hand nach oben heraus, geht dann auf ihrer Seite wieder in Zügelhöhe und übernimmt dort anschließend auch wieder den Zügel.

Wie bei allen Hilfen gilt auch beim Einsatz der Gerte: Lieber kurz, präzise und entschlossen, als ständig, halbherzig und damit abstumpfend! Das Pferd sollte immer mit Respekt, aber keinesfalls ängstlich auf die Gertenhilfe reagieren. Auch bei der Dressurgerte muss der Einsatz auf den Rhythmus des Bewegungsablaufes abgestimmt sein, weil sie sonst sogar zu Unregelmäßigkeiten im Takt führen kann.

Mit dem Sporen soll die Schenkelhilfe verstärkt werden; auch er muss so eingesetzt werden, dass das Pferd für den Schenkel vermehrt sensibilisiert, keinesfalls aber abgestumpft wird. Voraussetzung dafür ist deshalb, dass der Reiter bewusst und unabhängig vom Sitz seine Schenkelhilfen zu geben versteht, und dass der Sporen dem jeweiligen Zweck entsprechend ausgewählt und am Stiefel abgebracht ist: Für den normalen Gebrauch sollte ein 2-3 cm langer stumpfer Sporen benutzt werden. Nur wenn der Reiter im Verhältnis zum Rumpf des Pferdes sehr lange Schenkel hat, kann ein längerer Sporen angebracht sein. Auf jeden Fall sollte er hoch an der Fersenkappe und gut fest angeschnallt sein, damit er gezielt eingesetzt werden kann. Immer muss man sich darüber im Klaren sein, dass auch ein ganz stumpfer Sporen bei unsachgemäßem, ständigem Gebrauch kahl und wund scheuern kann, bei unangemessen hartem Gebrauch beim Pferd sogar unsichtbare, aber doch sehr langfristig schmerzhafte Blutergüsse verursachen kann.

Es bringt keinen Vorteil, Sporen mit Rädchen zu benutzen. Stumpfe Rädchen, mit denen ein Abrollen des Sporens an der Haut des Pferdes erreicht werden soll, können auch nicht den fehlerhaften Gebrauch ausgleichen; schärfere, zackige Rädchen können, wenn überhaupt, nur durch einen meisterlichen Reiter sinnvoll benutzt werden.

Sollte es einmal nötig sein, wegen mangelnder Gehfreude und mangelhaften Respekts vor der treibenden Hilfe ein Pferd mit Gerte oder Sporen energisch zum Vorwärtsgehen aufzufordern, so muss unbedingt darauf geachtet werden, dass dann, wenn das Pferd entsprechend deutlich nach vorwärts will, also auf die Aufforderung wie gewünscht reagiert, es keinesfalls durch eine ungeschickte Hand sich im Maul am Trensengebiss stößt. Vielmehr sollte es ganz konsequent merken, dass nach einer solchen energischen Aufforderung ihm auch ein deutliches Vorwärts gestattet ist. Das heißt, der Reiter muss in solchen Augenblicken nicht nur mit der Hand deutlich vorgehen, sondern auch entlastend sitzen, um in der plötzlichen Vorwärtsbewegung gut mitzukommen.

Guckeriges Pferd

Entsprechendes gilt übrigens, wenn ein Pferd wegen mangelnder Durchlässigkeit bei Paraden einmal mit einer härteren Zügelhilfe ermahnt werden soll; dann muss zwar gleichzeitig der Reiter Gewicht und Schenkel am Pferd behalten, darf jedoch keinesfalls gleichzeitig den Sporen einsetzen.

Als Kriterium für den richtigen Einsatz aller Hilfsmittel gilt: Je weniger sie im weiteren Verlauf von Nöten sind, je mehr sie sich also selbst überflüssig machen, desto richtiger wurden sie eingesetzt.

Beim Einsatz der Hilfsmittel gilt genau wie bei der gesamten Hilfengebung: Jede Anwendung, die keine unmittelbare Reaktion des Pferdes zeitigt, ist nicht nur vertane Zeit und Energie, sie signalisiert vielmehr dem Pferd, dass es den Reiter gar nicht so ernst nehmen muss.

4.8 Reiterlicher Umgang mit ängstlichen und guckerigen Pferden

Auch bei Pferden gibt es eher mutige und neugierige oder eben vorsichtige und ängstliche Individuen und selbstverständlich alle Variationen dazwischen; diese unterschiedliche Veranlagung kann man schon bei Fohlen, aber auch erwachsenen Pferden auf der Weide sehr gut beobachten.

Die eher Ängstlichen werden z.B. bei einem Wechsel des Weideplatzes in der Gruppe oder in der Herde lieber hinter ihrer Mutter oder einem anderen Herdenmitglied ihren Platz suchen, sich fast schon verstecken, als dass sie vorweg gehen und gewissermaßen „Pfadfinder" spielen. Besonders gut lässt sich so etwas auf sehr weitläufigen

> **Als Kriterium für den richtigen Einsatz aller Hilfsmittel gilt: Je weniger sie im weiteren Verlauf von Nöten sind, je mehr sie sich also selbst überflüssig machen, desto richtiger wurden sie eingesetzt.**

Reiten mit *Verstand und Gefühl*

4. Instinktiv – richtig?

Weidegründen, z.B. bei den Dülmener Pferden im Merfelder Bruch beobachten. Deshalb findet man dort auch richtige Pfade, auf denen die Tiere ihren Standort wechseln.

Diese Interieureigenschaften werden sich natürlich auch unter dem Sattel bemerkbar machen. Zum Beispiel werden solche vorsichtigeren Pferde in fremder Umgebung sowieso aber auch sehr stark bei Veränderungen in der eigenen guckerig oder gar schreckhaft sein. Will man mit solchen Pferden gut auskommen oder sogar erfolgreich arbeiten, muss man lernen, mit diesen Eigenschaften zurecht zu kommen und richtig umzugehen. Diese Mühe auf sich zu nehmen, lohnt sich durchaus, weil es sich dabei häufig um insgesamt sehr sensible, leistungsbereite und besonders lernfähige Tiere handelt. Voraussetzung dafür ist, dass das Pferd den Reiter als Alphatier anerkennt und respektiert, weil es sich bei ihm, eingerahmt von seinen Hilfen (vor allem auch von den treibenden), sicher und geborgen fühlt. Dann wird es zunehmend auch in Situationen, die ihm fremd sind und eventuell sogar Furcht erregend erscheinen, bereit sein, weiter voranzugehen. Dies ist ganz ähnlich wie bei einem Kind, welches dank unerschütterlichen, weil nie enttäuschten Vertrauens zu seinen Eltern in solchen Momenten mutig weitergeht, wenn diese es fest an der Hand dicht neben sich führen.

Bei einem ängstlichen Pferd potenzieren sich sehr schnell die ängstlichen Reaktionen und damit die Probleme, wenn der Reiter jedes Erschrecken durch eine harte Einwirkung oder gar Strafe zu unterbinden versucht. Da es ja nicht möglich ist, beim Pferd die entsprechenden Wahrnehmungen zu verhindern, wird dieses sehr schnell bei jedem Erschrecken zusätzlich sofort Angst vor den Reaktionen des Reiters haben und entsprechend heftiger reagieren. Der gute Ausbilder hingegen wird versuchen, möglichst oft schon im Voraus solche Situationen zu erkennen oder zumindest zu erahnen; er wird dann sein Pferd verstärkt zwischen seinen Hilfen einrahmen und damit auf sich konzentrieren, z.B. durch vorübergehend verstärktes Biegen und Stellen. Er sollte dabei deutlich traversartig reiten, also mit dem inneren Schenkel die Schulter auf der zu reitenden Linie halten und mit dem äußeren Schenkel die Hinterhand etwas hereinnehmen. Auf keinen Fall darf sich das Pferd durch Schnellerwerden, Ausweichen oder gar Kehrtmachen entziehen. Vielmehr sollte man lieber rechtzeitig vor der „suspekten" Stelle aufnehmen, im Zweifelsfall sogar zum Schritt durchparieren und dem Pferd klarmachen, dass nur ein Weg weiterführt, nämlich der vom Reiter vorgegebene. Es muss in solchen Situationen die Erfahrung machen, dass der Reiter ihm an Willen überlegen ist, aber auch dass ihm letztendlich nichts geschieht. Selbst bei sehr vorsichtigen Pferden kann man darauf vertrauen, dass sehr bald ihre Neugier siegt und sie mit etwas Geduld sogar die Stelle beäugen und beriechen wollen.

Entscheidend ist dann auch, dass er sofort seine Hilfen wieder feiner gestaltet, nachgibt und das Pferd lobt, wenn dieses zwar mit einer gewissen Anspannung, aber gehorsam diese Stelle passiert hat.

Meistens wird empfohlen, in solchen Situationen schulterhereinartig zu reiten. Das Traversartige bietet dem Reiter aber meiner Erfahrung nach noch bessere Einwirkungsmöglichkeiten und Durchsetzungsvermögen.

In ganz schwierigen Fällen muss ein Führpferd zur Hilfe genommen werden; dieses muss dann aber auch wirklich sicher und selbstbewusst auftreten und auch entsprechend geritten werden. Es darf sich nicht durch das erste Pferd anstecken und verunsichern lassen.

Insgesamt gilt es, bei solchen Pferden ganz besonders sorgfältig zwischen bestimmtem und entschlossenem, also forderndem Reiten und anderseits ärgerlichem oder sogar strafendem Einwirken, mit dem nur etwas verhindert werden soll, zu unterscheiden.

Der richtige Umgang mit „Seelchen" oder auch „Angsthasen" in solchen Situationen macht das Miteinanderarbeiten für beide Beteiligten stressärmer und ist die einzige Möglichkeit, die Qualitäten des Pferdes trotz dieses Interieurproblems zu nutzen und auszuschöpfen.

Selbstverständlich kann es auch vorkommen, dass ansonsten selbstbewusste und neugierige Pferde sich an irgendetwas „hochziehen". Meist reicht es aber bei diesen, sie in eine Position zu bringen, aus der heraus sie mit normaler Perspektive richtig sehen und riechen können. Manchmal liegt es nur am ungünstigen Lichteinfall. Wegen des Sehfeldes von Pferden ist es ungeschickt, sie frontal auf einen solchen Punkt zureiten zu wollen, besser erkennen können sie schräg im Winkel. Sind es Tiere oder Personen, die solche Guckerigkeit verursachen, müssen diese nur veranlasst werden, sich zu bewegen, um vom Pferd als ungefährlich erkannt zu werden.

Wenn wir uns, besonders für den sportlichen Einsatz, sensible Pferde wünschen, müssen wir lernen, damit umzugehen, dass sie natürlich auch für alle Einflüsse von außen sehr empfänglich sind. Wollte man ihnen das Wahrnehmen und Gucken gänzlich verbieten, würde man sie gewissermaßen psychisch kastrieren, man würde sie auch mancher positiver Eigenschaften berauben. Also müssen wir ihnen von jung an zeigen, dass sie zwar alles wahrnehmen und registrieren dürfen, dass sie aber gleichzeitig weiterarbeiten können und zunehmend den größeren Teil ihrer Aufmerksamkeit beim Reiter zu belassen haben.

4.9 Umgang mit triebigen Pferden

Pferde sind ihrer Natur nach Bewegungstiere und in der Regel gehfreudig. Selbstverständlich gibt es auch hier Unterschiede, zum einen in Abhängigkeit von der Rasse, zum anderen von der Veranlagung und dem Temperament des einzelnen Pferdes. Deshalb sollte im Einzelfall erst einmal überlegt werden, was eventuell die Ursache für die Triebigkeit, für die Faulheit sein könnte.

Das Sitzen in Rücklage macht kein Pferd fleißiger.

Dabei kann es schon ganz aufschlussreich sein, ob sich diese mangelnde Gehfreude nur unter dem Sattel zeigt oder auch an der Longe, beim Laufenlassen oder gar auch auf der Weide. Ausgeschlossen werden müssen auf jeden Fall erst einmal Probleme, die die Gesundheit, Ausrüstung, Fütterung oder Haltung betreffen wie z.B.:

- jegliche, auch noch so leichte, eventuell kaum wahrnehmbare Lahmheit, vielleicht auch beschlagsbedingt;
- jegliche Erkrankungen innerer Organe, nicht zu vergessen auch des Herzens;
- Schmerzen in der Maulhöhle (Zahnprobleme), die sich beim Fressen oder auch in Anlehnungsproblemen dokumentieren;
- ungeeignetes, nicht richtig verpasstes oder gar defektes Zaumzeug einschließlich der Gebisse;
- mangelhaftes, unpassendes und/oder einfach fehlerhaft aufgelegtes Sattelzeug;
- mangelhafte, fehlerhafte oder auch überreichliche Fütterung, die zu Defiziten, Fehl- oder eben Überversorgung führt;
- Mängel oder Fehler in der Haltung, die sich auf die Psyche des Pferdes negativ auswir-

4. ➢ Instinktiv – richtig?

Im „Schiebesitz" ist die Mittelpositur fest, der Reiter hängt im Zügel und macht das Pferd eng.

4.9.1 Was muss der Reiter also vermeiden oder reiterlich ändern?

Wichtig ist zunächst einmal die Einstellung zum bzw. die Vorstellung vom Pferd, die der Reiter hat:

> Er muss die Idee haben, dem Pferd seinen Einsatz unter dem Reiter so angenehm zu gestalten, dass dieses seine Gehfreude behält oder gegebenenfalls wiederfindet. Dazu muss er versuchen, so losgelassen und ausbalanciert wie möglich zu sitzen (siehe „Pferd und Reiter im Gleichgewicht"). Besonders wichtig ist dies beim Reiten junger bzw. ausbildungsmäßig noch nicht so geförderter Pferde. Je weniger er selbst dazu in der Lage ist, desto mehr muss er darauf achten, nur entsprechend gefestigte Pferde zu reiten.

Nur gut aufeinander abgestimmte, konsequente Hilfengebung kann für das Pferd verständlich sein und erhält dieses willig und leistungsbereit.

Der Einfachheit halber will ich hier im Folgenden ganz typische Beispiele reiterlichen Fehlverhaltens aufzählen, die das Pferd mittel- oder langfristig unwillig und faul werden lassen und an Hand derer jeder selbst prüfen kann, ob bei ihm diesbezüglich Änderungsbedarf besteht (Es sind zum großen Teil Punkte, die auch in anderen Kapiteln angesprochen werden.):

Schon beim Schrittreiten glauben viele Reiter irrtümlicherweise, jeden einzelnen Schritt heraustreiben zu müssen. Dazu versuchen sie meist auch mit dem Gesäß zu schieben und mit den Schenkeln beidseitig oder wechselseitig aktiv zu treiben. Dieses ständige, aufwändige Treiben bewirkt aber nur, dass das Pferd immer stumpfer wird, besonders wenn dabei noch unaufhörlich die Sporen oder die Gerte eingesetzt werden. Es klappt dann gewissermaßen dem Reiter gegenüber seine Ohren zu.

ken, es einfach „unglücklich" machen (z.B. Einzelhaltung, ständige Stallhaltung ohne Abwechslung und äußere Reize etc.).

Gar nicht so selten kommt es vor, dass aus dieser ganzen Liste möglicher Ursachen mehrere Kleinigkeiten, die einzeln gar nicht ins Gewicht fallen würden, zusammenkommen und das Pferd tatsächlich beeinträchtigen.

Leider aber sind doch sehr häufig reiterliche Fehler oder Mängel für die übermäßige Triebigkeit eines Pferdes verantwortlich. Finden diese über längere Zeit keine Beachtung und werden deshalb nicht abgestellt, kann es auch dadurch zu echten Gesundheitsproblemen kommen.

Besser noch als jedes Abstellen von Fehlern und Mängeln ist auch in diesem Bereich selbstverständlich Vorbeugung in Form von korrektem, gutem Reiten.

Stattdessen sollte eigentlich jedes Pferd im Schritt von selbst mit genügend Fleiß vorwärts gehen, solange der Reiter nicht dessen natürliches Grundtempo zu überziehen versucht. Er muss dazu nur losgelassen und elastisch mit ruhig anliegenden Schenkeln in die Bewegung des Pferdes einsitzen. Sollte dann tatsächlich der Fleiß des Pferdes nachlassen, muss er mit beiden Schenkeln, eventuell unterstützt durch die Gerte, dicht am Gurt einen entschlossenen treibenden Impuls geben. Allerdings, und dies wird häufig versäumt, muss er die folgende, hoffentlich deutliche Reaktion des Pferdes nach vorne auch entsprechend zulassen; er muss mit nachgebender Hand und etwas entlastendem Sitzen dafür sorgen, dass sich das Pferd weder am Zügel stößt noch durch sein Gesäß einen unangenehmen Stoß im Rücken bekommt. Vom Grundsatz her gilt dieses Prinzip des herzhaften Impulses im Bedarfsfall und dem Zulassen der darauf folgenden Reaktion nach vorne in allen drei Grundgangarten.

4.9.2 Die falsche Vorstellung vom Treiben

Eine solche präzise und nicht zu oft eingesetzte treibende Hilfe erhält bzw. verbessert die Sensibilität des Pferdes für den Schenkel. Bei den allermeisten Pferden reicht es nach einigen wenigen Wiederholungen eines solchen Impulses aus, wenn der Reiter seinen Schenkel ganz kurz einmal lang macht und etwas vom Pferdeleib löst, so tut als ob er erneut einen Impuls geben will, um das Pferd zu erinnern und aufzufordern.

Leider versuchen viele Reiter, vielleicht durch die ständig wiederholte Aufforderung mehr zu treiben dazu veranlasst, mit stärkerem und vor allem länger dauerndem Druck des Schenkels für ein aktiveres Vorwärts zu sorgen. Dies führt aber dazu, dass sich die entsprechenden Muskeln des Pferdes verkrampfen und es sich noch mehr verhält.

Ebenso weit verbreitet ist der Versuch, das Pferd mit der Gewichtshilfe anzuschieben und dazu vermehrt hintenüber zu sitzen. Selbstverständlich fördert ein tiefer, elastischer Sitz das Wohlbefinden des Pferdes und damit seine Bereitschaft gut vorwärts zu gehen. Wenn der Reiter aber dabei mit ständig „angespanntem Kreuz" und in Rücklage zu treiben versucht, mindert er dadurch seine Elastizität in der Mittelpositur und wirkt zusätzlich meistens auch noch mit der Hand rückwärts. Diese Art zu sitzen verursacht im Rücken des Pferdes ein unangenehmes Gefühl, mittel- bis langfristig sogar Schmerzen, es wird sich deshalb verstärkt festhalten und dementsprechend weniger aktiv mit seinen Hinterbeinen vorwärts-aufwärts abfußen können (mehr hierzu im Kapitel 4.3 über Gewichtshilfen).

Zur Korrektur müssen solche Pferde erst einmal wieder vermehrt über den Rücken in Dehnungshaltung geritten werden, am besten im Leichttraben. Sie müssen sich physisch und psychisch wieder loszulassen lernen, was im Zweifelsfall nur unter einem erfahrenen und einfühlsamen Reiter möglich sein wird.

4.9.3 Das passende Grundtempo finden

Ein ganz typischer Fehler gerade bei ruhigeren, vielleicht etwas „gemütlicheren" Pferden ist das Überziehen des Grundtempos, speziell im Mittelschritt und Arbeitstrab. Leider wird der Reiter bei solchen Pferden durch seinen Instinkt geradezu dazu verleitet, im Bestreben für mehr Fleiß zu sorgen, ein zu frisches, ja eiliges Grundtempo zu fordern. Wenn er gewissermaßen schon beim Aufsitzen in Gedanken die Ärmel hochkrempelt, um das Pferd „ordentlich vorwärts zu reiten", wird er mit diesem fehlerhaften ständigen übertriebenen Treiben auf sein Pferd einwirken und bei diesem von Anfang an Widerstand dagegen provozieren. **Gerade bei Pferden mit einem ruhigeren Bewegungsablauf muss sehr sorgfältig darauf geachtet werden, zwar vermehrt Aktivität, aber keinesfalls ein auch nur geringfügig überzogenes Tempo zu fordern.** Die treibenden Hilfen müssen entschlossener und präziser, nicht aber schneller eingesetzt werden; sie müs-

4. ➤ Instinktiv – richtig?

sen genau auf den Rhythmus des jeweiligen Bewegungsablaufes abgestimmt sein (mehr hierzu im Kapitel 3. über lösende Arbeit).

Ein weiterer in diesem Zusammenhang häufiger Fehler, der auch teilweise durch den Instinkt noch gefördert wird, ist die Idee, durch eine lose Zügelverbindung das Vorwärtsgehen besser zuzulassen. Nur wenn das Pferd, am besten schon in der Grundausbildung, gelernt hat, vertrauensvoll an die Hand heranzutreten und zu „ziehen" (mehr hierzu im Kapitel 5. über Schwung), wird es bereit sein, mit schwingendem Rücken vorwärts zu gehen. Je besser es aber im Rücken schwingt, desto besser kann der Reiter sitzen, ein umso angenehmeres Gefühl vermittelt er dem Pferd und dieses wiederum dankt es ihm durch Gehfreude.

4.9.4 Was kann zusätzlich die Gehfreude des Pferdes fördern?

In englisch-sprachigen Ländern wird sehr gerne vom „happy horse", also vom glücklichen Pferd gesprochen. Dieser Ausdruck bezieht sich vor allem auf seinen mentalen Zustand, der sich sofort in der Leistungsbereitschaft widerspiegelt.

Bezüglich artgerechter Haltung machen sich Reiter und Pferdehalter ja glücklicherweise heute mehr Gedanken denn je. Bezüglich der reiterlichen Ausbildung kommt es aber nicht nur darauf an, korrekt und solide zu arbeiten. Vielmehr muss auch in der täglichen Arbeit großer Wert auf abwechslungsreiche und interessante Gestaltung gelegt werden, die auch den Kopf, manche sprechen auch von „Geist" des Pferdes fordert:

- Der Ablauf der täglichen Trainingseinheit muss häufig variiert werden.
- Ein Platz möglichst im Freien, mit unterschiedlichen Reizen von außen fördert die Lebhaftigkeit des Pferdes und seine Fähigkeit, mit ungewohnten Situationen, z.B. auch auf Turnieren, fertig zu werden.
- Häufiges Arbeiten in Gemeinschaft mit anderen Pferden wirkt anregend und beruhigend zugleich.
- Regelmäßiges Ausreiten, auch in unterschiedlichem Gelände, bringt positive Reize für alle seine Sinnesorgane.
- Ausritte in der Gruppe, eventuell auch Teilnahme an einer gut organisierten Jagd vermitteln nahezu jedem Pferd Freude an frischem Vorwärts und fördern somit die Gehfreude. In Trakehnen, dem berühmten Haupt- und Landgestüt im früheren Ostpreußen, wurden die Junghengste im ersten Ausbildungsjahr jagdlich geritten.

Bei den meisten triebigen Pferden ist es relativ leicht möglich, den Fleiß und die Gehfreude zu verbessern. Der weniger erfahrene Reiter sollte aber nicht zögern, fachkundigen Rat einzuholen und sich gegebenenfalls auch reiterlich helfen zu lassen, damit sein Pferd gar nicht erst eine falsche Automatik aufbaut, und lernt, dass Reiten etwas mit Langeweile und Behäbigkeit zu tun hat. Deshalb muss auch in diesem Zusammenhang nochmals daran erinnert werden, wie wichtig es ist, dass junge Pferde von erfahrenen und geeigneten Reitern angeritten und mit ihrem Dienst unter dem Sattel vertraut gemacht werden. In dieser Phase muss jedes Pferd erleben, dass es auch mit dem Reiter möglich ist, ja sogar Spaß macht, sich losgelassen und ausbalanciert zu bewegen, ja seinen Bewegungsdrang zu befriedigen.

Die Ausrüstung des Pferdes

Teil 2

1. ➤ Der Sattel

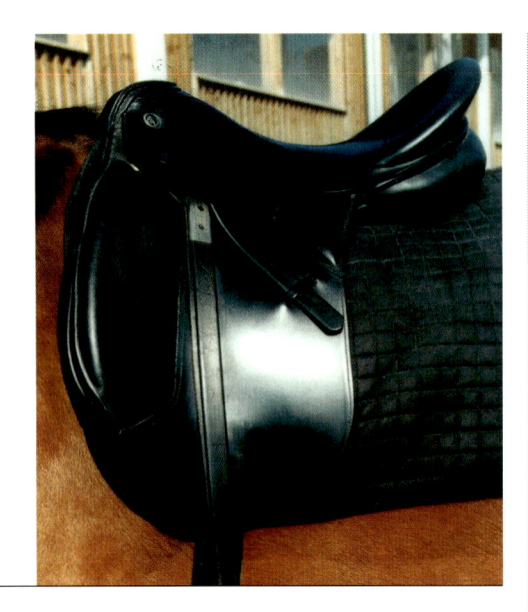

Konventioneller Dressursattel mit normaler Sitztiefe und Pauschen, die den Reiter nicht fixieren.

➤ Nur wer losgelassen und ausbalanciert zu sitzen in der Lage ist, kann sich auf dem Pferd wohl fühlen und für dieses eine einigermaßen angenehme und leicht zu tragende Last sein.

1. Wie man sattelt, so reitet man

Es ist ganz erstaunlich zu beobachten, wie viel Geld ein Großteil der Reiter und besonders der Reiterinnen für Sättel auszugeben bereit ist. Wenn sie dann für manchmal Tausende von Euro ein solches, häufig sogar nach Maß angefertigtes „Teil" anschaffen, versprechen sie sich davon zum einen natürlich einen besseren Sitz und in der Folge eine bessere Einwirkung, aber auch mehr Wohlbefinden für ihr Pferd. Beides ist selbstverständlich sehr stark voneinander abhängig und so lässt sich auch gar nicht festlegen, was als Erstes angestrebt werden muss.

Leider sind manche dieser Investitionen nicht nur unnötig, sondern unter dem Strich sogar schädlich. Wer nun glaubt, in einem entsprechenden Fachgeschäft stets richtig beraten und bedient zu werden, erliegt nicht selten einem Irrtum. Deshalb werde ich im Folgenden einige wichtige Kritikpunkte aufführen und erklären:

1.1 Wie kommt der Reiter zum richtigen Sitz im Sattel?

Nur wer losgelassen und ausbalanciert zu sitzen in der Lage ist, kann sich auf dem Pferd wohl fühlen und für dieses eine einigermaßen angenehme und leicht zu tragende Last sein. Er wird mit seinem Pferd zusammen Freude an unserem Sport haben können. Da Reiten immer mit Bewegung beider Beteiligten verbunden ist und diese Bewegung von ständigen Wechseln in Bezug auf Gangart, Tempo und Balance geprägt ist, muss das gemeinsame Gleichgewicht zwischen Reiter und Pferd als etwas sehr Dynamisches gesehen werden. Folglich kann es auch nicht Sinn eines guten Sattels sein, den Reiter möglichst fest und unbeweglich gewissermaßen auf dem Pferderücken zu fixieren. Vielfach scheint aber diese Vorstellung in den Köpfen oder richtiger in den „Gesäßen" vorzuherrschen. Es fehlt nur noch, dass Reithose und Sattel durch großflächige Klettverschlüsse miteinander verbunden werden, Stiefel und Sattelblatt werden ohnedies häufig miteinander verklebt. Der Sattel muss also so beschaffen sein, dass der Reiter zwar in eine gute Grundposition hingesetzt wird, aber auch genügend Bewegungsfreiheit hat, sich jeder Bewegung des Pferdes und jeder Situation optimal anpassen zu können; das betrifft auch die Schenkel.

Am einfachsten ist sicherlich noch, die für den Reiter passende Größe und Form zu finden. Sitzfläche sowie Sattelblattform und -länge müssen dem Gesäß und der Beinlänge, besonders der Oberschenkellänge, entsprechen. Besonders bei kleineren und/oder im Beckenbereich schmaler gebauten Reitern muss die Sitzfläche richtig tailliert sein, um ein gleichmäßiges Anliegen der Oberschenkel zu ermöglichen.

Ein weiteres für die richtige Sitzposition ganz wichtiges Kriterium ist die Lage des tiefsten Punktes der Sitzfläche (häufig wird stattdessen fälschlicherweise auch vom Schwerpunkt des Sattels gesprochen). Dieser sollte im belasteten Zustand ziemlich genau in der Mitte liegen.

1.1.1 Kritik am Sattelangebot

Liegt der tiefste Punkt weiter zurück, z.B. weil die Kammer für den Widerrist des betreffenden Pferdes zu eng und/oder zu hoch ist, wird der Reiter

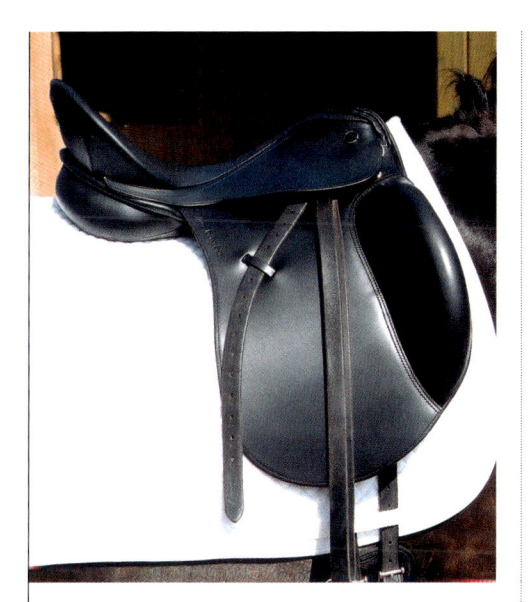

Moderner oder besser gesagt modischer Dressursattel, der den Reiter fixiert und eventuell überstreckt.

Der Reiter bekommt zu viel Druck auf den Oberschenkel; dadurch kommt er mit dem Becken in Hohlkreuzposition und seine Unterschenkel rutschen zu weit zurück.

zum Stuhlsitz verleitet. Das mag ihm vielleicht sogar ganz bequem erscheinen; da ihm aber dadurch die Unterschenkel zu weit nach vorne rutschen, wird er, besonders auch beim Leichttraben in seiner Balance gestört und in der Wirkung seiner vortreibenden Schenkelhilfe eingeschränkt. Diese Störung im Gleichgewicht führt dazu, dass der Reiter zur Rücklage neigt und meist mit recht langen Zügeln im Maul rückwärts wirkt.

Bei einem Großteil der heute auf dem Markt befindlichen Dressursättel liegt jedoch der tiefste Punkt deutlich weiter vorn, vielleicht weil man die Sättel gerne relativ weit, manchmal schon eindeutig zu weit zurücklegt, und durch das Weiter-nach-vorne-setzen des Reiters einen Ausgleich für den Pferderücken zu schaffen versucht. Für den Sitz des Reiters hat das aber sehr nachteilige Folgen: Er bekommt ständig einen leichten Schubs ans Gesäß, hat dadurch das Gefühl vornüber zu sitzen und versucht unwillkürlich dies zu kompensieren, indem er sich etwas in Rücklage begibt. Wenn dann noch eine dieser weit verbreiteten überdimensional dicken Pauschen den Oberschenkel in sehr steiler Haltung fixiert, wird das Becken des Reiters in eine Hohlkreuzposition gekippt und damit ein Spaltsitz geradezu erzwungen. Auch dabei bekommt der Reiter Gleichgewichtsprobleme und hat das Gefühl vor der Senkrechten zu sitzen. Um dem entgegenzuwirken, nimmt er meist den Oberkörper vermehrt zurück und belastet seinen Rücken durch eine noch stärkere Hohlkreuzhaltung.

Diese Tendenz zum Spaltsitz wird auch durch die meistens sehr steil geschnittenen Sattelblätter gefördert, weil diese den Reiter animieren, mit teilweise überlangen Bügeln zu reiten.

Ein gut gestreckter Sitz ist zweifellos zum dressurmäßigen Reiten wichtig und vorteilhaft. Wenn aber der durch die Proportionen von Reiter und Pferd (besonders bei sehr rumpfigen und breiten Pferden begrenzte) vorgegebene Streckungsgrad auch nur um ein Loch der Bügellänge überschritten wird, ist er für den Sitz absolut abträglich. Es wird dadurch die Elastizität in der Mittelpositur gemindert, es kommt zu viel Druck auf die Oberschenkel, die Unterschenkel werden mit schlaffer Wadenmuskulatur vermehrt nach hinten rutschen und die so wichtige Unabhängigkeit der Hand vom Sitz wird erheblich eingeschränkt.

1. Der Sattel

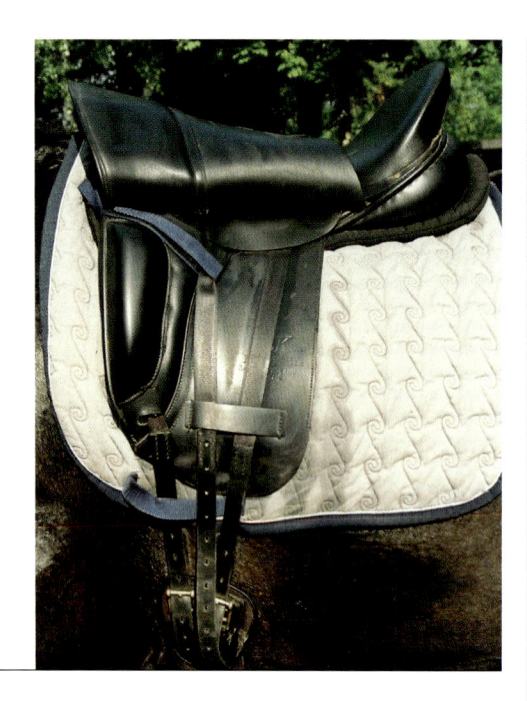

Sattel mit Vorgurtstrupfe: Dadurch entsteht sehr viel Druck auf den Widerrist. Die Pferde fühlen sich häufig hinter der Schulter geschnürt.

Die sichere korrekte Lage der Unterschenkel ist aber von ganz grundsätzlicher Bedeutung. Leider glauben manche Reiter (und leider auch Ausbilder), dass es mit einem weiter zurückliegenden Schenkel leichter möglich ist, das Pferd an den treibenden Hilfen, also vor sich zu behalten. Das ist aber nicht richtig, weil dann die so wichtige (Rippen-)Biegung um den vortreibenden inneren Schenkel sehr erschwert wird und auch die Differenzierung zur seitwärtstreibenden und verwahrenden Hilfe nur noch durch ein übertrieben weites Umlegen fast bis in den Flankenbereich möglich ist.

Insgesamt werden heute vornehmlich Dressursättel bevorzugt, deren Sitzfläche stark eingetieft ist, weil diese in Verbindung mit den oben genannten kräftigen Pauschen an Oberschenkel und Knie dem Reiter das Gefühl vermitteln, besonders fest im Sattel zu sitzen. Freilich ist es dann leichter, auch Pferde auszusitzen, die, aus welchen Gründen auch immer, stärker werfen.

Allerdings gelingt dies nicht dank besserer Losgelassenheit von Reiter (besseres Mitschwingen im Beckenbereich) und Pferd (bessere Hergabe des Rückens), sondern einfach durch die maximale Fixierung im Sattel – am besten noch mit dem oben schon angesprochenen „Klebstoff" an der Innenseite der Stiefel.

Es ist übrigens eine ganz irrige Meinung, zu glauben, mit einem solchen Sattel dichter am Pferd zu sitze; das Gegenteil ist der Fall.

Eine solche Fixierung im Sattel, die nahezu jede Bewegung des Gesäßes und der Oberschenkel verhindert, ist der Losgelassenheit des Reiters sehr abträglich. Demzufolge wird es selbstverständlich auch kaum zu einer optimalen Losgelassenheit des Pferdes kommen.

Ein weiterer Aspekt, der bei solchen Sätteln Beachtung verdient, ist die Tatsache, dass es kaum möglich ist, einmal mit etwas kürzeren Bügeln zu reiten, wie es z.B. bei Remonten geboten ist oder auch im Gelände sowie über Cavaletti. Ein auch nur etwas größerer Reiter, als der, für den der Sattel passt, hat keine Chance, darin auch nur halbwegs vernünftig sitzen zu können. Besonders bei Jugendlichen und Heranwachsenden muss daran gedacht werden, will man nicht alle halbe Jahre einen neuen, größeren Sattel kaufen müssen.

Im Übrigen kann man in einem Mehrzwecksattel, Schwerpunkt Dressur tatsächlich auch hervorragend Dressur reiten, besser sogar als in einem Sattel, der den überstreckten Sitz erzwingt.

1.1.3 Die Lage des Sattels

Nun noch ein paar Hinweise zur Lage des Sattels auf dem Pferd:

Die Sattelkissen sollten relativ weich gepolstert sein und sich einigermaßen flexibel dem Pferderücken anpassen, auch wenn an diesem leichte Veränderungen auftreten. Der Abstand der Kissen muss auf jeden Fall weit genug sein, um der Wirbelsäule genügend Platz zu bieten.

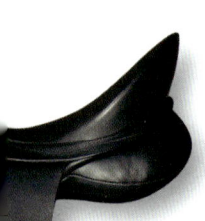

Im Bereich der Kammer und der vorderen Pauschen darf die Bewegung der Schulterblätter nicht eingeschränkt sein, weil es sonst zu ernsthaften Problemen mit Muskulatur und Nerven kommen kann, die sich entlang der Halswirbelsäule bis zum Kopf auswirken können. Allerdings darf daraus nicht der Schluss gezogen werden, dass das Sattelblatt nahezu senkrecht nach unten oder sogar zurückgeschnitten sein muss, sonst dürften Springsättel überhaupt keine Verwendung finden.

Häufiger werden Dressursättel heute wohl, wie oben schon erwähnt, zu weit zurückgelegt. Wenn aber der Pferderücken hinter dem 15. Rückenwirbel belastet wird, kann er kaum mehr aufgewölbt werden, was aber für seine Tragfähigkeit von entscheidender Bedeutung ist.

Vielfach werden auch auf relativ kleinen Pferden einfach zu große, also auch zu weit nach hinten reichende Sättel benutzt (gerade auch sog. Trachtensättel).

Einen weiterer durchaus strittiger Punkt kann hier nur angerissen werden, nämlich **der Kurzgurt**, der leider bei Dressursätteln fast nur noch verwendet wird:

Viele Reiter haben ihn nur deshalb, weil Sättel mit Langgurt kaum angeboten werden; warum aber nicht. Das meistens genannte Argument, dass nämlich das Knie besser und dichter am Pferd liegt, ist nicht stichhaltig, besonders wenn man die meist sehr dicken Satteldecken sieht. Wenn ein Langgurt genau in der passenden Länge benutzt wird, stört er in der Knielage überhaupt nicht.

Allerdings betreffen die Nachteile des Kurzgurtes nicht den Reiter, sondern hauptsächlich das Pferd:

- Durch die meist direkt am „Kopfeisen" angebrachte vordere Strupfe wird vermehrt Druck auf den Widerrist, also sehr weit vorne ausgeübt.

- Dadurch wird auch die Tendenz, dass der Sattel sich im hinteren Teil anhebt, verstärkt.

- Man hat durch Messungen festgestellt, dass beim Kurzgurt im Bereich der Schnallen übermäßig Druck ausgeübt wird.

- Das Nachgurten ist vom Pferd aus sehr mühsam und umständlich, weshalb häufig zu früh schon ganz fest gegurtet wird.

- Bei Pferden mit nicht ganz optimaler Gurtlage, z.B. sehr jungen oder solchen mit etwas ausgeprägtem Bauch, kommt es sehr leicht zu Scheuerstellen.

- Die meist sehr dicken Schnallen bieten in der Gurtlage unmittelbar vor dem Schenkel keine sehr schöne Optik.

Im Springsport hat der Kurzgurt dankenswerter Weise noch keine Verbreitung gefunden.

1.1.4 Resümee

Wer sich und seinem Pferd etwas Gutes tun will, wer harmonisch und vielleicht auch erfolgreich mit ihm Sport treiben möchte, muss immer wieder an seinem Sitz arbeiten. Nur wer ausbalanciert und losgelassen, auch in etwas schwierigeren, unvorhergesehenen Situationen zu sitzen gelernt hat, wird sich auf dem Pferd wohl fühlen können und dieses Wohlbefinden auch seinem Pferd vermitteln. Dazu muss der Sattel nicht nur gut zum Pferd passen, sondern auch dem Körperbau sowie den muskulären und reiterlichen Voraussetzungen des Reiters entsprechen. Sitzmängel, besonders bezüglich der Losgelassenheit und Balance können nicht durch irgendwelche „Spezialsättel", manche sprechen da auch von „Sitzprothesen", ausgeglichen werden.

Entsprechendes gilt auch für die Auswahl der Zäumung bzw. der Gebisse:

Eine geeignete und passende Ausrüstung ist zwar unabdingbare Voraussetzung, jedoch vermag kein noch so speziell ausgewähltes, vielleicht sogar neu erfundenes Teil mangelndes reiterliches Können auszugleichen.

➜ Losgelassenheit des Reiters; Pferd und Reiter im Gleichgewicht

> Eine geeignete und passende Ausrüstung ist zwar unabdingbare Voraussetzung, jedoch vermag kein noch so speziell ausgewähltes, vielleicht sogar neu erfundenes Teil mangelndes reiterliches Können auszugleichen.

2. ➤ Der Trensenzaum

Korrekt sitzender Trensenzaum

2. Der Trensenzaum

Gemäß unserer Reitlehre gehört zur Grundausrüstung des Reitpferdes das Zaumzeug und der Sattel.

Zur Geschichte der verschiedenen Zäumungen für Pferde ist im Abschnitt über die Kandare etwas zu finden.

Die Trense ist für die Grundausbildung die best geeignete Zäumung. Dies gilt auch für den Beginn einer speziellen Ausbildung Richtung Springen oder Geländereiten, erst recht natürlich im Freizeitbereich.

> **Der Trensenzaum setzt sich zusammen aus**
> - dem Genickstück,
> - den Backenstücken,
> - dem Kehlriemen und
> - dem Stirnband.

Zusätzlich wird in der Regel (auf Turnieren vorgeschrieben) ein Reithalfter eingeschnallt.

Trensengebisse wirken auf die Laden und die Zunge des Pferdes, was nach unserer Reitlehre auch gewünscht ist. Je vertrauensvoller das Pferd bei nachgiebigem Genick an das Gebiss herantritt, desto besser wird es mit den Hinterbeinen nach vorne durchschwingen (siehe hierzu die Kapitel 4. und 5. Anlehnung und Schwung). Gelegentlich wird heute, besonders von Ausbildern der Westernszene argumentiert, dass ein Gebiss, welches auch auf die Zunge einwirkt, das Pferd daran hindert, zu schlucken und sich im Genick richtig loszulassen. Dass dies nicht richtig ist, kann jeder erleben, der selbst entsprechend zu reiten gelernt hat oder einem guten Reiter bei der Arbeit zusieht.

Je dünner das Gebiss ist, desto punktueller wirkt es ein, desto schärfer ist es auch. Allerdings sind der Stärke des Gebisses durch die Größe und Form des Maules Grenzen gesetzt (siehe hierzu auch Teil 2, Kapitel 3. über Kandare); deshalb darf man auch nicht der irrigen Idee nachhängen, ein dickes, 22 mm starkes Gebiss kann nicht verkehrt sein. Es kann in einem kleinen Maul ein richtiger Störfaktor sein! Für ein Warmblutpferd mit normaler Kopfgröße haben sich Gebisse mit einer Stärke von 18 mm gut bewährt.

Die Größe des Gebisses muss exakt zur Breite des Maules und vor allem zum Abstand der beiden Unterkieferäste passen. Häufig wird aus Angst, die Lefzen und Maulwinkel einzuklemmen, ein zu großes Mundstück gewählt.

Das ist aber deswegen falsch, weil ein zu großes Gebiss
- im Maul hin und her rutscht, also unruhig liegt,
- sich im Maul leicht aufstellt und gegen den oberen Gaumen drückt,
- den Unterkiefer einklemmt („Nussknackereffekt", besonders des einfach gebrochenen Gebisses) und evtl.
- das Pferd animiert, seine Zunge hochzuziehen.
- Beim doppelt gebrochenen kommt dadurch eventuell das Gelenk auf der Lade zu liegen.

Je besser das Gebiss zum Maul passt, desto wohler wird sich das Pferd fühlen und dadurch bereit sein, zu kauen und im Genick nachgiebig zu sein.

Gebisse müssen regelmäßig überprüft werden, ob sie nicht abgenutzt, ausgeschlagen oder im Material fehlerhaft sind; andernfalls kann es zu Verletzungen im Maulbereich kommen.

2.1 Die Gebisse

- Die **Wassertrense**, auch Ringtrense genannt, ist wohl das gebräuchlichste Gebiss und für alle Einsatzarten gut brauchbar. Normalerweise sind massive, schwere Mundstücke zu bevorzugen, weil sie etwas ruhiger im Maul liegen und das Pferd weniger als hohle zum Spielen verleiten.

Wassertrensen gibt es in einfach und in doppelt gebrochener Form. Da doppelt gebrochene Mundstücke sich besser dem Maul anpassen können, werden sie heute bevorzugt gewählt.

- Bei der **Olivenkopftrense** sind die Ringe durch ein Gelenk mit dem Mundstück verbunden. Dadurch liegt sie zwar etwas stabiler im Maul, wird aber auch mitbewegt, wenn durch Zügeleinsatz die Ringe bewegt werden. Das Pferd hat weniger die Möglichkeit, sich das Mundstück passend im Maul zurechtzulegen.

- Die **Schenkeltrense**, früher Knebeltrense genannt, hat Seitengestelle, die in schwierigen Situationen das Gebiss in der richtigen Position halten und verhindern sollen, dass das Gebiss durch das Maul gezogen wird. Sie kann eventuell beim Springen im Parcours oder Gelände Verwendung finden, wenn das Pferd noch nicht durchlässig genug ist und Wendungen nicht so gut annimmt.

Ein ähnlicher Effekt kann durch Gummischeiben an einer Wassertrense oder durch eine so genannte D-Trense bewirkt werden. (Ein Großteil der aus Amerika kommenden Gebisse, die zur Zeit sehr „in" sind, haben nicht nur ein sehr dünnes, scharfes Mundstück, sondern auch D-förmige Seitenteile.) Bei diesen Varianten muss bedacht werden, dass sehr leicht die Innenseiten der Lefzen zu stark gegen oder sogar zwischen die Backenzähne gedrückt werden und es zu Verletzungen der Schleimhaut kommt.

Für die tägliche dressurmäßige Arbeit sollten diese Hilfsmittel nicht benutzt werden.

- Wie jeder weiß, gibt es Dutzende verschiedene Arten von **Spezialgebissen**, die von ihren Verkäufern, oft in gutem Glauben, manchmal nur aus Geschäftemacherei, als besonders wirksam angepriesen werden. **Deshalb muss daran erinnert werden, dass sich mangelnde Durchlässigkeit nicht durch ein schärferes Gebiss ausgleichen lässt.** Ein scheinbarer erster Erfolg verkehrt sich meistens sehr bald ins Gegenteil. Handfehler des Reiters wirken sich mit sehr dünnen, scharfen Gebissen besonders gravierend aus.

Wer glaubt, etwas Neues, gar Ungewöhnliches ausprobieren zu müssen, sollte sich selbstkritisch fragen, ob er in der Lage ist, mit seinen Händen fein genug einzuwirken und Reaktionen seines Pferdes zu erfühlen und richtig zu deuten. Im Zweifelsfall sollte er einen seriösen, erfahrenen Fachmann um Rat fragen und um Hilfe, z.B. durch Unterricht, bitten.

- Zwei Sonderformen von Gebissen will ich aber ansprechen, weil sie doch recht weit verbreitet sind:

Die **doppelt gebrochene Trense** gibt es auch in einer Version, bei der das mittlere Stück nicht als „Olive", sondern als abgerundetes Plättchen geformt ist; man nennt sie nach „Dr. Bristol" oder im Englischen French Link. Besonders als Unterlegtrense zur Kandare ist sie recht gebräuchlich. Aber auch in etwas stärkerer Form kann sie als

Von oben:
Doppelt gebrochene Ringtrense mit „Olive" als Mittelstück

Doppelt gebrochene Ringtrense mit flachem Mittelstück (manchmal als „Dr. Bristol" oder „French link" bezeichnet)

Olivenkopfgebiss

Sehr dünnes Gebiss aus dem Westernreiten

2. ➢ Der Trensenzaum

> ➢ Ausbidungsmängel lassen sich in der Regel nicht durch Spezialzäumungen ausgleichen!

Trensengebiss sinnvoll verwendet werden, z.B. bei Pferden mit sehr flachem oberen Gaumen und solchen, die dazu neigen, mit der Zunge zu spielen.

Die **Dreiringtrense** kommt häufig bei Springpferden zum Einsatz. Solange die Zügel im mittleren großen Ring eingeschnallt sind, wirkt sie fast wie eine normale Wassertrense. Werden die Zügel jedoch am unteren Ring befestigt, wirkt beim Annehmen der Zügel das Gebiss aufwärts Richtung Maulwinkel und damit deutlich schärfer.

Etwas gewarnt werden muss vor Gebissen, die angeblich das Pferd anregen sollen, mehr zu kauen. Von guter Kautätigkeit kann nur dann gesprochen werden, wenn sie offensichtlich auf Wohlbefinden und daraus resultierende Losgelassenheit des Pferdes hindeutet; wenn sie mit kaum geöffnetem Maul und sich wenig bewegender Zunge vonstatten geht.

Manche dieser Gebisse sind zusammengesetzt aus Teilen in unterschiedlicher Metalllegierung oder haben entsprechende Einlagen. Dadurch bereiten sie aber dem Pferd unangenehme Gefühle und veranlassen es so verstärkt, manchmal sogar übertrieben, zu kauen; das kann aber nicht unser Ziel sein. Man kann es vielleicht nachvollziehen, wenn man sich vorstellt, mit einer Metallzahnfüllung auf einer Metallfolie herumzukauen.

In diesem Zusammenhang auch ein Wort zu den aus dem Westernsport kommenden sehr dünnen Spezialgebissen, die zur Zeit sehr in Mode sind: Es ist zwar richtig, wie oben schon angesprochen, dass ein zu dickes Gebiss in einer kleineren, engeren Maulhöhle trotz passender Größe richtiggehend stören kann. Deswegen sollte das Wohlgefühl des Pferdes ein ganz entscheidendes Kriterium für die Wahl der Zäumung und speziell des Gebisses sein; dies kann der fachkundige Beobachter sehr leicht erkennen an

- guter Kautätigkeit (siehe oben), bei geschlossenem Maul mit leichter Schaumentwicklung,
- unverkrampft gehaltenen Lippen,
- konzentriertem, aber entspanntem Gesichtsausdruck,
- wachem, aber ruhigem Auge und
- aufmerksamem, aber ruhigem Ohrenspiel,

um nur die Anzeichen im Bereich des Kopfes anzusprechen; der gute, erfahrene Reiter wird es selbstverständlich fühlen. Wenig Sinn hat es, Messungen vorzunehmen. Es ist erfahrungsgemäß auch nicht richtig, dass jegliche Berührung des oberen Gaumens stört.

Im Übrigen muss man bedenken, dass im Westernsport Anlehnung, also eine ständige Verbindung zwischen Reiterhand und Pferdemaul, gar nicht erwünscht ist, das Pferd vielmehr ganz bewusst, mit ganz unterschiedlichen und aus meiner Sicht zum großen Teil sehr fragwürdigen Mitteln von der Hand weg, eigentlich nach unserem Verständnis hinter den Zügel geritten wird. Zu den bei diesen Gebissen meist D-förmig oder schenkelartigen Seitenteilen wurde oben schon etwas angemerkt.

2.2 Die Zügel

Die Zügel werden am Trensengebiss eingeschnallt. Gelegentlich werden dazu Haken benutzt, um sie leichter abschnallen zu können, z.B. zum Wechseln des Gebisses. Das hat den Nachteil, dass es sehr leicht zu einem „Geklappere" kommt, wenn der Reiter nicht ganz ideal die Verbindung zu halten versteht; sensible Pferde lassen sich dadurch stören und neigen manchmal dazu, hinter dem Zügel zu gehen.

Es gibt sehr unterschiedliche Zügelarten. Die Breite beträgt normalerweise 2 cm, kann aber für Reiter mit zierlichen Händen besser schmaler gewählt werden, weil es sonst fast unmöglich wird, die Hände genügend zu schließen. Die Länge beider Hälften zusammen beträgt ca. 2,75 m.

Zügel müssen gut in der Hand liegen und griffig sein, um damit eine sichere Verbindung halten zu können. Im fortgeschrittenen dressurmäßigen Training sind Zügel mit aufgenähten Stegen weniger empfehlenswert; ein stufenloses Nachfassen ist fast unmöglich und somit ist es mit ihnen schwierig, stets mit präzise passendem Zügelmaß zu reiten. Geeigneter wären Zügel mit Gummibeschichtung, entsprechend bearbeitete glatte Gurt- oder am besten einfache Lederzügel. Diese dürfen im Griffbereich aber nur mit Sattelseife gepflegt, niemals aber gefettet werden.

Wie bei allen Ausrüstungsgegenständen, die für die Sicherheit eine Rolle spielen, gilt bei Zügeln ganz besonders: Billig ist nicht immer auch preiswert!

2.3 Anpassung des Trensenzaums

Der Trensenzaum kann nur dann zu einer guten Verständigung zwischen Reiter und Pferd beitragen, wenn alle Teile optimal passen und richtig verschnallt sind:

- **Das Gebiss muss so hoch liegen, dass auch bei angenommenen Zügeln die Backenstücke nicht lose herumschlackern; an den Maulwinkeln sollten sich ein bis zwei Fältchen bilden.**
- **Der Kehlriemen wird so lose verschnallt, dass mindestens eine aufrechte Handbreite am Kehlgang hineinpasst.**
- **Das Stirnband muss so groß sein, dass es keinesfalls über der Stirn spannt und so das Genickstück an die Ohren zieht. Wenn es auch nur etwas spannt, kann das dadurch verursachte Klemmen an der Ohrwurzel zu starken Irritationen, längerfristig bis hin zur Kopfscheuheit führen.**
- **Da es mehrere verschiedene Reithalfterarten gibt, die alle sehr unterschiedliche Vor- und Nachteile haben, werden diese in einem gesonderten Abschnitt besprochen.**

Abschließend nochmals die Mahnung:
Ausbildungsmängel lassen sich in der Regel nicht durch Spezialzäumungen ausgleichen!

➔ Anlehnung

2.4 Reithalfter

Gemäß einem ganz entscheidenden Prinzip unserer Reitlehre soll die Ausbildung von Reiter und Pferd möglichst pferdegemäß und -freundlich vonstatten gehen. Nun wird in der LPO bei der Ausrüstung des Pferdes grundsätzlich auch ein Reithalfter verlangt, was viele, die sich für besonders pferdefreundlich halten, als ein Zwangsmittel ansehen und es deshalb ablehnen.

Wie lässt sich dieser Widerspruch auflösen?
Dass die Bestimmung der LPO absolut pferdefreundlich einzuschätzen ist, lässt sich ganz leicht erklären:

Wenn beim Reiten über die Zügel mit dem Gebiss Druck auf das Maul, also auf Laden, Zunge und Maulwinkel, ausgeübt wird, dann wird das Pferd ganz unwillkürlich mit einem Nachgeben des Unterkiefers reagieren. Wie viel Kraft der Reiter dabei anwendet, hängt zum einen von seinen reiterlichen Fähigkeiten, besonders seinem Reitergefühl, zum anderen von der Rittigkeit des Pferdes ab. Auf jeden Fall wirkt diese Kraft zunächst einmal ausschließlich auf das Maul ein. Ist das Pferd jedoch mit einem Reithalfter gezäumt, wird der Druck durch den nachgebenden Unterkiefer über den Nasenriemen an den Nasenrücken weitergegeben. Dass das Einwirken auf den Nasenrücken recht gut funktioniert, wird beim Einsatz mancher gebissloser Zäumungen, des Kappzaumes aber auch einfach beim Führen am Halfter deutlich spürbar.

Selbstverständlich kann der Einsatz eines Reithalfters nur dann als pferdefreundlich bezeichnet werden, wenn dieses richtig konstruiert, sorgfältig verpasst und richtig verschnallt ist. Bei den verschiedenen Reithalfterarten werden wir darauf zurückkommen.

Für alle Reithalfter gilt zum einen, dass die Lederteile breit genug sein müssen, um nicht zu schnüren. Deshalb sind laut LPO zumindest bis einschließlich Kategorie B nur solche aus Leder erlaubt, z.B. aber keine Nasenriemen aus einer Art Kordel. Zum anderen dürfen sie natürlich nicht zu eng verschnallt werden; ein zu enges Verschnallen beeinträchtigt die Kautätigkeit oder unterbindet sie sogar. Dadurch wiederum wird die Bereitschaft zur Nachgiebigkeit im Genick eingeschränkt und sicherlich auch das Wohlbefinden des Pferdes gemindert werden.

Ob ein Pferd sich unter dem Reiter wohl fühlt, kann dieser relativ leicht an den verschiedensten

2. ▶ Der Trensenzaum

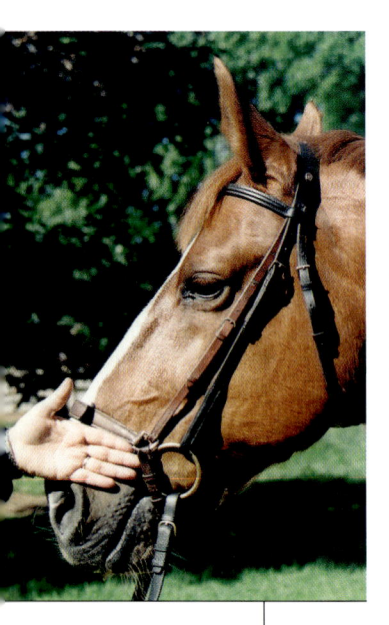

Hannoversches Reithalfter, korrekt verschnallt

Merkmalen erfühlen, vorausgesetzt er kann schon einigermaßen reiten und sich auch etwas auf das Pferd konzentrieren. **Es ist aber auch für den Betrachter, also z.B. für den Richter oder Ausbilder am gesamten Gesichtsausdruck, besonders auch an der Art, wie es kaut und an der Haltung der Lippen sehr gut zu erkennen, ob das Pferd in guter Anlehnung und mit Vertrauen zur Reiterhand geht.**
Nun aber zu den verschiedenen Arten von Reithalftern

2.4.1 Das hannoversche Reithalfter

Das hannoversche Reithalfter war in früheren Jahren bei Zäumung auf Trense das allgemein Übliche. In den letzten Jahren hingegen wird es immer weniger verwendet. Zum Teil liegt das sicher daran, dass es den Reitern und Pferdebesitzern rein optisch nicht so gut gefällt. Der entscheidende Nachteil dieses Halfters ist aber die sehr tiefe Lage seines Nasenriemens auf dem unteren, besonders empfindlichen Ende des Nasenbeins, weshalb es auch nicht so schade ist, wenn es kaum noch benutzt wird. Hinzu kommt, dass die meisten hannoverschen Reithalfter mit ihren Maßen für die heute im Durchschnitt doch recht kleinen Pferdeköpfe einfach nicht richtig passen. Meistens ist der Nasenriemen zu lang, sodass die seitlichen kleinen Ringe, an denen die beiden Teile des Kinnriemens angenäht sind, zu weit hinten liegen. Das wiederum führt dazu, dass es in diesem Bereich auf das Gebiss drückt, wenn man den Nasenriemen so hoch legt, wie er eigentlich gehört, nämlich 4 bis 5 Finger breit über dem Nüsternrand.

Tatsächlich gibt es aber gelegentlich Pferde, die mit diesem Reithalfter auf Trense einfach am besten gehen; warum ist manchmal gar nicht zu ergründen. Dann muss auf jeden Fall dafür gesorgt werden, dass eben dieses Nasenstück entsprechend kurz ist, was jeder Sattler sehr leicht bewerkstelligen kann. Im geschlossenen Zustand sollte es noch gut möglich sein, ein bis zwei Finger unter den Nasenriemen schieben zu können.

2.4.2 Das englische und das kombinierte Reithalfter

Das englische Reithalfter ist bei der Kandarenzäumung obligatorisch und kann selbstverständlich auch bei Trensenzäumung verwendet werden. Um es wirklich hoch genug verschnallen zu können, muss sein linkes Backenstück so kurz sein, dass die Schnalle nicht fast am Stirnband zu liegen kommt und drückt. Der Nasenriemen sollte knapp unterhalb der Jochbeinleisten liegen, also so hoch wie möglich, damit nicht die Lefzen zwischen dem Nasenriemen und dem Gebiss eingeklemmt werden können. Häufig sind auch die beiden Backenstücke in zu geringem Abstand voneinander am Nasenriemen befestigt, sodass sie unmittelbar auf der Jochbeinleiste verlaufen. Auch hier muss der Sattler helfen und sie etwas zurücksetzen.

Gar nicht selten ist das Schnallteil am Nasenriemen selbst zu kurz. Normalerweise sollte es so lang sein, dass es von rechts kommend über beide Unterkieferäste herüberreicht, die Schnalle also etwas linksseitig zu liegen kommt. Ist es kürzer, kann das Ende genau auf dem linken Unterkieferast enden, wodurch es gelegentlich sogar zu Druckstellen kommt. In diesem Fall kann man ganz einfach durch Unterlegen eines Stück Schwammgummis oder Filzes das Problem beheben.

Sehr häufig wird das englische Reithalfter mit einem zusätzlichen Nasenriemen als so genanntes kombiniertes Reithalfter verwendet. Dieser zweite Nasenriemen wird unsinnigerweise häufig als Sperr- oder Pullerriemen bezeichnet. Er hat eigentlich keine große Bedeutung, kann nur zu einer etwas verbesserten und sichereren Lage des Gebisses im Maul beitragen.

Auch beim englischen und kombinierten Reithalfter sollten ein bis zwei Finger unter den Nasenriemen passen, will man nicht die so wichtige Kautätigkeit des Pferdes beeinträchtigen. Auf keinen Fall sollte der untere Nasenriemen fester

Kombiniertes Reithalfter, der Nasenriemen könnte sogar noch ein Loch höher verschnallt werden.

2.4.3 Das mexikanische Reithalfter

Mit dem mexikanischen Reithalfter soll der Punkt, an dem der Druck auf den Nasenrücken entsteht, noch weiter nach oben verlegt und, soweit das möglich ist, die Atemwege noch besser frei gehalten werden.

Wenn man sich zum Einsatz dieses Reithalfters entschließt und der Meinung ist, dass es dem betreffenden Pferd am meisten behagt, dann sollte man es in der Form benutzen, wie es heute vielfach im Spring- und Vielseitigkeitssport eingesetzt wird. Dabei sitzen am Ende der beiden Backenstücke kleine Ringe, von denen die Nasen- und Kinnriemen ausgehen. Diese kleinen Ringe sitzen dann sogar oberhalb des unteren Endes der Jochbeinleiste, weshalb diese Art des Reithalfters wirklich nur relativ locker verschnallt benutzt werden darf.

Bei der älteren Form mexikanischer Reithalfter lagen die beiden sich vorne kreuzenden Nasenriemen seitlich knapp unterhalb der Jochbeinleiste, wie beim kombinierten. Da diese beiden Nasenriemen im Bereich der Rosette nicht fest miteinander verbunden sind, ist es nicht möglich, den oberen etwas fester als den unteren zu schnallen, sodass dieses Kreuzungsstück doch immer wieder relativ weit auf dem Nasenrücken nach unten rutscht, was ja gerade vermieden werden sollte.

Gut sitzendes mexikanisches Reithalfter, vielleicht etwas stramm zugeschnallt

zugeschnallt werden als der obere, weil er sonst das gesamte Nasenstück herunterzieht, was sowohl für die Funktion als auch für die Optik von Nachteil wäre. Deshalb muss stets der obere Nasenriemen zuerst zugemacht werden. Da der untere Nasenriemen in der Regel durch den Pferdespeichel inklusive Zucker- und Leckerlireste verschmutzt und verklebt ist, muss er nach jedem Reiten sorgfältig gesäubert werden, will man Scheuerstellen am Pferdemaul vorbeugen.

Eine besondere Form des kombinierten Reithalfters wird vielerorts als schwedisches Reithalfter bezeichnet. Bei dieser Art läuft unten herum über die beiden Unterkieferäste ein doppeltes Schnallteil, durch welches man gewissermaßen mit Übersetzung, also mit einer Art Kraftverstärker, die Nase zuschnallen kann. Deshalb muss man dabei besonders sorgfältig darauf achten, keinesfalls das Maul zu fest zuzuschnüren. Ansonsten sind diese Reithalfter von der Funktion her sehr gut zu gebrauchen, sie liegen sehr schön gleichmäßig auf beiden Unterkieferästen, vorausgesetzt die dazugehörige Unterlage ist lang genug. Andernfalls kann es zu Druckstellen auf den Unterkieferknochen kommen.

Ein gut passendes und richtig verschnalltes englisches oder kombiniertes Reithalfter ist für alle Zwecke gut geeignet und behindert dank seiner hohen Lage keinesfalls die Atemwege des Pferdes.

2.4.4 Das Bügelreithalfter

Beim Bügelreithalfter liegt der Nasenriemen etwas höher als beim hannoverschen und etwas tiefer als beim englischen Reithalfter. Damit auf keinen Fall die Lefzen durch den Bügel eingeklemmt werden, muss es sehr sorgfältig aufgelegt und verschnallt werden. Es soll so hoch liegen, dass der untere Kinnriemen knapp unterhalb des Gebisses verläuft; nur dann kann dieser richtig in der Kinngrube zu liegen kommen. Auch bei dieser Art von Reithalfter ist es, ähn-

3. ➢ Zäumung auf Kandare

Bügelreithalfter

lich wie beim hannoverschen, wichtig, dass das Nasenstück keinesfalls zu lang ist, weil sonst die Bügel zu weit hinten sitzen und wahrscheinlich mit dem Gebiss kollidieren. Was die Festigkeit des Zuschnallens anbelangt, gilt dasselbe wie bei den anderen Reithalftern.

Normalerweise findet dieses Reithalfter wenig Verwendung.

Gelegentlich hilft es bei leichteren Zungenfehlern, z.B. ein seitliches Herausstrecken etwas einzuschränken. Allerdings gilt auch hierbei, dass echte Abhilfe nur geschaffen werden kann, wenn man die Ursachen herausfindet und abstellt.

Bei Pferden, die dazu neigen, Ober- und Unterkiefer seitlich gegeneinander zu verschieben, kann dies durch die beiden Bügel ebenfalls etwas eingeschränkt werden. Gleichzeitig müssen aber unbedingt die Zähne sorgfältig überprüft werden.

Abschließend sei wieder daran erinnert, dass die Zäumung zwar individuell für jedes Pferd sorgfältig ausgewählt und verpasst sein muss, **dass aber mangelhaftes reiterliches Können, besonders was die gute, vom Sitz unabhängige Hand anbelangt, durch die besten und teuersten Ausrüstungsgegenstände nie ausgeglichen werden kann.**

3. Zäumung auf Kandare

3.1 Die Bedeutung der Kandare in der Vergangenheit

Ab wann es welche Gebisse genau gab, ist nicht genau festzulegen. Sicher ist jedenfalls, dass die Kandare nicht als Hilfsmittel für eine besonders feine Führung des Pferdes erfunden wurde.

Was und wie viel einem Pferd mit der Kandare „ins Maul gehängt" werden kann, demonstrieren die Gebissbücher des 16. und 17. Jahrhunderts auf eindrucksvolle Weise.

Unter anderem angesichts ihrer langen Unterbäume hat man die Kandaren der frühen Neuzeit als Marterwerkzeuge bezeichnet. Bei einer solchen Bewertung sollte man aber berücksichtigen, dass diese Kandaren zum Teil ohne oder mit einer ziemlich langen Kinnkette ausgestattet waren.

Die relativ scharfen Kandaren und die relativ langen, spitzen Sporen im Mittelalter und in der frühen Neuzeit des Abendlandes sind bezeichnend für die Auffassung vom Pferd als Hilfsmittel sowie für die brachiale Unterordnung des Tieres unter den Willen des Menschen. Diese Einstellung zum Tier wurde vor allem von den Anforderungen der Kriegsreiterei bestimmt. Der Einsatz der Kandare wurde ebenfalls von diesen Zwecken diktiert, das Mundstück gestattete nämlich, das Pferd rigoros zu beherrschen und optimal zu dirigieren. Es erlaubte dies nicht nur den perfekten Reitern, sondern auch den weniger begabten. Es ermöglichte eine sichere Beherrschung bei der Führung des Pferdes mit einer, nämlich der linken Hand; die Rechte blieb frei, um die Waffe zu führen.

Bis zu den letzten Einsätzen der militärischen Reiterei im 2. Weltkrieg blieb die skizzierte Aufgabe der Kandare erhalten; nicht die weiche Führung des Pferdes, sondern die optimale Manövrierfähigkeit – bei der Führung mit einer Hand durch gute und auch durch schwächere Reiter – gab den Ausschlag für die Verwendung dieses Mundstücks. Selbst bei der Komplettierung der Zäumung durch eine dünne Unterlegtrense

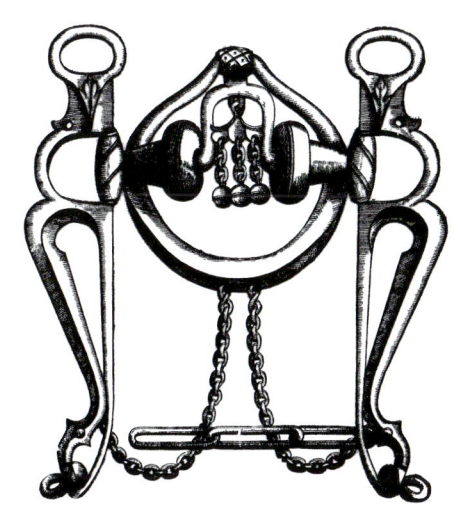

Mit solchen gewalt(tät)igen Gebissen hat man in der Barockzeit Pferde traktiert.

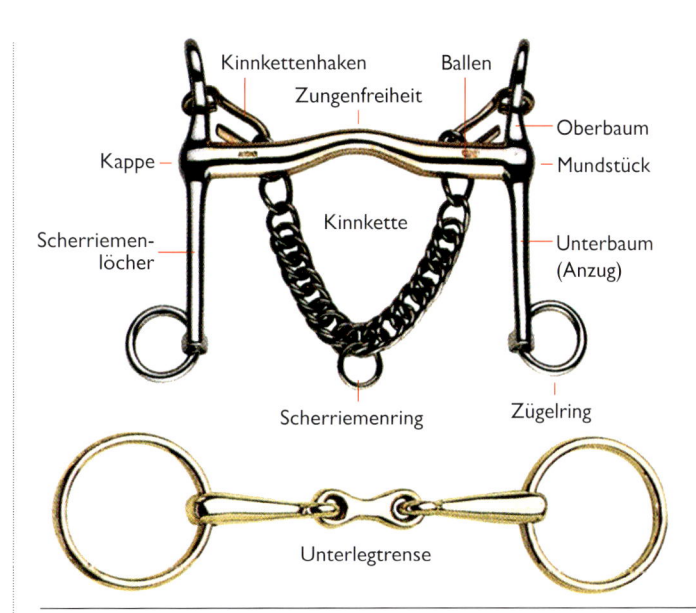

Modernes Kandarengebiss mit Bezeichnung der einzelnen Teile (Ober- und Unterbaum zusammen bezeichnet man auch als Seitengestell.)

blieb das Moment der Sicherheit – ein weiterer Zügel und ein weiteres Gebiss für den Fall eines Defektes – ursprünglich wohl der handlungsbestimmende Gesichtspunkt.

Im Verlauf der Loslösung des Reitens von den Anforderungen des Krieges und im Verlauf der damit verbundenen „Humanisierung" der Nutzung des Pferdes wurde die Verwendung der Kandare ideologisch uminterpretiert, nämlich als die „feinere Führung". Feiner ist sie aber natürlich nur insofern, als sie dem Reiter aufgrund ihrer schärferen Wirkung das Einwirken mit noch feineren Hilfen ermöglicht.

3.2 Der Umgang mit der Kandare heute

Sowohl bei der Grundausbildung wie auch in der weiterführenden Schulung von Dressurpferden spielt die Kandare heute eine relativ untergeordnete Rolle. Auf Turnieren wird sie in Dressurprüfungen der Klasse L zum Teil, in Kl. M und S ausschließlich verlangt. Dabei ist aber anzumerken, dass es auch in den höheren Klassen durchaus Pferde gibt, die genauso gut, gelegentlich sogar etwas besser, auf Trense zu reiten sind.

Im Sinne richtiger Pferdeausbildung und gemäß der Philosophie unserer Reitlehre muss größter Wert darauf gelegt werden, dass das Pferd sich auch in Bezug auf die Zäumung wohl fühlt. Nur dann kann es nämlich vertrauensvoll an die Hand herantreten und dementsprechend gehfreudig sein, mit den Hinterbeinen durchschwingen, also echten „Schwung" entwickeln.

Deshalb sollte jeder Reiter, der mit der Kandare arbeiten will, bestrebt sein, sich gute Kenntnisse über alles, was dafür wichtig ist, anzueignen.

3.2.1 Welche Voraussetzung muss der junge Reiter haben, um mit der Kandarenzäumung vertraut gemacht zu werden

Welche Voraussetzung muss nun der junge Reiter haben, um sich berechtigterweise daran machen zu können, den Umgang mit der Kandare zu erlernen? Die wichtigste, wie generell für gutes Reiten, ist ein auskorrigierter, korrekter Dressursitz in sicherer Balance, der es ihm aus einer elastischen Mittelpositur heraus gestattet, losgelassen und ausbalanciert so im Pferd zu sitzen, dass dieses unter ihm zur Losgelassenheit kommt und sich wohl fühlt. Nur dann kann er nämlich mit vom Sitz unabhängiger Hand führen, bewusste und gefühlvoll abgestimmte Zügelhilfen geben.

3. ▶ Zäumung auf Kandare

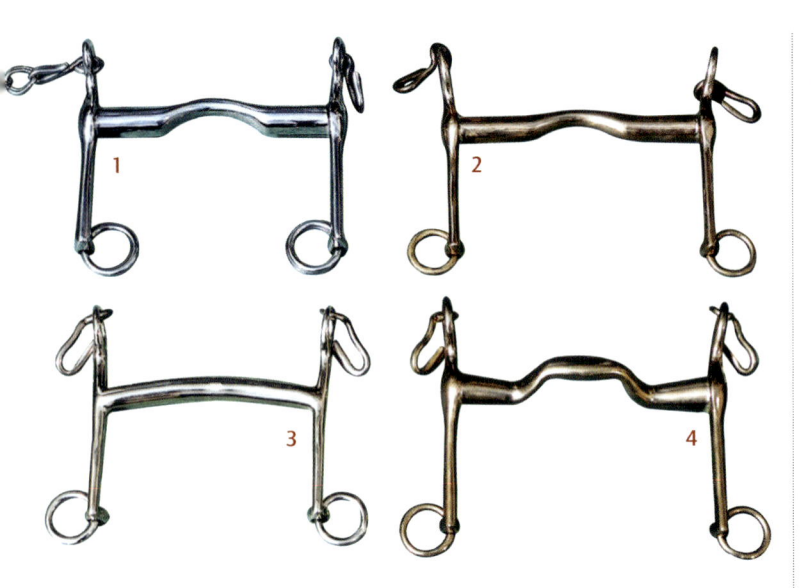

Vier moderne, durchaus übliche Kandarengebisse, alle mit Unterbäumen mittlerer Länge (7 cm) – 1 + 2: Gebisse mit leichter Zungenfreiheit, mittlerer Stärke (18 oder 19 mm), die der Verfasser gerne verwendet
3: Gebiss, bei dem durch die gleichmäßige Biegung des Mundstücks eine leichte Zungenfreiheit entsteht (14,5 mm)
4: Gebiss mit stärkerer, etwas eckiger Zungenfreiheit und etwas dickeren Ballen

Sinnvoll ist es auch, wenn dem jungen Reiter für seine ersten Versuche mit der Kandare ein Pferd zur Verfügung steht, welches diese Art der Zäumung kennt und damit zufrieden geht. Um von Anfang an für das Pferd unangenehme Einwirkungen auszuschließen, ist die Kandarenzäumung die ersten Male nur unter Aufsicht eines erfahrenen Ausbilders zu benutzen.

Möglichst noch vor diesen ersten praktischen Versuchen sollte der Reiter über einige technische Probleme, die im Zusammenhang mit dieser Zäumung auftreten, unterrichtet sein:

- Durch die Hebelwirkung wirkt die Kandare auf das Maul mit deutlich größerer Kraft ein als das Trensengebiss. Deshalb wird durch das sicher ans Gebiss herantretende Pferd der Trensenzügel stets ein wenig mehr aus der Hand herausgezogen als der Kandarenzügel.

Dies wiederum ist der Grund, warum stets vermehrt am **Trensenzügel** nachgefasst werden muss.

- Wegen der Hebelwirkung ist es auch besonders wichtig, eine zu hohe Handhaltung zu vermeiden, weil dadurch automatisch eine stärkere beizäumende Wirkung entsteht, das Pferd also sehr schnell eng gemacht wird.
- Soll ein Pferd etwas tiefer eingestellt werden, z.B. auch zum Zügel aus der Hand kauen lassen, muss der Kandarenzügel stärker nachgegeben werden als der Trensenzügel, weil sonst das Pferd hinter die Senkrechte kommt, sich u.U. sogar aufrollt.
- Da das Kandarengebiss eine Stange ist, darf noch weniger als bei der Trense einseitig mit einem Zügel eingewirkt werden, weil sich das Pferd sonst sofort verwerfen wird. Aus dem gleichen Grund ist es beim Reiten auf Kandare besonders wichtig, niemals mit der Hand über den Mähnenkamm herüberzudrücken.
- In Wendungen muss die äußere Hand eher etwas tiefer geführt werden, damit beim Nachgeben mit der verwahrenden äußeren Hand auch durch den Kandarenzügel die Stellung bzw. Biegung genügend zugelassen wird.

Von Anfang an sollte der junge Reiter versuchen, auch den Kandarenzügel ein klein wenig mit anstehen zu lassen. Nur wenn beide Gebisse etwas einwirken, verteilt sich der Druck im Maul optimal und lässt tatsächlich ein feineres Reiten zu.[1]

Der Umgang mit den vier Zügeln kann sehr gut zunächst an einem Fahrlehrgerät geübt werden. Ein solches kann mit etwas technischem Talent relativ leicht selbst gebaut werden.

Auf keinen Fall sollte der junge Reiter versuchen, gleichzeitig das Reiten von versammelten oder ihm noch weniger bekannten Übungen und Lektionen zu lernen. Vielmehr sollte er auf dem, wie oben schon angesprochen, hoffentlich geeigneten Lehrpferd in ruhiger Arbeit zunächst im Schritt, dann auch im Trabe gefühlvolle Verbindung zum Pferdemaul aufnehmen, auf großen gebogenen Linien das Um- und Nachfassen üben und sich noch einmal ganz konsequent darauf konzentrieren, dass seine Hand stets eine Position einnimmt, die die Gerade Ellbogen-Hand-Pferdemaul gewährleistet.

---

[1] Oft wird leider empfohlen, zunächst nur die Trensenzügel aufzunehmen und die Kandare gar nicht anzufassen. Dabei wird aber vergessen, dass die Unterlegtrense alleine ein relativ scharfes Gebiss ist, zum anderen dadurch die Pferde verleitet werden, mit den Gebissen zu spielen und zu klimpern. In den meisten Fällen ist dies keine gute Empfehlung. Beim Vertrautmachen des jungen Pferdes mit der Kandare gilt genau dasselbe.

3.2.2 Ab wann kann nun ein Pferd an Kandarenzäumung gewöhnt werden?

Zunächst einmal sollte sichergestellt sein, dass ein sehr erfahrener Reiter diese Aufgabe übernimmt, der nicht nur die oben angesprochenen Probleme kennt, sondern der auch wirklich mit guter Hand und routiniert mit dieser Zäumung und ihren vier Zügeln umzugehen versteht. Normalerweise sollte das Pferd ca. 5-jährig und mindestens auf L-Niveau gefestigt sein. Es sollte vor allem in sicherer Anlehnung gehen und gelernt haben, vertrauensvoll an die Reiterhand heranzutreten, dank losgelassenem Rücken mit den Hinterbeinen gut durchzuschwingen und zumindest im gewissen Umfang mit den Hinterbeinen Last aufzunehmen.

In dieser Phase der Ausbildung ist es besonders wichtig, das Pferd allmählich mit der neuen Zäumung vertraut zu machen, es z. B. nach dem Abreiten auf Trense, wenn es schon zufrieden geht, noch für 10 - 15 Minuten auf Kandare zu reiten. Dabei sollten ihm nur Übungen abverlangt werden, die es bereits einigermaßen sicher beherrscht. Selbstverständlich muss bereits vorher im Stall die für dieses Pferd hoffentlich richtige Kandare ganz akkurat verpasst worden sein.

Wie oft und wie lange in der Folgezeit auf Kandare geritten wird, muss individuell entschieden werden. **Auf keinen Fall darf versucht werden, Anlehnungsprobleme mit Hilfe der Kandarenzäumung zu lösen.**

3.2.3 Welche Zügelführung ist empfehlenswert?

Üblicherweise wird heute mit geteilten Zügeln geritten, also 2: 2. Die dabei am einfachsten zu erlernende Form ist die, bei der die Trensenzügel wie gewohnt um den Ringfinger herum, die Kandarenzügel zwischen Ring- und Mittelfinger geführt werden. **(1)**

Dasselbe ist auch eine Etage tiefer möglich, das heißt, dass der Trensenzügel um den kleinen Finger, der Kandarenzügel zwischen kleinem und Ringfinger geführt wird. **(2)**

(1) Heute sehr übliche Zügelführung

(2) Eine ebenfalls ganz übliche Form

(3) Diese Zügelführung bedarf größerer Erfahrung seitens des Reiters

(4) Zügelführung 3:1, „mit angefasster Trense"

(5) Zügelführung nach Fillis

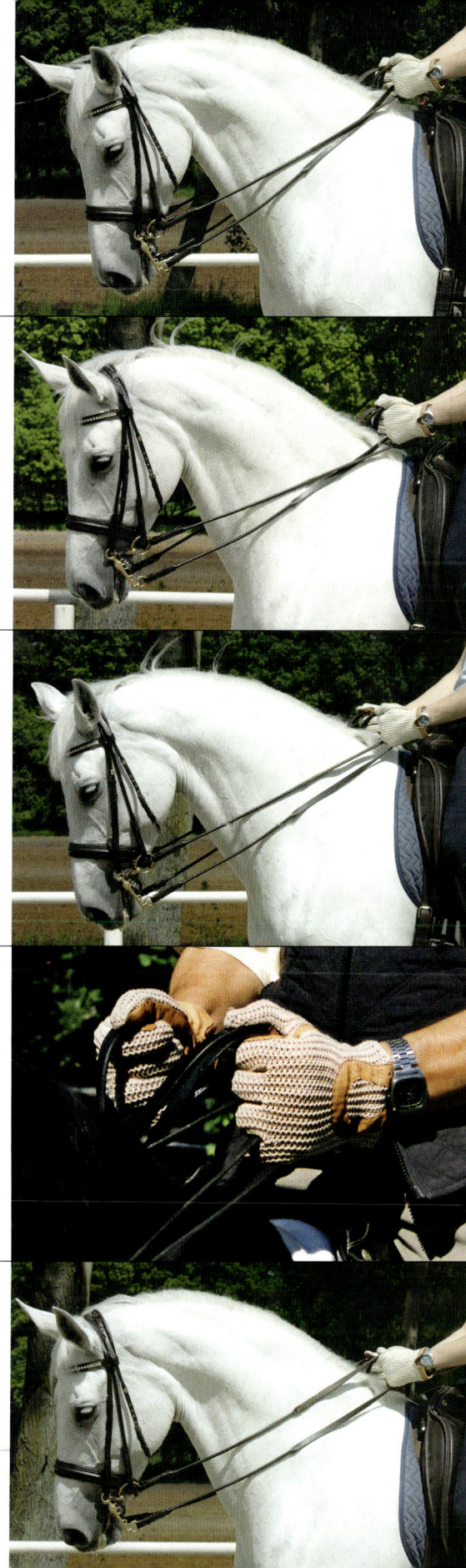

3. ➤ Zäumung auf Kandare

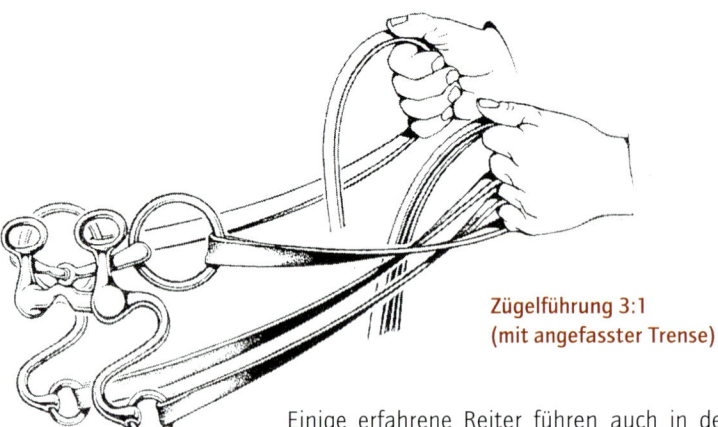

Zügelführung 3:1 (mit angefasster Trense)

Einige erfahrene Reiter führen auch in der Form, dass sie die Trensenzügel wie gewohnt um den Ringfinger herum nehmen, die Kandarenzügel aber außen herum um den kleinen Finger führen. Diese Art der Zügelführung bedarf einer sehr sicheren und routinierten Hand, weil beim Eindrehen der Hand die Kandare zunächst vermehrt angenommen wird; dies kann beim Stellen, besonders auch beim Umstellen dazu führen, dass der äußere Kandarenzügel klemmt, das Pferd sich verwirft. **(3)**

Bei der althergebrachten Zügelführung 3:1 (mit angefasster Trense) läuft der linke Trensenzügel um **(4)** den linken kleinen Finger herum, der linke Kandarenzügel zwischem kleinem und Ringfinger, der rechte Kandarenzügel zwischen Ring- und Mittelfinger der linken Hand hindurch. Nur der rechte Trensenzügel wird ganz normal mit der rechten Hand geführt.

Sie war bis in die fünfziger und sechziger Jahre hinein noch allgemein üblich, obwohl beim zivilen Reiten es ja nicht mehr wichtig war, schnellstmöglich die Zügel in eine Hand nehmen zu können. Die linke Hand mit den 3 Zügeln muss dabei mitten über dem Mähnenkamm getragen werden. Nicht nur deshalb ist diese Zügelführung etwas komplizierter zu handhaben und erfordert eine erheblich längere Ausbildungszeit. Sie hat aber den Vorteil, dass die beiden Zügel des Stangengebisses in einer Hand liegen, was zu einer ruhigeren Lage des Stangengebisses im Maul führt, und einem fehlerhaften Gebrauch dieses Gebisses vorbeugt. Bei richtigem Gebrauch kann mit der 3:1 Führung eine noch feinere Reitweise erreicht werden: Der Reiter ist gefordert, ähnlich wie beim Reiten mit „Zügel in einer Hand", zwar konzentrierter, aber mit weniger Kraftentfaltung einzuwirken. Von dieser Zügelführung ausgehend ist es sehr leicht, alle Zügel in eine Hand zu nehmen, mit „durchgezogener Trense" zu reiten.

Mit „Zügel in einer Hand" werden gelegentlich Abschnitte in Kürprüfungen geritten.

Der Vollständigkeit halber soll noch die Zügelführung nach Fillis **(5)** erwähnt werden, die nach dem Engländer James Fillis benannt ist, der Ende des 19. Jahrhunderts als Ausbilder und auch Autor wirkte. Trensen- und Kandarenzügel werden dabei durch die gesamte Handbreite voneinander getrennt, der Trensenzügel wird oben zwischen Daumen und Zeigefinger geführt, der Kandarenzügel um die gesamte Hand herum, also um den kleinen Finger herumgenommen. Auf diese Art sollte, wenn überhaupt, nur der meisterliche Reiter führen; dieser hat jedoch auf diese Art und Weise die Möglichkeit, äußerst differenziert die unterschiedliche Wirkung von Trense und Kandare zu nutzen.

An einem Kandarenzaum ist üblicherweise der Kandarenzügel zwei Millimeter schmaler als der Trensenzügel, um beide, ohne hinzusehen, unterscheiden zu können. Insgesamt sollten beide Zügel nicht zu breit sein, damit der Reiter mit geschlossenen Fäusten führen kann. Auch die Trensenzügel sollten am besten glatte Lederzügel sein, um fein reiten zu können und das Zügelmaß feinstmöglich und stufenlos korrigieren zu können. Wenn jemand unbedingt griffigere Trensenzügel haben möchte, so gibt es sehr schmale gummiüberzogene Zügel, die griffig sind und dennoch ein stufenloses Nachfassen ermöglichen.

3.2.4 Das Zusammensetzen des Zaumes

An dem breiten Genickstück, an dem sich auch der Kehlriemen befindet, wird mit den entsprechenden Backenstücken das Kandarengebiss eingeschnallt. Darunter liegt das etwas schmalere separate Genickstück für die Unterlegtrense, und wiederum darunter wird das Genickstück des englischen Reithalfters verschnallt. Um auf der linken Seite nicht zu viele Schnallteile zu haben, kann das Genickstück für die Unterlegtrense so durchgezogen werden, dass die Schnalle rechts liegt.

Da noch genauer als beim Trensenzaum darauf geachtet werden muss, dass die Gebisse nicht zu tief liegen, dürfen die Backenstücke auf keinen Fall zu lang sein. Deshalb muss schon bei der Anschaffung bedacht werden, dass die Lederteile, besonders wenn es sich nicht um allererste Qualität handelt, mit der Zeit länger werden. Besonders häufig ist das Backenstück des Reithalfters etwas lang, sodass die Schnalle nur knapp unter dem Stirnband zu liegen kommt und stört. Hier kann der Sattler mit wenigen Stichen Abhilfe schaffen. Dass ein von der Länge her knappes Stirnband für das Pferd sehr unangenehm sein kann, weil es über das Genickstück Druck hinter den Ohren verursacht, ist ja schon vom Zäumen auf Trense her bekannt und findet hoffentlich entsprechende Beachtung.

Zu der Auswahl der Zügel wurde schon im ersten Teil dieses Kapitels etwas erklärt. Ergänzend hierzu aber auch hier der Hinweis, dass die sehr empfehlenswerten glatten Lederzügel tatsächlich nur mit Sattelseife gepflegt werden dürfen, weil Lederfett oder -öl die Griffigkeit beeinträchtigen würde.

3.2.5 Die Anpassung des Kandarenzaums

Der Kandarenzaum muss mit besonderer Sorgfalt und Sachkenntnis aufgelegt und verpasst werden, soll er für das Pferd angenehm sein und tatsächlich eine feinere Hilfengebung ermöglichen.

Die Unterlegtrense muss genauso hoch eingeschnallt werden wie ein normales Trensengebiss, nämlich so, dass sich an den Maulwinkeln 1 bis 2 Fältchen bilden. Bei angenommenen Zügeln dürfen nachher die Backenstücke nicht lose herumschlackern.

Das Kandarengebiss liegt ein wenig tiefer knapp oberhalb der Kinngrube. Besonders bei Pferden, die im Genick sehr leicht sind, darf das

Korrekt verpasster Kandarenzaum, mit dem das Pferd offensichtlich auch gut zufrieden ist.

Stangengebiss nicht zu tief gelegt werden, weil es sonst zu stark beizäumend wirkt. Ein zu tief liegendes Kandarengebiss verleitet die Pferde zum Spielen mit der Zunge oder irritiert an den eventuell vorhandenen Hakenzähnen.

Der Nasenriemen des englischen Reithalfters soll möglichst hoch liegen, damit zwischen ihm und den Gebissen nicht die Lefzen eingeklemmt werden; bei überbreiten Nasenriemen passiert dies besonders leicht. Selbstverständlich darf er nicht auf den Jochbeinleisten drücken, was auch passieren kann, wenn der Abstand von Backenstück zu Backenstück zu gering ist, diese also zu weit vorne angebracht sind. Zu schmale Nasenriemen verteilen den Druck zu wenig gleichmäßig auf den Nasenrücken und sind für das Pferd unangenehm. Das untere Schnallteil des Nasenriemens muss so lang sein, dass es über beide Unterkieferäste reicht, damit nicht auf einem der beiden unnötiger Druck entsteht. Ein gut passendes schwedisches Reithalfter mit einem gut sitzenden Kinnstück kann durchaus vorteilhaft sein. Beim Zuschnallen kann aber wegen des doppelten Kinnstückes sehr leicht zu fest angezogen werden; dies gilt es zu vermeiden.

3. ➤ Zäumung auf Kandare

> ➤ Für die Auswahl des richtigen Kandarengebisses ist es durchaus wichtig, dass der Reiter das Maul seines Pferdes kennt und einzuschätzen weiß.

Vor jedem Auflegen des Kandarenzaums sollten schon alle Teile, wie Nasenriemen und Gebisse, gut sortiert in die richtige Lage zueinander gebracht werden. Beim Auflegen selbst im Genickbereich muss alles gut sortiert, Stirn-, Nasenriemen so wie beide Gebisse in eine genau waagerechte Position gebracht werden.

Da man, wie oben schon angesprochen, bei Kandarenzäumung mit noch feineren Hilfen auskommen will, muss noch mehr als beim Trensenzaum auf peinlichste Sauberkeit des Leders und besonders der Gebisse geachtet werden. Vor dem Aufzäumen muss das Maul des Pferdes leer von Futterresten sein, damit diese nicht stören oder im angetrockneten Zustand scheuern können.

3.2.6 Die Auswahl der Gebisse

Es bedarf guter Fachkenntnisse und einer großen Erfahrung, um für jedes Pferd die optimale Form und Größe der Gebisse zu wählen. Am einfachsten ist es, wenn man von anderen Pferden verschiedene Kandarenzäume ausprobieren kann. Der weniger Erfahrene muss sich vom Fachmann beraten und helfen lassen.

Für die Auswahl des richtigen Kandarengebisses ist es durchaus wichtig, dass der Reiter das Maul seines Pferdes kennt und einzuschätzen weiß. Folgende Punkte bedürfen eingehender Betrachtung und Beachtung:

1. Wie sind die Laden des Pferdes geformt?

Die Knochen der Unterkieferäste, auf denen die Gebisse zu liegen kommen, können sehr scharfkantig und knochig und somit empfindlich sein. Sie können aber auch wulstiger und damit weniger empfindlich sein. Außerdem besteht die Möglichkeit, besonders bei Stuten, dass unentwickelte Zahngebilde gerade an der Stelle der Lade unter der Haut liegen, die vom Gebissstück der Kandare berührt werden. Man kann dies durch Betasten mit der Fingerkuppe sehr einfach überprüfen.

2. Die Beschaffenheit der Zunge

Die verschiedensten Zungenformen sind anzutreffen: kurz, lang, dick, dünn, beweglich oder weniger beweglich. Bei eingehender Betrachtung der Zunge sind, häufiger als zumeist angenommen, Einrisse, alte Vernarbungen oder Verwachsungen festzustellen, die die freie Beweglichkeit der Zunge beeinträchtigen oder gar dem Pferd im Zusammenhang mit dem Gebiss dauernden Schmerz zufügen. Allgemein wird der Zunge bzw. dem Maul des Pferdes als einer der wichtigen Voraussetzungen für gutes oder weniger gutes Reiten zu wenig Beachtung geschenkt.

Mit festgehaltener, herausgestreckter oder hochgezogener Zunge und damit verbundener verkrampfter Kaumuskulatur und zusammengepresster oder auch aufgesperrter Maulspalte kann es keine gute Nachgiebigkeit in der Ganasche, keine Dehnung des Halses und keinen guten Vortritt aus der Schulter geben. Auswirkungen auf die Losgelassenheit der Rückenmuskulatur, den Schwung und die tragende sowie federnde Tätigkeit der Hinterhand des Pferdes sind unausweichliche Folgen.

3. Der Gaumen des Pferdes

Dieser, im Normalzustand leicht nach oben gewölbte Teil des Pferdemauls, kann, besonders bei jüngeren Pferden, sehr fleischig, dick und sogar mit einer Wölbung nach unten, zur Zunge hin versehen sein. Eine falsch gewählte, in diesem Fall zu große Zungenfreiheit der Kandare kann hier verheerende Folgen haben.

Die richtige Größe kann man an dem Trensengebiss bemessen, welches für das Pferd genau passt. Die Unterlegtrense muss dann genau diese Größe haben, die Kandare kann in der Regel einen halben Zentimeter kleiner sein, da sie ja nicht mit einer Krümmung im Maul liegt. Bei Pferden mit sehr dicken Lefzen kann ein um einen halben Zentimeter größeres Kandarengebiss von Vorteil sein, weil sonst die Lefzen zwischen Stange und Kinnkette geklemmt werden können.

Die Mindeststärken sind in der LPO vorgegeben: für die Unterlegtrense 10 mm, für das Kandarengebiss 14 mm (für Ponies 10 mm).

Selbstverständlich gilt auch für die Gebisse des Kandarenzaums, je dünner desto schärfer. Sehr dicke Gebisse können aber bei Pferden mit kleiner Maulspalte zu Schwierigkeiten führen. Normalerweise benutzt man heute Gebisse mit nicht zu großer Zungenfreiheit (s. Abb. S.82), weil sie nicht so stark auf die Laden einwirken, also weniger scharf sind. Allerdings kann es bei den Pferden, die sowieso eine lebhafte Zunge haben, eventuell auch zum Spielen mit dem Gebiss neigen, besser sein, eine etwas größere Zungenfreiheit zu wählen, soweit es der Gaumen zulässt. In der Regel sind die Oberbäume an den Kandarengebissen etwas nach außen gekröpft, was ein Drücken und Kollidieren mit einem dickeren Nasenriemen verhindert.

Auch für die Unterlegtrense sind doppelt gebrochene Gebisse durchaus empfehlenswert, weil sie sich besonders gut dem Maul anpassen. Die nach einem Dr. Bristol genannten Gebisse, bei denen das mittlere Stück als Plättchen ausgebildet ist, können besonders gut sein für Pferde, die bei Zäumung auf Kandare anfangen, die Zunge etwas hochzuziehen oder gar zu spielen. Beide Gebisse sollten normalerweise aus demselben Material bestehen. Beim Benutzen zweier Gebisse, die aus unterschiedlichen Metalllegierungen bestehen, können im Maul des Pferdes Strome entstehen, die unangenehme Gefühle verursachen.

4. Das Einhängen der Kinnkette

Voraussetzung für das richtige Einhängen der Kinnkette sind korrekt angebrachte Kinnkettenhaken. Sie müssen jeweils nach vorne offen sein und so angebracht sein, dass sie bei eingehängter Kinnkette flach anliegen und auf keinen Fall drücken. Deshalb muss der rechte Haken etwas stärker nach außen gedreht sein. Rechte und linke Kinnkettenhaken sind unterschiedlich geformt. Leider tauchen selbst bei neuen Gebissen, häufig bei Edelstahlgebissen, falsch angebrachte und geformte Kinnkettenhaken auf; diese müssen ausgewechselt werden.

Die Kinnkette selbst soll breit genug sein und aus demselben Material wie das Kandarengebiss sein.

Sie wird flach nach rechts ausgedreht, auf der **r**echten Seite von **i**nnen, auf der **l**inken von **au**ßen so eingehängt (RILA), dass der Scherriemenring nach unten hängt. Überzählige Ringe sollten rechts und links gleichmäßig verteilt sein. Hängen auf einer Seite mehr als zwei Ringe über, wird der dritte nochmals in den Kinnkettenhaken eingehängt. Eine Kinnkettenunterlage aus Gummi oder besser noch aus Leder macht die Zäumung für das Pferd noch etwas angenehmer. Der rechte Kinnkettenhaken kann etwas zugekniffen werden, um ein Verlieren der Kinnkette beim Abzäumen oder Säubern zu vermeiden.

5. Die richtige Länge für die Kinnkette

Für die richtige Funktion des mit Hebelwirkung arbeitenden Kandarengebisses ist es von besonderer Bedeutung, dass die Kinnkette in der passenden Länge eingehängt wird. Der korrekte Winkel zwischen Seitengestell und Maulspalte soll bei leicht anstehenden Kandarenzügeln ca. 45° betragen. Ist die Kinnkette kürzer eingehängt, der Winkel also spitzer, so „strotzt" die Kandare und beim Annehmen der Kandarenzügel erfolgt entsprechend direkter stärkerer Druck auf die Laden des Pferdes.

Ist die Kinnkette so lang eingehängt, dass dieser Winkel größer wird, sich womöglich 90° nähert, so „fällt die Kandare durch". Es entsteht dann zwar nicht mehr so viel Druck auf den Laden des Pferdes, dafür verstärkt sich die Wirkung nach oben Richtung Maulwinkel und über die Backenstücke auch auf das Genick des Pferdes. Keinesfalls wird die Zäumung dadurch für das Pferd angenehmer. Leider glauben manche Reiter, mit einer durchfallenden Kandare das Pferd

Kinnkette mit Unterlage aus Leder – sehr empfehlenswert!

Die Kinnkette ist etwas stramm, dadurch strotzt die Kandare (Winkel zwischen Maulspalte und Unterbaum zu klein); d.h. sehr starke Einwirkung auf die Laden.

3. ▸ Zäumung auf Kandare

Die Kinnkette ist zu lang, die Kandare fällt deshalb durch (Winkel zwischen Maulspalte und Unterbaum zu groß) und drückt auch das Trensengebiss vermehrt nach oben.

leichter in Aufrichtung reiten zu können, was aber nur durch eine falsche Vorstellung von Aufrichtung zu erklären ist. Ein Durchfallen ist besonders bei Gebissen mit größerer Zungenfreiheit unbedingt zu vermeiden, weil sonst Druck auf den Gaumen ausgeübt, dem Pferd geradezu das Maul aufgehebelt wird.

3.2.7 Was beeinflusst die Schärfe der Zäumung?

Bevor in diesem Zusammenhang über technische Details nachgedacht wird, muss unbedingt klar sein, dass letztendlich die Reiterhand bestimmt, wie die Zäumung mit den Gebissen auf das Maul einwirkt. Genau wie bei der Zäumung auf Trense wirken dickere Gebisse weniger punktuell auf das Maul ein, sind also weniger scharf.

Je höher die Zungenfreiheit aufgewölbt ist, desto direkter wirkt das Kandarengebiss mit den Ballen auf die Laden des Pferdes ein. Bei Gebissen mit geringer Zungenfreiheit verteilt sich der Druck auf die Laden und die Zunge, soweit diese nicht hochgezogen wird.

Je länger die Anzüge (Unterbäume) sind, desto größer ist die Hebelwirkung des Gebisses. Für Dressurprüfungen dürfen sie zwischen 5 und 10 cm Länge haben. Sehr entscheidend ist aber auch das Verhältnis zwischen Ober- und Unterbaum, welches aber, zumindest für Turniere, auf 1 : 1,5 bis 1 : 2 festgelegt ist.

Was die Länge der Unterbäume anbelangt, ist allerdings noch Folgendes anzumerken: Ein Gebiss mit langem Anzug hat zwar die größere Hebelwirkung, seine Wirkung setzt aber langsamer ein. Der Reiter muss die Zügel ein deutlich längeres Stück verkürzen, um bei einem solchen Gebiss den gleichen Einwirkungswinkel zu erreichen, wie bei einem Gebiss mit kürzerem Anzug.

Umgekehrt hat ein Gebiss mit kurzem Anzug zwar die geringere Hebelwirkung, seine Wirkung setzt aber sehr viel schneller ein als bei einem Gebiss mit einem längeren Anzug. Das bedeutet, dass der Reiter, was das Zügelmaß anbelangt, mit einem solchen Gebiss noch präziser und sorgfältiger umgehen muss. Für Turniere sollte deshalb ein Kandarengebiss mit einem mittleren Anzug von 7-8 cm Länge zunächst einmal erste Wahl sein. Die Kandare mit den kurzen Anzügen signalisiert dem Beobachter, dass das betreffende Pferd wahrscheinlich nicht so gut ans Gebiss herantritt und/oder gerne eng wird. Lange Anzüge lassen hingegen vermuten, dass bei dem betreffenden Pferd gewisse Genickprobleme vorliegen.

Die Länge der Kinnkette ist entscheidend dafür, ab welchem Winkel das Gebiss Druck auf die Laden ausübt und in welche Richtung der Druck geht. Wie oben schon kurz angeschnitten, wirkt ein etwas tiefer liegendes Kandarengebiss stärker beizäumend ein, weil dadurch der Hebel bis zum Genick länger ist.

Bei allem Interesse und bei aller Neugier für die Kandarenzäumung sei hier aber abschließend noch einmal auf zwei sehr wichtige Grundsätze hingewiesen: **Nur das bis dahin korrekt ausgebildete Pferd, welches gutes Vertrauen zur Reiterhand gefasst hat, kann mit der Kandarenzäumung vertraut gemacht werden.**

Nur der sicher ausbalancierte und elastisch sitzende Reiter, der mit einer vom Sitz gut unabhängigen Hand gefühlvoll einzuwirken versteht, kann lernen, richtig mit Kandare zu reiten.

➜   Sitz; Hilfegebung; Trensenzaum

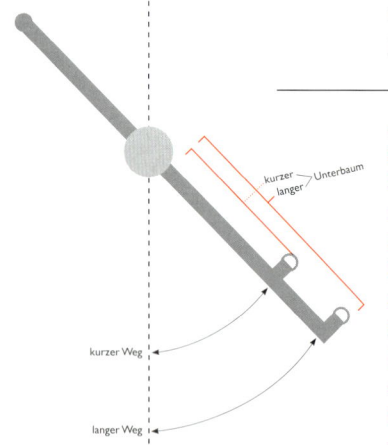

„Langsame" und „schnelle" Kandare: Zum Annehmen eines Kandarengebisses um einen bestimmten Winkel müssen die Zügel je nach Länge des Unterbaumes mehr oder weniger verkürzt werden, die Wirkung wird langsamer oder schneller erreicht; daher die Bezeichnung „langsame" oder „schnelle" Kandare. Kandarengebisse mit kurzen (5 cm) Unterbäumen werden, wie ich meine unsinnigerweise, gelegentlich als „Babykandare" bezeichnet.

4. Einsatz von Hilfszügeln

4. Hilfszügel

Bevor ein Reiter oder Ausbilder sich eines Hilfszügels bedient, sollte er sich genau überlegen, wozu er ihn einsetzen, was genau er damit erreichen will, z.B.:

- Longieren eines jungen Pferdes, dabei Vorbereitung auf das Gehen in Anlehnung.
- Gymnastizieren eines älteren Pferdes an der Longe mit dem Schwerpunkt Verbesserung der Losgelassenheit und der Rückentätigkeit.
- Longieren eines Korrekturpferdes, bei dem vor allem Losgelassenheit und Anlehnung verbessert werden sollen.
- Gymnastizieren des Pferdes unter dem Sattel.
- Arbeiten eines Korrekturpferdes, bei dem besonders die Anlehnung und das Vertrauen zur Reiterhand wieder verbessert werden muss.
- Reiten eines sehr frischen, vielleicht noch nicht so rittigen Pferdes, bei dem auf jeden Fall die Kontrolle gewährleistet sein soll (z.B. unter etwas schwierigen äußeren Bedingungen).
- Bei der Ausbildung junger, unerfahrener Reiter, um Ihnen Gelegenheit zu geben, auf einem losgelassenen Pferd Sitz und Hilfengebung zu erlernen und zu verbessern.
- Sitzübungen an der Longe auch für erfahrenere Reiter, die ihren Sitz verbessern bzw. korrigieren wollen.

Je nach Verwendungszweck kann dann der am besten geeignete Hilfszügel ausgewählt werden. Ein entscheidendes Kriterium dafür, ob ein Hilfszügel insgesamt positiv zu bewerten ist, muss neben dem schon kurzfristig sichtbaren Erfolg vor allem die Frage sein:

Kann das Pferd, auch wenn es häufiger oder längere Zeit mit diesem Hilfszügel geht, anschließend auch nur mit Trense leichter und besser geritten werden?

Korrekt verschnallte Ausbindezügel

4.1 Der Ausbindezügel

Der normale Ausbindezügel ist für das Reiten, besonders aber auch für das Longieren sehr gut geeignet. Eingesetzte Gummiringe oder gar längere Gummieinsätze bringen keinen Vorteil; im Gegenteil, die Pferde neigen damit eher dazu, sich auf den Zügel zu stützen, anstatt sich vom Gebiss abzustoßen und im Genick nachzugeben.

Die Verschnallung muss so vorgenommen werden, dass die Stirn-Nasen-Linie leicht vor der Senkrechten bleibt, und dass die Ausbinder bei normaler Haltung des Pferdes in etwa waagerecht verlaufen. Sie müssen an der Seite, dies gilt es besonders mit Sattel zu beachten, so angebracht sein, dass sie nicht entlang des Gurtes bis an die Ellbogen herunterrutschen können.[1]

Auf gebogener Linie, z.B. auf dem Zirkel, kann dann der innere Ausbinder etwas durchhängen, während der äußere die Schulter des Pferdes begrenzt und so das typische Ausfallen über die Schulter, beim Reiten vor allem auf der offenen Zirkelseite, verhindert.

Für die Arbeit an der Longe, besonders auch beim jungen Pferd, ist der „normale" Ausbinde-

---

[1] Beim Anbringen aller Hilfszügel muss darauf geachtet werden, dass der Gurt genügend angezogen ist, damit er nicht nach vorne gezogen werden kann und das Pferd hinter den Ellenbogen irritiert.

4. ➤ Einsatz von Hilfszügeln

Laufferzügel am Longiergurt

zügel besonders empfehlenswert. Das Pferd lernt, sich vorwärts-abwärts an das Gebiss heranzudehnen, dort Anlehnung zu finden und - bei entsprechend fleißiger Hinterhand - sich auch vom Gebiss abzustoßen, dabei im Genick nachzugeben und leicht im Maul zu werden. Dabei bekommt es, wie oben schon angesprochen, die notwendige Begrenzung an der äußeren Schulter.

Seine positive Wirkung wird dadurch bestätigt, dass Pferde, die mit korrekt verschnallten Ausbindern longiert oder geritten wurden, sich auch ohne Hilfszügel gut reiten lassen.

Bei jungen Reitern ist es nach einiger Zeit der Ausbildung möglich, die Ausbindezügel nur noch während des Abreitens zu benutzen, um anschließend auch ohne sie das Pferd an den Hilfen haben zu können.

Da sich ein Pferd bei der Arbeit mit Ausbindern nur begrenzt dehnen und seine Muskulatur nicht voll entspannen kann, sollte nicht zu lange am Stück damit longiert oder geritten werden. Besonders wenn die Ausbinder zu kurz verschnallt sind, kann dies beim Pferd zu Schmerz und Widersetzlichkeit führen; dies gilt aber genauso für alle anderen Hilfszügel.

Sowohl beim Longieren als auch beim Reiten muss immer wieder für genügend Fleiß und häufige Tempo- und Gangartwechsel gesorgt werden; andernfalls gewöhnt sich eventuell das Pferd an, auf den Zügel zu lümmeln.

Manche Ausbilder bemängeln, dass die Ausbinder beim Reiten nicht genügend Stellung und Längsbiegung ermöglichen. Da Reiter, die auf solche Hilfsmittel noch angewiesen sind, in der Regel keine engeren Wendungen als einen großen Zirkel reiten können und sollten, sind richtig verschnallte Ausbinder für sie voll geeignet.

Gelegentlich wird aus diesem Grund empfohlen, die Ausbinder über Kreuz einzuschnallen. Davon muss jedoch dringend abgeraten werden, da die wenig erfahrenen Reiter sich meistens damit schwer tun, auf gebogenen Linien genügend mit dem äußeren Zügel zu verwahren und zu begrenzen, was ihnen besonders auf der „hohlen" Seite des Pferdes Schwierigkeiten verursacht. Dieses Problem wird durch diese Art des Ausbindens aber nicht verringert. Hinzu kommt, dass die Pferde durch diese Verschnallung tendenziell eher noch enger gemacht werden; das so grundsätzlich wichtige Loskommen vom inneren Zügel ist kaum möglich. Ähnlich wie bei der Verwendung eines Stoßzügels mit Verbindungsstück bewirkt das Gebiss den bekannten Nussknackereffekt auf den Unterkiefer.

Gehen Pferde häufig mit über Kreuz verschnallten Ausbindern, wird es, besonders während des Haarwechsels, zu Scheuerstellen an den Schultern kommen.

4.2 Der Laufferzügel

Der Laufferzügel hat im Prinzip genau die gleiche Wirkung wie der einfache Ausbindezügel, er bietet gute Anlehnung und fördert somit das Herandehnen an das Gebiss. Entgegen vielfach verbreiteter Meinung bietet er dem Pferd aber auch nicht mehr Bewegungsmöglichkeit als dieser. Rein technisch ist er aber etwas aufwändiger, weil man entsprechend lange Zügel mit Schnallen an beiden Enden benötigt.

Vor- und Nachteile sind identisch zu denen des normalen Ausbinders.

4.3 Der Dreieckszügel (Wiener Ausbinder)

Dreieckszügel

Der Dreieckszügel eignet sich besonders gut als Hilfsmittel für Reiter, die ihr Pferd noch nicht so sicher an die Hilfen und durchs Genick reiten können. Die Pferde lassen mit seiner Hilfe sehr gut den Hals aus der Schulter heraus fallen und geben im Genick nach. Aufgrund seiner Konstruktion verleitet er das Pferd kaum, sich auf das Gebiss zu stützen. Für die Verschnallung gilt genau wie beim einfachen Ausbinder, dass die Stirn-Nasen-Linie leicht vor der Senkrechten bleiben können muss und dass auf gebogener Linie auf jeden Fall der innere Teil leicht durchhängen sollte. Auch hierbei muss die Befestigung der beiden seitlichen Enden so vorgenommen werden, dass sie nicht nach unten rutschen können, weil sonst eventuell Scheuerstellen hinter dem Ellbogen entstehen.

Für die Arbeit an der Longe hat er gegenüber den einfachen Ausbindern den Nachteil, dass das Pferd zwar sehr gut in Dehnungshaltung kommt, aber dann keine Anlehnung findet. Das Herantreten an das Gebiss bei nachgiebigem Genick (Abstoßen vom Gebiss) wird weniger gefördert. Erst durch dieses Herandehnen an eine Anlehnung aber wird die Oberhals- und Rückenmuskulatur richtig gelöst und verbessert. Beim Reiten von Anfängern spielt dies keine so wesentliche Rolle, da es sich hoffentlich um volljährige Lehrpferde handelt.

Auch mit diesem Hilfszügel wird es im Laufe der Ausbildung des Reiters möglich, nach dem Abreiten und Lösen den Zügel herauszuschnallen und den Reiter ohne diese Unterstützung lernen zu lassen. Da dies meist sehr gut funktioniert, stellt es für ihn ein wunderbares Erfolgserlebnis dar.

Auch wenn es manchen erfahreneren Reiter in Erstaunen versetzt, der Dreieckszügel kann auch für ihn sehr wertvoll sein, wenn er einmal ein Problem- oder Korrekturpferd zu arbeiten hat. Er wird damit viel weniger verleitet, zu viel mit den Händen einzuwirken, kann sich also mehr auf seine Gewichts- und Schenkelhilfen konzentrieren.

Merkwürdigerweise empfinden manche Reiter es schon fast als ehrenrührig, mit Dreieckszügeln zu reiten, dagegen als ganz normal, Schlaufzügel zu benutzen.

Auch bei diesem Hilfszügel muss dafür Sorge getragen werden, dass man ihn zum Beginn und zum Ende des Reitunterrichtes so lang verschnallt hat, dass dem Pferd eine vollkommene Dehnung möglich ist.

4.4 Der Stoßzügel

Der Stoßzügel, der über ein Verbindungsstück mit dem Trensengebiss verbunden ist, soll dazu beitragen, dass das Pferd sich vom Gebiss abstößt, den Hals fallen lässt und im Genick nachgibt. Auch er muss so lang verschnallt sein, dass die Stirn-Nasen-Linie leicht vor der Senkrechten sein kann, wobei das natürlich abhängig davon ist, wie hoch oder tief das Pferd seinen Kopf und Hals trägt.

Die Pferde nehmen zwar mit seiner Hilfe relativ leicht die gewünschte Haltung ein, finden aber auch hier keine echte Anlehnung und vor allem auch kei-

Stoßzügel

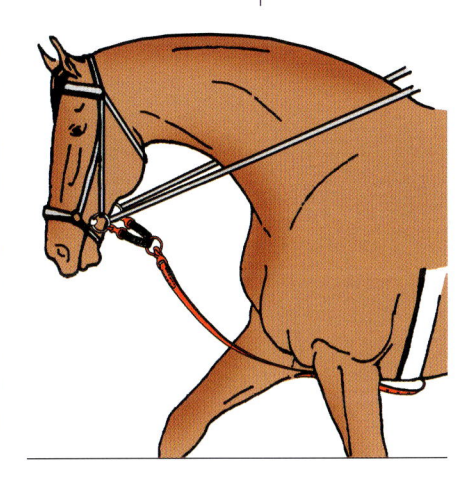

4. ➤ Einsatz von Hilfszügeln

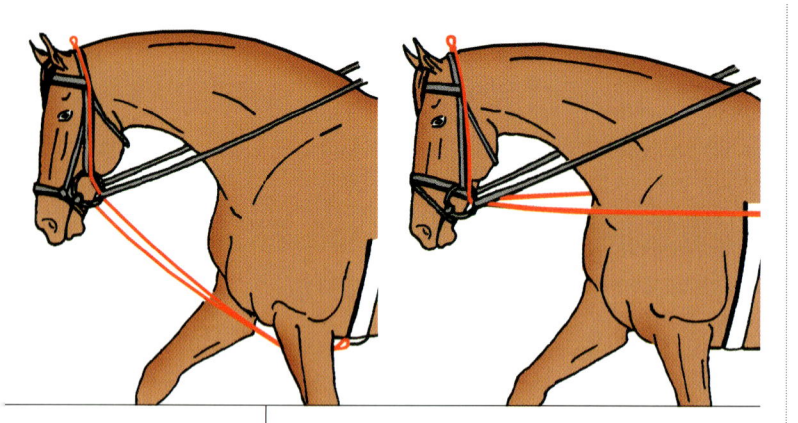

Zwei Anbringungsvarianten des Halsverlängerers

ne Begrenzung nach vorwärts-abwärts. Das oben schon angesprochene Herandehnen an das Gebiss bzw. an die Hand und somit das Training der Oberhals- und Rückenmuskulatur findet eigentlich nicht statt. Werden Pferde längerfristig damit geritten oder longiert, verstärkt sich erfahrungsgemäß bei ihnen die Unterhalsmuskulatur, sodass auch ein erfahrener Reiter diese Pferde ohne Hilfszügel meist nur sehr schwer reell an die Hilfen stellen kann.

Gelegentlich wird als Vorteil angesehen, dass es dem Pferd mit Stoßzügel möglich ist, sich auf beiden Händen gut zu biegen. Dies stellt aber bei Reitanfängern nicht das entscheidende Problem dar, weil in der Regel keine engeren Wendungen als ein Zirkel geritten werden können. Da Reiter dieses Ausbildungsstandes aber fast immer Schwierigkeiten haben, ein Ausfallen des Pferdes über die äußere Schulter zu verhindern, kann der Stoßzügel hier nicht das Mittel der Wahl sein.

Früher hat man junge Pferde, die nicht so ideal geformte Hälse und Ganaschen hatten, mit normalen Ausbindern und zusätzlichem Stoßzügel longiert. Dies kann sich unter fachmännischer Aufsicht durchaus positiv auswirken, wird aber bei unseren modernen Reitpferdemodellen kaum notwendig sein.

Bei unsachgemäßer Anwendung, wenn das Pferd dagegen angeht, wird der Stoßzügel in Kombination mit dem notwendigen Verbindungsstück den Unterkiefer stark einklemmen (Nussknackereffekt).

4.5 Der Halsverlängerer

Die Bezeichnung „Halsverlängerer" ist schon als solche völlig irreführend. Dieser Hilfszügel hindert das Pferd bestenfalls daran, seinen Kopf zu hoch zu nehmen, wobei er auch noch die unerwünschte Unterhalsmuskulatur trainiert; **man sollte ihn deshalb besser als „Unterhalsverstärker" bezeichnen.**

Obwohl er dankenswerterweise auf Turnieren nicht zugelassen ist, lässt man vielerorts Anfänger damit reiten.

Im Gegensatz zu einigen anderen Hilfszügeln beeinflusst der Halsverlängerer die Anlehnung eines Pferdes nur negativ; anstatt dessen Vertrauen zur Hand zu verbessern und zu sichern, diesem die Dehnungshaltung schmackhaft zu machen, lehrt er das Pferd genau das Gegenteil, nämlich dass bei vermehrter Vorwärts-abwärts-Dehnung der Druck im Maul ständig zunimmt. Deshalb ist es damit auch noch weniger als mit manchem anderen Hilfszügel möglich, das Pferd auf eine Zirkellinie einzustellen und zu biegen; häufig gehen damit ausgebundene Pferde sogar mit Außenstellung.

Allein schon das Material, nämlich recht fester Gummi, ist ungeeignet, die Anlehnung zu verbessern: Das Abstoßen vom Gebiss wird nicht gefördert, ein Gegenangehen geradezu provoziert. Deshalb können Pferde, die häufig oder gar ständig mit diesem Teil gezäumt gehen, auch von einem erfahreneren Reiter nur noch schwer ohne Hilfszügel in guter Anlehnung geritten werden. Die oben angesprochene Möglichkeit, den Lernenden nach dem lösenden Abreiten ohne Hilfszügel reiten zu lassen, scheidet dann aus.

Die korrekte Einstellung bzw. Verschnallung ist für den Normalverbraucher, auch für die nicht immer so fachkundigen Helfer noch schwieriger als bei jedem anderen Hilfszügel.

4.6 Der Schlaufzügel

Der Schlaufzügel kann auf zwei unterschiedliche Arten eingeschnallt werden:

- Man legt ihn über den Hals, schlauft die Enden jeweils von außen nach innen durch die Trensenringe und befestigt sie dann zwischen den Vorderbeinen hindurch unten am Gurt, oder
- man legt ihn über den Hals, schlauft nunmehr die Enden von innen nach außen durch die Trensenringe und befestigt sie dann jeweils seitlich unterhalb des Sattelblattes am Gurt.

In der ersten, wohl üblicheren Form ist die Kraftverstärkung zwar etwas geringer (siehe Abb.), dafür geht die Richtung der Wirkung aber mehr rückwärts-abwärts.

Der Schlaufzügel, der im Englischen auch „draw-rein", also „Ziehzügel" genannt wird, ist besonders häufig bei der Arbeit von Springpferden zu sehen. Auf Turnieren ist er bei Dressur- und Vielseitigkeitsprüfungen auch auf dem Vorbereitungsplatz verboten.

Wenn überhaupt sollte er nur von Reitern verwendet werden, die zum einen eine sehr gute, vom Sitz unabhängige Hand haben, zum anderen aber auch mit genügend Verstand reiten und sich der technischen Probleme bewusst sind, die der Einsatz dieses Hilfszügels mit sich bringt:

- Durch die Übersetzung, ähnlich wie bei der Benutzung einer Rolle (beim Flaschen-Zug), kann der Reiter mit deutlich mehr Kraft auf das Maul einwirken; anders ausgedrückt, er fühlt nur einen Teil der Kraft, die tatsächlich am Maul des Pferdes ankommt.
- Diese Kraftverstärkung geht auf Kosten des Weges, d.h. der Schlaufzügel muss fast doppelt so viel angenommen werden, wie der normale Trensenzügel. Dieses vermehrte Annehmen ist aber nicht so sehr das Problem, vielmehr die Notwendigkeit, im richtigen Moment auch entsprechend mehr nachzugeben.
- Hinzu kommt, ähnlich wie bei der Zügelführung auf Kandare, dass der Trensenzügel dem Reiter leichter und auch mehr durch das Pferd aus der Hand gezogen wird als der Schlaufzügel, dieser deshalb sehr schnell vorherrscht, wenn der Reiter nicht genügend aufpasst.
- Die besonders bei der zuerst erwähnten Form der Verschnallung rückwärts-abwärts wirkende Kraft ist wenig dazu geeignet, das Vorwärts-abwärts-Dehnen des Pferdes und damit die Entwicklung seiner Oberhalsmuskulatur zu fördern.
- Aus all diesen Gründen kann bei den meisten mit Schlaufzügel gehenden Pferden beobachtet werden, dass sie zwar sehr tief kommen, dabei aber fast immer deutlich hinter der Senkrechten und häufig auch hinter dem Zügel gehen.

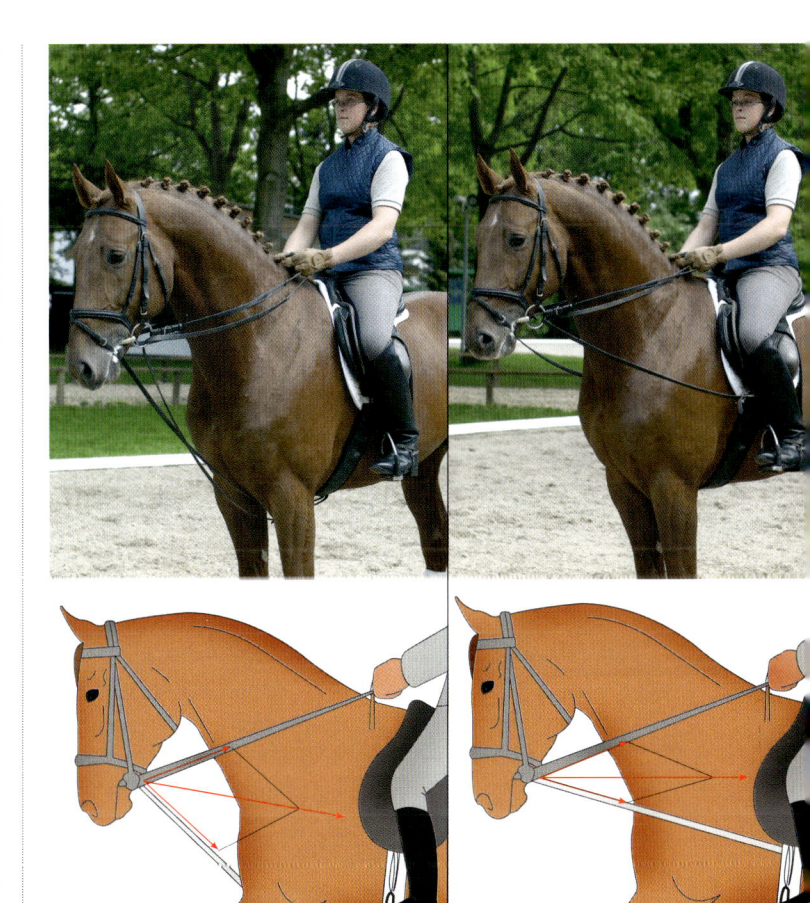

Wirklich sinnvoll kann der Schlaufzügel nur eingesetzt werden, wenn er ganz gezielt und dann auch nur vorübergehend benutzt wird. Dazu nur ein Beispiel:

Zwei Anbringungsvarianten des Schlaufzügel: zu beachten ist, dass der Zügel unterschiedlich durch den Trensenring geschlauft werden muss! Und die unterschiedliche Wirkungsweise dieser Varianten.

4. ➤ Einsatz von Hilfszügeln

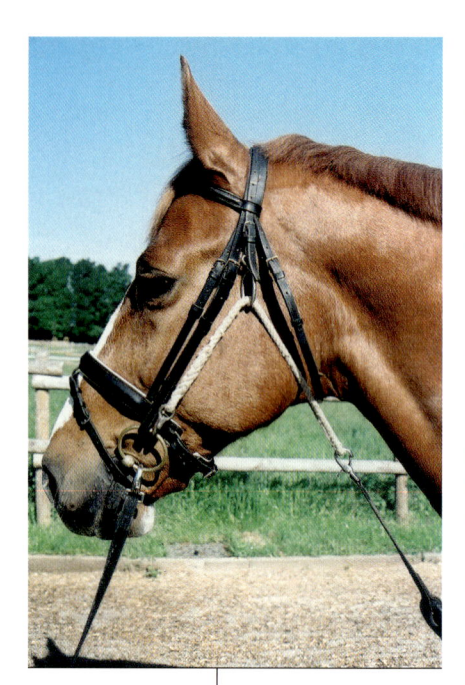

Korrekt verschnalltes Chambon

Bei einem sehr großen und gehfreudigen Pferd kann es schon einmal notwendig sein, besonders wenn es von einem physisch nicht so starken Reiter geritten wird, ihm zu zeigen, dass es z.B. bei der Rückführung aus einer Galoppverstärkung die Hilfen des Reiters ernst nehmen und ihnen prompt folgen muss. Um in so einer Situation einmal ein deutliches Zeichen setzen zu können, kann der Schlaufzügel hilfreich sein.

Der Vollständigkeit halber sei noch eine Verschnallungsvariante erwähnt, die gelegentlich zu sehen ist, bei der der Schlaufzügel zusätzlich noch durch den Kehlriemen geschlauft wird, bevor er in den Gurt geschnallt wird. Damit wird die oben bemängelte Wirkungsrichtung verändert, sodass sie nicht mehr rückwärts-abwärts geht; das ist sicherlich richtig. Allerdings wird dadurch mit noch mehr Übersetzung die Kraft weiter verstärkt und das Gleiten des Zügels wird auch etwas weniger leicht vonstatten gehen, wodurch die Gefahr, sich festzuziehen, noch größer wird.

4.7 Das Chambon

Mit Hilfe eines richtig verschnallten Chambons lassen Pferde sehr schnell den Hals fallen und begeben sich in Dehnungshaltung. Seine Wirkung beruht darauf, dass das Pferd konsequent merkt, dass der Druck im Maul sofort nachlässt, wenn es seinen Hals fallen lässt. Dasselbe gilt auch für den Druck, der durch das Kopfstück auf das Genick ausgeübt wird.

Wie bei allen Hilfszügeln muss das Pferd sehr sorgfältig und allmählich damit vertraut gemacht werden, das bezieht sich vor allem auf die Länge der Verschnallung. Zum Longieren sollte das Chambon unbedingt in Kombination mit normalen Ausbindern benutzt werden, weil das Pferd dabei sonst keine Anlehnung und seitliche Begrenzung durch den äußeren Zügel findet.

Im Einzelfall kann der erfahrene Reiter mit dem Chambon auch reiten.

Der Einsatz dieses Hilfszügels ist eigentlich nur bei Pferden sinnvoll, die durch falsches Training, z.B. mit dem Halsverlängerer oder dem Stoßzügel eine verstärkte Unterhalsmuskulatur entwickelt haben. Die meisten Pferde reagieren darauf sofort in der gewünschten Art; eine sichtbare Verbesserung der Bemuskelung dauert aber Wochen und Monate, je nachdem wie lange falsch trainiert wurde und/oder wie groß das Defizit ist.

4.8 Dipo-Trainer[1]

Der Dipo-Trainer ist ein Hilfszügel, der im Gegensatz zu den meisten anderen nicht auf das Maul und das Genick wirkt, das Pferdes also auch nicht in eine enge Haltung zwingen kann.

Mit ihm wird das Pferd tatsächlich veranlasst, sich zu dehnen, sodass es gut zur Losgelassenheit kommt. Dadurch, dass er sofort nachgibt, wenn das Pferd die Dehnungshaltung einnimmt, belohnt er und konditioniert richtig.

Diese Funktion wird durch den vorderen Halsriegel ausgeübt. Dieser gibt einen Reiz auf die Luftröhre, wenn das Pferd den Kopf und Hals zu heben versucht. Dadurch wird ein Reflex ausgelöst, der das Pferd veranlasst, Kopf und Hals zu senken. Daraus ergibt sich ein leichtes Aufwölben der Brustwirbelsäule im Bereich des Widerristes und der Sattellage, die Schulter-Halsmuskulatur wird frei beweglich und der gesamte Brustkorb bekommt optimale Bewegungsfreiheit für die Atmung.

Gleichzeitig wird die Bauchmuskulatur, die sich vom Brustbein bis zum Becken zieht, trainiert; sie hilft mit, den gesamten Rücken etwas aufzuwölben und die Hinterbeine vermehrt nach vorne zu aktivieren.

---

[1] Dipo steht für Deutsches Institut für Pferde-Osteopathie, wo er entwickelt wurde.

Dipo-Trainer

Gerade bei Korrekturpferden, die nicht gewohnt sind, über den Rücken zu gehen, muss das Training mit diesem Zügel, besonders die ersten 3-4 Tage, wohl dosiert (ca. 20 Min.) werden, um Muskelkater vorzubeugen; anfangs sollte damit nur im Schritt und Trab gearbeitet werden.

Seine Erfinder empfehlen den Dipo-Trainer nur zum Longieren; unter entsprechend fachkundiger Anleitung ist er aber auch beim Reiten gut einsetzbar.

Er gehört mit Sicherheit zu den Hilfszügeln, deren Einsatz besondere Einweisung und ein gutes Auge für das Pferd voraussetzt. Wer ihn direkt vom Dipo in Dülmen bezieht, bekommt eine genaue Gebrauchsanleitung mitgeliefert.

4.9 Der Thiedemann-Zügel

Der Thiedemann-Zügel ist eine Art entschärfter Schlaufzügel. Dadurch, dass der Reiter ihn nicht direkt in der Hand führt, sondern er an entsprechenden Ösen am normalen Trensenzügel befestigt ist, kann der Einwirkungsgrad begrenzt werden. Allerdings hat dadurch selbst der gefühlvollste Reiter kaum ein Chance zu fühlen, wann er direkt ohne Kraftverstärkung oder eben mit Hilfe dieses Zügels auf das Maul des Pferdes einwirkt. Ein differenzierter Gebrauch wie beim Schlaufzügel ist unmöglich. Ständiger Gebrauch wird weder beim Pferd noch beim Reiter für mehr Feinfühligkeit sorgen.

4.10 Das Martingal

Korrekt verschnalltes Martingal

Das Martingal unterscheidet sich insofern ganz entscheidend von den anderen Hilfszügeln, als damit nur indirekt auf das Pferdemaul eingewirkt werden kann. Es wird üblicherweise in unserer Reitweise nur als so genanntes gleitendes Martingal verwendet, bei dem (siehe Abb.) die Zügel frei durch die Ringe gleiten können. Richtig verschnallt ist es so lang, dass bei normaler Haltung des Pferdes und bei korrekter Handhaltung des Reiters die gerade Linie vom Maul über die Hand bis zum Ellbogen auch im Bereich der Zügel ungebrochen verläuft. Seine Wirkung setzt also erst dann ein, wenn das Pferd sich heraushebt oder die Hand zu hoch genommen wird; es sorgt dann dafür, dass das Gebiss nach wie vor vermehrt auf die Laden und nicht so sehr Richtung Maulwinkel wirkt.

Früher hat man häufig seinen Einsatz damit begründet, dass man mit ihm ein Kopfschlagen des Pferdes verhindern kann. Dies könnte aber eigentlich nur mit einem fest am Gebiss befestigten, sog. „standing martingale" möglich sein.

Sehr gut hat sich das Martingal besonders auch im Spring- und Geländebereich bewährt.

4. Einsatz von Hilfszügeln

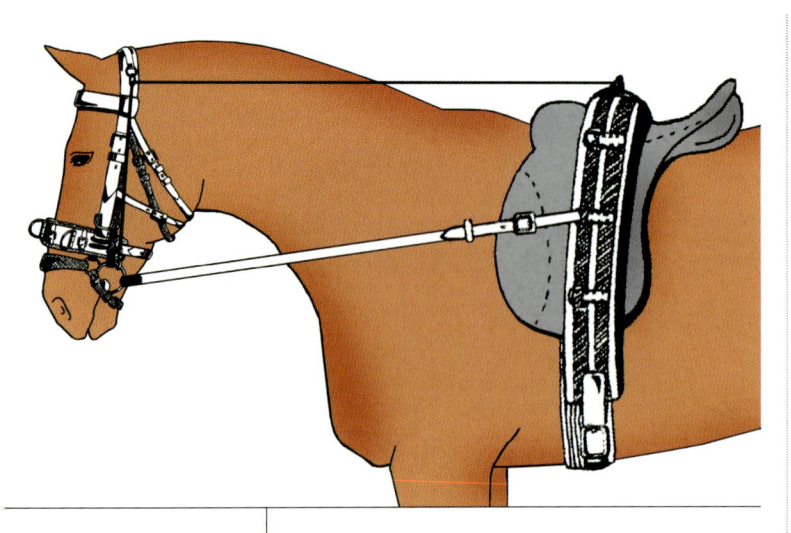

Aufsatzzügel

Es verhindert, zumindest vermindert es, in immer wieder einmal vorkommenden Problemsituationen, wenn nämlich Pferd und Reiter sich einmal nicht ganz einig sind, dass mit den Zügeln ungewollt zu scharf auf das Maul eingewirkt wird.

Des Weiteren kann es sehr gut bei jungen Reitern eingesetzt werden, die schon recht ordentlich reiten, aber noch nicht immer sicher in der Lage sind, ihre Hände unabhängig vom Sitz zu tragen. Durch das Martingal werden dann die Bewegungen der Hände etwas abgefangen und gemildert, sodass das Pferd doch schon mehr Vertrauen zur Hand bekommt und im Genick nachgibt. Hier erleichtert also das Martingal den Übergang vom Reiten mit Ausbindern zum Reiten ohne Hilfszügel.

Rein technisch wäre noch erwähnenswert, dass sichergestellt sein muss, dass die Ringe sich nicht mit den Zügelschnallen verheddern können und dass, vor allem beim Springen, der nach unten zum Gurt verlaufende Riemen niemals durchhängen darf.

4.11 Der Aufsatzzügel

Der Aufsatzzügel wird normalerweise nur bei versammelnder Arbeit an der Hand oder am langen Zügel eingesetzt. Er läuft vom Vorderzwiesel des Sattels oder von einem ganz oben im Widerristbereich am Longiergurt angebrachten Ring durch ein Genickstück zu den Trensenringen oder zum Nasenriemen eines richtigen, stabilen Kappzaumes. Mit seiner Hilfe soll verhindert werden, dass das Pferd bei dieser Arbeit seine Selbsthaltung aufgibt und nach unten abkippt.

Dieser Zügel sollte aber wirklich nur vom Könner, der den Umgang damit auch fachgerecht gelernt hat, eingesetzt werden, weil andernfalls Fehlreaktionen des Pferdes bis hin zum Steigen und Überschlagen nicht auszuschließen sind. Bei richtiger Anwendung und Verschnallung hängt auch er meistens etwas durch.

4.12 Resümee

Der Einsatz von Hilfszügeln kann nur dann wertvoll und förderlich sein, wenn der Ausbilder, Reiter oder Longierer das Pferd mit neuen Hilfsmitteln allmählich vertraut macht, es also nicht damit überfällt, wenn er konzentriert und aufmerksam die Reaktionen des Pferdes beobachtet, beachtet und gegebenenfalls darauf reagiert. Er muss immer die hohe Bedeutung der vortreibenden Hilfen beachten und bestrebt sein, durch häufige Übergänge, regelmäßigen Handwechsel und durch richtiges Bemessen der Belastungsdauer und -intensität die Leistungsbereitschaft und Gehfreude des Pferdes zu erhalten oder wieder zu wecken.

Grundsätzlich sollte aus Gründen der Unfallvermeidung jegliche Art von Hilfszügel erst außerhalb des Stalles, in der entsprechenden Halle oder auf dem Platz, wo gearbeitet werden soll, eingeschnallt werden. Ausgebundene Pferde können sich, falls sie auf der Stallgasse oder beim Durchschreiten von Türen einmal Rutschen, nicht so gut ausbalancieren. Ausgeschnallte, aber am Sattel oder Longiergurt befestigte Hilfszügel können sich leicht an Türgriffen verheddern.

Näheres zur Verschnallung der einzelnen Hilfszügel findet sich auf den jeweiligen Abbildungen!

Die Ausbildung des Pferdes

Teil 3

1. ➤ Die Ausbildungsskala

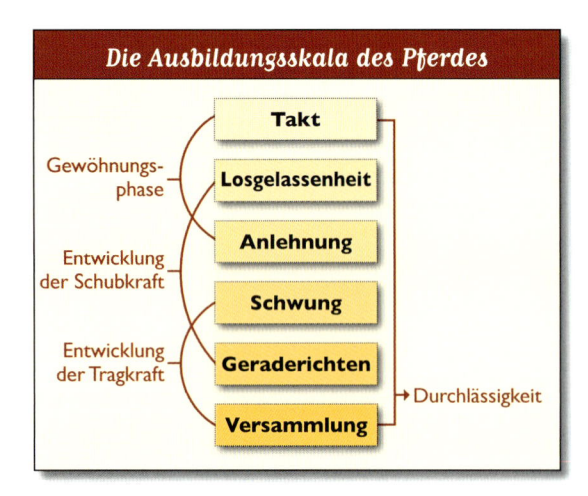

Die Ausbildungsskala des Pferdes

- Gewöhnungsphase: Takt, Losgelassenheit, Anlehnung
- Entwicklung der Schubkraft: Schwung
- Entwicklung der Tragkraft: Geraderichten, Versammlung
→ Durchlässigkeit

Die Ausbildungsskala des Pferdes

Takt, Versammlung, Losgelassenheit, Geraderichten, Anlehnung, Schwung → Durchlässigkeit

Die Skala der Ausbildung

1. Die Ausbildungsskala und ihre Bedeutung für jedes Reitpferd

In unserem Land sind ungefähr eineinhalb Millionen Menschen an Pferden und meist auch am Reiten interessiert und diese Zahl nimmt ständig zu. Wie auch immer, mehr als die Hälfte davon – und alle sind hoffentlich Pferdefreunde – haben kaum etwas im Sinn mit unserer „klassischen" Trainingsmethode. Die Mehrzahl davon sind so genannte „Freizeit-Reiter", die zum großen Teil auf ihre eigene Art und Weise mit ihrem Pferd zurechtzukommen versuchen.

Der andere Teil davon, und auch deren Zahl nimmt ständig zu, versuchen ihr Glück in einer der vielen Varianten und Disziplinen des Western-Reitens oder im Reiten von Gangpferden oder auch beim Barockpferde-Reiten.

Bei meiner Arbeit an der Westfälischen Reit- und Fahrschule und teilweise auch für die Deutsche Reiterliche Vereinigung war ich in den letzten Jahren zunehmend gefordert, mich mit diesen anderen Reitweisen zu beschäftigen und auseinander zu setzen. Dabei hatte ich Gelegenheit, verschiedene Repräsentanten dieser Reitweisen zu beobachten und mit ihnen Unterhaltungen, aber auch Diskussionen zu führen.

Und damit komme ich zu meinem eigentlichen Thema, unserer berühmten Ausbildungsskala: Je mehr ich mich mit diesen anderen Reit-

Die Skala der Ausbildung, einmal etwas anders

und Ausbildungsmethoden beschäftigte, desto mehr wurde mir bewusst, wie phantastisch unser so genanntes klassisches Ausbildungssystem ist:

- **Erstens: Es gibt tatsächlich eine mehr oder weniger einheitliche und verbindliche Reitlehre!**
- **Zweitens: Diese Lehre wurde über Jahrhunderte entwickelt und von herausragenden Horsemen verfeinert, logisch zusammengestellt und niedergeschrieben.**
- **Drittens, und für mich ist das eigentlich der entscheidende Punkt: Diese gesamte Reitlehre und -theorie ist absolut pferdefreundlich und macht es möglich, dass ein Pferd dank dieser Art Training trotz seines Einsatzes unter dem Reiter eine längere Lebenserwartung haben kann als ein Pferd, welches frei in der Natur oder eben nur auf einer Weide lebt.**

Im Laufe des Trainings gewinnt das klassisch geschulte Pferd an Schönheit, es bekommt eine bessere Bemuskelung und kann sich elastischer und eleganter bewegen. Bei solchen Pferden verbessert sich die Leistungsbereitschaft und ihre Gänge bekommen mehr Ausdruck. Der Reiter sitzt dichter am und tiefer im Pferd; er fühlt sich souveräner und größer im Sattel, weil das Pferd mit seinen Hinterbeinen besser durchzuschwingen und sich vermehrt in den Hanken zu biegen vermag, somit in besserer Aufrichtung und vor allem mit mehr Selbsthaltung geht.

Ein derartig ausgebildetes Pferd kann sehr leicht auch von verschiedenen Reitern geritten werden.

Selbstverständlich gibt es dazu eine Menge an Büchern. Einige davon sind schon sehr alt, einige sehr umfangreich und nicht immer ganz leicht zu lesen. Als sehr brauchbare und knappe Basislektüre kann man die Richtlinien für Reiten der FN sehr empfehlen.

Die Grundlage dieser Reitlehre ist die berühmte Ausbildungsskala mit folgenden Zielen:
- Takt
- Losgelassenheit
- Anlehnung ⎤
- Schwung   ⎥ – Durchlässigkeit
- Geraderichten
- Versammlung (Aufrichtung) ⎦

Diese sechs Punkte, oder richtiger gesagt, Ausbildungsziele werden gewöhnlich in dieser festen Reihenfolge aufgezählt, manchmal auch in Form einer Pyramide dargestellt, bei der die unterste Stufe dann für den Takt steht. Wie auch immer, es wäre grundfalsch, beim Training eines jungen Pferdes immer ein Ziel nach dem anderen angehen zu wollen. So wird ein Pferd beispielsweise nur dann in der Lage sein, sich wirklich taktmäßig zu bewegen, wenn es auch sorgfältig und korrekt gelöst wurde. Umgekehrt ist Losgelassenheit auch nur möglich, wenn der Reiter dem Pferd sichere und konstante Anlehnung bietet. Aus diesem Grund wurde auch schon der Versuch gemacht, diese Skala nicht in Form einer Leiter oder Pyramide darzustellen, sondern in Form eines Kreises mit entsprechenden Sektoren. Eines muss aber auf jeden Fall klar sein: Echte Versammlung setzt das Beherrschen der anderen Ausbildungsziele, zumindest in gewissem Umfang, voraus und auch bei fortgeschrittenem Ausbildungsstand müssen alle Ausbildungsziele, besonders aber die Losgelassenheit, täglich wieder angemessen beachtet werden.

Im Folgenden will ich versuchen, diese sechs Ausbildungsziele kurz zu beschreiben:
Unter „Takt" verstehen wir das räumliche und zeitliche Gleichmaß in den drei Grundgangarten, also im Schritt, Trab und Galopp. Das bedeutet z.B., dass im Arbeitstrab ein Tritt so lang wie der andere zu sein hat und dass auch der zeitliche Ablauf, fast wie mit einem Metronom eingestellt, genau gleichmäßig vonstatten geht. Besonders auch für den Trainer ist es deshalb eine wichtige Voraussetzung, gute theoretische Kenntnisse der Grundgangarten zu haben und seinen Blick dafür zu schärfen. Er muss ein gutes Auge für die individuell unterschiedlichen Bewegungsabläufe haben, z.B. für das jeweils optimal angemessene Grundtempo; dies ist ganz besonders wichtig beim Lösen im Arbeitstrab. Ebenso muss er auch erkennen, welche Arbeit in welcher Gangart dem jeweiligen Pferd leichter oder eben auch schwerer fällt, andernfalls wird er kaum erfolgreich arbeiten können.

Wichtig: Die Beachtung des Taktes hat nicht nur bei der Arbeit auf geraden Linien vorrangige Bedeutung, sondern genauso in allen Wendungen, bei Seitengängen und in Übergängen. Keine Übung oder Lektion ist wertvoll, wenn dabei Taktfehler auftreten. Kein Trainingsschritt ist korrekt, der den taktmäßigen Ablauf beeinträchtigt.

Da Takt also das oberste Kriterium für jegliche Ausbildungsarbeit ist und die Taktsicherheit eines Pferdes für den Beobachter sicherlich auch leichter objektiv zu beurteilen ist als seine Losgelassenheit, ist die Reihenfolge auf unserer Ausbildungsskala wohl berechtigt.

„Losgelassenheit" ist aber, wie oben schon angedeutet, in der täglichen Arbeit genauso wichtig und beachtenswert. Nur ein losgelassenes Pferd ist optimal leistungsfähig – das ist der physische Aspekt, und optimal leistungsbereit – das ist der psychische oder mentale Aspekt von Losgelassenheit. Wer sich dafür täglich genügend Zeit nimmt, erhält sich sein Pferd gesund und leistungsfreudig.

1. ➢ Die Ausbildungsskala

> ➢ Je vertrauensvoller das Pferd an die Hand des Reiters herantritt, desto besser wird es anfangen zu „ziehen" und eben Schwung zu entwickeln.

Beim Pferd genau wie beim Menschen ist der Rücken das Bewegungszentrum, weshalb ihm besondere Aufmerksamkeit und Überlegung gewidmet werden muss. Eines der Hauptziele, besonders beim Training junger Pferde, ist die Verbesserung der Tragfähigkeit des Rückens. Dafür hat das gesamte Muskelsystem des Oberhalses in Verbindung mit der lamina nuchae besondere Bedeutung. Es hilft über das Nacken-Rückenband (lat.: ligamentum nuchae), welches vom Hinterhauptsbein über den Hals zu den Dornfortsätzen des Widerristes und des Rückens (lat.: ligamentum supraspinale) führt, den Rücken etwas anzuheben. Eigentlich genauso wichtig ist die Arbeit der den Rumpf beugenden Muskeln des Bauches; denn nur im gut aufeinander abgestimmten Zusammenspiel dieser beiden großen Muskel- und Sehnengruppen kann die Tragfähigkeit des Pferderückens gestärkt werden (s. Abb. in Teil 3, Abschn. 3.5). Zur Kräftigung dieser Systeme ist die Arbeit des Pferdes in Dehnungshaltung bestens geeignet, soweit dabei entsprechend fleißig nach vorne an die Hand herangeritten wird; besonders effektiv ist dabei korrekte Galopparbeit z.B. im Entlastungssitz. Beim Zusammenhang von Anlehnung und Schwung werden wir darauf zurückkommen.

Mit solcher Arbeit beginnt selbstverständlich jede Trainingseinheit. Zur Überprüfung, Belohnung und Entspannung sollte sie jeweils auch den Abschluss bilden. Außerdem muss darauf auch während einer Trainingseinheit zurückgegangen werden, wenn Probleme auftauchen, die die Losgelassenheit beeinträchtigen und zu Verspannung führen.

Bezüglich der psychischen Seite der Losgelassenheit, man spricht dabei gelegentlich von der inneren Losgelassenheit, sei hier nur so viel angesprochen, als dass diese mit dem Vertrauen, welches das Pferd zu seinem Reiter hat, steht und fällt. Je besser, also je ausbalancierter und losgelassen zu sitzen und je korrekter und gefühlvoller einzuwirken dieser in der Lage ist, desto vertrauensvoller und zufriedener wird sich das Pferd unter ihm in guter Losgelassenheit und Zwanglosigkeit bewegen. (Diese Zusammenhänge sind auch bei vierbeinigen Patienten, z.B. in der Rekonvaleszenz oder Rehabilitation höchst beachtenswert.)

Und das bringt uns auch schon zum dritten Punkt, der „Anlehnung":

Darunter versteht man in der Fachsprache die gleichmäßige, konstante und zugleich weiche, elastische Verbindung zwischen Reiterhand und Pferdemaul. Diese muss der Reiter in erster Linie durch seine an die Hand herantreibenden Hilfen herstellen. Doch alles Treiben wird nichts zustande bringen, wenn das Pferd kein Vertrauen zur Hand bekommt. Nur wenn es vertrauensvoll an die Hand bzw. das Gebiss heranschreitet, -tritt oder -springt, wird es sich im gewünschten Maße vom Gebiss abstoßen und im Genick nachgeben. Es ähnelt manchmal einer Gratwanderung, diesbezüglich das genau richtige Maß zu finden: Einerseits das sichere Herantreten, ohne dass das Pferd auf den Zügel „lümmelt", andererseits das Abstoßen vom Gebiss ohne dass es sich aufrollt und sich hinter dem Zügel verkriecht.

Für mich ist diese Querverbindung zwischen Anlehnung und dem folgenden Punkt Schwung gewissermaßen ein Schlüsselelement unserer Ausbildungsskala und es kann kein Zufall sein, dass diese beiden Begriffe genau in der Mitte platziert sind.

„Schwung" ist meiner Erfahrung nach der Punkt, der am häufigsten falsch verstanden wird. Schwung hat ein Pferd, wenn es gelernt hat, dank guter Losgelassenheit, besonders was den Rücken anbelangt, mit seinen Hinterbeinen aktiv vorwärts-aufwärts abzufußen und weit nach vorne durchzuschwingen. Das gibt ihm die Möglichkeit, Schub zu entwickeln, sodass der Reiter gut zum Sitzen kommt und sich vom Pferd mitgenommen fühlt.

Und dies ist der entscheidende Zusammenhang, den jeder gute Reiter verstanden und erfühlt haben sollte: Je vertrauensvoller das Pferd an die Hand des Reiters herantritt, desto besser wird es anfangen zu „ziehen" und eben Schwung zu entwickeln.

Dabei muss immer auch bedacht werden, dass die für die Vorwärtsbewegung verantwortlichen Muskeln, die auch die Wirbelsäule beugen, oder richtiger gesagt, etwas aufwölben, die so genannten Rumpfbeuger nur dann effektiv arbeiten können, wenn das gesamte System der Rumpfstrecker genügend losgelassen und dehnungsfähig ist (s.o.).

Der Schwung eines Pferdes ist am besten in allen Verstärkungen und den dazugehörigen Übergängen zu beobachten und zu beurteilen, besonders gut in den Rückführungen nach Verstärkungen. Dabei muss besonders auch bei schwungbegabten Pferden darauf geachtet werden, dass ohne gute Losgelassenheit echte Schwungentfaltung nicht möglich ist. Wenn es also bei solchen Pferden dabei zu gespannten (Schwebe-)Tritten kommt, ist und bleibt das fehlerhaft und darf keinesfalls mit Schwung verwechselt werden.

Hier wird nun von dem einen oder anderen über die Reihenfolge der Skala diskutiert und angemerkt, dass nämlich Schwung ohne vorheriges Geraderichten nicht möglich sei. Das ist zweifellos ein berechtigter Einwand; umgekehrt kann aber die lebenslang notwendige geraderichtende Arbeit auch nur erfolgreich verlaufen, wenn dank der Arbeit an den vorgeschalteten Ausbildungszielen das Pferd genügend vorangeht und „zieht". Das beinhaltet übrigens der berühmte Satz von Gustav Steinbrecht „Reite dein Pferd vorwärts und richte es gerade!"

Durch das **„Geraderichten"** soll bei der Gymnastizierung des Pferdes erreicht werden, dass sich die Belastungen der täglichen Arbeit auf den gesamten Körper und alle vier Gliedmaßen gleichmäßig verteilen. Ein geradegerichtetes Pferd tritt gleichmäßiger an beide Zügel heran und ist für die reiterlichen Hilfen empfänglicher. Der Reiter muss stets die Vorstellung haben, die Vorhand vor die Hinterhand zu führen, nicht jedoch die ausweichende Hinterhand seitwärts zu schieben. Nur dann wird es möglich sein, in der weiteren Ausbildung Wendungen und Seitengänge korrekt und ohne ein Ausweichen der Hinterhand zu reiten. **Nur ein Reiter oder Trainer, der das Problem der Schiefe richtig verstanden und auch gelernt hat, mit der hohlen (konkaven) und mit der festen (konvexen) Seite eines Pfer**des richtig umzugehen, wird in der Lage sein, es im Schritt, Trab und Galopp auf beiden Händen geradegerichtet, also hufschlagdeckend zu arbeiten, erst recht gilt dies für das Training anspruchsvollerer Übungen und Lektionen, wie z.B. von Seitengängen und Pirouetten.

Das sechste Ausbildungsziel, die **„Versammlung"** beinhaltet gewissermaßen als Ergebnis die „Aufrichtung". Ziel der versammelnden Arbeit ist es, die Hinterbeine des Pferdes vermehrt in Richtung unter seinen Schwerpunkt treten zu lassen und damit etwas mehr Last aufzunehmen. Ein gewisses Maß an Versammlung ist für jedes Reitpferd von Vorteil, weil dadurch die Hinterhand mit ihren großen Muskelpartien gekräftigt werden kann, also trainierbar ist (im Gegensatz zur Vorhand, die das Gewicht überwiegend mit Knochen und Gelenken trägt). Ein Pferd, welches gelernt hat, wenigstens etwas Versammlung anzunehmen, geht unter dem Reiter zufriedener, ist trittsicherer, lässt sich präziser reiten und wenden, bewegt sich ausdrucksvoller und kann den Hilfen besser folgen, wird somit durchlässiger.

Das schon erwähnte weitere Ausbildungsziel, die Aufrichtung, ist als solches nicht in der Ausbildungsskala aufgeführt, gehört aber unmittelbar zur Versammlung, ist geradezu ein Ergebnis korrekter Versammlung. Wenn ein Pferd versammelnde Arbeit annimmt und mit seinen Hinterbeinen heranschließt, wird es sich in den Hanken (Hüft-, Knie- und Sprunggelenken) vermehrt beugen und seine Kruppe wird sich senken. Da aber die Vorhand mit der Schulter unverändert bleibt, scheint das Pferd sich etwas bergauf zu bewegen und es wird tatsächlich mit Hals und Kopf etwas höher kommen, es erscheint größer.

Diese Art der Aufrichtung nennen wir die „relative". Im Gegensatz dazu sind bei der so genannten absoluten Aufrichtung Kopf und Hals nur nach oben gezogen; dadurch wird der Rücken hohl und die Hinterbeine arbeiten geradezu hinten heraus. Eine solche Aufrichtung ist unerwünscht und absolut schädlich.

Und damit kommen wir zu dem übergeordneten, die ganze Ausbildung begleitenden Trai-

> „Reite dein Pferd vorwärts und richte es gerade."

2. ▶ Der Takt

> ▶ Ein Pferd erreicht das ihm höchst mögliche Maß an Durchlässigkeit, wenn es sich versammeln lässt.

ningsziel „Durchlässigkeit". Wie der Begriff schon sagt, versteht man darunter die Fähigkeit und Bereitschaft des Pferdes, alle Hilfen des Reiters anzunehmen und ihnen ohne Verzögerung zu folgen. Es lässt die treibenden Hilfen bis zum Maul durch, die Zügelhilfen bis zu den Hinterbeinen und die diagonalen Hilfen z.B. von einem Schenkel zum gegenüberliegenden Zügel.

Ein Pferd erreicht das ihm höchst mögliche Maß an Durchlässigkeit, wenn es sich versammeln lässt.

Bei dieser Arbeit hat es nämlich gelernt, sich mit seinen Füßen auf engerem Raum zu bewegen, wodurch es in seiner Balance instabiler wird. Dadurch wiederum wird es notwendigerweise empfänglicher für alle Einwirkungen des Reiters.

Dressurmäßige Übungen und Lektionen dienen dazu, die Arbeit an einzelnen Trainingszielen zu fördern und vor allem zur Überprüfung der Ausbildung. Lektionen sollten nie Selbstzweck sein und dem Pferd wie Zirkustricks beigebracht werden. Mit einer Trabverstärkung kann z.B. die versammelnde Arbeit überprüft werden; sie ist nur wertvoll, wenn auch die Übergänge zu Beginn und am Ende taktmäßig und ohne Spannung gelingen.

Ein Pferd auf diese so genannte klassische Art zu reiten oder gar auszubilden setzt Können gepaart mit Gefühl und Verstand voraus, es kostet Überlegung, Konzentration und somit Zeit. Zu echter Freude am Reiten kann nur der kommen, der bereit ist, diesen Einsatz zu leisten und sich auch mit Herz dieser wunderbaren, anspruchsvollen Herausforderung zu stellen. Dank der so gemachten Erfahrungen von Harmonie zwischen Reiter und Pferd, egal auf welchem Niveau, wird er zu einem überzeugten Freund und Verfechter dieser Reitweise.

Mit Pferden nach diesen Prinzipien zu arbeiten bedeutet, gemeinsam und für lange Zeit Freude an unserem Sport haben zu können!

➔ Grundgangarten; Losgelassenheit, Anlehnung; Schwung; Geraderichten; Versammlung; Durchlässigkeit

2. Der Takt

2.1. Expertensache: Die Grundgangarten

Jeder Reiter und erst recht jeder Ausbilder kann seinem Pferd nur dann gerecht werden, wenn er es bezüglich seiner Veranlagung richtig einzuschätzen versteht. Dazu bedarf es guter theoretischer Kenntnisse unter anderem im Hinblick auf Körperbau und eben auch Grundgangarten. Zwischen beiden gibt es durchaus enge Zusammenhänge; nichts desto weniger kann man manchmal trotz deutlicher Mängel im Exterieur ganz erstaunliche Bewegungsqualität beobachten. Umgekehrt gibt es nicht zu selten auch Pferde, die wegen mangelhafter Ausbildung ihr Bewegungspotential nicht ausspielen können (Indiz dafür z.B. wenig Oberhalsmuskulatur).

Um diese Kenntnisse auch anwenden zu können, gilt es, durch häufiges Beobachten das Auge entsprechend dafür zu schulen; am besten kann dies unter Anleitung eines erfahrenen Fachmannes geschehen. Bei diesen Beobachtungen möglichst vieler verschiedener Pferde hat derjenige große Vorteile, der auf Grund eigener reiterlicher und ausbilderischer Erfahrung und Betätigung in der Lage ist, manches gefühlsmäßig nachzuvollziehen und hochzurechnen.

2.1.1 Vorbemerkungen

Bevor ich nun auf die Grundgangarten im Einzelnen eingehe, erst noch ein paar Vorbemerkungen bezüglich der Voraussetzungen für eine gute Beobachtung und Beurteilung, auch was die Perspektive und die äußeren Bedingungen anbelangt:

- Der Betrachter sollte am besten auf dem Niveau der jeweiligen Reitfläche stehen, wenn er sitzt ist ein etwas erhöhter Platz von Vorteil, sodass sich die Augen wieder in entprechender Höhe befinden.
- Durch weniger optimale oder gar schlechte Bodenverhältnisse wird das Pferd in

der Entfaltung seiner Bewegungen eingeschränkt bis behindert; dies wirkt sich besonders auf gebogener Linie aus. Auch ein relativ geringgradiges Gefälle kann sich negativ bemerkbar machen.
- Ein nasses oder auch nur sehr kaltes Pferd kann sich nur schlecht loslassen, wird also gespannte Bewegungen zeigen.

Durchaus aussagekräftig ist auch der Vergleich der Bewegungen an der Hand bzw. beim Freilaufen und unter dem Reiter. Beim Freilaufen ergeben sich gute Aufschlüsse über die Balance des Pferdes und über seine hoffentlich natürliche Losgelassenheit. Unter dem Reiter muss gelegentlich eine durch dessen mangelhaftes reiterliches Können verursachte Behinderung ins Kalkül gezogen werden.

Gangkorrektheit ist im Zweifelsfall an der Hand und auf festem Boden am sichersten zu beurteilen. Sicheres Zutreten, auch in der Wendung, sollte auch hier gegeben sein; andernfalls sollte ein Tierarzt zu Rate gezogen werden. Mangelnde Gangkorrektheit ist sehr häufig durch Stellungsfehler begründet.

Die Bewegungsqualität ist grundsätzlich zunächst beim Bergauf-Modell eine andere, bessere als beim mehr waagerecht konstruierten Pferd. Sehr wichtig für die Bewegungsqualität ist aber auch das Interieur: z.B. was die Lebendigkeit des Abfußens besonders der Hinterbeine und den Ausdruck anbelangt.

Von ähnlicher grundsätzlicher Bedeutung ist die mehr oder weniger ausgeprägte natürliche Schiefe (bzw. beim weiter gerittenen Pferd der diesbezügliche Ausbildungsstand).

Selbstverständlich können bei Sportpferden je nach Disziplin, in der gestartet werden soll, etwas unterschiedliche Maßstäbe angelegt werden, besonders auch was Zugeständnisse anbelangt. Drei grundsätzlich gute Grundgangarten bilden aber immer eine ausgezeichnete Voraussetzung. Hierzu nur je ein Beispiel bezüglich eines Dressur-, Spring- und Vielseitigkeitspferdes:

- Für ein **Dressurpferd** gehobener Ansprüche ist große Taktsicherheit (auch im Schritt) verbunden mit guter Kadenz (erkennbar u.a. an einer deutlich ausgeprägten Schwebephase im Trab und Galopp) und ausgeprägter Versammlungsfähigkeit in erster Linie von Bedeutung.
- Für ein **Springpferd** hat der Trab keine entscheidende Bedeutung; hingegen sollten in Bezug auf den Galopp keine allzu großen Zugeständnisse gemacht werden, insbesondere in puncto Bodengewinn und Ökonomie.
- Beim **Vielseitigkeitspferd** hat die Ökonomie des Bewegungsablaufes im Galopp noch größere Bedeutung; allerdings sollte auch im Trab guter Raumgriff und genügend Elastizität erkennbar sein.

2.1.2 Zu den drei Grundgangarten im Einzelnen

Bevor im Folgenden die einzelnen Gangarten, nämlich Schritt, Trab und Galopp erläutert werden, müssen einige Begriffe geklärt werden:
- Wenn in unserer Reitlehre der Trab und der Galopp als **schwunghaft** bezeichnet werden, soll damit nur zum Ausdruck gebracht werden, dass es dabei im Bewegungsablauf jeweils eine Schwebephase gibt. Diese Schwebephase wiederum ist Voraussetzung dafür, dass Schwung entwickelt werden kann, das Pferd also **schwungvoll** gehen kann.
- Da im Schritt stets mindestens zwei Beine den Boden berühren, also keine Schwebephase zustande kommt, wird er als **schwunglos** be-

Florencio, v. Florestan I v. Weltmeyer, Worldchampion der 5-jährigen Dressurpferde 2004.

2. ▷ Der Takt

Hier ist das „Dreieck" zwischen linken Vorder- und Hinterbein gut zu erkennen.

So lässt sich die Fußfolge des Schrittes leicht merken.

zeichnet. Meiner Ansicht nach ist dieser Ausdruck nicht sehr glücklich gewählt, weil er nur von demjenigen richtig verstanden werden kann, der gute Kenntnisse in der Reitlehre hat. Bei allen anderen, und das ist sicherlich die Mehrzahl, kann durch diese Bezeichnung die falsche Vorstellung entstehen, der Schritt sei eine langsame und langweilige Bewegung. Dies ist aber nicht richtig, denn auch hierbei soll sich das Pferd fleißig und mit guter Aktivität besonders der Hinterbeine bewegen.

- **Gemäß der Fachsprache unserer Reitlehre ist Schwung folgendermaßen definiert:**
Ein Pferd bewegt sich im Trab und Galopp dann **schwungvoll**, wenn es sich dank guter Losgelassenheit und vertrauensvollen Herantretens bzw. -springens an die Reiterhand gut taktmäßig vorwärts bewegt und es dank des schwingenden Rückens und der guten Dehnungsfähigkeit der Rumpfstreckermuskulatur (besonders auch im Bereich der Hinterhand) mit den Hinterbeinen weit nach vorn durchschwingen kann, um dann aktiven Schub nach vorne zu erzeugen. Typischerweise ist dabei ein gutes Vorwärts-aufwärts-Abfußen der Hinterbeine zu beobachten sowie ein erhöhter Sitzkomfort zu fühlen; das Pferd nimmt dann nämlich den Reiter besser in der Bewegung mit. Diese Art sich zu bewegen wird dem Pferd unter dem Reiter erst durch eine korrekte Ausbildung möglich und dann auch optimiert.
- Selbstverständlich haben nicht alle Pferde für diese Schwungentwicklung eine gleich gute Veranlagung. Ein gut konstruiertes Reitpferd mit entsprechend leistungsbereitem Interieur hat diesbezüglich die besten Voraussetzungen. Ein solches Pferd kann man dann mit Recht als **schwungbegabt** bezeichnen; diese Veranlagung ist ihm angeboren und kann deshalb auch schon bei dem ungerittenen Pferd beim Freilaufen oder an der Hand beobachtet werden. Unter Züchtern wird in diesem Zusammenhang gelegentlich der Ausdruck Gangschwung benutzt.

Zum Schritt

Der Schritt ist eine schreitende Bewegung im Viertakt; er wird auch als schwunglos bezeichnet, wodurch aber nur zum Ausdruck gebracht werden soll, dass es dabei keine Schwebephase gibt (siehe oben).

Die gleichseitige, aber nicht gleichzeitige Fußfolge kann man sich leicht mit Hilfe eines großen „N" merken: Sie beginnt z.B. hinten links, dann vorne links gefolgt von hinten rechts und vorne rechts; man kann sie auch als lateral-diagonal abwechselnd beschreiben.

Es wechselt sich stets eine Dreibein- mit einer Zweibeinstützphase ab, sodass es insgesamt zu acht verschiedenen Bewegungsphasen kommt.

Ist es einmal zweifelhaft, ob der klare Viertakt noch sicher gegeben ist, beobachtet man das jeweils linke oder rechte Beinpaar. Solange dabei z.B. das linke Hinterbein sich vor dem Abfußen des linken Vorderbeines diesem noch so weit nähert, dass optisch dadurch ein „V" oder Dreieck entsteht, kann von passartigem Bewegungsablauf noch nicht gesprochen werden. Auf festem Boden lässt sich der Viertakt sehr gut mit dem Gehör überprüfen.

Im Schritt hängt die Taktmäßigkeit ganz entscheidend von der Losgelassenheit des Pferdes ab. Diese zeigt sich in dessen Bereitschaft, den Hals fallen zu lassen, bei nachgiebigem Genick

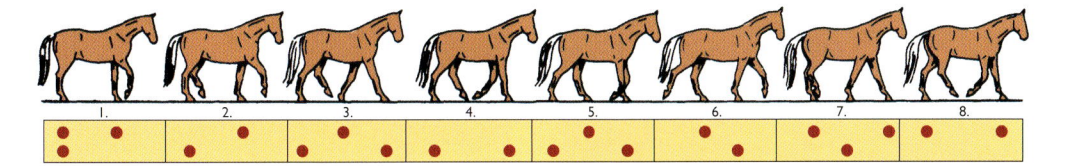

Die acht Phasen im Schritt

ans Gebiss heranzuschreiten und sich zu dehnen. Gelegentlich fußen die beiden Hinterbeine auch unterschiedlich weit über, man spricht dann von „kurz-lang". Dieses Problem tritt meist im Mittel- oder versammelten Schritt auf und ist in der Regel verursacht durch Mängel in der Losgelassenheit und Geraderichtung; das Pferd ist dann noch nicht auf beiden Seiten gleich losgelassen sowie dehnungsfähig und tritt (noch) nicht gleichmäßig an beide Zügel heran (mehr hierzu im Teil 6, Kapitel 6. „Geraderichten").

Im Gegensatz zum Trab und Galopp ist im Schritt (mit Ausnahme im versammelten Tempo) die deutliche, hier natürliche Nickbewegung im Rhythmus des Bewegungsablaufes als Zeichen der Losgelassenheit unbedingt wünschenswert.

Die Qualität des Schrittes wird gemessen an der Taktsicherheit, dem guten, aber auch nicht übergroßen Raumgriff sowie an der Fähigkeit, sich genügend frei, also ungebunden aus der Schulter heraus zu bewegen.

Von gutem Raumgriff kann man sprechen, wenn im freien Schritt (in Dressurprüfungen entspricht das in etwa dem starken Schritt) am langen Zügel die Hinterhufe zwei bis drei Hufbreiten überfußen. Der übergroße Raumgriff, der meistens auch mit einer sehr großen Übersetzung im Galopp korrespondiert (siehe unten), bringt während der Ausbildung häufig Probleme bezüglich Taktsicherheit und Fleiß, besonders wenn das Tempo verkürzt werden soll. Wenn Pferde, weil sie in der Schulter gebunden, mit der Vorhand relativ kurz ausschreiten, fußen die Hinterhufe oft weit über bei dennoch sehr begrenztem Raumgriff.

Der Schritt ist die „langsamste", reiterlich gesehen aber die anspruchsvollste Gangart, besonders, weil sich dabei Spannungen, also mangelnde Losgelassenheit auch auf Grund psychischer Probleme, am deutlichsten widerspiegeln.

Guter Mittelschritt – die Nickbewegung ist selbst auf dem Photo fast sichtbar.

Zum Trab

Der Trab ist eine schwunghafte Bewegung im Zweitakt, wobei die Taktsicherheit auch zum Teil Veranlagungssache ist.

Die diagonalen Beinpaare bewegen sich jeweils gleichzeitig mit dazwischenliegender Schwebephase nach vorn.

Wie oben angesprochen, ist der aktive Impuls der Hinterbeine teilweise Begabung, insgesamt jedoch sehr stark von der Qualität der reiterlichen Ausbildung abhängig. Der Trab ist deshalb auch die Gangart, in der durch eine optimale Gymnastizierung gemäß unserer Ausbildungsskala am meisten verbessert werden kann.

In der Trabarbeit ist eine gute Beachtung des Arbeitstempos, möglichst genau im individuell passenden Grundtempo, besonders wichtig und wertvoll. Im Arbeitstrab sollte jedes Pferd mit seinen Hinterhufen mindestens voll in die Spur der Vorderhufe einfußen. Wenn dies in der Lösungsphase und in den Erholungsintervallen nicht der

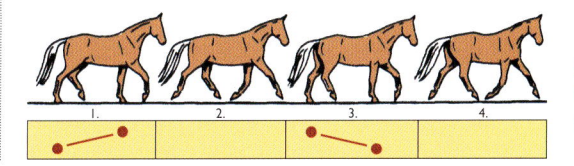

Die vier Phasen im Trab

2. ▷ Der Takt

Guter Arbeitstrab eines jungen Pferdes; leider geringfügig verworfen im Genick

Versuch einer Trabverstärkung, eng im Hals, hinten wenig durchschwingend, strampelnd, Reiter in Rücklage

Trabverstärkung mit gutem Rahmen und in guter Selbsthaltung

Versammelter Trab in guter Biegung und Haltung

Fall ist, sind Fehler in der Ausbildung dafür verantwortlich. Leider wird im Trab das Arbeitstempo sehr häufig überzogen (bes. bei Dressurprüfungen der Klasse A vielfach zu beobachten), was letztendlich zu Lasten der Losgelassenheit und des Schwungs geht.

Fast noch deutlicher als im Schritt zeigt sich im Trab mangelndes Geradegerichtetsein sehr deutlich in Taktfehlern, wenn das Pferd z.B. nicht an beide Zügel gleichmäßig herantritt. In Wendungen geht das gar nicht so selten bis hin zur Zügellahmheit.

Echte Trabverstärkungen, also Mittel- oder starker Trab, sind erst allmählich mit verbesserter Versammlung möglich. Nur dann kann dem Pferd in der Verstärkung auch die notwendige Rahmenerweiterung gestattet werden, nur dann wird es genügend Kraft haben, z.B. auch auf dem großen Viereck eine ganze lange Seite oder Diagonale in Selbsthaltung ausbalanciert und taktrein Mittel- oder starken Trab zu zeigen.

Die spätestens ab Klasse M, z.B. in Seitengängen, gewünschte verbesserte Kadenz (eine deutlicher ausgeprägte und ausdrucksvollere Schwebephase) ist sehr stark Veranlagungssache und hängt von einem entsprechenden angeborenen Bewegungsablauf ab. Für die gehobene Dressurausbildung Richtung Piaffe und Passage sollte diese Begabung als unabdingbare Voraussetzung angesehen werden. Pferde mit einem Ansatz von Knieaktion haben hierbei durchaus Vorteile.

Zum Galopp

Der Galopp ist nach dem Schritt die vom freilebenden Pferd meistgenutzte Gangart und korrespondiert in der Regel mit diesem auch sehr stark, was Ablauf und Übersetzung anbelangt, also in punkto Gangmaß und Raumgriff.

Er ist eine Folge von Sprüngen im Dreitakt mit jeweils dazwischen liegender Schwebephase, also schwunghaft.

Die Fußfolge beginnt mit dem äußeren Hinterbein, dann folgt das diagonale Beinpaar hinten innen und vorne außen gleichzeitig, gefolgt von vorne innen und der Schwebephase.

Daraus ergeben sich folgende sechs Phasen:

- Einbeinstütze hinten außen,
- Dreibeinstütze hinten außen zusammen mit dem diagonalen Beinpaar hinten innen und vorne außen,
- Zweibeinstütze hinten innen und vorne außen,
- Dreibeinstütze hinten innen, vorne außen und vorne innen,
- Einbeinstütze vorne innen und danach
- die Schwebephase

Gewünscht wird dabei ein guter, aber auch nicht zu großer Raumgriff (im Galopp spricht man stattdessen auch von „Bodengewinn") mit fleißig und lebendig abfußenden Hinterbeinen. Ein Pferd mit sehr großer Übersetzung im Galopp erschwert das Verkürzen und Versammeln der Sprünge. Dies wird auch für den durchschnittlichen Dressurreiter auf dem 40-m-Viereck und auch beim Springen Probleme in Bezug auf Handlichkeit mit sich bringen. Im Parcours setzen Pferde mit dieser großen Übersetzung größere reiterliche Fähigkeiten, besonders auch was das „Passendreiten" anbelangt, voraus. Sie müssen zwischen den Sprüngen in relativ ruhigem Tempo geritten werden, was aber keinesfalls auf Kosten des Fleißes der Hinterbeine gehen darf.

Guter Arbeitsgalopp

Je besser sich das Pferd dabei im natürlichen Bergauf bewegt, desto bessere Voraussetzungen bietet es dem Reiter. Die Fähigkeit hierzu ist in der Regel exterieurbedingt, hängt also mit der Art der Konstruktion des Körperbaus zusammen.

Ist das Pferd gut losgelassen, besonders im Rücken, geht die Bewegung durch den ganzen Körper und je besser das Pferd dabei vertrauensvoll an beide Hände heranspringt, desto leichter kann es auch im Galopp geradegerichtet werden. Wegen der diagonal von hinten außen nach vorne innen ablaufenden Bewegung neigen die Pferde im Galopp auf beiden Händen dazu schief zu gehen, um das zuerst (hinten außen) und das zuletzt (vorne innen) fußende Bein nahezu auf eine Linie, in Bewegungsrichtung, zu bringen.

Echte Verstärkungen setzen, wie im Trab auch, zumindest ein gewisses Maß an Versammlung voraus und können nur wertvoll und regulierbar sein, wenn der Reiter sein Pferd auch dabei gut an den treibenden Hilfen, also vor sich behält.

Je ausbalancierter das Pferd sich im Galopp von Natur aus bewegt, desto leichter lässt sich die Anlehnung gestalten und umso sicherer wird die Selbsthaltung, z.B. auch in Wendungen sein.

Die häufig zu beobachtende Nickbewegung ist im Gegensatz zum Mittel- und starken Schritt im

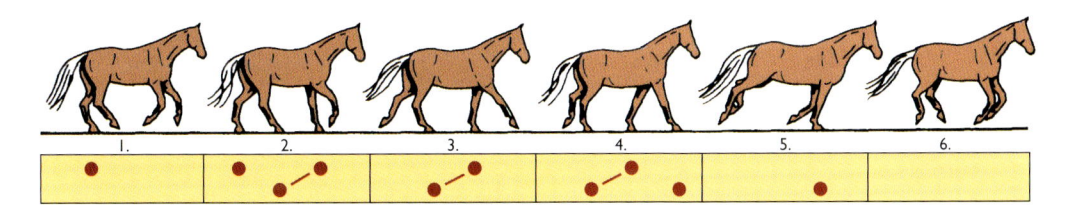

Die sechs Phasen im Galopp

2. ▷ Der Takt

Galopp unerwünscht. Sie lässt darauf schließen, dass das Pferd nicht vertrauensvoll genug an die Hand heranspringt, nicht genügend „zieht" und eben nicht sicher in Selbsthaltung geht.

Bei allem gewünschtem Bergauf soll der Galopp aber auch nicht zu aufwändig im Bewegungsablauf sein; der sichere Impuls nach vorne hat ganz grundsätzliche Bedeutung, hängt aber auch wieder ganz entscheidend von der Losgelassenheit ab.

Andererseits ist für das Sportpferd eine zu flache Galoppade ebenfalls eher nachteilig:

Für das Dressurpferd würde der ausdrucksvolle versammelte Galopp, so z.B. bei fliegenden Wechseln, dadurch erschwert, beim Springen traut man solchen Pferden weniger „Schnick" im Vorderbein zu.

Besonders in den Disziplinen, in denen es auch auf Tempo ankommt, wie im Springen und noch mehr in der Vielseitigkeit, ist auch die Ökonomie des Bewegungsablaufes ein wichtiges Kriterium.

Der leider zu oft zu beobachtende Viertakt, man spricht gelegentlich auch vom „Vierschlaggalopp", entsteht dadurch, dass das diagonale Beinpaar nicht mehr gleichzeitig, sondern nacheinander auf- und abfußt. Verursacht wird dies meistens durch eine zu starke Einwirkung mit der Hand, besonders der inneren, wodurch das innere Hinterbein gehindert wird, genügend weit nach vorne durchzuspringen und deshalb etwas schneller wieder auffußt. Auch bei überzogener oder falsch verstandener versammelnder Arbeit kann es zu diesem Taktfehler kommen, weil es dem Pferd dann an der für diese Arbeit notwendigen Kraft und/oder Balance fehlt. In extremen Fällen ist dann sogar ein gleichzeitiges Auffußen beider Hinterbeine zu beobachten.

Nur der Vollständigkeit halber auch kurz etwas zum Rückwärtsrichten.

Schiefe im Galopp

Galoppverstärkung in gutem Bergauf

2.1.3 Zum Rückwärtsrichten

Das Rückwärtsrichten gehört selbstverständlich nicht zu den Grundgangarten, ist aber durchaus keine unnatürliche Bewegung; es kann schon beim Spiel junger Pferde auf der Weide beobachtet werden. Das Pferd bewegt sich dabei mit dem jeweils diagonalen Beinpaar gleichzeitig, also ähnlich wie im Trab. Deshalb spricht man dabei ebenfalls von Tritten.

Das Rückwärtsrichten ist sehr aussagekräftig bezüglich Losgelassenheit und Rückentätigkeit.

Wenn ein Pferd sich hartnäckig, auch an der Hand, weigert, rückwärts zu treten, ist mit Sicherheit ausbildungsmäßig oder gar gesundheitlich, z.B. mit dem Rücken, etwas nicht in Ordnung.

➔ Geraderichten; Gangmaß; Schrittreiten; Galopparbeit; Verstärkungen; Rückwärtsrichten

Fußfolge Rückwärtsrichten

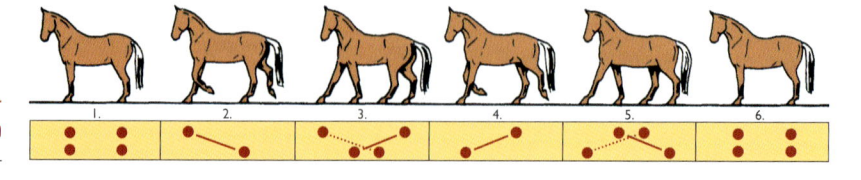

108 Reiten mit *Verstand und Gefühl*

2.2 Takt – Rhythmus, Tempo – Gangmaß

Was ist der Unterschied zwischen Takt und Rhythmus?

Auch diese beiden Begriffe werden leider immer wieder vertauscht bzw. für nahezu identisch gehalten.

Unter Takt verstehen wir in unserer Reitlehre das räumliche und zeitliche Gleichmaß der Bewegungen in den Grundgangarten Schritt, Trab, Galopp sowie auch beim Rückwärtsrichten. Damit ist gemeint, dass sowohl die Länge der Schritte, Tritte und Sprünge innerhalb eines Tempos durchgängig gleich bleibt als auch die Geschwindigkeit des Bewegungsablaufes sich nicht verändert. Zum Beispiel soll im Arbeitstempo Trab ein Tritt so viel Raumgriff wie der andere haben und der Bewegungslauf gleichmäßig bleiben, so als ob er durch ein Metronom festgelegt ist.

Auch bei Übergängen von einer Gangart zur anderen, z.B. vom Galopp zum Trab, soll der Galopp bis zum letzten Sprung und der Trab vom ersten Tritt an taktmäßig sein. Die Individualität des von Pferd zu Pferd unterschiedlichen Grundtempos bleibt davon unberührt.

Der Begriff Rhythmus wird dagegen hauptsächlich im Zusammenhang mit Übergängen innerhalb einer Gangart und in Wendungen interessant.

Dazu zwei Beispiele:

Beim Zulegen aus dem versammelten Trab oder Galopp in den Mitteltrab oder -galopp kann ein Pferd, ohne einen echten Taktfehler zu machen, eiliger werden, also den Rhythmus verändern.

Beim Reiten eines Parcours' ist es sehr wichtig, z.B. innerhalb einer Hindernisfolge (Distanz) oder einer Kombination, ein notwendiges Zulegen oder Aufnehmen, also ein Verlängern oder Verkürzen der Galoppsprünge, so fein abgestimmt vorzunehmen, dass dabei der Rhythmus sicher erhalten bleibt. Gelingt dies nicht, wird es schwierig, zum nächsten Sprung die passende Distanz zu bekommen, außerdem würde dadurch das Pferd sowohl physisch als auch psychisch unnötig zusätzlich belastet.

Besonders in engeren Wendungen muss der Reiter mit den treibenden Hilfen dafür sorgen, dass das Pferd nicht ungewollt zu sehr zurückkommt, sich eventuell sogar verhält, sondern sicher im Rhythmus weitergaloppiert. Nur so ist es möglich, passend sowie ohne Verlust von Schwung und Zeit zum nächsten Sprung zu reiten.

Selbstverständlich gibt es auch Situationen, in denen sowohl der Takt als auch der Rhythmus gestört sind. So kann es z.B. innerhalb eines Parcours beim Abwenden auf eine Diagonale bezüglich des Rhythmus' und des Taktes Probleme geben, wenn der Reiter das Pferd nicht genügend an den treibenden Hilfen, also vor sich behält, und die Wendung überwiegend mit den Zügeln reitet.

Was ist der Unterschied zwischen Tempo und Gangmaß?

In der deutschen reiterlichen Fachsprache gibt es sehr präzise Definitionen für die einzelnen Begriffe. Leider geraten diese teilweise in Vergessenheit oder werden verwechselt, worunter die Genauigkeit leidet.

Ein typisches Beispiel dafür sind die beiden Begriffe Tempo und Gangmaß, die manchmal gleichgesetzt bzw. vertauscht werden.

Unter Tempo, im Plural Tempi, verstehen wir die unterschiedlich gerittene Schritt-, Tritt- und Sprunglänge innerhalb der drei Grundgangarten, also z.B. im Trabe Arbeitstrab, versammelter Trab, Mittel- und starker Trab. Dazu gehört selbstverständlich der jeweils angemessene Rahmen und Versammlungsgrad. Mit der objektiv dabei entwickelten Geschwindigkeit hat das nichts zu tun. Wenn man vom Gangmaß eines Pferdes beurteilt, geht es dabei um zwei Dinge.

Zum einen um den Raumgriff bzw. Bodengewinn, man könnte auch sagen die Übersetzung innerhalb eines Tempos, z.B. dem Arbeitstrab. Zum anderen um die Frequenz, also die Geschwindigkeit des Bewegungsablaufes, die ja individuell recht unterschiedlich sein kann und die es gerade auch im Arbeitstrab oder Mittelschritt möglichst optimal zu finden gilt. Das Pferd soll

2. ▶ Der Takt

Guter raumgreifender Schritt, in voller Dehnung; für Schritt „am langen Zügel" fehlt die dafür notwendige leichte Genickkontrolle.

zu guter Losgelassenheit gebracht werden. Um diese Geschwindigkeit des Bewegungsablaufes geht es auch, wenn von individuell passendem Grundtempo gesprochen wird.

Beides zusammen führt dazu, dass zwei Pferde, die z.B. jedes für sich ideales Arbeitstempo Trab gehen, sich mit unterschiedlicher Geschwindigkeit vorwärts bewegen.

Am besten lässt sich das mit Hilfe eines Beispieles erklären:
Wenn ein Ausbilder eine Abteilung zusammenstellt, muss er ja wohl innerhalb dieser auch eine Reihenfolge bestimmen. Dabei spielt neben dem Ausbildungsstand der beteiligten Reiter und Pferde, die Größe, eventuell auch die Farbe und Schönheit letzterer eine Rolle. Bei der Auswahl des Teten-Pferdes sollte aber dessen Gangmaß besonders in den beim Abteilungsreiten wohl meist benutzten Gangarten, dem Arbeitstrab und dem Arbeitsgalopp, das entscheidende Kriterium sein. Für einen guten reiterlichen Ablauf mit z.B. sicher eingehaltenen Abständen ist die jeweils tatsächliche Geschwindigkeit besonders bedeutsam. Am besten geeignet ist deshalb sicherlich ein Pferd, welches verglichen mit den anderen beteiligten ein mittleres Gangmaß hat, also im Arbeitstrab deshalb weder für die Pferde mit kleinerer Übersetzung zu „schnell" noch für die mit größerer zu „langsam" vorankommt.

Leider wird im Sprachgebrauch häufig Gangmaß und Tempo gleichgesetzt, was aber deshalb falsch ist, weil in der Sprache der Reitlehre die verschiedenen Tempobezeichnungen, wie z.B. Arbeits-, versammelter, Mittel- und starker Trab eben nicht die vielleicht auch etwas verschiedenen Geschwindigkeiten zum Ausdruck bringen sollen, sondern für den unterschiedlichen Raumgriff bzw. Bodengewinn, Rahmen und/oder Versammlungsgrad stehen.

2.3 Schrittreiten = „Rühr´ mich nicht an!"?

Obwohl Schritt die erste Grundgangart ist und normalerweise am Anfang und am Ende jeder Unterrichtseinheit steht, werden vielfach im Schritt die Pferde mehr oder weniger laufen gelassen. Dabei wird fast immer mit hingegebenen Zügeln geritten und diese werden meist erst unmittelbar vor dem Antraben verkürzt und aufgenommen. Dadurch wird wertvolle Zeit vertan, die für die Ausbildung von Pferd und Reiter sehr sinnvoll genutzt werden könnte. Gerade auch bei den Pferden, die eine besonders lange Übersetzung im Schritt haben und sehr weit überfußen, glauben viele, jegliches Reiten im Schritt mit Anlehnung, also am Zügel, schade nur und verschlechtere den Schritt. Unter der Voraussetzung, dass der Reiter weiß, was er tut und mit Verstand und Gefühl zu reiten gelernt hat, ist dies aber nicht richtig.

Im Folgenden soll nun erklärt werden, wie der Reiter im Schritt auf den Bewegungsablauf seines Pferdes Einfluss nehmen kann und soll.

Wer sich nicht sicher ist, genügend über die Grundgangart Schritt zu wissen, sollte noch einmal kurz zurückblättern und seine Kenntnisse im Kapitel „Grundgangarten" auffrischen, bevor er weiterliest.

Der Schritt ist eine schreitende Bewegung im Viertakt, bei der immer abwechselnd eine Drei-

oder Zweibeinstütze zu beobachten ist, also keine Schwebephase vorkommt. Dieser Tatsache wird oft mit dem Ausdruck „schwunglos" im Gegensatz zu den „schwunghaften" Grundgangarten, wie Trab und Galopp, versucht Rechnung zu tragen. Leider vermittelt dieser Ausdruck wohl eine eher falsche Vorstellung von Langsamkeit o. Ä., obwohl beim Schritt genau wie bei den anderen Grundgangarten der entsprechende Fleiß ein ganz wichtiges Kriterium ist.

2.3.1 Zum Reiten des Schritts

Der Schritt ist die Grundgangart, in der sich Spannungen, also mangelnde Losgelassenheit auch auf Grund psychischer Probleme, als Erstes widerspiegeln. Dies ist z.B. auch daran zu erkennen, dass durchaus häufig bei Dressurprüfungen ein und dasselbe Pferd nach Beendigung seiner Aufgabe deutlich besseren Schritt zeigt als während der Aufgabe, wo es schon weiß, dass nach der Schritttour in der Regel noch anspruchsvolle versammelte Lektionen anstehen.

Diese Kenntnisse gilt es in der täglichen Arbeit zu beachten und zu nutzen: Auch im Schritt ist es besonders bei der lösenden Arbeit von ganz entscheidender Bedeutung, dass der Reiter das für das jeweilige Pferd passende individuelle Grundtempo findet und wählt. Dies wird ihm nur gelingen, wenn er von Anfang an mit entsprechender Konzentration zu Werke geht und bereit ist, den zu Beginn häufig üblichen Nachrichtenaustausch mit dem Ausbilder oder den Mitreitern auf vor oder nach der Stunde zu verlegen. Leider reiten viele in diesen ersten Minuten zu zweit oder sogar zu mehreren nebeneinander her. Dabei sind die Pferde geradezu gezwungen, das gleiche Tempo zu gehen, sodass immer entweder das eine sich verlangsamt bewegt oder eben das andere eiliger wird. Ähnliches gilt auch für das Reiten in einer Abteilung hintereinander, weshalb die Schrittreprisen entweder relativ kurz gehalten werden müssen oder währenddessen mit deutlich größeren Abständen geritten werden sollte.

Das Treiben erfolgt im Schritt entsprechend dem Bewegungsablauf der Hinterbeine wechselseitig. Auf keinen Fall sollte der Reiter aber versuchen, bei jedem Schritt mit dem Schenkel abwechselnd links und rechts Druck zu machen, vielmehr muss er aus dem losgelassenen, korrekten Sitz heraus die Schenkel mit der Wade ruhig anliegen lassen. Er wird dann fühlen, wie sich der Brustkorb abwechselnd links und rechts etwas mehr wölbt und er dadurch gewissermaßen automatisch im richtigen Rhythmus treibt[1]. Nur wenn der Fleiß des Schrittes nachlässt, muss der Reiter einen treibenden Impuls geben. Dieser sollte aber entschlossen und präzise, eventuell auch mit dem Sporen, gegeben werden; die gewünschte Reaktion des Pferdes nach vorne muss durch entsprechendes Mitkommen in der Bewegung und Leichtwerden mit der Hand zugelassen werden. Wenn genügend Sensibilität für die Schenkelhilfen vorhanden ist, reicht es schon aus, den Unterschenkel oder auch einmal das ganze Bein etwas vom Pferd zu lösen und wieder ruhig anzulegen (s. Abb. S.26), um wieder fleißigeres Schreiten anzumahnen.

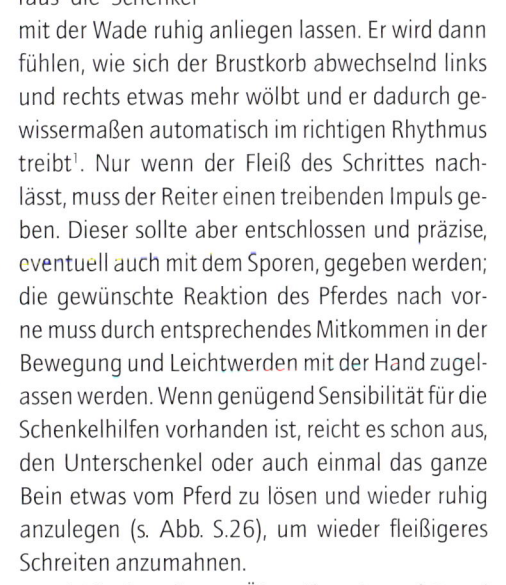

Bei Pferden, die aus Übereifer oder auf Grund mangelnder Gelassenheit eilig werden, darf auf keinen Fall versucht werden, mit ständig annehmenden oder rückwärts wirkenden Zügelhilfen dem entgegenzuwirken; das Pferd darf sich nicht festgehalten fühlen. Der Reiter muss stattdessen die Idee haben, durch geschmeidiges Einsitzen und ruhiges Treiben das ruhigere Tempo zu fordern. Häufig ist es in solchen Fällen sinnvoll, immer wieder einmal kurz anzuhalten, um das

Losgelassenes Schreiten mit hingegebenen Zügeln

> Auch im Schritt ist es besonders bei der lösenden Arbeit von ganz entscheidender Bedeutung, dass der Reiter das für das jeweilige Pferd passende individuelle Grundtempo findet und wählt.

---

[1] Das richtige Gefühl für das genaue Timing der treibenden Hilfe kann man am besten ohne Sattel oder wenigstens ohne Bügel ausprobieren, wenn man sich völlig entspannt vom Pferd im Schritt tragen lässt. Der Schenkel fällt dann wechselseitig von selbst an den wegschwingenden Pferdebauch. Dies ist der Moment, in dem das gleichseitige Hinterbein abfußt und bei Bedarf der Schenkel eingesetzt werden müsste.

2. ➤ Der Takt

Pferd sich gewissermaßen besinnen zu lassen, und dann in Ruhe wieder anzureiten.

Nun aber zu der Frage bezüglich der Anlehnung beim Schrittreiten:

Mit hingegebenen Zügeln ist das Schrittreiten nur dann sinnvoll und richtig, wenn die Umgebung und auch die Verfassung des Pferdes ein gelassenes, taktmäßiges Schreiten bei konvexer Oberlinie zulassen. Doch auch dann ist ein baldiges Aufnehmen der Zügel und ein Heranfühlen mit der Hand an das Pferdemaul empfehlenswert. Wenn diese Kontaktaufnahme zum Maul gefühlvoll vorgenommen wird, und dank guter Losgelassenheit und Elastizität in Schulter- und Ellbogengelenk die korrekt und aufrecht getragene Hand mit konstanter, leichter Verbindung die Nickbewegung zulassen bzw. mitmachen kann, wird das Pferd vertrauensvoll an das Gebiss herantreten und umso weiter mit den Hinterbeinen nach vorne überfußen. Je besser das Pferd in dieser zwanglosen Schrittarbeit Vertrauen zur Reiterhand gefasst hat, desto leichter wird es auch schon bereit sein, bei nachgiebigem Genick den Hals fallen zu lassen. Selbstverständlich muss darauf geachtet werden, dass das Pferd dabei nicht zu tief kommt und die Anlehnung nicht als Stütze auszunutzen versucht, weil dadurch das freie Ausschreiten der Vorderbeine aus der Schulter heraus beeinträchtigt werden würde.

Bei Pferden, die an allem außen herum sehr interessiert sind und deshalb besonders zu Beginn gerne etwas herumgucken, darf man dies nicht von Anfang an ganz zu unterbinden versuchen. Sie müssen lernen, dass sie alles wahrnehmen und auch begucken dürfen, aber dabei weiter voranzugehen haben. Solches Vorgehen zahlt sich in der weiteren Ausbildung auch in Prüfungen aus. **Da Leistungsbereitschaft und Sensibilität bei Pferden meistens auch mit größerer Wahrnehmungsfähigkeit und Empfänglichkeit für äußere Einflüsse verbunden ist, lassen sie sich auch leichter ablenken. Deshalb muss der Reiter, so er die ersteren positiven Eigenschaften erhalten und sich nutzbar machen will, mit den anderen umzugehen und sie in die richtigen Bahnen zu lenken lernen.**

Dieses Schrittreiten am langen Zügel wird ja auch ganz bewusst schon in Reitpferdeprüfungen empfohlen und verlangt, weil so der Schritt am qualitätvollsten gezeigt werden kann. In großen Dressuraufgaben der Klasse M und S findet man diese Tatsache häufig bestätigt. Nicht selten zeigen Pferde im starken Schritt weniger Raumgriff als vorher im Mittelschritt, wenn nämlich der Reiter fälschlicherweise glaubt, im starken Schritt die Zügel hingeben zu müssen.

Wenn Pferde durch das Schrittreiten am langen Zügel die Anlehnung als etwas Angenehmes und Unterstützendes, und eben nicht als etwas Rückwärtswirkendes und Zwangausübendes kennen gelernt haben, erleichtert dies auch die Arbeit in den anderen Gangarten und bei der Versammlung. Dann wird z.B. ein Pferd später beim Verkürzen des Schritts vor einer Kurzkehrtwendung fleißig weiterschreiten, „ziehen", anstatt sich, wie leider sehr häufig zu beobachten, zu verhalten. Es wird z.B. beim Aufnehmen zur Vorbereitung des Angaloppierens gelassen bleiben und nicht zackeln oder antizipieren.

Bei seriöser Pferdeausbildung wird zu Beginn, am Ende und auch in Erholungspausen während der Unterrichtseinheit ein Reiten in Dehnungshaltung dazugehören; dies dient nicht nur zur Entspannung, Belohnung oder Erholung, sondern vor allem zur Verbesserung und Kräftigung der gesamten Rumpfstreckermuskulatur, also besonders der Oberhals- und Rückenmuskeln. Da in dieser Beziehung bei den meisten Pferden noch Wünsche offen sind, wäre es schade, die Zeit des Schrittreitens nicht hierfür zu nutzen. In wenigen Tagen richtiger diesbezüglicher Ausbildung kann jedes Pferd lernen, diese Art der Schrittarbeit anzunehmen, gerne an das Gebiss heranzuschreiten, dabei im Genick nachzugeben und jeweils die wieder nachgefassten Zügel erneut aus der Hand zu kauen. Dadurch findet also wertvolles Training der besagten Muskulatur statt, zugleich wird das Pferd auch, was Anlehnung anbelangt, positiv konditioniert. In der

➤ Losgelassenheit bezieht sich sowohl auf den physischen als auch auf den psychischen Zustand des Pferdes.

3. ▶ Losgelassenheit

Erholungsphase am Ende einer Arbeitseinheit wird hierdurch zusätzlich aber auch verhindert, dass der hoffentlich während der Stunde gut gelöste Rücken sich gleich wieder verspannt, weil das Pferd auf Grund der hingegebenen Zügel mit mehr oder weniger hocherhobenem Haupte den Rücken wegdrückt.

Am besten kann der junge Reiter diese Arbeit auf einem korrekt gehenden Lehrpferd erlernen und dabei durch das Erfühlen und Mitmachen der Nickbewegung sehr viel für seine Handhaltung und vor allem für die Unabhängigkeit seiner Hand vom Sitz profitieren. Umgekehrt kann das junge oder auch das Korrekturpferd nur von einem erfahrenen Reiter, der diese Dinge alle richtig gelernt hat, mit dieser so wertvollen Arbeit vertraut gemacht werden. Ist diese Konstellation nicht möglich, kann einem jungen, einigermaßen talentierten Reiter auf einem unverdorbenen jungen Pferd durch einen guten Ausbilder geholfen werden.

Selbstverständlich gibt es auch sehr renommierte und erfahrene Ausbilder, die ganz bewusst am Anfang und am Ende der Ausbildungseinheit, manchmal auch in einer Schrittpause, Schritt mit hingegebenen Zügeln reiten bzw. reiten lassen. Sinnvoll und wertvoll ist das aber nur, wenn bei dem jeweiligen Pferd dank guter Trainingserfahrungen ein hundertprozentiges Vertrauen zur Reiterhand sichergestellt ist und das Pferd längerfristig so gearbeitet wurde, dass es den Hals fallen lässt und auch dabei mit aufgewölbter, konvexer Oberlinie geht. Nimmt demgegenüber in den Schrittpausen oder am Ende der Stunde, im Moment, wo die Anlehnung aufgegeben wird, das Pferd den Kopf erleichtert hoch, wird allerdings auch das Schrittreiten am langen Zügel wenig helfen. Vielmehr müsste die gesamte Arbeit anders, vor allem zwangloser gestaltet werden.

→ Losgelassenheit des Reiters; Grundgangarten

Arbeitstrab in guter Losgelassenheit, das Pferd könnte aber noch aktiver abfußen und durchschwingen.

3. Losgelassenheit – erstes und letztes Ziel in der Ausbildung eines Reitpferdes

3.1 Was verstehen wir unter Losgelassenheit?

Losgelassenheit bezieht sich sowohl auf den physischen als auch auf den psychischen Zustand des Pferdes.

Körperlich verstehen wir darunter den möglichst ökonomischen Gebrauch des gesamten Bewegungsapparates ohne Verspannungen und Verkrampfungen, wobei der Rücken stets als zentraler Bereich gelten muss.

Als **innerlich losgelassen** bezeichnen wir ein Pferd, welches bei aller Gehfreude gelassen und konzentriert bei seiner Aufgabe ist.

Beides zusammen bildet die Voraussetzung für optimale Leistungsfähigkeit sowie Leistungsbereitschaft, zugleich werden dadurch erst Ausbildungsfortschritte, die z.B. mit Muskelaufbau und Lernen verbunden sind, ermöglicht.

Reiten mit Verstand und Gefühl 113

3. ▶ Losgelassenheit

Arbeitsgalopp in guter Losgelassenheit

Gute Dehnungshaltung im Trab

3.2 Bedeutung der Losgelassenheit

Wohl jeder Reiter und Ausbilder, dem gutes, pferdegerechtes Reiten am Herzen liegt, weiß um die ganz grundsätzliche Bedeutung der Losgelassenheit. Deshalb taucht immer wieder im Zusammenhang mit unserer Ausbildungsskala die Frage auf, warum hier die Losgelassenheit erst an zweiter Stelle aufgelistet ist. Darüber, dass sie in der täglichen Arbeit zumindest als gleichrangig neben dem Takt gesehen werden muss, gibt es gar keinen Zweifel. Dennoch ist es durchaus begründet, warum in der Fachtheorie unserer Reitlehre der Takt als Erstes aufgeführt ist:

Auch für den kundigen Fachmann, z.B. Ausbilder oder Richter, ist es einfacher, objektiv zu beurteilen, ob sich ein Pferd bei jeder Übung, Lektion oder sonstigen Aufgabenstellung in allen drei Grundgangarten taktmäßig bewegt. Der Erhalt des sicheren Vier-, Zwei- oder Dreitaktes im Schritt, Trab und Galopp muss stets in der Ausbildung das oberste Kriterium darstellen. Wenn Taktprobleme auftauchen, muss dies für den Reiter und/oder Ausbilder sofort ein deutlich warnender Hinweis darauf sein, dass irgend etwas nicht in Ordnung ist. Auf diese Art und Weise können beginnende Losgelassenheitsprobleme sogar noch früher erkannt werden, weil sie sich häufig sofort in Taktfehlern zeigen.

Lösende Arbeit muss täglich von Neuem am Beginn jedes Reitens und jeder Arbeit mit dem Pferd stehen. Erst durch eine angemessene und individuell richtig gestaltete Lösungphase erreicht das Pferd – natürlich auch der Reiter – seine volle Leistungsfähigkeit und auch Leistungsbereitschaft. Deshalb ist diese Phase unabdingbare Voraussetzung für jegliche erfolgreiche Arbeit. So dürfen auch an Tagen, an denen der Reiter weniger Zeit hat, diesbezüglich keine Abstriche gemacht werden, um mehr Zeit für die Arbeitsphase zu gewinnen.

Beim jungen Pferd, welches am Anfang seiner Ausbildung zum Reitpferd steht, ist es geradezu das Ziel jeder Arbeitseinheit, das Pferd dazu zu bringen, sich auch mit dem Reiter auszubalancieren und loszulassen.

Wie die beiden Begriffe Leistungsfähigkeit und Leistungsbereitschaft schon dokumentieren, gilt es bezüglich der Losgelassenheit gleichermaßen die physische und die psychische Seite zu berücksichtigen. In der Praxis sind beide nicht voneinander zu trennen:

- Bekommt ein Pferd keine Gelegenheit, seinen Kreislauf auf Betriebsfrequenz zu bringen, seine Muskulatur entsprechend anzuwärmen, seine Gelenke mit ihren Knorpelschichten elastischer und damit belastbarer zu machen sowie den gesamten Stoffwechsel hochzufahren, oder ist es auf Grund irgendwelcher gesundheitlicher Probleme in seiner Beweglichkeit eingeschränkt oder hat gar Schmerzen, wird es sicherlich auch psychisch nicht zu guter Losgelassenheit fähig sein, also seine volle Leistungsbereitschaft nicht erreichen können.
- Umgekehrt wird ein Pferd, welches mangels Vertrauen zum Reiter, zu seiner Hand oder auf Grund schlechter Erfahrungen, eventuell schon beim Satteln Angst bekommt, sich wohl auch physisch kaum loslassen können, allein schon wegen der dadurch bedingt verkrampften Atmung.

In der täglichen Arbeit kann auch während der Arbeitsphase nicht durchgängig auf hohem Level physische und psychische Leistung abverlangt werden. Deshalb wird der gute Reiter bzw. Ausbilder immer wieder in das Pferd hineinzuhorchen versuchen und durch entsprechende Übungen überprüfen, ob dieses noch unverkrampft und losgelassen sich zu bewegen in der Lage ist; deshalb müssen ca. alle 5 - 10 Minuten kleine Zwischen-Erholungspausen eingelegt werden. Je anspruchsvoller die geforderte Leistung ist, etwa im Hinblick auf Versammlung, desto leichter kann es dazu kommen, dass aus der notwendigen positiven Spannung Verspannung und Verkrampfung wird.

Wenn dabei von Pausen gesprochen wird, so kann in diesen, muss aber nicht, nur Schritt geritten werden. Entscheidend ist, dass das Pferd Gelegenheit bekommt, physisch und psychisch etwas abzuspannen, um anschließend wieder umso leistungsfähiger und -bereiter zu sein. Jeweils den richtigen Zeitpunkt dafür zu finden und nicht erst zu reagieren, wenn das Pferd anfängt abzubauen oder gar unwillig zu werden, erfordert gutes Gefühl, Erfahrung sowie Selbstdisziplin und ist einer der entscheidenden Punkte, wodurch sich der gute Reiter auszeichnet.

Gerade bei von Natur aus sehr leistungswilligen Pferden kann es leicht vorkommen, dass zu lange am Stück Belastung abgefordert, nicht das richtige Maß gefunden wird. Verkrampfung aber führt zu vorzeitiger Ermüdung, schränkt also die Leistungsfähigkeit ein. Außerdem beeinträchtigt sie das Wohlbefinden des Pferdes bis hin zu Schmerzempfindungen, wodurch unmittelbar auch die Leistungsbereitschaft nachlässt, was sich dann u.a. in nachlassender Gehfreude zeigt.

Wird dann nicht sofort reagiert und für Abbau der Verspannung gesorgt, kann es mit der Zeit zu schwerwiegenden, sogar bleibenden Schäden kommen. So wird in krampfender Muskulatur auf Grund mangelhafter Durchblutung der notwendige Stoffwechsel eingeschränkt, sodass es anstelle einer Kräftigung zu einer Schwächung, ja zu einem Abbau der betroffenen Muskeln kommen kann.

Längerfristiges Gehen mit verspannten Bewegungen, z.B. mit gespannten Tritten, die eventuell sogar ganz spektakulär wirken, führt zu Überlastungen des Bewegungsapparates und Schädigung, besonders der Gelenke.

Fast noch gravierender sind die psychischen Defekte, die durch solch fehlerhaftes Training verursacht werden können. Leider kommt es gar nicht so selten vor, dass Pferden dadurch „der Nerv gezogen wird" und sie langfristig oder sogar ein für alle Mal ihre Leistungsbereitschaft einbüßen. Besonders der mentale Aspekt der Losgelassenheit erfordert eine wohl überlegte, regelmäßig auch durch das reiterliche Gefühl kontrollierte Trainingsplanung.

Das heißt: Dieses Ent- und Belasten in Intervallen gilt es nicht nur innerhalb einer Trainingseinheit zu beachten. Vielmehr muss auch von Tag zu Tag und von Woche zu Woche überlegt werden, wie die Belastung dosiert werden kann, und zwar sowohl im Hinblick auf Dauer wie auch auf Intensität.

3. ➢ Losgelassenheit

Traben über Cavaletti: Pferd in guter Dehnung und Balance; Reiter angemessen entlastend sitzend

3.3 Wovon hängt die Dauer der Lösungsphase ab?

Vor oder zu Beginn jeder Trainingseinheit lohnt es sich darüber nachzudenken, wie viel Zeit wohl notwendig sein wird, bevor das dann gelöste Pferd stärker gefordert und belastet werden darf. Dies hängt in der Regel von folgenden Faktoren ab:

• **Haltungsbedingungen:** In den meisten Betrieben wird heute versucht, mehr den natürlichen Bedürfnissen des Pferdes Rechnung zu tragen. Es wird ihnen zumindest zeitweise Paddock- oder Weidegang, im Stall ein Minimum an Sozialverhalten ermöglicht, die Fütterung art- und vor allem bedarfsgerecht optimiert. Dies alles trägt zum Wohlbefinden der Tiere bei und verbessert auch die Voraussetzungen für einen entspannten Arbeitsbeginn unter dem Sattel.

• **Alter und Ausbildungsstand des Pferdes:** Bei der jungen Remonte, in den ersten Wochen der Ausbildung, ist es das Ziel der Arbeitseinheit, dass das Pferd sich unter dem Reiter ausbalanciert und loslässt. Mit fortschreitender Ausbildung wird sich diese Zeit allmählich verkürzen, bis dann in höherem Alter wegen der dann nachlassenden Elastizität allmählich wieder ausführlicheres Lösen notwendig wird. Das heißt aber nicht, dass sich irgendwann im Leben eines Pferdes der Zeitbedarf für das Lösen unter ein Minimum von ca. 15 bis 20 Minuten senken lässt. Diese Zeit ist allein schon nötig, um die oben beschriebenen physischen Voraussetzungen für Arbeit und Leistung zu schaffen.

• **Gebäude und Interieur des Pferdes:** Insgesamt stellt uns die moderne Warmblutzucht im Durchschnitt sehr geeignete Pferde für den Reitsport zur Verfügung. Je optimaler ein Pferd konstruiert und proportioniert ist, je besser es im natürlichen Gleichgewicht ausbalanciert ist, desto leichter fällt es ihm, sich in das gemeinsame Gleichgewicht mit dem Reiter zu finden, desto schneller wird es sich loslassen können. Auch die Voraussetzungen für das Tragen eines Reiters auf dem Rücken sind je nach Körperbau unterschiedlich gut, z.B. Form des Widerristes und der Sattellage.

Gar nicht zu unterschätzen ist diesbezüglich die Bedeutung seines Interieurs. Das stets gelassene, ausgeglichene, wenig guckerige Pferd wird zwar relativ schnell entspannt sein, andererseits aber vielleicht gar nicht den ganz großen Willen zu höherer Leistung haben.

Mit anderen Worten: Wer großen sportlichen Ehrgeiz hat und sich dafür ein besonders leistungsbereites Pferd mit Kämpferherz ausgesucht hat, muss bereit sein, mehr Zeit für die lösende Arbeit zu verwenden, weil dieses wahrscheinlich mehr Gehfreude mitbringt, nicht nur für die Hilfen des Reiters, sondern auch für äußere Einflüsse empfänglicher ist.

Hinzu kommt noch die Tatsache, dass z.B. sich Pferde mit besonders großer Begabung für hohe Versammlung durch einen relativ hohen Muskeltonus[1] „auszeichnen", was wiederum dem „Sich-Loslassen" nicht gerade entgegenkommt.

• **Äußere Bedingungen wie Bodenverhältnisse, Witterung und (Un-)Ruhe des Umfeldes:** In ungewohnter, wenig vertrauter Umgebung mit ablenkenden Einflüssen, besonders aber auch, wenn in gewohnter Umgebung Veränderungen die Aufmerksamkeit des Pferdes beeinträchtigen, bei frischem, windigem, „schnellem" Wetter, wird mehr Zeit zum Lösen notwendig sein.

---

[1] Mit Muskeltonus wird die Grundspannung eines Muskels bezeichnet. In diesem Zusammenhang sind Pferde gemeint, die auf Grund ihrer Veranlagung besonders gut in der Lage sind, positive Muskelanspannung aufzubauen; dabei spielt das Interieur durchaus auch eine Rolle. Anspannung darf aber auf keinen Fall mit Verspannung verwechselt werden; nur Muskulatur, die gut dehnungsfähig ist, kann effektiv und ökonomisch an- und abspannen.

- **Der Ausbildungs- und Erfahrungsstand des Reiters:** Unter einem elastisch, ausbalanciert und losgelassen sitzenden Reiter wird sich ein Pferd auf Anhieb am wohlsten fühlen, also auch schnell zur Losgelassenheit kommen.

Wenn er dank umfangreicher Erfahrung, genügend Problembewusstseins, besonders aber dank guten Reitergefühls in der Lage ist, von Beginn an stets richtig einzuwirken, z.B. auch das jeweils passende Grundtempo zu reiten, hat er optimale Voraussetzungen, schnell das Ziel zu erreichen, ohne das Pferd zu ermüden.

Andererseits wird auch das best ausgebildete und geschulte Lehrpferd sehr bald Losgelassenheitsprobleme bekommen, wenn es seinem Reiter nicht gelingt, zu einem losgelassenen Balance-Sitz zu kommen, ganz zu schweigen davon, wenn er gefühllos und ungeschickt einwirkt.

- **Wann und wie war die letzte Arbeit:** Wenn ein Pferd artgerecht gehalten, regelmäßig und planvoll gearbeitet oder wenigstens bewegt wird, kann in der Regel davon ausgegangen werden, dass sein natürliches Bewegungsbedürfnis befriedigt ist und sich kein zu großer Bewegungsstau aufgebaut hat.

Bezogen auf das letzte Reiten, am Vortag, steht besonders die Frage nach deren Qualität im Vordergrund: War sie positiv, vor allem endete sie harmonisch oder wurde sie nur beendet, weil die Zeit um war oder es dunkel wurde. So hat die dritte Phase jeder Arbeitseinheit beim Reiten ihre eigene, nicht zu unterschätzende Bedeutung für das Wohlbefinden des Pferdes und für das gedeihliche und erfolgreiche Miteinander beider Beteiligten.

Nur wenn die Arbeit zu einem positiven Ende gebracht werden kann, kann erwartet werden, dass das nächste Training von Beginn an harmonisch verläuft, die Losgelassenheit schnell erreicht wird; auch hier verdient Physis und Psyche gleichermaßen Beachtung. Dazu reicht es nicht aus, das Pferd einfach so lange im Schritt zu bewegen, bis es sich verpustet hat, vielmehr muss der Reiter zum Abschluss Übungen oder Lektionen reiten, die ihm mit seinem Pferd leicht fallen und diesem ein Gefühl von Harmonie vermitteln. Außerdem muss es nochmals in guter Dehnungshaltung (vorwärts-abwärts) betont über den Rücken Gelegenheit zum Abspannen bekommen.

Im Schritt dann, am besten immer noch mit fallengelassenem Hals und aufgewölbtem Rücken kann Puls, Atmung und Temperatur auf Normalwerte zurückgebracht und in der Belastungsphase entstandene Stoffwechselabbauprodukte abtransportiert werden.

Der Beginn jeder Arbeitseinheit wird sehr stark beeinflusst von der Art, wie die vorangegangene beendet wurde.

3.4 Worauf kommt es bei der lösenden Arbeit an?

Es beginnt ganz entscheidend bei der Einstellung und dem Verhältnis, das der Mensch, und zwar der Reiter und der Betreuer (z.B. Pfleger), zu seinem Pferd hat. Das Pferd muss durch entsprechenden Umgang größtmögliches Vertrauen haben, dieses muss aber einhergehen mit der sicheren Akzeptanz des betreffenden Menschen als eindeutig dominierendes höherrangiges, am besten sogar als Leittier.

Ist dieses Verhältnis in Ordnung, wird es auch unter schwierigeren, ungewohnten Umständen zwar alles um sich herum wahrnehmen, aber einen Großteil seiner Aufmerksamkeit beim Reiter belassen, ihm im Zweifelsfall gehorchen, weiter vorangehen und sich sehr schnell auf die Arbeit konzentrieren.

Moderner Reitbetrieb mit Paddocks und Weiden

> Der Beginn jeder Arbeitseinheit wird sehr stark beeinflusst von der Art, wie die vorangegangene beendet wurde.

3. ➤ Losgelassenheit

Junges Pferd hinter älterem Führpferd

➤ Für jedes Reitpferd, egal wozu es eingesetzt wird, muss es ein Haupttrainingsziel sein, die Tragfähigkeit des Rückens zu verbessern.

Lässt sich das Pferd dennoch zu stark ablenken, muss der Reiter die Vorstellung haben, das Pferd mit seinen Hilfen, besonders mit den treibenden, so stark zu beschäftigen und zu fordern, dass es gar keine Zeit hat, sich für andere Dinge zu interessieren. Auf jeden Fall muss er dafür sorgen, dass es an scheinbar „gefährlichen" Stellen nicht schneller wird oder seitwärts ausweicht.

Leider versuchen stattdessen viele Reiter, dem Pferd das Gucken zu verbieten; meist werden sie dabei mit den Händen sehr aktiv oder reiten über Tempo, also zu „schnell", was aber völlig kontraproduktiv ist.

Ganz Ähnliches gilt es im Umgang mit sehr gehfreudigen Pferden, wie wir sie heute vielfach haben, zu beachten: Zunächst einmal müssen sie täglich Gelegenheit bekommen, ihren natürlichen Bewegungsdrang zu befriedigen. Solche Pferde dürfen von Beginn an unter dem Reiter möglichst niemals das Gefühl vermittelt bekommen, am frischen Vorwärtsgehen gehindert oder festgehalten zu werden. Es muss vielmehr versucht werden, und das beginnt wiederum im Kopf des Reiters bei seiner Einstellung, mit den treibenden Hilfen das Pferd zu beschäftigen, ihm aktiv zu sagen, welches Tempo gewünscht ist, die notwendigen halben Paraden mit allen Hilfen zu geben und dabei lieber etwas entschlossener, auch einmal herzhafter einzuwirken, um dafür umso schneller wieder leicht werden zu können. Ist der Reiter von seiner eigenen Hilfengebung nicht überzeugt, versucht er nur ständig etwas zu verhindern oder zu verbieten, wird er kaum Erfolg haben und die Spannung wird sich immer mehr aufbauen.

Ob ein Pferd sich auf Dauer unter dem Sattel relativ schnell und unproblematisch lösen lässt, hängt ganz entscheidend davon ab, wie es mit dieser Arbeit bekannt, ja hoffentlich vertraut gemacht wurde. Die ersten Wochen der Remonteausbildung stellen geradezu eine Prägungsphase dar. Deshalb darf diese verantwortungsvolle Aufgabe nur von dafür geeigneten Reitern, die besonders ausbalanciert sitzen und ein feines Gefühl für das Pferd haben, übernommen werden; je sensibler und leistungsbereiter das Pferd veranlagt ist, desto anspruchsvoller ist sie.

Der Faktor Zeit, der heute leider meist Mangelware ist, kann durch nichts ersetzt werden. Umgekehrt kann mangelndes Können aber auch durch noch so viel Zeit nicht ausgeglichen werden.

3.5 Was bedeutet es, ein Pferd über den Rücken zu reiten?

Ähnlich wie beim Menschen ist auch beim Pferd der Rücken als das Bewegungszentrum anzusehen. Deshalb muss ihm besondere Aufmerksamkeit und Überlegung gewidmet werden. Dies betrifft grundsätzlich täglich wieder besonders die lösende Arbeit, wobei für das junge oder weniger trainierte Pferd das losgelassene Gehen mit unverkrampftem schwingendem Rücken sogar das eigentliche Stundenziel ist.

Für jedes Reitpferd, egal wozu es eingesetzt wird, muss es ein Haupttrainingsziel sein, die Tragfähigkeit des Rückens zu verbessern. Wird daran nicht seriös, d.h., gekonnt und mit genügend Geduld gearbeitet, trägt das Pferd den Reiter bald nur noch mit dem Knochengerüst; der Rücken fängt an durchzuhängen und es kommt zu Schäden an der Wirbelsäule (z.B. kissing spines) und in der Folge auch in der Psyche:

• Für diese Tragfähigkeit hat zum einen das gesamte Muskelsystem des Oberhalses in Verbindung mit der Nackenplatte (Lamina nuchae) (siehe S.120) besondere Bedeutung. Es hilft nämlich

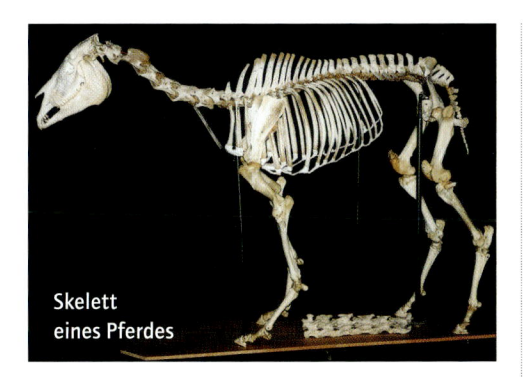

Skelett eines Pferdes

— Rumpfstrecker
— Rumpfbeuger

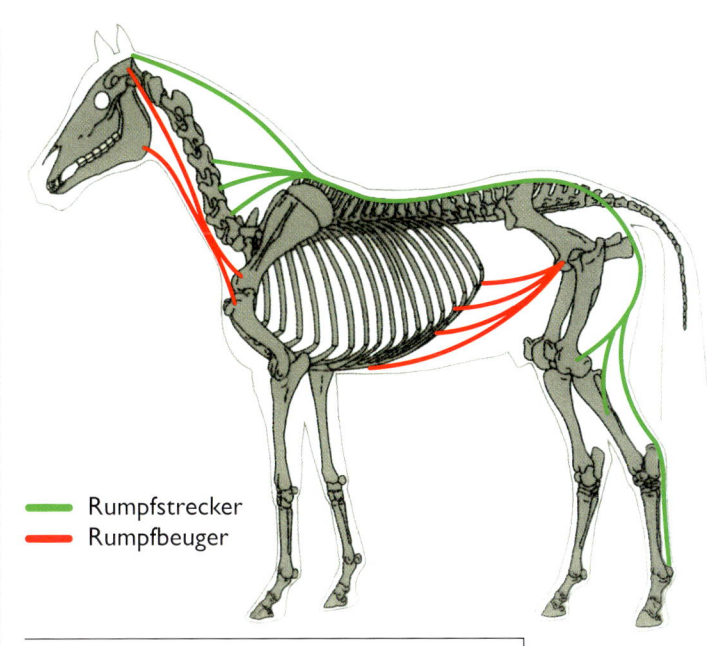

Die beiden Systeme der Rumpfstrecker und Rumpfbeuger

über das Nacken-Rückenband (Ligamentum nuchae), welches vom Hinterhauptsbein über den Hals zu den Dornfortsätzen des Widerristes und des Rückens (Ligamentum supraspinalae) führt, den Rücken etwas anzuheben; dies geschieht durch den Zug an den langen, schräg nach hinten gerichteten Dornfortsätzen. Der lange Rückenmuskel selbst ist vornehmlich für die Vorwärtsbewegung mitverantwortlich, er kann auf Grund der Konstruktion zur Tragfähigkeit nicht direkt beitragen; verkrampft er aber, z.B. wegen Überlastung oder wegen eines gegen die Bewegung sitzenden Reiters, wirkt sich dies direkt auf die Beweglichkeit der Gliedmaßen aus.

• Zum anderen und eigentlich genauso wichtig ist die Arbeit der den Rumpf beugenden Muskeln, z.B. der des Bauches. In seiner Gesamtheit reicht dieses Muskelsystem, ebenfalls am Schädel beginnend, bis zum Becken. Unverkrampfte Atmung setzt Losgelassenheit in diesem Bereich voraus.

Nur im gut aufeinander abgestimmten Zusammenspiel dieser beiden großen Muskel- und Sehnengruppen, der Rumpfstrecker und der Rumpfbeuger, kann die Tragfähigkeit des Pferderückens gestärkt werden. Zur Kräftigung dieser Systeme ist die Arbeit des Pferdes in Dehnungshaltung optimal geeignet, soweit dabei entsprechend fleißig, nach vorne an die Hand herangeritten wird; sehr effektiv ist dabei gute Galopparbeit, auch im entlastenden Sitz, weil dabei auf Grund des Bewegungsablaufes die Bauchmuskulatur besonders gut an- und abspannt.

Auch im fleißigen Arbeitstrab, im individuell passenden, keinesfalls übereilten Grundtempo, kommt es nicht so sehr darauf an, möglichst ausdauernd in gleich bleibender Dehnungshaltung zu reiten, wertvoller ist es, wenn durch mehrfach wechselnden Rahmen sich die Rumpfstrecker und Rumpfbeuger wechselweise immer wieder an- und abspannen. Dazu muss der Reiter mehrmals nacheinander die Zügel herauskauen lassen und jeweils wieder etwas aufnehmen. **Wenn man das System der Rumpfstrecker in seiner Gesamtheit vom Hinterhauptsbein bis zu den Beugesehnen der Hinterhand betrachtet, versteht man sehr leicht, warum das Pferd gerade dann, wenn es anfängt, sich loszulassen und in Dehnungshaltung zu gehen, dazu neigt, mit den Hinterbeinen verkürzt vorzutreten. Wenn der Reiter in diesen Momenten dann vermehrt treibt, kann er optimal etwas für die so wichtige Dehnungsfähigkeit des oberen Teiles des Bewegungsapparates tun.**

Wird bei dieser Arbeit mit zu viel Kraft gearbeitet und zu wenig auf Zwanglosigkeit geachtet, wird sehr schnell aus anfänglicher notwendiger (An-)Spannung erst Verspannung und schließlich Verkrampfung. Dadurch wird dieses Wechselspiel der beiden Muskelsysteme gestört, aus einem Miteinander wird ein Gegeneinander mit allen negativen Folgen (siehe oben).

3. ➤ Losgelassenheit

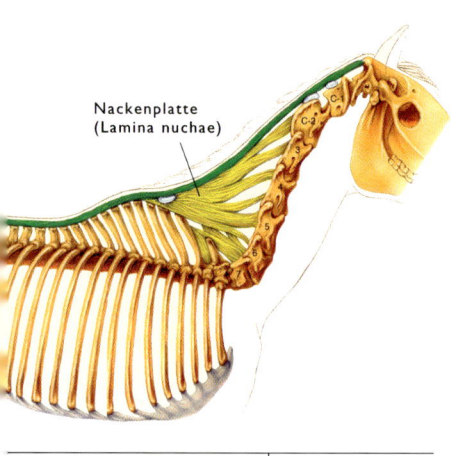

Nackenplatte (Lamina nuchae)

Nackenplatte und Nackenrücken-Band

Atlanto-Occipitalgelenk

Nackenbandansatz

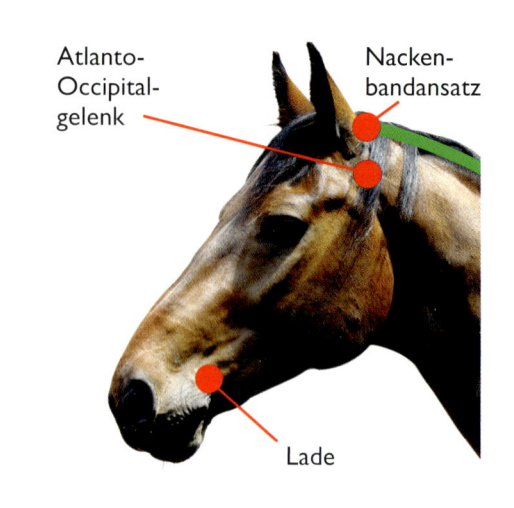

Lade

Die „Knackpunkte" am Kopf des Pferdes

Um diese Arbeit wertvoll gestalten zu können, bedarf es seitens des Reiters eines ausbalancierten Sitzes, effektiver präziser Hilfen und vor allem eines guten Gefühls dafür, wie viel er dem Pferd in der konkreten Situation abverlangen kann. Wenn Pferde, was die Rückentätigkeit anbelangt, Defizite aufweisen, kann es durchaus notwendig sein, sie vorübergehend ziemlich energisch durch den kurzen Zügel von dem Vorteil dieser Haltung zu überzeugen. **Dieses bei durchhaltender Hand „durch den kurzen Zügel reiten" ist Voraussetzung dafür, dass man sofort wieder leicht werden, den Druck also verringern kann, wenn das Pferd auch nur ansatzweise nachgibt und den Weg vorwärts-abwärts findet.**

Vielfach haben wir heute Pferde, die dank eines leichten Genicks und eines feinen, sensiblen Maules sich nicht genügend vorwärts-abwärts zu dehnen trauen. Der weniger erfahrene Reiter lässt sich dann häufig dazu verleiten, durch Vorschieben, teilweise auch Öffnen der Zügelfaust dem Pferd die Dehnung „anzubieten". Dabei wird aber die Verbindung zum Maul zu lose und unbeständig, es kommt zum springenden Zügel, der solchen Pferden erst recht unangenehm und deshalb sogar kontraproduktiv ist. Richtig wäre, aus einem losgelassenen Sitz heraus und aus elastischen Schulter- und Ellbogengelenken mit den Händen einen möglichst konstanten Kontakt zum Maul zu halten. Der Reiter darf sich dabei vorstellen, dass seine Hand, aber auch wirklich nur diese, „etwas im Maul hängt", sich vom Maul mitnehmen lässt, um dadurch das Pferd zu provozieren, besser zu „ziehen".

Leider gibt es viele Pferde, die schon in normaler Haltung mangels Vertrauen zur Hand, eventuell durch Einsatz von Schlaufzügeln, nicht genügend ans Gebiss herantreten, sich eng machen und beim Zügel-aus-der-Hand kauen zwar tiefer kommen, dabei aber „abkippen", also deutlich hinter die Senkrechte, ja hinter den Zügel kommen; sie werden dann meist eilig, ohne aber mit den Hinterbeinen durchzuschwingen. In solch gravierenden Fällen muss erst die Anlehnung, besonders das Vertrauen zur Reiterhand wieder in Ordnung gebracht werden.

Die Dehnungshaltung ist dann angemessen und wertvoll, wenn das Pferd mit seinem Maul mindestens bis auf Buggelenkshöhe kommt; wie weit die Dehnung maximal vorwärts-abwärts gehen sollte, hängt vom Gleichgewicht des betreffenden Pferdes ab; nur so weit, wie es noch ausbalanciert zu gehen vermag, macht sie Sinn. Der Reiter muss immer noch das Gefühl haben, das Pferd vor sich zu haben; er sollte noch ein leichtes Herantreten an die Hand verspüren, bei immer noch guter Selbsthaltung. Sowie das Pferd versucht, die Verbindung als Stütze auszunützen, muss es mit richtigen halben Paraden ermahnt werden, sich wieder selbst zu tragen.

Leider wird häufig als „tiefes Einstellen" eine Arbeit propagiert und praktiziert, bei der das Pferd mit sehr tiefer, aber vor allem auch enger Haltung geht, sich dabei mit seiner Stirn-Nasenlinie deutlich hinter der Senkrechten befindet und sich mit dem Maul den Karpalgelenken nähert. Es ist durchaus möglich, dass einige weit

> ➤ Es ist sinnvoll, die Dehnung nur soweit vorwärts-abwärts zuzulassen, wie es mit der Balance des Pferdes vereinbar ist.

überdurchschnittlich veranlagte Pferde auch in dieser Haltung noch in der Lage sind, mit ihren Hinterbeinen aktiv und hoch genug abzufußen; wenn sie dabei sogar noch weit genug nach vorne fußen, dann sicherlich nicht wegen, sondern trotz dieser Haltung. Für die große Mehrzahl der normal begabten Pferde ist ein Training in dieser Haltung dagegen abträglich, weil sie dadurch in ihrer Balance beeinträchtigt werden, meist mit den Vorderbeinen gebunden und in den Boden „hineinlaufen" und das notwendige An- und Abspannen der Oberhals- und Rückenmuskulatur eingeschränkt ist.

Besonders kontraproduktiv ist ein solches „tief und eng Einstellen", wenn es mehr oder weniger zwangsweise, mit großer Kraft und mit Einsatz von Kraftverstärkern wie Schlaufzügeln oder Kandare erfolgt.

Dieses gewaltsame, mechanische Beizäumen, wie es leider häufig zu beobachten ist, verursacht durch den übermäßigen Zug am Nackenband zunächst Schmerzen, dann möglicherweise auch Schäden im Bereich des Ansatzes des Nackenbandes und/oder der ersten beiden Halswirbel (s. Abb. S.120). Ein Reiten in solcher Zwangshaltung wirkt sich aber sehr schnell bis in die Lendenwirbelsäule aus, macht also den gesamten Rücken fest.

Viele Pferde arrangieren sich nach einiger Zeit mit dieser aufgerollten Haltung; sie gehen hinter dem Zügel, treten und springen also nicht mehr vertrauensvoll an die Hand heran; außerdem sind sie dann kaum mehr in eine reelle Versammlung mit echter relativer Aufrichtung und guter Selbsthaltung zu bringen, müssen stattdessen von ihren Reitern „stark", d.h. mit viel Kraft geritten und in der nur scheinbar richtigen Haltung durch eine Dressuraufgabe „getragen" werden.

3.6 Wie ist lösende Arbeit zu gestalten?

Da Pferde Individuen sind, die physisch und besonders auch psychisch ganz unterschiedlich konstruiert und veranlagt sein können, muss die lösende Arbeit unbedingt individuell geplant und abgestimmt werden. Dabei gilt es, täglich von neuem Überlegungen anzustellen bezüglich all der Punkte, die oben im Hinblick auf die Dauer der lösenden Arbeit angesprochen wurden.

Außerdem muss der Reiter bei aller Planung bereit und fähig sein, sein Pferd zu beobachten (schon beim Satteln) und zu erfühlen, wie seine aktuelle Form ist.

Für den konkreten Ablauf der Lösungsphase gibt es zwar Grundregeln, aber selbstverständlich keinen genauen Fahrplan:

- Schon beim Aufsitzen, möglichst mit einer Aufsitzhilfe, sollte dem Pferd gezeigt werden, dass der Reiter das Sagen hat und Konzentration notwendig ist.
- Begonnen wird immer mit mindestens 6 - 10 Minuten Schritt am hingegebenem oder besser am langen Zügel. Dabei darf und soll das Pferd alles sehen und wahrnehmen, dabei aber dank guten Vertrauens zum Reiter stets sicher im Vorwärts bleiben, ohne wegzulaufen. Dazu muss der Reiter selbst sich schon auf die Arbeit konzentrieren und sich nicht nur tragen lassen.
- Das Pferd soll vom Aufsitzen an das Gefühl haben, geritten zu werden. Deshalb gilt es, von Beginn an den Bewegungsablauf sorgfältig zu kontrollieren, besonders auf das optimal passende Grundtempo im Arbeitstrab zu achten. Auch beim weniger gehfreudigen und mit den Hinterbeinen weniger aktiven Pferd darf man sich nicht verleiten lassen, das Tempo zu überziehen; es würde das gewünschte vermehrte Durchschwingen der Hinterbeine nach vorne keinesfalls fördern. Ist der Reiter bezüglich des Grundtempos unsicher, ist es sinnvoll, ein paar Tritte auszusitzen, um es besser erfühlen zu können.
- Wann genau auch der Arbeitsgalopp mit einbezogen werden kann und soll, ist ebenfalls ganz individuell zu entscheiden und muss im Zweifelsfall ausprobiert werden. Auf jeden Fall sollte es in Form von vielen Übergängen mit (besonders bei Pferden mit großer Galoppübersetzung) nicht zu langen Galoppreprisen geschehen. Dabei kann von Anfang an frisches Vorwärts gefordert werden, jeder Galoppsprung jedoch muss kontrolliert sein.

> Außerdem muss der Reiter bei aller Planung bereit und fähig sein, sein Pferd zu beobachten (schon beim Satteln) und zu erfühlen, wie seine aktuelle Form ist.

3. ➤ Losgelassenheit

- Von der ersten Minute an muss richtig und überlegt die natürliche Schiefe des Pferdes Beachtung finden und entsprechend damit umgegangen werden. Der erfahrene Reiter und Ausbilder wird dies fast automatisch, ohne darüber nachzudenken tun.

➤ Je mehr Abwechslung dabei geboten wird, desto größer wird der Erfolg sein und desto wertvoller ist sie gerade auch für die Psyche des Pferdes (und des Reiters).

Folgende Übungen und Lektionen zählen zu den lösenden und dienen erfahrungsgemäß der Losgelassenheit:
- einfache Übergänge Schritt-Trab-Schritt und Trab-Galopp-Trab
- ganze Parade aus dem Schritt
- große, besonders gebogene Linien, wie Zirkel, einfache Schlangenlinien
- Schlangenlinien durch die Bahn (alte Form), 3 oder 4 Bogen
- Tritte und Sprünge verlängern und verkürzen
- Schenkelweichen entlang der langen Seite
- Vorhandwendung (für das Pferd weniger wertvoll)
- in den Zirkel hinein- und herausreiten (wird im Gegensatz zum Zirkel verkleinern und vergrößern auf einem Hufschlag geritten)

und mit fortgeschritteneren Pferden und Reitern:
- Viereck verkleinern und vergrößern
- Zirkel verkleinern (etwas traversartig) und vergrößern (etwas schulterhereinartig)
- Übertreten lassen auf der offenen Zirkelseite
- durch den Zirkel wechseln
- die Acht
- Schultervor und Reiten in Stellung

Selbstverständlich soll und darf die lösende Arbeit nicht immer nur auf einem eingegrenzten Platz oder gar einer Halle stattfinden, auch bei Dressurpferden nicht. Je mehr Abwechslung dabei geboten wird, desto größer wird der Erfolg sein und desto wertvoller ist sie gerade auch für die Psyche des Pferdes (und des Reiters).

Eine, wie ich meine, besonders wertvolle Möglichkeit soll hier herausgegriffen und angesprochen werden, das Reiten im leichten Sitz. Gerade auch für besonders sensible Pferde mit einem etwas feinen Rücken ist es eine wunderbare Methode, nicht nur länger leichtzutraben, sondern auch die Galopparbeit im leichten Sitz zu beginnen. Um den Rücken des Pferdes zu entlasten, sitzt der Reiter aus der Hüfte etwas vornüber. Dadurch verändert sich für Pferd und Reiter etwas die Balance. Deshalb muss der Reiter in dieser Sitzart erfahren und gut ausbalanciert sein, um damit Positives bewirken zu können. Er muss nach wie vor mit seinem Schwerpunkt dicht am Pferd bleiben, seine Hände unabhängig vom Sitz zu tragen und einzusetzen in der Lage sein und sicher das Pferd vor sich behalten können.

Weitere Möglichkeiten bietet:
- eine Wellenbahn
- Reiten im Gelände
- Klettern
- Cavalettiarbeit
- Springgymnastik
- Longenarbeit etc.

In manchen Fällen kann es sinnvoll sein, abzulongieren. Der Wert der Arbeit an der Longe darf aber nicht überbewertet werden. Durch das ständige Gehen auf gebogener Linie kann sehr leicht der Bewegungsapparat fehl- bzw. überbelastet werden, besonders wenn die Bodenverhältnisse nicht ideal sind und auf kleinem Zirkel longiert wird.

Niemand sollte glauben, gute Arbeit an der Longe sei einfacher zu erlernen und zu bewerkstelligen als Reiten.

Da Pferde ihrer Natur nach Herdentiere sind, ist es ein großer Vorteil, wenn beim täglichen Reiten mehrere Pferde gemeinsam arbeiten.

3.7 Woran erkennt man ein losgelassenes Pferd

Für den Reiter und den aufmerksamen Betrachter gibt es viele Zeichen, die ganz sichere Hinwei-

se darauf geben, wie es um die Losgelassenheit eines Pferdes bestellt ist; jede(r) echte Pferdefrau/-mann wird bestrebt sein, diese zu bemerken und dafür sensibel zu sein:
- der zufriedene Gesichtsausdruck (Auge, Ohrenspiel, Ober-, Unterlippe),
- die gute Maultätigkeit (geschlossen, nicht zugeknallt, ruhig kauend mit leichter Schaumbildung),
- das zufriedene Abschnauben, nicht aufgeregte Prusten,
- der schwingenden Rücken, die durch den ganzen Körper gehenden Bewegungen, sodass der Reiter verbessert mitgenommen wird und zum Sitzen kommt; im Schritt (Ausnahme versammelter Schritt) die deutliche Nickbewegung vorwärts-abwärts,
- der getragene, pendelnde Schweif,
- die zunehmende Durchlässigkeit besonders auch in Übergängen, ohne Schwebetritte bei Rückführung aus Trabverstärkungen,
- die Bereitschaft, jederzeit den Hals fallen zu lassen und Dehnungshaltung einzunehmen,
- die Fähigkeit, jederzeit Arbeitstempo zu zeigen.
- Das Verhalten des Pferdes im Schritt ist besonders aussagekräftig: die durchgängige Taktsicherheit, seine Bereitschaft zur Dehnung, die losgelassene, reelle Nickbewegung und die Beteiligung des gesamten Körpers einschließlich des Rückens am Bewegungsablauf.

3.8 Resümee

Zunächst noch eine kritische, vielleicht auch zum Nachdenken anregende Anmerkung:

Wenn man heute bei einem normalen Turnier zusieht und kritisch die teilnehmenden Pferde bezüglich ihrer Losgelassenheit und Zwanglosigkeit zu beurteilen versucht, kann man nicht sehr viele gute Noten verteilen. Selbst zu Beginn des Abreitens auf dem Vorbereitungsplatz ist diesbezüglich wirklich gute, fachkundige Arbeit nicht sehr oft zu beobachten. Trotzdem bewegt sich die Mehrzahl der Pferde durchaus gehorsam und lektionssicher.

Es hört sich fast paradox an, wenn man dafür die hervorragende durchschnittliche Qualität unserer modernen Reitpferde verantwortlich macht. Es ist aber tatsächlich so, dass weniger veranlagte, auf Reiteignung gezüchtete Pferde, wie sie vor 40, 50 Jahren noch weit verbreitet waren, den Reiter und Ausbilder vielmehr zwingen, mehr auf die Losgelassenheit zu achten und sie über den Rücken zu arbeiten; andernfalls würden solche Pferde sehr schnell die Gehfreude verlieren und die Mitarbeit aufkündigen.

Dagegen bringen unsere meist hoch im Blut stehenden modernen Warmblutpferde so viel Bewegungsqualität und Leistungsbereitschaft mit, dass sie sich selbst mit festem Rücken und wenig innerer Losgelassenheit noch erstaunlich fleißig und ausdrucksvoll bewegen können. **Allerdings offenbart sich der wahre Zustand dem kundigen und daran interessierten Betrachter recht deutlich, wenn er darauf achtet, wohin die Hinterbeine treten, ob sie tatsächlich auch nach vorne durchschwingen, und wenn er dem Pferd ins Gesicht und auf das Maul schaut.**

Wenn zu Beginn dieses Kapitels zum Thema Losgelassenheit über die Platzierung auf der Ausbildungsskala nachgedacht wurde, so kann man abschließend wohl sagen, dass es unsinnig ist, darüber zu streiten. Die Ausbildung eines Pferdes ist ein so komplexer Gegenstand, dass eine Aufteilung zwar für das Verständnis wertvoll und theoretisch möglich ist, dass aber praktisch nur der erfolgreich sein kann, der dank guter Kenntnisse und guten Verständnisses der Abhängigkeiten und Zusammenhänge in der Lage ist, die Sache ganzheitlich anzugehen.

Deshalb soll hier noch einmal die Forderung aus dem Vorwort unserer Richtlinien Band I wiederholt werden:

Pferd mit zufrieden kauendem Maul

4. ➤ Anlehnung

> ➤ Auf das junge Pferd gehört ein erfahrener Reiter und der unerfahrene Reiter braucht ein genügend ausgebildetes und gefestigtes Pferd!

Auf das junge Pferd gehört ein erfahrener Reiter und der unerfahrene Reiter braucht ein genügend ausgebildetes und gefestigtes Pferd!

Losgelassenheit hat nicht nur zu Beginn jeder Arbeit und bei der Grundausbildung eine elementare Bedeutung. Wer gut und pferdegerecht reiten möchte, um auch langfristig ein physisch und psychisch gesundes Pferd zu haben, welches sich, egal auf welchem reiterlichen Niveau, leistungsbereit, zwanglos, lebhaft und „schön" präsentiert, wird zu Beginn jedes Reitens, während der Arbeitsphase und danach in der Erholungsphase immer wieder auf gute Losgelassenheit achten.

➔ Schrittreiten, Zügel aus der Hand kauen lassen, Anreiten

Dehnungshaltung, Stirnnasenlinie leicht, aber noch akzeptabel hinter der Senkrechten

4. Anlehnung – Ganz im Vertrauen

Anlehnung als dritter Punkt der Ausbildungsskala ist wohl eines der am häufigsten falsch verstandenen Ausbildungsziele. Man versteht darunter die stete, weiche und elastische Verbindung zwischen Reiterhand und Pferdemaul, zunächst einmal gleichgültig in welchem Rahmen.

Erst wenn das Pferd durch entsprechende Ausbildung gelernt hat, auch unter dem Reiter ausbalanciert, geschlossener und auch etwas aufgerichtet zu gehen, kann es die gewünschte Haltung eines Reitpferdes, die so genannte Beizäumung einnehmen. Dabei gewinnt das Pferd auch an Selbsthaltung und die Verbindung zur Hand wird immer leichter.

Solche Anlehnung kommt aber nur zustande, wenn sich der Reiter in der Ausbildung stets von der Vorstellung leiten läßt, daß die Hand, also die verhaltenden Zügelhilfen, nur das Gegenüber für die treibenden Gewichts- und Schenkelhilfen sein darf. Deshalb muss es immer sein Bestreben sein, diese gewünschte Haltung durch Erhaltung der Gehfreude, durch Förderung der Schubkraft und durch Optimierung des gemeinsamen Gleichgewichtes mit dem Reiter zu erreichen, sodass das Pferd bei nachgiebigem Genick vertrauensvoll an die Hand herantritt und die Anlehnung sucht. Niemals jedoch darf er versuchen, sie durch Zwang oder Kraft, womöglich mit Schlaufzügeln oder Kandare zu erzwingen.

Ein Pferd so auszubilden, setzt beim Reiter gute Balance und Losgelassenheit voraus. Nur dann ist er in der Lage, seine treibenden und verhaltenden Hilfen präzise aufeinander abzustimmen, und vor allem seine Hand völlig unabhängig vom Sitz einzusetzen. Er soll Anlehnung anbieten und gewähren, dabei aber das Pferd nicht dazu verleiten, das so genannte fünfte Bein zu suchen, sich also auf den Zügel zu legen.

Ein Pferd, bei dem die Anlehnung in Ordnung ist, erkennt man

- an der äußeren Haltung: Oberhalslinie gleichmäßig aufgewölbt, Stirn-Nasen-Linie möglichst leicht vor der Senkrechten[1], Hals keinesfalls eng, (beim weiter ausgebildeten Pferd) Genick höchster Punkt,
- an guter Maultätigkeit: leichtes Kauen, zwanglos geschlossenes Maul und leichte Schaumbildung an den unverkrampften, natürlich gehaltenen Lippen,
- entsprechender Durchlässigkeit; diese lässt sich z.B. durch das Abfragen einfacher Übergänge[2] und durch Zügel-aus-der-Hand-kauen -lassen überprüfen; nur ein Pferd, welches in sicherer Anlehnung, also gut an den treiben-

---

[1] In Phasen, in denen Pferde bewusst etwas tiefer eingestellt geritten werden, z.B. während des Lösens, kommt die Stirn-Nasen-Linie gelegentlich etwas hinter die Senkrechte. Dies darf nicht dazu führen, dass sie hinter oder auf dem Zügel gehen.
[2] Als einfache Übergänge bezeichnet man: Schritt-Trab-Schritt, Trab-Galopp-Trab.

den Hilfen geht, dehnt sich am Ende der Aufgabe ruhig und zufrieden vorwärts-abwärts.[2]

Das Reiten mit Zügel in einer Hand wird derzeit auf Turnieren nicht verlangt, abgesehen vom Grüßen. Einige Reiter zeigen auch in Kürprüfungen kurze Reprisen mit einhändiger Zügelführung, wodurch der Schwierigkeitsgrad erhöht und die gute Durchlässigkeit des Pferdes betont wird. Früher wurde dieser Art der Zügelführung mehr Aufmerksamkeit gewidmet, bei der Kavallerie und der berittenen Polizei, um die rechte Hand frei zu haben für Handzeichen, zum Grüßen, zum Tragen einer Standarte, zum Führen eines Handpferdes oder auch zum Gebrauch der Waffe. Nicht zuletzt deshalb war beim Reiten mit Kandarenzäumung die übliche Zügelführung 3:1 („mit angefasster Trense"), um möglichst einfach auf Zügel in eine Hand („mit durchgezogener Trense") wechseln zu können.

Selbstverständlich muss bei Zügelführung in einer Hand diese, die Linke, mittig vor dem Leib, genau über dem Widerrist getragen werden.

Auch in der normalen Reitausbildung ist es sinnvoll, immer wieder einmal die Zügel in eine Hand zu nehmen, und zwar durchaus wechselweise einmal in die linke, einmal in die rechte Hand. Sehr gut verbinden lässt sich das mit dem Zügel-aus-der-Hand-kauen-lassen am Ende der Lösungsphase, in jeder kleinen Zwischenpause zum vorübergehenden Abspannen und in der Erholungsphase am Ende der Trainingseinheit.

Besonders bei Pferden, die sehr sensibel im Maul und sehr leicht im Genick sind und deshalb dazu neigen, in der Anlehnung zu leicht zu werden, ja sogar etwas hinter dem Zügel zu gehen, kann es sehr hilfreich sein, beide Zügel in die äußere Hand zu nehmen und mit der inneren Hand zu loben. Da der Reiter mit einer Hand weniger Kraft hat, vor allem aber nicht mehr die Möglichkeit hat, das Gebiss im Maul des Pferdes hin und her zu bewegen, wird dieses meist sofort wieder verbessert an die Hand herantreten und mit der Stirn-Nasenlinie leicht vor die Senkrechte kommen (siehe Abb. S.40).

4.1 Anlehnungsfehler

Leider ergeben sich in der Arbeit häufig ganz unterschiedliche Fehler. Am besten wäre es natürlich, dank guter Kenntnisse und reiterlicher Fähigkeiten Anlehnungsfehlern vorzubeugen und sie zu vermeiden. Wenn aber Anlehnungsprobleme auftreten, gilt es, sie schon im Ansatz zu erkennen, ihre Ursachen zu ergründen und möglichst umgehend mit der Korrektur zu beginnen. Andernfalls kann es zu schwerwiegenden physischen, aber auch psychischen Problemen kommen.

Da in der Regel mehr oder weniger grundsätzliche Mängel des Reiters mit ursächlich sind, muss dieser seinen Sitz und seine Hilfengebung überprüfen und korrigieren(lassen). Eine reelle und dauerhafte Korrektur des jeweiligen Anlehnungsfehlers wird nur möglich sein, wenn der Reiter sich zunächst selbst verbessert und korrigiert hat. Andernfalls wird er kaum in der Lage

Übertriebenes „tiefes Einstellen" fördert weder die Rückentätigkeit noch das Durchschwingen der Hinterbeine; die meisten Pferde verkrampfen sich dabei und kommen „auf den Kopf".

---

[2] Auch in Dehnungshaltung muss das Pferd an die Hand herantreten. Wird die Verbindung dabei zu leicht oder kommt es hinter den Zügel, geht die Aktivität der Hinterbeine verloren (siehe Seite 158/9).

4. ➢ Anlehnung

Auch solch geringfügiges Hinter-der-Senkrechten-gehen sollte höchstens kurzfristig hingenommen werden.

sein, selbst das Pferd wieder zu verbessern. (siehe hierzu auch Teil 1, Kapitel 4. „Instinktiv – richtig?")

Parallel zur reiterlichen Ursachenforschung muss bei diesbezüglichen Schwierigkeiten immer auch überlegt werden, ob irgendwelche haltungs-, ausrüstungsmäßigen oder gesundheitlichen Veränderungen mitverantwortlich sein können; speziell Maul- bzw. Zahnprobleme beeinträchtigen sofort das vertrauensvolle Herantreten an die Hand.

• Hinter dem Zügel

Ein hinter dem Zügel gehendes Pferd ist nicht nur mit seiner Stirn-Nasenlinie hinter der Senkrechten, sondern es tritt auch nicht mehr an das Gebiss heran. Es weicht durch übertriebenes Nachgeben im Genick oder durch „Abkippen" den Zügelhilfen nach rückwärts aus, sodass es kaum noch zu steuern und zu parieren ist; man sagt auch: Es verkriecht sich bzw. rollt sich auf.

Die wohl häufigste Ursache dafür ist eine zu harte, zu unruhige oder auch zu hohe Hand. Also muss der Reiter vor allem dafür sorgen, dass er seine Hände in guter Unabhängigkeit vom Sitz ruhig, elastisch und in der richtigen Position trägt, d.h. unter sorgfältiger Einhaltung der geraden Linie Ellbogen-Hand-Pferdemaul. Keinesfalls darf er in seinem Bemühen, die Hände still zu halten, im Arm (Ellbogen und Schulter) starr werden, weil der daraus resultierende springende Zügel eben keine gute Anlehnung bietet. Ebenso falsch, ja kontraproduktiv wäre es in diesem Zusammenhang, das zu tief kommende Pferd mit höherer, steigender Hand oben halten zu wollen.

Bei der Korrektur muss als Erstes wieder das Vertrauen zur Hand hergestellt werden. Dazu empfiehlt es sich, vermehrt lösende Übungen in Dehnungshaltung zu reiten. Fleißige Galopparbeit vor allem im Gelände und Longieren mit verhältnismäßig langen Ausbindezügeln haben sich ebenfalls gut bewährt.

Wenn das Herantreiben an die tief geführte, elastische Hand nicht ausreichend Erfolg bringt, kann es auch einmal richtig sein, eine, wie ich es nenne, „provokative Parade" zu geben. Dazu gibt der Reiter einen treibenden Impuls mit Gewicht (Bauch anspannen!) und Schenkel an eine immer noch tiefgeführte durchhaltende oder sogar annehmende und nachgebende Hand heran. Reagiert das Pferd auf diesen Impuls wie gewünscht und tritt vermehrt nach vorn an die Hand heran, so muss der Reiter deutlich nachgeben, eventuell sogar etwas entlastend sitzen, um dem Pferd dessen gewünschte Reaktion positiv zu quittieren, nicht aber hinter der Bewegung sitzen und im Zügel zu hängen.

In einzelnen Fällen hilft es auch, dem hinter dem Zügel gehenden Pferd durch verstärktes Annehmen und Durchhalten diese Haltung unbequem zu gestalten, um sofort aber mit der Hand wieder leichter zu werden, wenn das Pferd Bereitschaft zeigt, wieder vermehrt nach vorne an die Hand heranzutreten.

Pferde mit einem sehr feinen, empfindlichen Maul und/oder mit einem sehr leichten Genick sind besonders empfänglich für diesen Fehler. Deshalb können auch nur erfahrene Reiter mit gut abgestimmter Hilfengebung und sehr geschickter Hand solchen Pferden gerecht werden, besonders wenn es um deren Ausbildung oder Korrektur geht.

Ein gutes Mittel auch, um diesem Problem vorzubeugen bzw. zu begegnen, ist es, mit Zügel in einer Hand zu reiten und die andere Hand hängen zu lassen oder auch damit das Pferd zu loben (s. Kasten S.125). Die Pferde treten dann meist sofort verbessert an die Hand heran.

- **Hinter der Senkrechten**

Wie der Ausdruck schon besagt, geht das Pferd dabei mit seiner Stirn-Nasenlinie hinter der Senkrechten, ohne jedoch der Anlehnung auszuweichen und sich hinter dem Zügel zu verkriechen. Trotzdem gilt es, diesen Fehler zu vermeiden, weil dadurch eventuell die Rückentätigkeit eingeschränkt ist, sodass die Hinterbeine nicht mehr optimal durchschwingen können, und weil durch den verkürzten Hals das Pferd auch in seiner Balance eingeschränkt wird.

Solange dieser Fehler nur zeitweilig und geringfügig zu beobachten ist, liegt meist nur ein momentaner Fehler in der Hilfengebung vor: hat der Reiter vorübergehend mit der Hand zu stark oder zu lange durchhaltend eingewirkt und gleichzeitig das Pferd nicht mehr genügend an den treibenden Hilfen, sprich vor sich gehabt. In solch einem Fall hilft es meist, eine richtige (d.h. mit allen Hilfen), etwas deutlichere Parade zu geben, wobei besonders das umgehende Nachgeben entscheidend ist. Dazu muss die Hand tatsächlich etwas vorgehen, eventuell müssen sogar die Zügel etwas verlangert werden.

Tritt dieser Fehler aber in stärkerem Maße, häufiger oder gar durchgängig in der versammelnden Arbeit auf, liegt sicherlich ein grundsätzlicher Ausbildungsfehler vor. Dies beginnt meist damit, dass der Reiter beim Versammeln zu schnell vorzugehen versucht, dabei in der Abstimmung der Hilfen aufeinander dem unbedingt notwendigen Vorherrschen der treibenden Hilfen zu wenig Beachtung schenkt und zu viel mit der Hand festhält oder gar rückwärts wirkt. Besonders gehfreudige und leistungsbereit veranlagte Pferde verleiten den Reiter manchmal dazu, zumal sie sich dank ihres wunderbaren Gebäudes und Interieurs trotzdem noch erstaunlich aktiv und ausdrucksvoll bewegen können.

„Starke" Reiter nehmen diesen Mangel sogar manchmal in Kauf, um mangelnde Ausbildung oder mangelndes Bewegungspotential zu kaschieren. Der kundige Beobachter kann dadurch

Falscher Knick

aber nicht getäuscht werden; er erkennt das mangelhafte Durchschwingen der Hinterbeine und die unbefriedigendende Selbsthaltung des Pferdes.

Gerade auch Pferde mit gut konstruierter Halsung und feiner Ganaschenpartie kommen sehr leicht einmal hinter die Senkrechte und werden etwas eng, weshalb bei ihnen in der Ausbildung diesbezüglich besonders achtsam vorgegangen werden muss.

- **Der falsche Knick**

Von falschem Knick spricht man, wenn der höchste Punkt des Pferdes nicht mehr zwischen den Ohren, also im Genick, sondern deutlich weiter zurück, etwa zwischen dem dritten und vierten Halswirbel zu finden ist. Dabei ist die Oberhalslinie nicht mehr gleichmäßig aufgewölbt, sondern zeigt eben angedeutet den „Knick". Dieser Fehler tritt überwiegend in Verbindung mit einem der beiden oben besprochenen Anlehnungsprobleme auf.

Er entsteht meist dadurch, dass der Reiter auf Grund falscher Vorstellung von Anlehnung und Beizäumung hauptsächlich mit den Händen und Zügeln versucht, das Pferd in eine scheinbar aufgerichtete Haltung zu zwingen. Mit diesem Zwang versucht sich das Pferd im oberen Teil des Halses zu arrangieren, kann aber den Hals aus der Schulter heraus nicht fallen lassen und sich somit auch im Rücken nicht loslassen. Wird diesem Feh-

4. ➢ Anlehnung

Das Pferd „lümmelt" sich auf den Zügel, ist im Genick unnachgiebig und öffnet das Maul.

Auch wenn die Nasenstirnlinie hier ganz richtig erscheint, dieses Pferd geht gegen die Hand, verkrampft sich im Rücken und kann deshalb mit den Hinterbeinen nicht durchschwingen.

ler nicht schnellstens begegnet, entsteht ein absolut negativer Trainingseffekt. So wird dadurch vermehrt Unterhalsmuskulatur verstärkt, während Oberhals- und Rückenmuskulatur verkrampfen und sogar zurückgebildet werden.

Pferde, die eher etwas waagerecht konstruiert sind und einen tief angesetzten Hals haben, werden in Verkennung dieser ihrer Eigenschaften und Möglichkeiten leider häufiger derartig fehlbehandelt.

Um dem „falschen Knick" entgegenzuwirken, muss der Reiter bei entschlossenem Vorwärtstreiben mit vom Sitz unabhängigen, elastischen Händen, also mit optimal abgestimmter Hilfengebung übereiltes Vorwärtsgehen und daraus resultierende Taktfehler verhindern. Dabei muss das Ziel sein, dem Pferd so viel Dehnung und Rahmen geben zu können, dass es seine Oberhalslinie wieder gleichmäßig wölben kann. Das Vertrauen zur Hand des Reiters muss wiederhergestellt werden, sodass Paraden auch am längeren Zügel wieder möglich werden. Häufiges „Zügel-aus-der-Hand-kauen" in allen drei Gangarten ist besonders hilfreich. Insgesamt muss zunächst überwiegend mit etwas tiefer eingestelltem Pferd, in sicherem Vorwärts-abwärts gearbeitet werden.

• Auf dem Zügel

Dabei stützt sich das Pferd auf das Gebiss bzw. die Hand, es sucht das so genannte fünfte Bein. Dadurch hat der Reiter sehr viel in der Hand, vor allem aber zeigt es, dass das Pferd nicht bereit, vielleicht auch nicht in der Lage ist, mit den Hinterbeinen heranzuschließen und Last aufzunehmen.

Ursache für diesen Fehler sind mangelnde oder falsch eingesetzte treibende Hilfen, meist in Verbindung mit einer starren Hand (unelastischer Arm). Unerfahrene, jedoch physisch starke Reiter mit relativ langen Hebeln bemerken manchmal gar nicht oder zu spät, wie sie dem Pferd, oft aus einem falschen Verständnis von Anlehnung heraus, dieses fünfte Bein geradezu anbieten. Dies kann vermieden werden, wenn vermehrt mit der Vorstellung geritten wird, die Hand nur als Gegenüber für die treibenden Hilfen einzusetzen und dass das Nachgeben oder Leichtwerden im richtigen Augenblick die wichtigste Zügelhilfe ist.

Neben entschlossenem, rhythmischem Vorwärtstreiben bei gefühlvoll nachgiebiger Hand können bei diesem Problem alle Übungen hilfreich sein, die die Hinterhand mobilisieren, und das Pferd zu vermehrter Selbsthaltung anregen wie z. B.:

Antraben vom Fleck weg, Angaloppieren aus dem Schritt, Zulegen und Einfangen im Trab und Galopp oder ganze Paraden, wobei bei den Paraden jeweils die treibenden Hilfen vorherrschen und die Zügelhilfen möglichst kurz und präzise gegeben werden müssen.

Jeder auch nur ansatzweise Versuch des Pferdes wieder zu lümmeln, muss mit einer entschlossenen halben Parade beantwortet werden, wobei selbstverständlich die treibenden Hilfen wichtig sind, aber auch das Annehmen durchaus einmal herzhaft erfolgen muss, - kurz und mit unmittelbar folgendem deutlichem Nachgeben.

Bei Pferden, die eher etwas waagerecht konstruiert oder sogar etwas überbaut sind, kommt es leichter zu diesem Fehler; besonders wenn sie ein weniger empfindliches Maul haben und/oder weniger leicht im Genick sind.

- **Über dem Zügel/gegen den Zügel**

Pferde, die über oder gegen den Zügel gehen, befinden sich mit der Stirn-Nasenlinie deutlich vor der Senkrechten, geben im Genick nicht nach und gehen mit angespannter Unterhalsmuskulatur sowie mit festgehaltenem Rücken.

Dementsprechend gilt es, die lösende Arbeit auf großen gebogenen Linien in frischem, aber keinesfalls überzogenem Grundtempo in den Vordergrund zu stellen. Bei Pferden, die auf Grund von Rückenproblemen zu diesem Fehler neigen, ist Longenarbeit mit relativ langer Ausbindung (anfangs auch mit Dreieckszügeln) sehr empfehlenswert. Der Reiter darf bei der Arbeit mit einem solchen Pferd auf keinen Fall versuchen, mit zu tiefer Hand den Kopf des Pferdes herunterzudrücken oder einen Stoßzügel zu benutzen. Beides würde nur ein vermehrtes Gegendrücken provozieren und somit die Unterhalsmuskulatur verstärken. Er muss kräftig in die durchhaltende Hand hineintreiben, um zu erreichen, dass das Pferd „sich vom Gebiss abstößt" und im Genick nachgibt. Wenn es dann, auch nur ansatzweise, nachgibt und anfängt, den Hals fallen zu lassen, muss ihm dies der Reiter sofort durch angemessenes Leichtwerden positiv bestätigen und zeigen, dass es in der Tiefe angenehmer ist. Die Position der Hand wird dabei stets entsprechend der Haltung des Pferdes durch die gerade Linie Ellbogen-Hand-Pferdemaul bestimmt. Das Treiben sollte vornehmlich mit den Schenkeln erfolgen; ein „schweres" Einsitzen, gar mit Rücklage, wirkt in der Regel kontraproduktiv. Erst wenn das Pferd den Weg in die Dehnungshaltung gefunden und gemerkt hat, dass ihm dadurch die Bewegung auch unter dem Reiter leichter fällt, wird es auch im Genick nachgeben und insgesamt gelassener mitarbeiten, anstatt gegen den Reiter zu kämpfen. Bei dieser Arbeit auf gebogenen Linien kann die seitwärtsweisende Zügelhilfe mit der inneren Hand zwar hilfreich sein, keinesfalls darf aber mit dem inneren Zügel die Nase herumgezogen werden, was nur einen Scheinerfolg bringen könnte.

Wie bei allen Ausbildungsfehlern wird eine Korrektur umso schneller möglich sein, je weniger durch ein längerfristiges Gehen des Pferdes in dieser Fehlhaltung Muskeldefizite oder -fehlbildungen entstanden sind.

Bei waagerecht konstruierten Pferden mit etwas tiefer angesetztem Hals darf das tiefe Einstellen in Dehnungshaltung nicht übertrieben werden; die Nase sollte nicht wesentlich tiefer als bis Buggelenkshöhe kommen. Andernfalls kommt das Pferd zu sehr auf die Vorhand („auf den Kopf"), wodurch ein aktives Abfußen und Durchschwingen der Hinterbeine nur erschwert würde.

Sowie das Gehen in Dehnungshaltung einigermaßen sichergestellt ist, sind wiederum alle Übungen angezeigt, die die Aktivität der Hinterbeine und die Selbsthaltung fördern (s.o.).

4.2 Zwangs- und schwierige Seite

Ein Problem, welches besonders auch mit der Geraderichtung zu tun hat, soll wenigstens noch kurz auch an dieser Stelle angesprochen werden, das der so genannten Zwangs- und der schwierigen Seite:

Die Mehrzahl der Pferde ist ja wegen der Rechtsschiefe links schwerer zu stellen und zu biegen, wodurch sich viele Reiter verleiten lassen, überwiegend auf der linken Hand zu arbeiten und mit dem linken Zügel abhelfen zu wollen.

Sehr wichtig ist es aber, zu versuchen, ein solches Pferd vermehrt zum Annehmen des rechten Zügels zu bewegen, und zwar durch vermehrtes Treiben mit dem linken Schenkel zum rechten Zügel und durch Seitwärtsweisen und Leichtwerden im Wechsel am linken Zügel.

> Bei allen ◄ Ausbildungsfehlern wird eine Korrektur umso schneller möglich sein, je weniger durch ein längerfristiges Gehen des Pferdes in dieser Fehlhaltung Muskeldefizite oder -fehlbildungen entstanden sind.

4. ➤ Anlehnung

> ➤ Die Reiterhand darf niemals der vorherrschende, aktive Teil sein, sondern nur das Gegenüber zu den stets vorherrschenden treibenden Hilfen.

Als schwierige Seite, und allein diese Bezeichnung erleichtert schon das Verständnis, wäre hier die rechte Seite zu verstehen, auf der das Pferd mit der Hinterhand ausfällt, und sich in Wendungen hohl zu machen versucht und auf der es an der ausreichenden Dehnungsfähigkeit mangelt.

4.3 Hinweis zur Korrektur von Anlehnungsfehlern

Der Wert abwechslungsreicher Trainingsgestaltung sollte an sich nicht erst erkannt und beachtet werden, wenn es zu Fehlern gekommen ist. Gerade aber auch, wenn es um die Korrektur von Anlehnungsproblemen geht, sollte überlegt werden, wie das Reiten im Gelände (möglichst auch mit Klettern), Cavalettiarbeit oder Gymnastikspringen eingebaut werden können. Es ist manchmal erstaunlich, wie schnell Pferde sich verbessern, wenn sie vom täglichen Einerlei erlöst und mit vielen unterschiedlichen Situationen konfrontiert werden.

4.4 Anlehnung kein Einzelziel

Korrekte, zunehmend leichte Anlehnung kann nur erzielt werden, wenn sie nicht als Einzelziel, sondern im Zusammenhang mit den anderen Punkten der Ausbildungsskala gesehen wird. Dabei muss sich der Reiter stets bewusst machen, dass seine Hand nicht der vorherrschende, aktive Teil sein darf, sondern nur das Gegenüber zu seinen stets vorherrschenden treibenden Hilfen sein soll. Deshalb darf es auch nicht als primäres Ziel angesehen werden, ein Pferd „beizuzäumen", es also in eine scheinbar korrekte Haltung zu bringen, ohne dass die ausbildungsmäßigen Voraussetzungen gegeben sind (siehe Kasten rechts). Dies würde nur dazu führen, dass man es entgegen allen Regeln korrekten Reitens mehr oder weniger zwangvoll zusammenzieht.

Leider wird viel zu wenig beachtet, dass es häufig gar nicht am ausreichenden und richtigen Treiben mangelt, wie meist angemahnt wird, wenn ein Pferd sich verhält und nicht fleißig genug vorangeht, sondern einfach nur am notwendigen Zulassen mit der Hand, also dem wohl bemessenen Nachgeben oder Leichtwerden im richtigen Moment.

Außerdem muss der Reiter bemüht sein und lernen, die Haltung und die Bewegungen seines Körpers und seiner Gliedmaßen zu fühlen und dann auch gefühlsmäßig, d.h. fast automatisch zu kontrollieren und der jeweiligen Haltung des Pferdes anzupassen. Solange er nur mit Hilfe seiner Augen in der Lage ist, die Haltung seines Pferdes und seiner eigenen Hand zu beurteilen, wird er sich zu sehr darauf konzentrieren, ja fixieren und wird somit heruntersehen. Stattdessen muss er sein Gefühl für das System Reiter-Pferd als Ganzes schulen; dann wird er sofort fühlen, wie das Pferd dank zunehmenden Vertrauens zur Reiterhand nicht nur verbessert ans Gebiss herantritt und im Genick nachgibt, sondern auch entsprechend aktiver mit den Hinterbeinen durchschwingt und Schub (Schwung) entwickelt, man spricht dann davon, dass „das Pferd zieht". Selbst Pferde, die etwas schwieriger zu sitzen sind, nehmen dann den Reiter deutlich besser in der Bewegung mit und bieten ihm mehr Sitzkomfort.

> Unter Beizäumung versteht man, dass ein Pferd dank korrekter Ausbildung bei nachgiebigem Genick und guter Maultätigkeit versammelt und in relativer Aufrichtung geht. Sein Genick ist der höchste Punkt, die Stirn-Nasen-Linie befindet sich leicht vor, höchstens an der Senkrechten und seine Oberhalslinie zeigt eine gleichmäßige Aufwölbung.
>
> Beizäumung ist immer das Ergebnis korrekter Ausbildung gemäß der Skala der Ausbildung; ein gewisses Maß an Versammlung und Aufrichtung ist Voraussetzung. Deshalb wird der mögliche Grad der Beizäumung durch die Fähigkeit des Pferdes, sich zu versammeln und aufzurichten, vorgegeben.

➜ Losgelassenheit des Reiters; Losgelassenheit; Geraderichten; Schiefe; Umgang mit triebigen Pferden

4.5 Zungenprobleme

Grundsätzlich ist es bei Anlehnungsproblemen und erst recht bei Zungenfehlern sinnvoll, die Maulhöhle des betreffenden Pferdes untersuchen zu lassen und sein Zaumzeug zu überprüfen. Ersteres sollte man auf jeden Fall durch einen Tierarzt machen lassen, der diesbezüglich fachkundig und auch entsprechend ausgerüstet ist.

Wenn ein Pferd die Zunge stets auf derselben Seite herausstreckt, hängt dies meistens mit mangelhaftem Geradegerichtetsein zusammen. Logischerweise wird es dann in der Regel die Zunge auf der Seite zeigen, auf der es fester ist, also auf der so genannten Zwangsseite. Pferde, die links schief sind, die also mit dem linken Hinterbein ausweichen und seitlich vorbeifußen, treten an den rechten Zügel vermehrt oder sogar zu stark heran und an den linken dafür zu wenig. Wenn in der Arbeit der Druck des rechten Zügels im Maul zu stark wird, versuchen sie ihn zu mildern, indem sie die Zunge zwischen Lade und Gebiss unterlegen. Gelingt es dem Reiter, das Pferd besser an den linken Zügel heranzureiten, es insgesamt mit der Hinterhand mehr zu engagieren und zu schließen, sodass es in besserer Selbsthaltung geht und er vermehrt vom rechten Zügel loskommt, verschwindet meist auch die Zunge. Eine wichtige Rolle spielt in diesem Zusammenhang auch, ob das Pferd dank richtiger lösender Arbeit anfängt, zu kauen und im Genick nachzugeben.

Dieser Fehler muss durchaus nicht in allen Gangarten im gleichen Maße auftreten. So kann es vorkommen, dass ein Pferd in der Galopparbeit weniger Zungenprobleme hat. Das kann damit zusammenhängen, dass es vielleicht eine gut gesprungene und geschlossene Galoppade hat, sodass es sich dabei besser ausbalanciert im Gleichgewicht bewegen kann und ihm entsprechend auch schon mehr Selbsthaltung möglich ist.

Leider können Zungenfehler auch zur Gewohnheit werden, weswegen die entsprechende Ursachenanalyse und Korrektur niemals auf die lange Bank geschoben werden darf.

Worauf muss in solch einem Fall bei der geraderichtenden Arbeit besonders geachtet werden?

Zunächst einmal müssen jeweils zu Beginn sorgfältig und genügend ausführlich, gleichmäßig auf beiden Händen lösende Übungen geritten werden. Dabei muss im Trab und Galopp ein zwar frisches, aber dem Pferd gut angemessenes Arbeitstempo gewählt werden; besonders der Trab darf keinesfalls übereilt geritten werden. Das Ziel muss es sein, schon bei dieser Arbeit das Pferd an beide Zügel ganz gleichmäßig heranzureiten, ihm mit beiden Zügelfäusten aus einem losgelassenen Schulter- und Ellenbogengelenk heraus eine konstante, elastische Anlehnung zu bieten. Dabei darf niemals die Beizäumung, also ein irgendwie künstliches oder gar kraftvolles „in eine Haltung pressen" im Vordergrund stehen, vielmehr geht es darum, dem Pferd zu zeigen, dass alles am einfachsten geht, wenn es vertrauensvoll an beide Zügel herantritt und im Genick nachgibt. Besonders gut können dies Reiter und Pferd schon bei der Arbeit im Schritt am langen Zügel lernen. Das setzt natürlich voraus, dass der Reiter sich auch im Schritt auf sein Pferd konzentriert und die natürliche Nickbewegung gut zulässt bzw. mit den Händen aus Schulter und Ellenbogen heraus mitmacht. (s. hierzu Teil 3, Kapitel 2.3. Schrittreiten)

Um dann das Pferd auf beiden Händen gleichmäßiger biegsam und durchlässig zu bekommen, muss das Bewusstsein für die tatsächliche Problemstellung geweckt werden:

Sicherlich muss das Pferd auf der festen Seite, in diesem Fall der rechten, nachgiebiger und biegsamer werden, besonders aber muss es lernen, auf der anderen, hier also der linken, vertrauensvoller und sicherer ans Gebiss heranzutreten. Um sich aber rechts besser stellen und biegen zu können, muss die gesamte Muskulatur auf der linken Seite dehnungsfähiger gemacht werden.

Wie bei dieser geraderichtenden Arbeit vorzugehen ist, kann in den Kapiteln Geraderichten

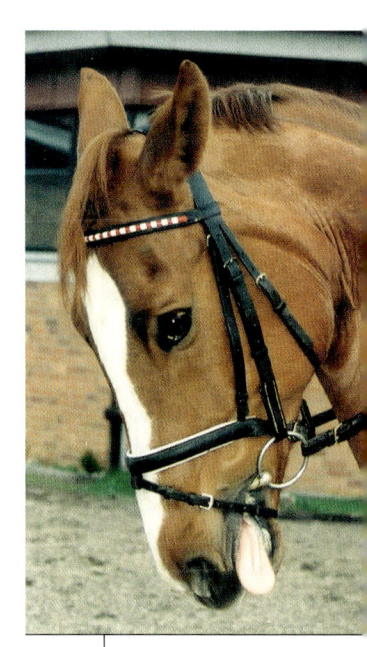

Dieses Pferd zeigt deutlich sein Unbehagen und streckt die Zunge heraus.

4. ▸ Anlehnung

Zungenstrecker

(Teil 3, Kapitel 6.) und Umgang mit der natürlichen Schiefe (Teil 3, Kapitel 6.6.) nachgelesen werden. Das bedeutet, beim Reiten auf der rechten Hand vermehrt mit dem rechten Schenkel an den linken äußeren Zügel heranzutreiben, um besser vom inneren Zügel loszukommen. Beim Einstellen nach rechts darf dabei ruhig einmal mit dem inneren Zügel etwas energischer seitwärtsweisend die Nase herumgenommen werden, im gleichen Moment muss aber jeweils mit dem linken äußeren, gut tief geführten Zügel verwahrend gegengehalten werden, um zu verhindern, dass das Gebiss durchs Maul gezogen wird. Die innere Hand kann dabei etwas höher geführt werden, um die Nachgiebigkeit im Genick anzumahnen. Dies kann aber nur dann funktionieren, wenn der Arm ganz besonders losgelassen und nachgiebig ist. Auf keinen Fall darf aber mit hoher innerer Hand und vermehrter Kraft eingewirkt werden, weil sich das Pferd sonst im Hals eng machen würde und eine Biegung im Hals ohne ein Verwerfen im Genick noch schwieriger würde. Die äußere, also linke Hand darf bei diesem verwahrenden Gegenhalten auch etwas nach links von der Schulter weggenommen werden, sodass der linke Zügel ungebrochen weiterhin gerade zum Maul führt, auch wenn das Pferd die gewünschte Biegung im Hals annimmt. Diesem entschlossenen Stellen muss möglichst schnell ein Leichtwerden mit beiden Zügeln folgen, um dem Pferd seine hoffentlich positive Reaktion auf diese Hilfe auch positiv zu quittieren.

Nach dem Grundsatz „Reite dein Pferd vorwärts und richte es gerade!" muss bei dieser Arbeit immer auf guten Fleiß geachtet werden. Damit das Pferd die Rechtsbiegung dann auch in der Rippe annimmt, muss, wie schon angesprochen, der rechte Schenkel gut vorwärtstreibend dafür sorgen, dass das Pferd nicht mit der Schulter nach rechts drängelt, mit dem linken Schenkel aber darauf geachtet werden, dass es nicht mit der Hinterhand ausweicht und sich entzieht.

Bei der gesamten Arbeit darf nicht übertrieben viel auf der rechten Hand gearbeitet werden. Beim Reiten auf der linken Hand muss stets für eine sichere Verbindung auch am linken inneren Zügel gesorgt werden. Häufig neigen die Reiter auf dieser „hohlen" Seite dazu, fast ausschließlich am äußeren Zügel zu reiten. Dabei wird meistens das Gebiss deutlich nach rechts gezogen, wodurch auf der linken Seite dem Pferd die Lefzen an die Zähne gezogen werden, was die Bereitschaft, an den linken Zügel vertrauensvoller heranzutreten sicherlich nicht erhöht. Wenn das Pferd von sich aus den rechten Zügel zu sehr sucht, sich darauf zu stützen versucht, kann es auch einmal richtig sein, sogar einmal abrupt etwas deutlicher an diesem Zügel nachzugeben.

Sehr gut hat sich dabei auch bewährt, auf der linken Hand an der langen Seite das Pferd auch einmal konter, also nach rechts zu stellen und genau wie auf der rechten Hand vermehrt mit dem rechten Schenkel an den linken Zügel heranzutreiben; auch hierbei hat der verwahrende linke Schenkel die wichtige Aufgabe, zu verhindern, dass die Hinterhand nach links ausweicht.

Wenn jeweils beim Rechtsstellen der linke Zügel gut tief geführt werden soll, so deshalb, weil das Pferd an einen tief geführten Zügel besser herantritt.

Diese Arbeit wird umso erfolgreicher gelingen, je besser der Reiter aus einem korrekten ausbalancierten und losgelassenen Sitz heraus in der Lage ist, mit vom Sitz unabhängigen, elastischen und gefühlvollen Händen einzuwirken. Diese müssen aufrecht, geschlossen und mit leicht gewinkelten Daumen getragen werden; nur dann können alle Zügelhilfen gefühlvoll aus dem Handgelenk heraus gegeben werden. Außerdem müssen die Hände insofern sicher dem Maul folgen, als dass sie immer, je nach Haltung des Pferdes, eine Position einnehmen, dass tatsächlich Ellenbogen, Hand und Pferdemaul eine gerade Linie bilden.

Wenn Zungenfehler rechtzeitig, am besten schon im Ansatz erkannt werden und nach richtiger Analyse der Ursachen diesen angemessen begegnet wird, ist dieses Problem sicherlich in den Griff zu bekommen.

Da ein Zungenstrecker nur an den Symptomen ansetzt, kann sein Einsatz nur im Einzelfall und dann in erfahrener, fachkundiger Hand sinnvoll sein.

→ Anlehnung; Geraderichten; Schiefe; Selbsthaltung; Position der Hand; Handfehler des Reiters

4.6 Zähneknirschen

Leider gibt es relativ viele Pferde, die, teilweise auch schon in ganz jungen Jahren, mit den Zähnen knirschen, manchmal kaum vernehmbar, häufig aber sogar weithin hörbar. Ganz unterschiedlich kann auch der Zeitpunkt und Zeitraum sein, in dem das Pferd dieses Geräusch von sich gibt.

Auf jeden Fall ist es eine Untugend, die unerwünscht ist, weil sie mit Sicherheit zunächst einmal auf ein Unbehagen des Pferdes hindeutet.

Deshalb muss als Erstes versucht werden, herauszufinden, was diesem unangenehm ist. Häufig stört irgendetwas direkt im Maul, sodass es an Vertrauen des Pferdes zur Hand des Reiters mangelt und die Anlehnung fehlerhaft ist. Ursache können dann die Zähne, das Gebissstück oder aber die Zügelhilfen des Reiters sein, die nicht in Ordnung sind.

Manchmal mangelt es generell an Losgelassenheit, weil das Pferd sich insgesamt unter dem Reiter nicht wohl fühlt und bei der Arbeit zuwenig auf Zwanglosigkeit geachtet wird.

Wird diesem Ausdruck des Unbehagens über längere Zeit keine Beachtung geschenkt und nichts geändert, kann das Zähneknirschen so zur Angewohnheit werden, dass das Pferd auch ohne aktuellen Anlass knirscht.

Deshalb muss auch bei dieser Untugend den Anfängen gewehrt, unverzüglich nach den Ursachen geforscht und entsprechende Korrekturversuche unternommen werden. U.a. sollten folgende Punkte besonders überprüft werden:
- **Zähne und Maulhöhle des Pferdes müssen untersucht und gegebenenfalls vom Fachmann behandelt werden.**
- **Das Zaumzeug muss kontrolliert werden, ob das Gebiss und das Reithalfter für das Pferd richtig ausgewählt verpasst sind.**
- **Auch ein nicht richtig passender Sattel kann verantwortlich sein.**

Wenn dies alles in Ordnung ist, gilt es, die Einwirkungen des Reiters, also seinen Sitz und seine Hilfengebung, aber auch seine Losgelassenheit zu kontrollieren und zu verbessern.

Der lösenden Arbeit muss täglich wieder mehr Aufmerksamkeit, eventuell auch Zeit gewidmet werden. Das Pferd muss verbessert über den Rücken gearbeitet und mit wohl abgestimmten treibenden Hilfen an die Hand herangeritten werden.

Je besser der Reiter das Pferd an seine treibenden Gewichts- und Schenkelhilfen bekommt, desto feiner kann er mit seinen Zügeln einwirken und desto mehr ist auch die gesamte Arbeit von Zwanglosigkeit geprägt.

Wenn man das Gefühl hat, dass besonders beim Aussitzen, also durch die Einwirkung des Gewichts auf den Rücken des Pferdes das Knirschen ausgelöst wird, ist es sinnvoll, die lösende Arbeit teilweise an der Longe vorzunehmen, beim Reiten länger leichtzutraben und auch im Galopp länger etwas entlastend zu sitzen.

Allerdings muss der Reiter auch beim Leichttraben und beim Galoppieren im entlastenden Sitz darauf bedacht sein, das Pferd vor sich zu haben, damit er mit immer feineren Zügelhilfen auskommt.

Tritt das Knirschen vornehmlich bei der dressurmäßigen Arbeit auf dem Viereck oder in der Halle auf, macht es Sinn, die Lösungsphase im Gelände oder auf dem Springplatz zu beginnen, aber selbstverständlich auch dabei das Pferd schon sicher an die Hilfen zu stellen, es zwi-

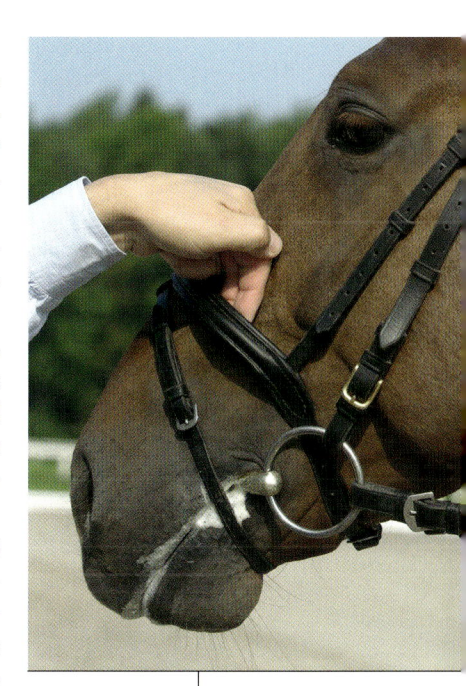

So muss ein kombiniertes Reithalfter verschnallt sein.

Reiten mit *Verstand und Gefühl*

5. ➢ Schwung

> ➢ Langeweile zu vermeiden und dem Pferd Abwechslung zu bieten ist die sicherste Methode, um Unarten oder gar Stereotypen vorzubeugen.

schen den treibenden und verhaltenden Hilfen einzurahmen, und es so auf diese Arbeit vorzubereiten. Das Pferd darf Dressurausbildung keinesfalls mit Eintönigkeit, Zwang oder gar Konfrontation in Verbindung bringen.

Langeweile zu vermeiden und dem Pferd Abwechslung zu bieten ist die sicherste Methode, um Unarten oder gar Stereotypen vorzubeugen.

➔ Anlehnung; Geraderichten; Schiefe; Innen – Außen

5. Schwung und was der Reiter davon hat!

„Anlehnung" und „Schwung" bilden als dritter und vierter Punkt unserer Ausbildungsskala gewissermaßen deren Zentrum und sind fast genauso eng miteinander verknüpft wie Takt und Losgelassenheit. Beide haben während der Ausbildung eines Pferdes entscheidende Bedeutung im Hinblick auf die Verbesserung seiner Schubkraft.

Im ersten Band der Richtlinien für Reiten und Fahren, in dem es um die Grundausbildung des Pferdes für alle späteren Einsatzformen, also keinesfalls nur um die des zukünftigen Dressurpferdes geht, wird Schwung folgendermaßen definiert:

> „Schwung ist die Übertragung des energischen Impulses aus der Hinterhand auf die Gesamt-Vorwärtsbewegung des Pferdes."[1]

Auch wenn dieser Satz sich nach einer ganz eindeutigen Definition anhört, ist doch immer wieder festzustellen, dass viele Reiter, auch Ausbilder und Richter, sich sehr schwer tun, im konkreten Fall darüber zu befinden, ob sich das jeweilige Pferd tatsächlich schwungvoll bewegt.

Für den Ausbilder muss diese Frage noch dahingehend erweitert werden, ob die diesbezüglichen individuellen Möglichkeiten des betreffenden Pferdes ausgeschöpft sind, bzw. was reiterlich noch verbessert werden kann; der außenstehende Beobachter oder Richter will und/oder muss beurteilen, wie diese Schwungentfaltung objektiv einzuordnen und zu bewerten ist.

Bevor nun versucht wird, klarer und auch für den weniger Fachkundigen verständlicher zu formulieren, was in unserer klassischen Reitlehre unter Schwung verstanden wird und woran er zu erkennen bzw. zu erfühlen ist, soll nochmals auf die Erklärung einiger Begriffe verwiesen werden, die im Kapitel über die Grundgangarten zu finden ist: „schwunghaft"[2], „schwunglos"[3] und „schwungbegabt"[4] müssen bekannt und verstanden sein, um den folgenden Abschnitt verstehen zu können und um Verwirrung zu vermeiden und Missverständnissen vorzubeugen.

5.1 Wann geht ein Pferd „schwungvoll"?

Auf Grund der Konstruktion des Pferdes und seiner Gliedmaßen ist die Hinterhand fast alleine für die Vorwärtsbewegung verantwortlich, die Vorhand ist nämlich stützend konstruiert. Deswegen ist ja auch der Impuls der Hinterbeine und seine Übertragung auf die oben zitierte „Gesamtvorwärtsbewegung" des Pferdes so wichtig. Je besser die Hinterbeine jeweils nach vorne durchschwingen können, desto besser kann selbstverständlich Schub entwickelt werden. Wie weit wiederum dies möglich ist, hängt eben zum einen von der Konstruktion (Winkelung und Korrektheit) der Hintergliedmaßen und zum anderen von der sorgfältigen Gymnastizierung und dem guten Trainingszustand des Pferdes ab. Dies bezieht sich keinesfalls nur auf die physische Seite der Ausbildung, sondern mindestens ebenso viel auf die psychische.

Die Bewegungsabläufe in den drei Grundgangarten können nur dann ohne unnötige Spannungen und daraus resultierende Energieverluste durch den ganzen Körper des Pferdes gehen, wenn muskulär und motorisch die entsprechenden Voraussetzungen für die erhöhten Anforderungen unter dem Reiter, eventuell sogar im sportlichen Wettbewerb geschaffen wurden.

Nur wenn das Pferd sich unter dem Reiter wohl fühlt, es sich vor allem nicht gezwungen oder gar überfordert fühlt, wird es seine physischen Möglichkeiten voll auszuschöpfen in der Lage sein

---

[1] Richtlinien für Reiten und Fahren Band 1. Grundausbildung für Reiter und Pferd. Warendorf 27. Auflage 2000. Seite 171
[2] schwungbegabt: Definition Teil 3, 2.1.2, Seite 104
[3] schwunglos: Definition Teil 3, 2.1.2, Seite 103
[4] schwungvoll: Definition Teil 3, 2.1.2, Seite 103

und bereit sein, **mit** dem Reiter zu kämpfen, auch wenn dabei gelegentlich der Punkt erreicht wird, wo es anfängt etwas weh zu tun.

Beim Pferd ist genau wie beim Menschen der Rücken das Bewegungszentrum, deshalb ist diesem besondere Aufmerksamkeit zu widmen. In unserer Fachsprache gibt es den alten Ausdruck „Rückengänger" mit dem – im Gegensatz zum „Schenkelgänger" – das Pferd bezeichnet wird, welches sich dank guter innerer und äußerer Losgelassenheit mit schwingendem Rücken bewegt. Entscheidende Voraussetzung dafür ist das sichere Vertrauen des Pferdes zum Reiter, besonders auch zu dessen Hand. Schon bei der lösenden Arbeit wird es sich umso eher vorwärts-abwärts zu dehnen bereit sein, je besser der Reiter aus einem losgelassenen Sitz heraus gefühlvoll, wohl dosiert und im richtigen Rhythmus an die stete, aber weiche und elastische Anlehnung herantreibt. Wertvoll für die Schwungentwicklung ist diese Dehnungshaltung nur so lange, wie das Pferd dabei wirklich noch an das Gebiss herantritt, wie der Reiter diesen beständigen, aber leichten Zug an die Hand heran spürt. Nur so lange wird es aktiv mit den Hinterbeinen optimal nach vorne durchschwingen. Wenn es dagegen zwar tief kommt, aber dabei wegkippt, also die Anlehnung aufgibt, werden die Hinterbeine nur mehr verkürzt vorschwingen. (Dass es heute einige Spitzenpferde gibt, die auch dann noch mit den Hinterbeinen aktiv bleiben und erstaunlich weit durchschwingen, darf die große Masse der Reiter mit ihren Pferden aber nicht darüber hinwegtäuschen, dass dies nicht wegen des „Tief-rückwärts-Einstellens" so ist, sondern trotz dieser Haltung.)

Wenn das junge Pferd in der Grundausbildung in der richtigen Form geschult wird, bilden sich die entscheidenden Muskelgruppen (Rumpfstrecker und Rumpfbeuger) entsprechend aus, die es ihm ermöglichen, den Reiter leicht auf seinem Rücken zu tragen und sich mit ihm ausbalanciert und sogar eindrucksvoll bewegen zu können. Dies sind auch die Voraussetzungen dafür, dass es auch unter dem Reiter die dem Lauftier Pferd in der Regel angeborene Gehfreude behält bzw. möglichst schnell nach dem Anreiten wieder gewinnt.[5]

In der Reitersprache benutzt man in diesem Zusammenhang gerne den Ausdruck „das Pferd muss ziehen". Damit ist gemeint, dass es eben dank guten Vertrauens zum Reiter und seiner Hand bereitwillig vorangeht, wenn die Zügel aufgenommen werden und seine Aktivität eher sogar etwas zunimmt, wenn z.B. beim Verkürzen des Tempos die Anlehnung kurzfristig etwas straffer wird. Leider ist bei vielen Pferden aber zu beobachten, dass sie sich sofort verhalten, wenn der Reiter die Zügel annimmt oder gar verkürzt. Dieses mangelnde „Ziehen" ist meist verantwortlich dafür, dass ein Pferd immer triebiger und schließlich sogar geradezu „sauer" wird, zumal dann leider in der Regel versucht wird, mit „energischerem" Treiben unter Zuhilfenahme einer längeren Gerte und längerer, schärferer Sporen nur die Symptome zu bekämpfen, anstatt dem Übel an die Wurzel zu gehen.

Dieses positive „Ziehen" ist Voraussetzung für jegliches freudvolle Miteinander von Reiter und Pferd und für jegliche gehobene Ausbildung, egal in welcher Disziplin, besonders auch im Hinblick auf Schwungentwicklung.

Und damit können wir endlich zu der Beantwortung unserer Kernfrage kommen, wann nämlich ein Pferd als schwungvoll bezeichnet werden kann:

Ein Pferd bewegt sich im Trab und Galopp schwungvoll,
- wenn es dank guter Losgelassenheit und vertrauensvollen Herantretens bzw. -springens an die Reiterhand gut taktmäßig vorwärts geht,
- dank des schwingenden Rückens und der unverkrampft aufeinander abgestimmt arbeitenden Rumpfbeuger- und Rumpfstreckermuskulatur (siehe Abb. S.119) mit den Hinterbeinen aktiv und energisch vorwärts-aufwärts abfußt,
- dabei mit den Hinterbeinen weit nach vorne durchschwingt und Schub entwickelt,

---

[5] In der Zeit des ersten Trainings unter dem Reiter kommt es aus Mangel an Balance und/oder Kraft in manchen Fällen zu Spannungen, die dazu führen können, dass die Pferde sich verhalten und wenig Gehfreude zeigen. Eventuell ist auch die Unsicherheit oder mangelhafte Geschicklichkeit des Reiters die Ursache dafür.

5. ➢ Schwung

- wenn in den Verstärkungen bei nachgiebigem Genick und sicherer Selbsthaltung eine deutliche Rahmenerweiterung erkennbar wird. Diese ist Voraussetzung dafür, dass die Bewegungen durch den ganzen Körper des Pferdes gehen und die Hinterbeine optimal durchschwingen können,
- wenn auch die Übergänge zwischen den Tempi – und das ist besonders aufschlussreich – taktsicher, geschmeidig, und durchlässig gelingen.

Obwohl es im Schritt wegen der fehlenden Schwebephase keinen echten Schwung geben kann, wird nur ein schwungvoll gehendes Pferd sich auch in dieser Gangart im Rahmen seiner natürlichen Möglichkeiten optimal präsentieren.

Unsere moderne, sehr auf Dressurveranlagung ausgerichtete Warmblutzucht stellt uns größtenteils Pferde mit korrekten, raumgreifenden Grundgangarten und ausgeprägter Veranlagung für Schwung und auch Versammlung zur Verfügung. Diese Eigenschaften sind häufig verbunden mit Bewegungsabläufen (und teils auch so großer Gehfreude), die für den durchschnittlichen Reiter gar nicht so einfach zu kontrollieren und zu sitzen sind. Wenn dieser dann auch noch gezwungen ist, auf relativ engem Raum, also z.B. im Winter in einer kleinen Halle zu arbeiten, lässt er sich meist dazu verleiten, zu viel „rückwärts" zu reiten, zu viel festzuhalten und zu wenig im Vorwärts das Pferd sich entfalten zu lassen. Dadurch wird sich das Pferd aber immer weniger loslassen, der Reiter kommt immer weniger zum Sitzen und der Teufelskreis hat seinen Anfang. **Gerade bei derartig veranlagten Pferden gilt es, ihnen niemals das Gefühl zu vermitteln, sie würden festgehalten oder gehindert; vielmehr muss man ihnen vornehmlich mit den treibenden Hilfen das gewünschte Tempo vorgeben und sie bei aller Kontrolle vor sich behalten. Nur dann werden sie sich loslassen, richtigen Schwung im Sinne unserer Reitlehre entwickeln und auch den Reiter verbessert mit sich mitnehmen und sitzen lassen.**

Für die Bewertung, z.B. bei Dressurprüfungen bei der Vergabe der zweiten Schlussnote für Schwung, sei hier ausdrücklich betont, dass auch ein im Hinblick auf Schwung hoch veranlagtes Pferd hier nur eine gute Bewertung verdient, wenn es losgelassen und mit hergegebenem Rücken arbeitet. Zeigt es hingegen immer wieder Spannungen, z.B. ganz typisch bei der Rückführung aus der Trabverstärkung, muss dies deutlich zu Abstrichen führen.

In der Ausbildungsskala folgt nach dem Schwung das Geraderichten als fünfter Punkt. Bezüglich der Reihenfolge dieser beiden Ausbildungsziele gibt es immer wieder Diskussionen, weil eine gute Schwungentfaltung, besonders in Verstärkungen nur möglich ist, wenn das Pferd die geraderichtende Arbeit einigermaßen anzunehmen gelernt hat. Andernfalls würde ein nicht zu unterschätzender Teil seiner Schubkraft am Schwerpunkt vorbei verloren gehen und zusätzliche Energie aufgewendet werden müssen, um einem stärkeren Schiefwerden beim Zulegen vorzubeugen. Dies ist durchaus richtig und es zeigt nur, wie sehr die verschiedenen Ausbildungsziele miteinander verknüpft sind. Andererseits kann aber geraderichtende Arbeit (z.B. die geraderichtende Biegearbeit) auch nur erfolgreich sein, wenn das Pferd bezüglich seiner Schubkraft schon einigermaßen gefördert ist und, wie oben beschrieben, zieht. – Das ist der Sinn des Steinbrecht'schen Satzes[1]:

> „Reite dein Pferd vorwärts und richte es gerade!"

➔ Losgelassenheit; Anlehnung; Übergänge; Instinktiv – richtig?

6. Geraderichten

„Reite Dein Pferd vorwärts und richte es gerade!" – mit diesem geflügelten Wort der Reitersprache schloss das letzte Kapitel über Schwung. Dass dieser Abschnitt über das Geraderichten damit beginnt, soll aufzeigen, wie eng beide Ausbildungsziele zusammenhängen. Wie bereits erwähnt, hielten es manche Fachleute sogar für richtig, wenn sie in vertauschter Reihenfolge aufgeführt würden.

---

[1] Gustav Steinbrecht, sein Buch „Gymnysium des Pferdes" ist ein Klassiker der Fachliteratur

6. Geraderichten

Fast jeder Reiter hat diesen Satz von Steinbrecht schon gehört, in manchen Reithallen steht er in großen Lettern an die Wand geschrieben und dennoch wird er nur selten richtig verstanden und umgesetzt. Dem ersten Teil dieser Aufforderung wird häufig übertrieben gefolgt, dem zweiten dafür meist umso weniger Aufmerksamkeit geschenkt. Selbst in Dressurprüfungen der gehobenen Klassen ist häufig zu beobachten, dass die Reiter offensichtlich Probleme der Schiefe ihrer Pferde nur zu kaschieren oder bestenfalls zu kompensieren versuchen, anstatt dem Übel an die Wurzel zu gehen.

Absolut, das heißt, linear gerade wird und braucht ein Pferd niemals zu werden; das lässt sein nicht völlig symmetrischer Körperbau gar nicht zu. Als im reiterlichen Sinne geradegerichtet sehen wir ein Pferd an, welches, und das hört sich zunächst etwas paradox an, sowohl auf gerader als auch auf gebogener Linie hufschlagdeckend zu gehen vermag, welches sich mit seiner Längsachse möglichst von Kopf bis Fuß entsprechend der Krümmung der zu reitenden Linie (ein-)stellen und biegen lässt.

> Unter Stellung verstehen wir in unserer Reitlehre, dass das Pferd seinen Kopf im Genick etwas zur Seite wendet und die Halswirbelsäule entsprechend daran beteiligt ist. Wenn das Pferd richtig losgelassen ist, wird der Mähnenkamm nach der Seite kippen, nach der das Pferd gestellt ist.
> Mit Biegung wird dagegen eine seitliche Biegung der gesamten Längsachse bezeichnet, die annähernd gleichmäßig durch den ganzen Körper des Pferdes geht. Da im Bereich des Rumpfes die Biegsamkeit recht beschränkt und im Beckenbereich gar keine Biegung möglich ist, darf das Pferd im Hals nicht zu sehr gebogen, d.h. „abgestellt" werden. Andernfalls besteht sehr die Gefahr, dass es über die Schulter ausfällt und sich der Biegung im Bereich der Rippen erst recht entzieht.

> Um diesem Fehler vorzubeugen, wird in einigen Lektionen der Grundausbildung (Schenkelweichen, Vorhandwendung) bewusst nur Stellung verlangt. Wenn von (Längs-)Biegung gesprochen wird, beinhaltet diese also automatisch die Stellung! (s. Abb. S.138)

Die Hilfengebung ist vom Grundsatz her dieselbe, egal ob ein Pferd nur gestellt oder auch gebogen werden soll. Das Entscheidende dabei ist in jedem Fall die „diagonale Hilfengebung", also das vermehrte Herantreiben mit dem inneren Schenkel an den äußeren Zügel. Stellung und Biegung sind bei der Gymnastizierung des Pferdes nur wertvoll, wenn das Pferd diese Hilfen annimmt, vertrauensvoll an den äußeren Zügel herantritt und der Reiter am inneren Zügel leicht werden kann.

Gerade beim Stellen und Biegen auf der „festeren" Seite kann es durchaus sinnvoll und notwendig sein, einmal mit dem inneren Schenkel, eventuell auch mit Hilfe des Sporens, einen herzhaften Impuls direkt am Gurt zu geben, um die Stellung abzufragen. Den Effekt dieser Hilfe kann man sogar am ungesattelt stehenden Pferd testen, wenn man diesem mit beiden Fäusten knapp hinter der Schulter einen Stoß versetzt, als ob man es seitwärts schubsen möchte. Es wird aus Gleichgewichtsgründen spontan seinen Kopf zu dieser Seite wenden.[1]

Geraderichten steht in unserer Ausbildungsskala an fünfter Stelle und spielt sowohl für die Verbesserung der Schubkraft als auch der Tragkraft eine ganz entscheidende Rolle.

Wenn wir in der Reitlehre meist von „Geraderichten" und nicht von „Geraderichtung" sprechen, so deshalb, weil dadurch Folgendes zum Ausdruck gebracht werden soll:

Auch wenn mit zunehmender richtiger Ausbildung das Pferd sich immer leichter geraderichten und geradehalten lässt, ist diese Arbeit niemals beendet und bedarf täglich wieder entsprechender Aufmerksamkeit.

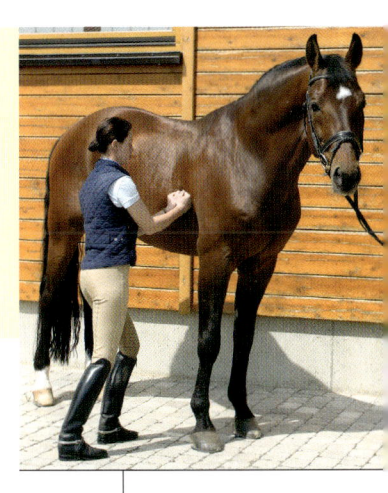

Schubs hinter der Schulter

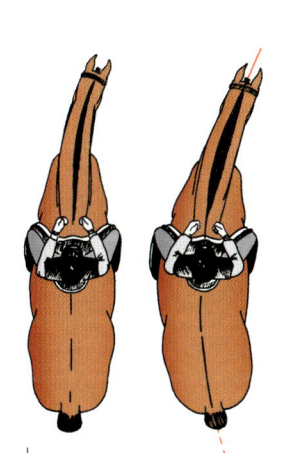

Korrekte Stellung und Biegung nach rechts

---

[1] Genaueres zum Stellen und Biegen sowie der diesbezüglichen Hilfengebung finden Sie in allen Kapiteln, in denen Übungen und Lektionen erklärt werden, die Stellung oder/und Biegung erfordern.

6. ➤ Geraderichten

Sehr deutlich gestelltes Pferd

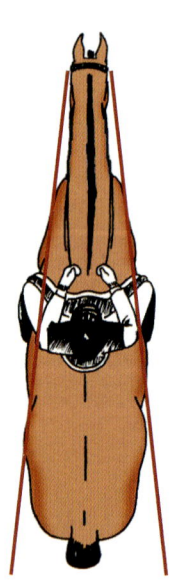

Ein Pferd ist von Natur aus im Schulterbereich schmaler gebaut und fußt zunächst auch häufig so.

6.1 Warum gibt es keine „natürliche Geraderichtung"?

Auf diese Frage gibt es verschiedene Antworten:

- Zum einen die schon oben erwähnte Asymmetrie des Körperbaus, die auch beim Menschen bekannt ist. Vielleicht haben Sie einmal gesehen, wie unterschiedlich das Portrait eines Menschen aussieht, je nachdem, ob man als Fotomontage die linke oder rechte Gesichtshälfte symmetrisch gedoppelt hat.
- Zur Schiefe trägt auch die Tatsache bei, dass die Vorhand enger spurt als die Hinterhand, sodass ein Hinterbein vorbeifußt.
- Als entscheidenden Grund für die natürliche Schiefe eines Pferdes gilt wohl die Tatsache, dass es ähnlich wie beim rechts- oder linkshändigen Menschen eine cerebral (im Hirn) bedingte ungleiche Dominanz bzw. Begabung der beiden Seiten gibt.
- Schließlich spielt der Reiter in diesem Zusammenhang gar nicht so selten auch eine wenig rühmliche Rolle. Es gibt tatsächlich Reiter, bei denen jedes Pferd früher oder später nach der gleichen Seite schief ist, weil sie selbst nicht in der Lage sind, gerade und ausbalanciert zu sitzen sowie mit beiden Schenkeln und Händen gleich gut Hilfen zu geben.

In der Regel heißt es, dass die Mehrzahl der Pferde „rechts schief" ist, dass sie also mit der Hinterhand etwas nach rechts ausweichen, rechts hohler und links fester sind. Nach meinen Beobachtungen ist die Verteilung der Schiefe auf links und rechts heute nicht (mehr) so ungleichmäßig. Überhaupt sind in unseren Warmblutzuchten heute Pferde mit einer sehr starken Schiefe selten geworden. Vermutlich verdanken wir das der generationenlangen Selektion u.a. nach Rittigkeitswerten. Bereits in jugendlichem Alter werden die Pferde Fremdreitertests unterzogen (so z.B. bei allen Hengst- und Stutenleistungsprüfungen), wobei mit Sicherheit diejenigen besser abschneiden, deren Schiefe weniger stark ausgeprägt ist.

6.2 Warum Geraderichten?

Wenn das Pferd von Natur aus nicht geradegerichtet ist, warum sollen, ja warum müssen wir als Reiter versuchen, dieser „Natürlichen Schiefe" entgegenzuwirken, sie durch geraderichtende Gymnastizierung möglichst zu minimieren?

- Ein z.B. rechts schiefes Pferd schiebt vermehrt Last auf das linke Vorderbein, muss mit dem linken Hinterbein, welches stärker unter den Körper fußt, mehr Last übernehmen und mit dem rechten Hinterbein mehr Schubkraft aufbringen. Diese ungleichmäßige Belastung wird durch den Einsatz unter dem Sattel noch verstärkt und würde zu vorzeitigem einseitigem Verschleiß führen, wenn man dem in der Ausbildung nicht die gebührende Beachtung schenkte. Besonders in Verstärkungen nimmt die Schiefe beim unzureichend geradegerichteten Pferd auch noch zu. Mit Sicherheit leiden etliche Pferde, die aus zunächst unverständlichen Gründen ständig Taktfehler machen oder sogar richtiggehend lahm sind (zügellahm), unter der beim Reiten allmählich zunehmenden Schiefe, die zunächst „nur" Muskelschmerzen verursacht, auf Grund von ständigen Verspannungen schließlich zu Muskeldefekten und sogar zu Veränderungen an Gelenken und Knochen führt.
- Nur bei einem zunehmend geradegerichteten Pferd kann die Schubkraft der Hinterhand optimal in Richtung Schwerpunkt wirken und somit voll verfügbar sein. Je schiefer ein Pferd noch ist, desto mehr seiner Schubkraft geht verloren und desto mehr muss der Reiter korrigierend eingreifen, was auch noch unnötig Kraft kostet. Geraderichten ist also auch eine Frage der Ökonomie und deshalb überall dort, wo auch Ausdauer von Bedeutung ist, besonders wertvoll.
- Nur ein Pferd, welches geraderichtende Arbeit kennt und die entsprechenden Hilfen gut annimmt, wird sich wertvoll versammeln lassen; andernfalls würde es mit der Hinterhand zuneh-

mend seitlich ausweichen und sich somit einer vermehrten Lastaufnahme entziehen. Alle Argumente, die für Versammlung sprechen, gelten also erst recht für das Geraderichten.

• Folglich ist das Geraderichten auch eine unabdingbare Voraussetzung für allmählich verbesserte Durchlässigkeit.

Je besser ein Pferd geraderichtende Hilfen annimmt, desto präziser lässt es sich „steuern". Dies bringt für jeden Verwendungszweck große Vorteile: Das Dressurpferd kann saubere Hufschlagfiguren und alle Übungen und Lektionen auf beiden Händen gleich gut zeigen, was dann hoffentlich von den Richtern entsprechend anerkannt wird.

Das Springpferd lässt sich auf beiden Händen sicherer wenden, ohne über die Schulter nach außen oder mit der Vorhand gegen den inneren Schenkel nach innen zu drängen. Dadurch wird es auch möglich, zwischen den Hindernissen in Kombinationen und Hindernisfolgen präzise Wege zu reiten und passend zum Sprung (auch zum schmalen 2-m-Sprung) zu kommen.

Dasselbe gilt für das Geländepferd, wobei hier noch häufiger abgefragt wird, sehr schmale Sprünge genau an bestimmter Stelle zu überwinden (z.B. auch Ecksprünge).

Auch das normale Freizeitpferd ist besser ausbalanciert und in schwierigerem Terrain sicherer zu reiten, wenn es geraderichtende Hilfen kennt und annimmt.

Nach der Philosophie unserer Reitlehre ist jeder Reiter verpflichtet, seinem Pferd den Einsatz unter dem Sattel so einfach wie möglich zu gestalten. Dazu gehört ein Minimum an Ausbildung für Reiter und Pferd einschließlich zumindest eines gewissen Maßes an Fähigkeit, geraderichtende Arbeit zu leisten bzw. geraderichtende Hilfen anzunehmen. (siehe hierzu auch „Die Ethischen Grundsätze des Pferdefreundes", herausgegeben von der Deutschen Reiterlichen Vereinigung)

6.3 Wann wird geradegerichtet?

Auch wenn das Geraderichten auf unserer Ausbildungsskala erst an fünfter Stelle steht, wird der erfahrene Reiter und Ausbilder frühest möglich auch geraderichtend auf das Pferd einwirken. Sowie es möglich ist, ohne Hilfe von unten und ohne ein Führpferd in allen drei Grundgangarten zu arbeiten, kann damit begonnen werden. Allerdings kann die geraderichtende Arbeit erst dann wirklich wertvoll und ergiebig werden, wenn das Pferd dank guter Losgelassenheit, besonders auch im Rücken, und dank vertrauensvollen Herantretens an die Hand taktmäßig vorangeht und mit den Hinterbeinen gut nach vorne durchschwingt.

In diesem Zusammenhang kann wunderbar aufgezeigt werden, wie wichtig es ist, die sechs Ausbildungsziele unserer Ausbildungsskala immer wieder mit ihren Querverbindungen zu betrachten und zu verstehen und ihre Reihenfolge nicht als starre Vorgabe zu betrachten. Genauso wie ein Pferd sich nur dann gut geraderichten lässt, wenn es entsprechend „zieht", also zu ausreichender Schwungentfaltung fähig ist, genauso ist ökonomische und ausdrucksvolle, optimale Schwungentfaltung erst dem gut geradegerichteten Pferd möglich.

6.4 Wie wird geradegerichtet?

Als Erstes gilt es zu beachten, bei der geraderichtenden Arbeit stets die Vorhand vor die Hinterhand zu führen. Rein instinktiv versuchen viele Reiter aber „einfach", die Hinterhand herüberzuschieben. Dies kann in einzelnen Situationen durchaus einmal kurzfristig akzeptabel sein. Wird aber längerfristig versucht, auf diese Art und Weise der Schiefe entgegenzuwirken, wird das Pferd nur lernen, ständig mit der Hinterhand auszuweichen. Je empfänglicher ein Pferd für seitwärtstreibende Hilfen ist, desto mehr wird es zu diesem Fehler kommen. Mit Hilfe von Schlangenlinien, doppelten halben Volten oder in der wertvollen, aber auch sehr anspruchsvollen Übung, der

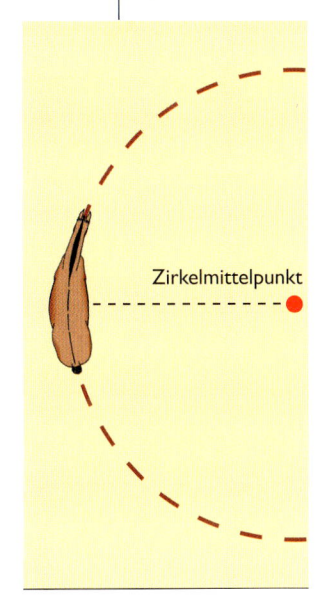

Schiefes Pferd im Trab

Geradegerichtetes Pferd auf gebogener Linie

Zirkelmittelpunkt

6. ➤ Geraderichten

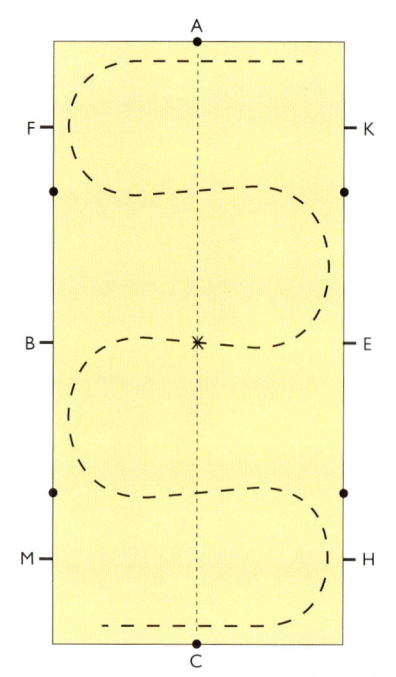

Schlangenlinien durch die Bahn in der Trainingsform, Ecken werden abgerundet

Acht (s. Teil 4, Kapitel 2.) lässt sich sehr gut überprüfen, ob das Pferd mit der Hinterhand eingespurt bleibt.

Auf welche Art und Weise im Einzelfall am besten vorzugehen ist, hängt ganz von der individuellen Problematik ab, die recht unterschiedlich gelagert sein kann. Diese gilt es zunächst einmal zu analysieren und zu verstehen. **Dies beginnt schon damit, um die Ausdrücke Seunigs[1] zu gebrauchen, die hohle Seite des Pferdes, auf der es sich scheinbar besser biegen lässt, als die „schwierige" und die feste als die „Zwangsseite" anzusehen und entsprechend zu behandeln.** Das rechts schiefe Pferd muss lernen, an den rechten Zügel besser heranzutreten und nicht nur am oder sogar auf dem linken Zügel zu gehen. Vor allem wird es sich nur dann besser links biegen lassen, wenn seine rechtsseitige Muskulatur zu besserer Dehnungsfähigkeit gebracht wurde. Total kontraproduktiv ist es dagegen, zwangsweise, gar mit Schlaufzügeln, den Hals nach links herumzuziehen, zumal wenn der Hals dabei kurz gemacht wird. Durch solch „gewalttätiges" Biegen wird das Pferd lediglich in eine Zwangshaltung gebracht. Dabei kann die Muskulatur nicht mehr elastisch an- und abspannen, stattdessen krampft sie, wodurch wiederum die Durchblutung und Versorgung beeinträchtigt wird, mit Sicherheit also kein reeller Trainingsgewinn erzielt werden kann.

Wie schon der oben zitierte berühmte Satz Gustav Steinbrechts fordert, kann nur im fleißigen, aktiven Vorwärtsreiten zielgerichtet geradegerichtet werden, ohne Gefahr zu laufen, durch übermäßigen Gebrauch der Zügel die Tätigkeit des Rückens und der Hinterhand einzuschränken. Auch an dieser Stelle ist erneut der Hinweis notwendig, dass bei allem Vorwärts niemals das für das jeweilige Pferd passende individuelle Grundtempo, besonders in der Trabarbeit, überzogen werden darf. Andernfalls besteht die Gefahr, dass es zu Verspannungen im Rücken kommt und somit die Hinterbeine nicht mehr genügend nach vorne durchschwingen.

Viele Wendungen, gleichmäßig auf beiden Händen geritten, fördern die Elastizität sowie die gleichmäßige Dehnungsfähigkeit und Bemuskelung beider Körperhälften. Bei dieser so genannten „geraderichtenden Biegearbeit" muss der Reiter besonders gut auf den korrekten und gefühlvoll wohl dosierten Einsatz der jeweils diagonalen Hilfen achten.

Wenn wir bei dem rechts schiefen Pferd einmal bleiben, muss auf der linken Hand, der Zwangsseite besonders gut mit dem linken Schenkel, um den sich das Pferd biegen soll, an den rechten, dann äußeren Zügel herangetrieben werden. Der rechte, äußere Schenkel muss verwahrend dafür sorgen, dass die Hinterhand nicht ausweicht. Der linke, innere Zügel versucht annehmend-nachgebend, oder besser sogar gut seitwärtsweisend die Stellung zu geben, ohne aber zu ziehen. Der rechte, äußere Zügel muss zwar die Stellung zulassen, gleichzeitig aber dafür sorgen, dass das Gebiss nicht durchs Maul gezogen wird.

Auf der rechten Hand, der „schwierigen Seite" gilt es, besonders die äußere Schulter zu begrenzen. Der linke Schenkel muss ziemlich dicht am Gurt bleiben. Das Pferd darf sich nicht auf den linken, jetzt äußeren Zügel lümmeln; versucht es dies, gibt die linke Hand einmal ganz kurz und plötzlich eine nachgebende oder kurz und entschlossen eine annehmende-nachgebende Zügelhilfe. Es sollte nicht versucht werden, dem Hereindrängeln der Hinterhand (nach rechts) in erster Linie durch ein stärkeres Einwirken mit dem zurückgenommenen rechten Schenkel zu begegnen. Vielmehr muss die Vorhand im sicheren Vorwärts wie zum Schultervor hereingeführt werden.

Keinesfalls darf man sich dazu verleiten lassen, überwiegend auf der Hand zu arbeiten, auf der das Pferd fester ist.

Wie groß oder wie klein schon die Wendungen geritten werden können, hängt ganz individuell

---

[1] Waldemar Seunig: *Von der Koppel bis zur Kapriole*

Reiten mit *Verstand und Gefühl*

davon ab, wie gut sich das jeweilige Pferd biegen lässt. **Das wichtigste Kriterium für die Angemessenheit der Biegearbeit ist, wie bei allem, der Erhalt der Taktreinheit und des Flusses.** Eventuell auftretende Störungen diesbezüglich werden sehr häufig dadurch verursacht, dass es dem Reiter nicht gelungen ist, an beide Zügel genügend gleichmäßig heranzureiten, besonders nicht ausreichend vom inneren Zügel auf der Zwangsseite loszukommen.

Leider kann man beobachten, dass manche Reiter gar nicht (mehr) richtig realisieren, welche Seite bei ihrem Pferd die Zwangs- und welche die hohle Seite ist. Sie haben sich über längere Zeit so daran gewöhnt, die mangelnde Biegsamkeit nach der einen Seite zu kompensieren, dass sie beim Arbeiten auf der Hand, auf der sich das Pferd eher etwas hohl macht (beim rechts schiefen Pferd auf der rechten Hand), teilweise sogar unbewusst so stark mit der äußeren Hand einwirken, dass sie das Pferd in Außenstellung reiten. Meist zeigen sie dann auch in Wendungen auf dieser Hand weniger Stellung und Biegung als auf der anderen, weil sie zu wenig bereit sind, mit dem äußeren Zügel genügend nachzugeben und zuzulassen.

In solchen Fällen muss der Ausbilder schon sehr genau hinsehen, z.B. auf die Lage des Gebisses achten, oder einfach selbst einmal das Pferd reiten, um die Schiefe richtig analysieren und passende Korrekturen geben zu können.

So wertvoll diese geraderichtende Biegearbeit auch ist, so wenig sollte sie übertrieben werden und das Reiten nur noch aus Kringelreiten bestehen. Genauso wirkungsvoll und empfehlenswert ist es, von Beginn des Trainings an täglich auch auf geraden Linien das Pferd zu stellen und die die Seitengänge vorbereitenden Übungen wie Schultervor und Reiten in Stellung und deren Konterlektionen zu reiten. Der erfahrene Reiter kann damit schon mit dem ganz jungen Pferd anfangen; der weniger erfahrene benötigt dafür Anleitung und Aufsicht.

Wie oben schon angesprochen, muss auf beiden Händen möglichst gleichviel gearbeitet werden. Der häufige Handwechsel ist besonders förderlich, wobei dem dabei jeweils notwendigen Umstellen größte Aufmerksamkeit geschenkt werden muss.

Als Beispiel seien hier die Schlangenlinien durch die Bahn, und zwar in einer „Trainings-Form" (siehe Graphik links) aufgeführt. Dabei muss jeweils vor dem Kreuzen der Mittellinie besonders gut darauf geachtet werden, dass das Pferd sicher an den treibenden Hilfen fleißig voran will und an das Gebiss herantritt. Nur so lässt sich vermeiden, dass es sich beim Umstellen durch Engerwerden im Hals entzieht und entweder mit der Hinterhand herumschwingt oder mit der Vorhand über die Schulter ausfällt; es darf sich auf der Zwangsseite nicht fest und auf der schwierigen Seite nicht hohl machen. Um leichter die Hinterhand eingespurt halten zu können, muss der Reiter versuchen, sein Pferd besonders gut für die Schenkelhilfen zu sensibilisieren, z.B. durch Schenkelweichen. Fortgeschrittenere Reiter werden sich hierbei besonders auch der die Seitengänge vorbereitenden Übungen wie Schultervor und Reiten in Stellung bedienen (siehe diese). Bei diesen Lektionen kommt es darauf an, die Vorhand vor die Hinterhand zu führen, und die Hinterbeine durch entsprechendes Einrahmen mit den Schenkeln zu schmalerem Spuren anzuregen.

In der weiterführenden Dressurausbildung sind die Seitengänge ganz wichtige Lektionen, um das Pferd zunehmend besser geradezurichten und diesbezüglich zu überprüfen.

Fast schon ein Kapitel für sich ist die geraderichtende Arbeit im Galopp, weil in dieser Gangart jedes Pferd auf beiden Händen dazu neigt, schief zu werden. Dies hängt mit dem Bewegungsablauf im Galopp zusammen: Das Pferd „rollt" sich gewissermaßen vom äußeren Hinterfuß über das diagonale Beinpaar hinten innen und vorne außen zum inneren Vorderfuß ab. Dabei versucht es mit dem zuerst fußenden und zuletzt fußenden Bein auf einer der Bewegungsrichtung entsprechenden geraden Linie zu spuren; in der Verstärkung wird das jeweils noch

> ◄ In der weiterführenden Dressurausbildung sind die Seitengänge ganz wichtige Lektionen, um das Pferd zunehmend besser geradezurichten und diesbezüglich zu überprüfen.

6. ➤ Geraderichten

Schultervor Galopp, das Genick kommt hier schon etwas tief.

deutlicher sichtbar. Jedem ist deswegen die Aufforderung geläufig, im Galopp Schultervor oder schulterhereinartig zu reiten, und das ist auch ganz richtig. Wertvoll und effektiv kann diese Korrektur nur sein, wenn sich, dank sicheren Vortreibens mit beiden Schenkeln, besonders aber mit dem inneren dicht am Gurt und vertrauensvollen Heranspringens an die Hand, das Pferd mit der Vorhand entsprechend vor die Hinterhand führen lässt. Ein zu starkes Einwirken mit dem inneren Zügel muss vermieden werden, weil sonst der Durchsprung des inneren Hinterbeins verkürzt werden würde.

Ebenso kontraproduktiv wäre auf die Dauer der Versuch, mit dem inneren, vermehrt zurückgelegten Schenkel die Hinterhand herauszudrücken; mit der Zeit würde das Pferd immer stärker gegenan drücken. Auf jeden Fall muss vermieden werden, das Pferd im Galopp zu früh, zu stark und in zu langen Reprisen zu verkürzen. Wird hierbei überzogen, kommt es sehr schnell mangels Kraft und Balance zu Verspannungen, die den Durchsprung, den Ausdruck und die Gehfreude beeinträchtigen, auch Widersetzlichkeit kann die Folge sein.

Dies gilt ganz besonders, wenn es eine sehr große Übersetzung, also einen sehr langen Galoppsprung hat. Auch hier ist der Takt, der klare Dreitakt das oberste Kriterium.

Sehr frühzeitig kann zum Geraderichten im Galopp der Kontergalopp benutzt werden; an der langen Seite kann dann die Bande oder Viereckbegrenzung hilfreich sein. Das funktioniert auch sehr gut in der Verstärkung. Allerdings muss dabei bedacht werden, dass echter Kontergalopp ein gewisses Maß an Versammlung voraussetzt. Auf einem großen Viereck oder Platz kann man dies in der Form reiten, dass man erst an der langen Seite angaloppiert und vor der nächsten Ecke bereits wieder durchpariert, um noch nicht die Wendung im Kontergalopp reiten zu müssen. In einzelnen Fällen kann es gelegentlich auch im Galopp sinnvoll und hilfreich sein, auf einer Hand, in der Regel auf der bei diesem Pferd festen Seite (der Zwangsseite), Reiten in Stellung zu üben, also etwas an Travers zu denken. Wenn sich z.B. das Pferd rechts schlecht biegen lässt, versucht es im Rechtsgalopp mit der Schulter nach rechts zu drängeln und mit der Hinterhand nach links auszuweichen. Dem begegnet der Reiter mit dem rechten treibenden Schenkel dicht am Gurt und einem sogar aktiv verwahrenden, fast schon etwas seitwärtstreibenden linken Schenkel, der leicht zurückliegt; er kann dabei die Vorstellung haben, „Schulterheraus" und „Kruppeherein" zu fordern.

Nur der Vollständigkeit halber soll auch kurz auf den Wert der Arbeit an der Longe für das Geraderichten eingegangen werden:

Wer glaubt, Longieren sei wesentlich leichter als Reiten, befindet sich sowieso im Irrtum. Gerade aber auch was das Geraderichten anbelangt, wird eine wertvolle Verbesserung an der Longe kaum möglich sein, weil der dafür so entscheidend wichtige innere Schenkel auch bei optimaler Hilfegebung durch die Peitsche nicht vollwertig ersetzt werden kann; dies gilt genauso für die Arbeit mit der Doppellonge.

6.5 Bedeutung des Geraderichtens

Nach diesen Überlegungen sollte klar sein, warum geraderichtende Arbeit so wichtig ist, und dass die mehr oder weniger stark ausgeprägte natürliche Schiefe, zumindest was die Veranlagung anbelangt, ein Pferdeleben lang bestehen bleibt. Daraus ergibt sich für den seriösen Reiter und Ausbilder hoffentlich genügend Motivation und Ehrgeiz, zunächst einmal zu lernen, wie man richtig mit dieser Schiefe umgeht, und dann durchgängig während des Reitens entsprechend einzuwirken.

Es ist ein ganz wesentliches Kriterium des guten Reiters, bei jedem Pferd, egal welchen Ausbildungsstandes, täglich von Neuem an der Geraderichtung zu arbeiten, anstatt nur zu versuchen, die Schiefe zu kompensieren. Für den aufmerksamen Beobachter, so auch sicherlich für jeden Richter, ist es sehr aussagekräftig, z.B. in einer Dressuraufgabe die Übungen und Lektionen auf beiden Händen zu sehen und sie diesbezüglich zu vergleichen.

Mangelndes Geradegerichtetsein kann sich z.B. in der unterschiedlichen Qualität des Galopps, der Kurzkehrtwendung, der Traversalen, der Galoppwechsel auf der linken oder rechten Hand zeigen, aber auch Unregelmäßigkeiten bei der ganzen Parade, im Schritt, in Trabverstärkungen, in Galopppirouetten, in Piaffen und Passagen sind oft durch mangelhaft korrigierte Schiefe verursacht.

Deshalb wird in nahezu allen folgenden Kapiteln über die verschiedenen Übungen und Lektionen der Umgang mit der Schiefe des Pferdes ein wesentlicher Punkt sein, auch wenn sich dadurch manche Wiederholung nicht vermeiden lässt.

→ Innen und Außen; Umgang mit der natürlichen Schiefe; Reiten von Wendungen; Seitengänge

6.6 Umgang mit der natürlichen Schiefe: Zwangs- und schwierige Seite

Wie am Ende des letzten Kapitels schon angesprochen, kann gar nicht hoch genug eingeschätzt werden, wie wichtig es ist, die Probleme der natürlichen Schiefe zu verstehen und zu lernen, damit individuell umzugehen.

Im Folgenden soll nochmals an einem konkreten Beispiel erklärt werden, wie in der Ausbildung täglich mit der natürlichen Schiefe eines Pferdes umgegangen werden muss, um diese allmählich zu minimieren. Mit dieser Arbeit sollte schon sehr frühzeitig beim jungen Pferd begonnen werden.

Es handelt sich um ein Pferd, welches zwar fleißig und leistungsbereit ist, aber sich links immer wieder fest macht. Besonders solange es nicht gelöst ist, versucht es sich ständig rechts zu stellen, links ist es dabei dann recht unnachgiebig.

Ein solches Problem taucht, mehr oder weniger stark ausgeprägt, fast bei jedem Pferd auf. Deshalb ist es für jeden Reiter, der sich ein angenehm gehendes und leicht zu reitendes Pferd wünscht, ein großer Vorteil, wenn er gelernt hat, darauf richtig einzugehen.

Wenn man in diesem Zusammenhang über die Ausbildungsskala nachdenkt, betrifft es zunächst einmal die Anlehnung, hängt aber ganz unmittelbar mit der natürlichen, angeborenen Schiefe bzw. dem mangelnden Geradegerichtetsein des betreffenden Pferdes zusammen.

Bevor man nun versucht, eine reiterliche Lösung zu finden, sollte auf jeden Fall sichergestellt sein, dass die Zäumung passend und in Ordnung ist, und dass das Maul frei von Verletzungen, z.B. durch Haken auf den Zähnen ist, die das Wohlbefinden des Pferdes beeinträchtigen könnten.

Solch ein Problem stellt sich immer dann ganz besonders, wenn das Pferd sich noch nicht so recht loslässt. Deshalb müssen zu Beginn sorgfältig und ausführlich gleichmäßig auf beiden Händen lösende Übungen geritten werden. Dabei muss im Trab und Galopp ein zwar frisches, aber dem jeweiligen Pferd gut angemessenes Arbeitstempo gewählt werden: Es kann nicht oft genug erwähnt werden, dass besonders der Trab keinesfalls übereilt werden darf. Das Ziel muss es sein, schon bei dieser Arbeit das Pferd an beide Zügel ganz gleichmäßig heranzureiten, ihm mit beiden Zügelfäusten aus einem losgelassenen Schulter- und Ellenbogengelenk heraus eine konstante, elastische Anlehnung zu bieten. Dabei darf niemals die Beizäumung (s. S.130), also ein kraftvolles oder gar zwanghaftes „in eine Haltung pressen" im Vordergrund stehen, vielmehr geht es darum, dem Pferd zu zeigen, dass alles am einfachsten geht, wenn es vertrauensvoll

Häufig erkennt man schon am einseitig durchgezogenen Gebiss wie das Pferd schief ist

6. ▶ Geraderichten

an beide Zügel herantritt und im Genick nachgibt. Besonders gut können dies Reiter und Pferd auch bei der Arbeit im Schritt am langen Zügel lernen (siehe Schrittreiten). Voraussetzung ist, dass der Reiter sich im Schritt auf sein Pferd konzentriert und die natürliche Nickbewegung gut zulässt bzw. mit den Händen aus Schulter und Ellenbogen heraus mitmacht.

Besonders bei Pferden, die etwas guckeriger sind, darf bei der lösenden Arbeit nicht versucht werden, sie daran zu hindern, äußere Einflüsse wahrzunehmen. Sie müssen nur ganz konsequent lernen, dass sie auf jeden Fall weiter vorangehen müssen, und dass sie an den Hilfen des Reiters „gut aufgehoben" sind.

Um nun das Pferd auf beiden Händen gleichmäßig biegsam und durchlässig zu bekommen, muss das Bewusstsein für die tatsächliche Problemstellung geweckt werden:

Sicherlich muss das Pferd auf der festen Seite, in diesem Fall der Linken nachgiebiger und biegsamer werden, besonders aber muss es lernen, auf der anderen Seite, in diesem Fall also rechts, vertrauensvoller und sicherer an das Gebiss heranzutreten. Um sich aber links besser stellen und biegen zu können, muss die gesamte Muskulatur auf der rechten Seite dehnungsfähiger gemacht werden.

Dies bedeutet beim Reiten auf der linken Hand, vermehrt mit dem linken Schenkel an den rechten äußeren Zügel heranzutreiben, um vom inneren Zügel loszukommen. Beim Einstellen nach links darf dabei mit dem inneren Zügel ruhig einmal etwas energischer seitwärtsweisend die Nase herumgenommen werden, im gleichem Moment muss aber jeweils mit dem rechten äußeren, gut tief geführten Zügel verwahrend gegengehalten werden, um zu verhindern, dass das Gebiss durchs Maul gezogen wird. Auch die innere Hand darf dabei nicht zu hoch geführt werden, weil sich das Pferd eng machen würde und eine Biegung im Hals ohne Verwerfen im Genick noch schwieriger würde. Die äußere, also rechte Hand darf bei diesem verwahrenden Gegenhalten auch etwas nach rechts von der Schulter weggenommen werden, sodass der rechte Zügel ungebrochen weiterhin gerade zum Maul führt, auch wenn das Pferd die gewünschte Biegung im Hals annimmt. Diesem entschlossenen Stellen muss möglichst schnell ein Leichtwerden mit beiden Zügeln folgen, um dem Pferd seine hoffentlich positive Reaktion auf diese Hilfe auch positiv zu quittieren.

Nach dem Grundsatz „Reite Dein Pferd vorwärts und richte es geradeaus!" muss bei dieser Arbeit immer auf guten Fleiß geachtet werden. Damit das Pferd die Linksbiegung dann auch in der Rippe annimmt, muss, wie schon angesprochen, der linke Schenkel gut vorwärtstreibend dafür sorgen, dass das Pferd nicht mit der Schulter nach links ausweicht, mit dem rechten verwahrenden Schenkel darauf geachtet werden, dass es nicht mit der Hinterhand ausweicht und sich entzieht.

Bei der gesamten Arbeit darf nicht übertrieben viel auf der linken Hand gearbeitet werden. Beim Reiten auf der rechten Hand muss gut darauf geachtet werden, dass auch am rechten inneren Zügel eine sichere Verbindung besteht. Häufig neigen die Reiter auf dieser „hohlen" Seite dazu, fast ausschließlich am äußeren Zügel zu reiten. Dabei wird meistens das Gebiss deutlich, in diesem Fall nach links gezogen, wodurch auf der rechten Seite dem Pferd die Lefzen an die Zähne gezogen werden, was die Bereitschaft, an den rechten Zügel vertrauensvoller heranzutreten sicherlich nicht erhöht. Wenn das Pferd von sich aus den linken Zügel zu sehr sucht, sich darauf stützen will, ist es richtig, sogar einmal abrupt etwas deutlicher an diesem Zügel nachzugeben.

Sehr gut hat sich dabei auch bewährt, auf der rechten Hand an der langen Seite das Pferd auch einmal konter, also nach links zu stellen und genau wie auf der linken Hand vermehrt mit dem linken Schenkel an den rechten Zügel heranzutreiben; auch hierbei hat der verwahrende rechte Schenkel die wichtige Aufgabe, zu verhindern, dass das Pferd mit der Hinterhand nach rechts ausweicht.

Beim Linksstellen ist der rechte Zügel gut tief zu führen.

In schwierigen Fällen, kann eventuell noch eine andere Vorgehensweise zusätzlich hilfreich sein,

Kontergestelltes Pferd im Trab, hier fast schon etwas übertrieben

7. ➤ Versammlung und Aufrichtung

die aber nur von erfahrenen, gefühlvollen Reitern oder unter Aufsicht angewendet werden sollte:

Beim Reiten, in diesem Fall auf der linken Hand, wird das Pferd an der langen Seite ebenfalls, und zwar sogar sehr deutlich kontergestellt, also zu seiner hohlen Seite. Dazu nimmt der Reiter beide Zügel, besonders aber den rechten, vermehrt an und macht das Pferd einmal bewusst eng, sodass es diesem sogar schon unangenehm ist. Zum Ende der langen Seite wird an beiden Zügeln allmählich wieder nachgegeben und das Pferd wird von selbst sich zumindest wieder geradeaus stellen. Dieses „Konterüberstellen" darf nur versucht werden, wenn sichergestellt ist, dass das Pferd gut an den treibenden Hilfen steht und sicher im Vorwärts bleibt.

Die Idee bei dieser Korrekturvariation beruht darauf, dass das Pferd von selbst spürt, dass es angenehmer und bequemer ist, wenn es an beide Zügel gleichmäßiger herantritt, bzw. dass das Gehen mit einseitiger Rechtsstellung und übermäßiger Anlehnung am linken Zügel unangenehm ist.

Diese ganze Arbeit des Geraderichtens wird umso erfolgreicher gelingen, je besser der Reiter aus einem korrekten ausbalancierten und losgelassenen Sitz heraus in der Lage ist, mit vom Sitz unabhängigen, elastischen und gefühlvollen Händen einzuwirken. Voraussetzung hierfür ist, dass der Reiter beide Hände aufrecht, geschlossen und mit leicht gewinkelten Daumen trägt, um alle Zügelhilfen gefühlvoll aus dem Handgelenk heraus geben zu können. Außerdem muss er mit seiner Hand insofern dem Maul folgen, als dass er sich jeweils nach der Haltung des Pferdes richtend die Hände immer so trägt, dass tatsächlich Ellenbogen, Hand, Pferdemaul eine gerade Linie bilden.

Die Fähigkeit mit der Schiefe des Pferdes richtig umzugehen, wertvoll geraderichtende Arbeit zu leisten, ist eines der wichtigsten Kriterien des guten Reiters.

Ein besonders zu dieser Thematik empfehlenswertes Buch: Waldemar Seunig: „Von der Koppel bis zur Kapriole"

➜ Hilfengebung; Geraderichten

So kann man sich die relative Aufrichtung vorstellen.

7. Versammlung und Aufrichtung

Versammlung ist auf unserer Ausbildungsskala der sechste und letzte Punkt. Bei den fünf ersten Ausbildungszielen kann man sich durchaus über eine Modifizierung der Reihenfolge unterhalten, eventuell sogar streiten; sie müssen teilweise sogar parallel gesehen und angegangen werden. Bei Versammlung dagegen gibt es über die Position an letzter Stelle wohl kaum eine Diskussion. Echte versammelnde Arbeit setzt tatsächlich in hohem Maße die vorhergehenden Punkte, besonders auch Geradegerichtetsein voraus. Das heißt aber keineswegs, dass nicht auch schon bei der Verbesserung der Losgelassenheit indirekt bereits in Richtung Versammlung gearbeitet werden kann, wenn nämlich beim Reiten in guter (Vorwärts-abwärts-)Dehnungshaltung die Hinterbeine des Pferdes durch die treibenden Hilfen vermehrt zum Durchschwingen nach vorn angeregt werden. Ein gewisses Maß an Versammlung

7. ➤ Versammlung und Aufrichtung

Dieses Pferd ist übertrieben „oben hin gestellt", also absolut aufgerichtet. Es kann nicht mehr über den Rücken durchschwingen.

➤ **Auf keinen Fall darf das Versammeln mit Langsamreiten verwechselt werden, es darf niemals auf Kosten des Fleißes und der Aktivität gehen.**

ist aber, was vielfach gar nicht realisiert wird, zusammen mit der daraus resultierenden Aufrichtung nicht nur bei der höheren Dressurausbildung wichtig, sondern für jedes Reitpferd, sogar für ein „Spazierreitpferd" von Vorteil.

7.1 Was ist Versammlung?

Aufgrund des Körperbaus lastet beim Pferd ein deutlich größerer Teil des Körpergewichtes auf der Vorhand. Beim Einsatz unter dem Sattel wird diese Gewichtsverteilung durch den dicht hinter der Schulter sitzenden Reiter noch ungünstiger gestaltet. Deshalb soll die Hinterhand des Pferdes, die ihrer Konstruktion nach eine überwiegend schiebende Funktion hat, vermehrt auch zum Tragen, zur Übernahme von Gewicht veranlasst werden. Das heißt, sie muss vermehrt in Richtung unter den Schwerpunkt herangearbeitet werden; dabei muss sie sich notwendigerweise primär im Hüft- und im Kniegelenk (wir nennen das die „Hanke") stärker beugen, um so die Vorhand zu entlasten. Wegen der Art ihrer Konstruktion beugen sich die unteren Gelenke der Hinterhand übrigens im gleichen Maße wie Hüfte und Knie mit. Dabei werden die Schritte, Tritte und Sprünge zwar kürzer, sollten aber dafür erhabener und kadenzierter werden.

Auf keinen Fall darf das Versammeln mit Langsamreiten verwechselt werden, es darf niemals auf Kosten des Fleißes und der Aktivität gehen.

7.2 Was ist Aufrichtung?

Da die Vorhand von Natur aus als Stütze ausgebildet ist, bleibt die Schulter stets in gleicher Höhe. Wenn wir uns das Pferd als Waage (Illustration S.145) vorstellen, so bildet die Vorhand die Auflagestelle, sodass durch das Senken der Kruppe – aufgrund der Hankenbeugung – die gesamte Oberlinie vom Schweif zum Genick vermehrt ins Bergauf kommt und sich eine Aufrichtung in Halsung und Kopf ergibt, das Genick auch tatsächlich etwas höher kommt. **Weil dieses „Größerwerden" in Relation zum Senken der Hinterhand steht, sprechen wir von relativer Aufrichtung und nur diese Art der Aufrichtung ist förderlich und erstrebenswert.**

Im Gegensatz dazu steht die absolute Aufrichtung. Dabei wird von vorne nach hinten gearbeitet und vornehmlich mit der Hand eingewirkt. Der Kopf und der Hals werden aktiv und ohne Rücksicht darauf, was „hinten passiert", hochgenommen. Dies führt notwendigerweise zu einem festgehaltenen, wenn nicht weggedrückten Rücken, sodass die Hinterbeine anstatt mehr heranzuschließen ohne Hankenbeugung geradezu hinten herausarbeiten; es gibt dafür den so anschaulichen alten Ausdruck:

„Das Pferd zeigt die (Hinter-)Eisen."

Beim normalen Durchschnittspferd werden sich die Hinterbeine dann auch nur noch schleppend bewegen; bei Pferden mit besonders aktiven Hinterbeinen fußen sie zwar trotzdem manchmal noch deutlich aufwärts ab und täuschen so den Halbkundigen, werden aber nicht mehr nach vorne durchschwingen. Das hat dann mit Versammlung nichts zu tun, bereitet dem Pferd besonders im Rücken Unbehagen und beeinträchtigt auf Dauer dessen Gehfreude und Leistungsbereitschaft; diese absolute Aufrichtung ist deshalb kontraproduktiv und völlig abzulehnen.

Korrekte Aufrichtung ist immer ein Ergebnis korrekter Versammlung.

Versammelter Trab in guter Aufrichtung. Leider sitzt der Reiter etwas hinter der Bewegung und in Rücklage.

Bis zu welchem Maß ein Pferd versammelt und somit aufgerichtet werden kann und darf, hängt zum einen von seinen exterieur-, fast noch mehr von seinen interieurmäßigen Voraussetzungen, zum anderen natürlich auch von der Dauer und der Qualität der bis dahin erfolgten Ausbildung ab.

7.3 Warum ist ein gewisses Maß an Versammlung für jedes Reitpferd vorteilhaft?

Das Ziel der gesamten Ausbildung gemäß unserer Reitlehre ist es, dem Pferd seinen Einsatz unter dem Sattel so einfach und angenehm wie möglich zu gestalten, dieses aber auch für den Reiter optimal leistungsfähig und leistungsbereit zu machen; ein möglichst dauerhafter guter Gesundheitszustand und somit lange Einsatzfähigkeit ist dabei für beide Beteiligten in gleicher Weise vorteilhaft und erstrebenswert. An dieser Forderung müssen sich alle Ausbildungsziele messen lassen.

Wie bereits erläutert, lastet schon von Natur aus mehr Gewicht (ca. 55%) auf der Vorhand, und diese „Kopflastigkeit" wird durch die Position des Reiters dicht hinter der Schulter noch verstärkt. Deshalb müssen wir das Pferd, wollen wir es länger gesund und einsatzfähig erhalten, zu vermehrtem Tragen mit der Hinterhand ausbilden, es eben versammeln. Ein Pferd, welches ständig auf der Vorhand läuft, wird vorzeitig verschlissen sein und lahm gehen. Auf Grund ihrer stützenden Konstruktion tragen nämlich die Vordergliedmaßen das Gewicht überwiegend mit dem Knochengerüst samt Gelenken, Bändern und Sehnen. Sie lassen sich auch durch noch so gut ausgeklügeltes Training kaum stärken.

Hingegen tragen die Hintergliedmaßen das auf ihnen lastende Gewicht vornehmlich mit kräftigen Muskelpaketen, die bekanntlich relativ leicht trainierbar sind.

Es gibt noch einige weitere Punkte, die versammelnde Arbeit sinnvoll machen:

Das Ziel unserer gymnastizierenden Ausbildung ist ja ein rittiges, das heißt angenehm und präzise zu handhabendes Pferd. So wird ein Reiter, der entsprechend reiten gelernt hat, auch beim Ausritt in schwierigem Terrain es zu schätzen wissen, wenn er sein Pferd etwas versammeln kann, weil es dann exakter zu dirigieren und trittsicherer ist.

Dasselbe gilt selbstverständlich auch beim Reiten von Jagden und etwas anspruchsvolleren Springparcours.

Auch im Dressurviereck ist entgegen häufig anzutreffender Meinung schon in Kl. A ein nicht unbedeutender Grad an Versammlung notwendig, um erfolgreich antreten zu können. Nur

Hubertus Schmidt auf Engard zeigt hier bei leichtester Anlehnung, wie ein Pferd in Versammlung und mit guter Selbsthaltung Gelassenheit und Zufriedenheit ausstrahlen kann.

7. ➢ Versammlung und Aufrichtung

dann werden z.B. halbe und vor allem ganze Paraden sicher gelingen, wird es möglich sein, Tritte und Sprünge kontrolliert zu verlängern und wieder zu verkürzen, ohne dass das Pferd dabei auf die Vorhand kommt.

7.4 Ausbildungsziel: Was kann mit versammelnder Arbeit erreicht werden?

Wenn das Pferd tatsächlich gelernt hat, versammelnde Hilfen genügend anzunehmen, kann es gelingen,

- die Hinterbeine vermehrt in Richtung unter den Schwerpunkt zu arbeiten, sodass sie etwas mehr Last aufnehmen.
- Durch dieses Heranschließen der Hinterbeine wird die Fläche, auf der das Pferd sich mit seinen vier Beinen im Stand und auch in der Bewegung ausbalanciert, kleiner. Dadurch wird seine Gleichgewichtssituation instabiler, sodass es empfänglicher und sensibler für die Hilfen, besonders auch die Gewichtshilfen, des Reiters wird.

Pferd in guter Versammlung im Galopp

- Auch schon durch ein geringes Maß an Versammlung und der daraus resultierenden Aufrichtung wird die Tendenz des Pferdes, unter dem Reiter auf die Vorhand zu kommen, geringer. Somit kann sich das Pferd aus der Schulter heraus freier bewegen,
- es wird aber auch von seinem Interieur her aufmerksamer und umsichtiger sein. Dadurch wird es auch auf unebenem oder ungleichmäßigem Untergrund, z.B. im Gelände, deutlich trittsicherer, man könnte sogar sagen „geländegängiger".
- Die erhöhte Aktivität der Hinterhand, die Hankenbeugung und die oben schon angesprochene Schulterfreiheit ermöglichen erst dem Pferd, in Verstärkungen sein (Schwung-)Potential

Überstreichen, wie es fälschlicherweise meistens gezeigt wird; wenn es korrekt sein soll, bleibt der Reiter mit seinen Fäusten entlang des Mähnenkamms, also tiefer.

auszuschöpfen und z.B. einen starken Trab oder Galopp eindrucksvoll und in Selbsthaltung zu zeigen.

- Es wird nach jeder Verstärkung den Schwung in die Versammlung mitzunehmen in der Lage sein, ihn wieder in Trag- und Federkraft umzusetzen. Es kann sich ohne Verlust an Fleiß und Aktivität in versammelten Übungen erhabener und imposanter bewegen und, soweit es seine exterieur- und interieurmäßige Veranlagung zulässt, zu Lektionen höchster Versammlung (Piaffe, Passage und Galopp-Pirouetten) ausgebildet werden.
- Auch beim Springen, egal ob im Parcours oder im Gelände, hat ein geschlosseneres, also etwas versammelteres Pferd, deutliche Vorteile:
Notwendiges Zulegen oder Aufnehmen („Zurückkommen"), um jeweils in die passende Absprungdistanz zu kommen, wird erleichtert; auch am Sprung selbst wird das Pferd dadurch geschickter. Bei höheren Sprüngen oder in engeren Kombinationen bekommt es dadurch die Möglichkeit, die Vorwärtsbewegung ohne Verlust an Schwung und Rhythmus auch in eine steilere Flugkurve umzusetzen und mitzunehmen.

Gut an den Hilfen stehendes Springpferd

7.5 Wie wird Versammlung erreicht?

Versammelnde Arbeit ist eine sehr anspruchsvolle Angelegenheit. Sie erfordert sehr viel Geschick im Zusammenwirken aller Hilfen, feines Gefühl und ein großes Maß an Geduld. Da zusätzliche Muskulatur entwickelt werden muss, ist der Faktor Zeit durch nichts zu ersetzen; ein übermäßiges Ausdehnen der Arbeit mit zu langen versammelnden Reprisen bewirkt nur Rückschritte wie Verlust der Gehfreude, Verkrampfungen und womöglich Widersetzlichkeiten. Dies gilt es auch bei Pferden, die erst in einem Alter, in dem sie eigentlich schon volljährig sind, richtig in Arbeit genommen werden, ganz genauso zu beachten.

Der Reiter oder Ausbilder muss auch exterieurbedingte Schwierigkeiten wie zum Beispiel eine etwas steilere Hinterhand oder ein etwas längeres Mittelstück berücksichtigen. Entscheidend ist aber der richtige systematische Aufbau (vom Leichten zum Schweren) und das richtige Gefühl für die optimale Dosierung der Arbeit, die Trainingsreize einerseits stark genug zu setzen, damit überhaupt ein Fortschritt möglich ist, sie andererseits aber keinesfalls zu überziehen, weil sie sonst kontraproduktiv wären.

Um diesbezüglich immer das richtige Maß zu finden, ist es ein gar nicht zu unterschätzender Vorteil, wenn der Reiter, wenigstens aber sein Trainer, über umfangreiche Erfahrungen mit vielen verschiedenen Pferden verfügt.

7.6 Versammlungsfördernde Übungen und Lektionen

Grundsätzlich verbessert jede richtig gerittene halbe und ganze Parade die Versammlung.
Was bedeutet hier „richtig" geritten?
Es müssen alle Hilfen zum Einsatz kommen, besonders auch die treibenden, wobei es im Laufe der Ausbildung möglich werden muss, allmählich mit immer feineren Zügelhilfen auszukommen. Diese werden schließlich nur noch in Form einer ganz ruhig durchhaltenden Hand als Gegenüber zur treibenden Hilfe notwendig sein.

Nur der Reiter, der gelernt hat, die Bewegungen des Pferdes genau zu fühlen, wird in der Lage sein, seine gesamte Hilfengebung bezüglich Dosierung und Timing optimal abzustimmen.

Besonders bei Pferden, die sehr leicht im Genick sind, die dazu neigen, eng zu werden und/oder einen tief angesetzten Hals haben, muss das Ziel sein, Paraden geben zu können, ohne das Pferd dabei enger zu machen. Umso besser wird es in der Lage sein, hinten heranzuschließen und Last aufzunehmen.

Bevor hier im Folgenden Übungen und Lektionen aufgelistet werden, die für die Versammlung wertvoll sind und dabei unterteilt werden in versammelnde einerseits und versammelte andererseits, lohnt es sich, einmal über diese Einteilung nachzudenken.

Erstere sind, wie die Bezeichnung schon sagt, versammlungsfördernd und dienen dazu, das Pferd allmählich in Bezug auf Tragkraft physisch und psychisch aufzubauen. Letztere setzen auf jeden Fall schon ein gewisses Maß an Versammlung voraus, sollen aber selbstverständlich die Fähigkeit und Bereitschaft diesbezüglich noch weiter optimieren.

Welche Übungen und Lektionen im konkreten Fall noch zu den versammelnden und welche schon zu den versammelten gehören, ist individuell zu beurteilen und hängt ganz von den Vo-

7. ➢ Versammlung und Aufrichtung

Poetin v. Sandro Hit, v. Brentano II, Bundes- und Weltchampionesse der 6-jährigen Dressurpferde 2003

raussetzungen bezüglich Veranlagung und Ausbildungsstand des einzelnen Pferdes, zum Teil auch von der Geschicklichkeit des Reiters ab. Viele Übungen lassen sich auch in unterschiedlicher Anforderung gestalten, je nachdem, in welchem Versammlungsgrad sie geritten und gefordert werden.

So kann z.B. das Rückwärtsrichten, beim weniger fortgeschrittenen Pferd mit mehr Rahmen und in etwas tieferer Einstellung geritten, als versammelnde Übung gelten. Wird es dagegen, etwa in einer M- oder S-Dressur mit guter Versammlung, Aufrichtung und Selbsthaltung gefordert, ist es zweifellos eine versammelte Übung.

Versammelnde Übungen und Lektionen:
- Die Acht
- Aus dem Halten vom Fleck weg antraben
- Wendungen im Trab und Galopp, die allmählich kleiner geritten werden
- Ganze Parade aus dem Trab
- Zulegen und Einfangen im Trab und Galopp (auch auf großer gebogener Linie)
- Angaloppieren aus dem Schritt
- Doppelte bzw. dreifache Schlangenlinie (je nach Länge des Vierecks an der langen Seite)
- Schlangenlinie durch die Bahn mit vier bis sechs Bogen
- Die die Seitengänge vorbereitenden Übungen „Schultervor" und „Reiten in Stellung"
- Zirkel verkleinern und vergrößern (travers- bzw. schulterhereinartig)
- Rückwärtsrichten
- Rückwärtsrichten, daraus antraben
- Kurzkehrt und Hinterhandwendung (zunächst nur um 90°)
- Vorübungen für den Kontergalopp

Versammelte Übungen und Lektionen:
- Versammelter Trab, Galopp und Schritt (soweit im Schritt[1] echte Versammlung möglich ist)
- Aus dem Halten angaloppieren
- Übergang vom Galopp zum Schritt
- Schrittpirouette
- Rückwärtsrichten in Versammlung und mit Aufrichtung, eventuell mit einer bestimmten Anzahl von Tritten
- Rückwärtsrichten, daraus angaloppieren
- Kontergalopp
- Die Schaukel
- Seitengänge im Trab und Galopp: Schulterherein und Konterschulterherein, Travers, Renvers, Traversalen
- Fliegende Galoppwechsel
- Galopppirouette

Auch wenn man in der Ausbildung differenziert zwischen lösenden, versammelnden und versammelten Übungen und Lektionen, muss man bedenken, dass die Übergänge dazwischen ganz fließend sind und es deshalb keine eindeutige Abgrenzung geben kann. So können Übungen, die beim erfahrenen Dressurpferd zum Lösen geritten werden, beim jüngeren das Ziel der Arbeitsphase darstellen; ein gutes Beispiel hierfür ist die Acht.

Diese Überschneidungen gibt es ganz genauso bei Springpferden, z.B. was die Anforderungen der Sprünge in der Lösungsphase anbelangt.

---

[1] Da es im Schritt keine Schwebephase gibt, ist echte Versammlung in dieser Gangart nicht möglich. Es gibt auch nur sehr wenige Pferde, die im Schritt Hankenbeugung zeigen und dabei in Takt und Fleiß nicht leiden.

7.7 Was ist das Schwierige bei der versammelnden Arbeit?

Bei all diesen Übungen muss der Reiter stets das Problem vor Augen haben, einerseits das Pferd bei sich zu behalten und den Schub der entschlossen mobilisierten Hinterbeine abzufangen, damit er nicht einfach nach vorne herausgeht, andererseits aber dabei die verhaltenden Hilfen so geschickt einzusetzen, dass die Hinterbeine nicht am Durchschwingen und Vortreten gehindert werden, was Hankenbeugung unmöglich machen würde.

Nur wenn die Ausdehnung und die Intensität der versammelnden Reprisen richtig bemessen werden und die Trainingsreize angemessen gesetzt werden, ist ein guter Trainingsfortschritt möglich.

Gerade bei dieser Arbeit ist Abwechslung und häufiges frisches Vorwärtsreiten von größter Wichtigkeit. Denn nur dann ist gewährleistet, dass das Verkürzen des Pferdes in der Rückführung durch ein Heranschließen der Hinterhand und nicht durch ein Zurückhalten der Vorhand erfolgt.

Die besten Kontrollübungen für richtige Arbeit auf diesem Weg sind

- Übergänge, besonders Rückführungen aus einer Verstärkung,
- das beid- oder einhändige Überstreichen zur Überprüfung der Selbsthaltung,
- das „Zügel-aus-der-Hand-kauen-lassen" in die zufriedene Dehnungshaltung in kleinen Pausen, die während der Arbeit zur Erholung und Belohnung dienen und zum Abschluss jeder Arbeitseinheit.

Derjenige Reiter wird bei der versammelnden Arbeit am wenigsten Fehler machen, der sich immer von der Idee leiten lässt, das Pferd von hinten nach vorne zu verkürzen. Er muss sich bewusst sein, dass er dieses Herantreten und -springen dann optimal erreichen kann, wenn es ihm gelingt, dafür die Gehfreude und Leistungsbereitschaft seines Pferdes zu nutzen, sie nötigenfalls wieder zu wecken und zu erhalten, nicht aber durch übermäßiges, gar „gewalttätiges" Treiben.

Das Pferd muss auch bei jedem Aufnehmen vertrauensvoll an die Hand herantreten bzw. -springen und „ziehen".

7.8 Volle Entfaltung im Rahmen der natürlichen Anlagen

Nur ein Pferd, welches gemäß der gesamten Skala der Ausbildung, einschließlich Versammlung und daraus resultierender Aufrichtung, gearbeitet wird, kann sich in Bezug auf Rittigkeit, Handlichkeit und nicht zuletzt Ausdruck und Schönheit in Haltung und Bewegung voll entwickeln und seine natürlichen Möglichkeiten ausschöpfen.

Zugleich wird ihm dadurch ermöglicht, trotz seines Einsatzes als Reit-, ja sogar Sportpferd, dank guter physischer und psychischer Gesundheit bis ins hohe Alter hinein leistungsfähig und -bereit zu bleiben.

7.9 Selbsthaltung des Pferdes

Wenn nach unserer Reitlehre ein wesentliches Ziel der Ausbildung eines Pferdes darin besteht, es zu einem sicheren sowie angenehm und leicht zu handhabenden Reitpferd zu machen, ergibt sich die Bedeutung guter Selbsthaltung von selbst.

Man versteht darunter, dass das Pferd auf Grund korrekter Ausbildung gelernt hat, sich auch unter dem Reiter optimal auszubalancieren, sich selber zu tragen und dadurch in der Lage ist, feinste Reiterhilfen anzunehmen und ihnen zu folgen.

Zunächst denkt man in diesem Zusammenhang sicherlich an ein sehr weit ausgebildetes Pferd, welches schon in guter Versammlung und dementsprechend aufgerichtet geht.

Der erfahrene, gute Reiter wird aber bereits während der Grundausbildung, wo das Pferd noch deutlicherer Unterstützung durch den Reiter bedarf und es noch in deutlich weiterem Rahmen geht, darauf bedacht sein, es immer wieder zu ermahnen, sich selber zu tragen. So wird in dieser Phase der Ausbildung, aber auch beim

7. ➤ Versammlung und Aufrichtung

Rückwärtsrichten – eine Übung, die auf Photos meist nicht so gut aussieht: Hier in korrekter diagonaler Fußfolge, gut abfußend, in sicherer Selbsthaltung, jedoch vielleicht nicht ganz nachgiebigem Genick.

fortgeschrittenen Pferd täglich wieder während der Lösungsphase vermehrt in Dehnungshaltung gearbeitet. Diese Dehnungshaltung ist besonders wertvoll, wenn dabei das Pferd vertrauensvoll an die Hand herantritt und etwas zieht. Auch in dieser Haltung soll das Pferd in sicherer Balance mit gut durchschwingenden Hinterbeinen und eben in Selbsthaltung gehen; keinesfalls darf ihm gestattet werden, sich auf den Zügel zu stützen.

Jegliche korrekte Ausbildung gemäß der Skala der Ausbildung fördert auch die Selbsthaltung. Je besser das Pferd dank eines harmonisch ausgewogenen Körperbaus aber auch entsprechender motorischer Veranlagung sich im natürlichen Gleichgewicht bewegt, desto leichter wird es auch unter dem Sattel in Selbsthaltung zu gehen lernen.

Um die Selbsthaltung zu überprüfen, kann der Reiter mit beiden Händen „vorfühlen", d.h. so leicht werden, dass die Verbindung nahezu aufgegeben wird.

In Aufgaben wird dies in Form von „Überstreichen" abgefragt.

➔ Paraden; alle hier erwähnten versammelnden und versammelten Lektionen; Überstreichen

8. Durchlässigkeit – das übergeordnete Ausbildungsziel für jedes Reitpferd

„Das Glück der Erde liegt auf dem Rücken der Pferde!" – Dieses berühmte Zitat kann nur zutreffen, wenn zwischen Reiter und Pferd die Kommunikation gut funktioniert. Es gibt kaum etwas schöneres als einen Ritt, bei dem beide fast zu einer Einheit verschmelzen, aber auch kaum etwas schlimmeres als einen Ritt, der von Kampf und Krampf geprägt ist. In der Dressur, beim Springen, im Gelände, beim Jagdreiten, ja selbst beim gemütlichen Spazierritt ist es notwendig, dass das Pferd sicher die Hilfen des Reiters annimmt; nur so kann es zu der erstrebten Harmonie zwischen Beiden kommen.

An sich ist der Begriff „Durchlässigkeit" nicht so schwer zu verstehen, da das Wort selbst schon recht aussagekräftig ist:

Das Pferd soll die Hilfen des Reiters durch den ganzen Körper „durchlassen" und ihnen willig folgen, sie nicht nur registrieren, sondern sie auch respektieren. Leider denken viele in diesem Zusammenhang nur an die Einwirkungen mit den Zügeln, meist weil sie auch entsprechend reiten, also vornehmlich „rückwärts". Im Vordergrund muss bei Durchlässigkeit jedoch primär das Annehmen und Befolgen aller treibenden Hilfen, sowohl nach vorn als auch seitwärts, stehen. Nur wenn das Pferd die Impulse der Gewichts- und Schenkelhilfen willig annimmt, kann der Fluss des Schwunges, von den Hinterbeinen ausgehend, bis an die Hand heran ungehindert strömen und entsprechend reguliert werden.

Durchlässigkeit darf aber auf keinen Fall gleichgesetzt werden mit Gehorsam. Selbstverständlich muss dem Pferd schon vom Fohlenalter an ein gewisser Grundgehorsam abverlangt werden; andernfalls würde bereits im Stall und auf der Weide seine Handhabung Schwierigkeiten bereiten. Es widerspräche aber der gesamten Philosophie unserer Reitlehre, das Abfragen von Übungen und Lektionen in erster Linie als Überprüfung des Gehorsams anzusehen. Es ist ein ganz entscheidender Vorteil unseres Reitsystems, Dressurausbildung als sorgsame Gymnastizierung, nicht aber als Abrichtung zu verstehen. So muss bei der dressurmäßigen Arbeit stets erkennbar sein, dass das Pferd zwar dank richtig aufgebauten und dosierten Trainings leicht in der Lage ist, das ihm Abverlangte zu leisten und deshalb auch willig mitmacht, dass es aber auch bereit ist, auf die Hilfen des Reiters zu warten. Je mehr ein Pferd dazu neigt, die Hilfen des Reiters zu antizipieren, desto mehr gilt es, jeglichen Drill in der Ausbildung zu vermeiden.

Da unsere Pferde heute in der Regel sehr gute Hals- und Genickformationen aufweisen und dadurch relativ selten gravierende Ganaschenprobleme haben, werden sie leider in der Mehrzahl im Hals recht eng gemacht.

Dieses Engwerden im Hals ist aber gerade im Hinblick auf Durchlässigkeit sehr kontraproduktiv, weil dann die Zügelhilfen nicht mehr bis zur Hinterhand durchkommen, sondern gewissermaßen im Genick verpuffen. Man kann das mit einem Leitungsrohr vergleichen, welches vom Maul über das Genick, den Hals und den Rücken bis zur Hinterhand verläuft und durch diesen Knick seine Durchlässigkeit eingebüßt hat. Hinzu kommt noch, dass dieses Engwerden fast immer dazu führt, dass das Pferd sich nicht mehr gut ausbalancieren kann und sich absolut „aufrichtet". Anstatt sich mit hergegebenem Rücken und optimal durchschwingenden Hinterbeinen zu bewegen, wird es sich im Rücken verkrampfen, diesen sogar wegdrücken und folglich wenig Bereitschaft zur Lastaufnahme mit der Hinterhand zeigen. Deshalb muss der Reiter beim Reiten aller halben und ganzen Paraden stets folgendes Ziel vor Augen haben: **Das Pferd muss so sicher an den treibenden Hilfen, also vor ihm sein, dass es bei guter Nachgiebigkeit im Genick und entsprechender Sen**sibilität im Maul so vertrauensvoll ans Gebiss herantritt, dass er Paraden reiten kann, ohne das Pferd im Hals sichtbar enger zu machen. Je besser das gelingt, desto leichter wird das Pferd hinten durch- und heranschwingen können.[1]

Die dafür notwendige reiterliche Ausbildung kann nur dann erfolgreich verlaufen, wenn das Pferd vom Fohlenalter an schon im täglichen Umgang, also im Stall, beim Führen, Putzen, Satteln etc. gelernt hat, den Menschen als Alpha-Tier zu respektieren, seine „Dominanz" anzuerkennen. Unter dem Sattel müssen dann die Trainingsziele der Ausbildungsskala systematisch, mit genügend Zeit und Geduld, mit anderen Worten fachgerecht erarbeitet werden. Erst wenn Takt, Losgelassenheit, Anlehnung, Schwung, Geraderichtung und zumindest ein gewisses Maß an Versammlung erreicht sind, ist echte und von Zwanglosigkeit geprägte Durchlässigkeit möglich. In allen leistungssportlich orientierten Disziplinen ist sie eine unabdingbare Voraussetzung für Sicherheit, Freude und Erfolg im Sport. Doch auch der reine Freizeitreiter wird sich sicherer und wohler fühlen, wenn er weiß, dass „Gas und Bremse" jederzeit funktionieren und nicht erst durch Tricks und besondere Ausrüstungsgegenstände erzwungen werden müssen.

Pferd sehr eng im Hals und deutlich hinter der Senkrechten

> Es ist ein ganz entscheidender Vorteil unseres Reitsystems, Dressurausbildung als sorgsame Gymnastizierung, nicht aber als Abrichtung zu verstehen.

---

[1] Das Heranschließen mit den Hinterbeinen stellt erhöhte Anforderungen an das Gleichgewicht des Pferdes; es soll sich in der Versammlung mit seinen vier Füßen auf einer kleineren Grundfläche bewegen. Dies fällt, besonders dem lernenden Pferd leichter, wenn dabei nicht seine Balancierstange verkürzt, der Hals eng gemacht oder gar zusammengezogen wird.

7. ➤ Versammlung und Aufrichtung

> Wie eng die einzelnen Ausbildungsziele unserer Ausbildungsskala (siehe Graphik der Ausbildungsskala S.98) mit der Durchlässigkeit verknüpft sind und mit ihr in einem Wechselspiel stehen, ist an folgenden Beispielen gut zu erkennen:
> - Erst mit zunehmender Durchlässigkeit wird es einem Pferd möglich sein, sich durchgängig, also z.B. auch in allen Übergängen, taktsicher zu bewegen.
> - Mangelhafte Losgelassenheit wird immer auch dazu führen, dass entweder der Impuls aus der Hinterhand nicht durch das gesamte Pferd hindurch gehen kann, oder dass verhaltende Zügelhilfen im Genick, Hals oder Rücken „stecken" bleiben, jedenfalls nicht die Hinterhand des Pferdes erreichen werden.
> - Jedes Anlehnungsproblem, also Unsicherheiten und Starrheiten in der Verbindung zwischen Reiterhand und Pferdemaul oder mangelndes Vertrauen des Pferdes zur Hand beeinträchtigen direkt die Durchlässigkeit.
> - Nur ein Pferd, welches aus dem losgelassenen Rücken heraus mit den Hinterbeinen durchschwingen kann, wird für treibende und verhaltende Hilfen durchlässig sein können.
> - Erst mit zunehmendem Geradegerichtetsein kann ein Pferd durchlässig auf Paraden reagieren und dank der dabei vortreibenden Hilfen besser an die Hand des Reiters herantreten, ohne mit der Hinterhand auszuweichen.
> - Dieses wiederum ist unabdingbare Voraussetzung für Versammlung und die daraus resultierende relative Aufrichtung eines Pferdes, welche dank des losgelassenen Rückens mit guter Hankenbeugung vermehrte Lastaufnahme und Schubimpulse der Hinterhand ermöglicht.

Jedes, auch schon das junge Pferd, kann und muss eigentlich ein gewisses Maß an Durchlässigkeit besitzen, soll es als Reitpferd einsetzbar sein. Reagiert das junge Pferd nach der allerersten Phase des Anreitens willig und losgelassen auf die treibenden Hilfen, fängt es dabei an im Rücken zu schwingen, nimmt dadurch den Reiter gut mit, tritt es nach vorne an das Gebiss heran und sucht es vertrauensvoll die Reiterhand, so ist es seinem Ausbildungstand entsprechend durchlässig. Im weiteren Verlauf der Ausbildung, z.B. nach Klasse L, muss dies alles verfeinert werden, Schwung, Geraderichtung und auch schon ein ganz erhebliches Maß an Versammlung und der daraus resultierenden Aufrichtung müssen erarbeitet werden. Nur dann kann die Durchlässigkeit als diesem Niveau angemessen bezeichnet werden.

Besonders in Dressurprüfungen ist die der entsprechenden Klasse angemessene Durchlässigkeit ein entscheidendes Kriterium bei der Beurteilung, wobei gewisse Unsicherheiten in Form vorübergehender leichter Widerstände nie ganz auszuschließen sind.

Aber auch in Spring- und Vielseitigkeits-Prüfungen ist der Erfolg nicht nur vom Galoppier- und Springvermögen und von der Springtechnik abhängig, sondern auch in hohem Maße von der Durchlässigkeit, die gerade auch bei gesteigerten Anforderungen (z.B. bei Kombinationen, Hindernisfolgen, im Stechen oder in anspruchsvollen Geländepassagen) entscheidend zum Tragen kommt. Erst ein Pferd, welches alle Ausbildungsziele annähernd sicher beherrscht, kann jederzeit und ohne Abstriche durchlässig sein.

Dank der modernen Reitpferde-Zucht haben wir heute meist Pferde zur Verfügung, die sich auf Grund ihres guten Exterieurs und, fast noch wichtiger, ihres Interieurs sowie guter Grundgangarten bei fachkundiger Ausbildung sehr schnell zu ansprechender Durchlässigkeit bringen lassen. Dies ist mit Sicherheit entscheidend darauf zurückzuführen, dass schon seit vielen Pferdegenerationen eines der wichtigsten Selektionskriterien die Rittigkeit sind. Diese wird schon bei den ganz jungen Remonten, z.B. im Rahmen der

Hengst- und Stutenleistungsprüfungen sowie bei vielen Reit- und Dressurpferde-Championaten durch so genannten „Fremdreiter" getestet und bewertet. Hierbei werden alle oben genannten Eigenschaften des Exterieurs und Interieurs nochmals überprüft. Doch auch weniger offenkundig sichtbare Qualitätsmerkmale wie Balancefähigkeit und mehr oder weniger ausgeprägte natürliche Schiefe finden dabei entsprechende Würdigung. So wird ein Pferd, welches sich gut im natürlichen Gleichgewicht bewegt und weniger natürliche Schiefe hat, mit Sicherheit die höhere Rittigkeitsnote bekommen können.

Bei Pferden, die nicht in allen Punkten dem Ideal entsprechen, kann aber mit sorgfältiger und umso geduldigerer Ausbildung für das normale Anforderungsniveau der meisten Durchschnittsreiter auch ein sehr akzeptables Ergebnis erzielt werden.

Wer ein Pferd ausbilden möchte, muss selbst schon ein ganz erhebliches Maß an reiterlichen Fähigkeiten, möglichst auf geeigneten Lehrpferden, erworben haben; im Zweifelsfall muss er sich von einem erfahrenen Reiter oder Ausbilder helfen lassen. **Nur wer Freude daran hat, in harmonischem Miteinander mit seinem Pferd den Ausbildungsweg zu gehen und zunächst einmal täglich diesen Weg zum Ziel zu haben, wird Durchlässigkeit erreichen können.** Durch sie wird es für das Pferd leichter, gehorsam zu sein, es wird für den Reiter handlicher und insgesamt angenehmer. Dadurch werden reiterliche Konflikte vermieden, sodass sich auch für das Pferd sein Dasein als Partner des Reiters positiv gestaltet.

Mit einem entsprechend durchlässigen Pferd wird es in jedem Ausbildungsstadium und egal auf welchem Niveau möglich sein, die Stunden im Sattel zu genießen und in meist zwangloser Harmonie mit ihm unserem Sport zu frönen.

> **Übungen und Lektionen, die besonders guten Aufschluss über die erreichte Durchlässigkeit geben:**
> - Jede ganze Parade, bei der das Pferd mit der Hinterhand gut heranschließt, Selbsthaltung und Balance zeigt und nicht eng im Hals wird.
> - Alle Übergänge von einer Gangart in die andere und auch innerhalb einer Gangart, die den gleichen Kriterien entsprechen und gut im Fluss vonstatten gehen Besonders gilt dies für die Übergänge von der höheren Gangart bzw. dem höheren Tempo in die bzw. das niedrigere.
> - Rückwärtsrichten, sicher diagonal, mit gutem Abfußen und einer dem Ausbildungsstand entsprechenden Versammlung und Aufrichtung, mit anschließendem Halten oder Anreiten, bis hin zur Schaukel.
> - Schritt- und Galopppirouetten, möglichst gleich gut auf beiden Händen.
> - Zickzack-Traversalen, auch im Galopp, wobei das jeweilige Umstellen (mit Galoppwechsel) besonders aufschlussreich ist.

→ Ausbildungsskala; Reiten von Übergängen

8.1 Verwerfen im Genick – ein typisches Problem der Durchlässigkeit

Das Verwerfen im Genick ist ein Fehler, der besonders beim Reiten von Wendungen und Seitengängen auftritt.[1]

Das Pferd hält seinen Kopf mehr oder weniger deutlich schief, es kommt dabei mit einem Ohr tiefer, z.B. mit dem rechten und weicht mit der Nase zur anderen Seite, in diesem Fall also zur linken aus.

Besonders häufig ist das Verwerfen im Genick bei Pferden zu beobachten, die im Hals eng gemacht wurden.

Zunächst muss unterschieden werden, ob bei einem Pferd das Verwerfen nur nach einer Seite erfolgt oder sowohl nach rechts als auch nach links vorkommt. Ersteres hängt meistens mit der natürlichen Schiefe, mangelnder beidseitig

---

[1] Gelegentlich werden stattdessen auch die Ausdrücke „verstellen" oder, etwas weniger fachmännisch, „verkanten" benutzt.

7. ➢ Versammlung und Aufrichtung

Verwerfen im Genick bei etwas strammem rechten Zügel

gleichmäßiger Anlehnung[2] und ungenügender Geraderichtung zusammen, Letzteres wird meistens durch technische Mängel verursacht.

Um einen solchen Fehler zuverlässig, d.h. dauerhaft abstellen zu können, ist es wie immer zunächst einmal notwendig, die Ursachen zu ergründen. Gerade was das Verwerfen im Genick anbelangt, wird häufig nur an den Symptomen herumkorrigiert.

Folgende technische Fehler des Reiters verursachen sehr häufig das Verwerfen im Genick: Wenn er
- um eine deutliche Biegung im Hals zu erzielen, mit der inneren Hand mit dem Zügel über den Mähnenkamm zieht, oder
- mit dem jeweils äußeren verwahrenden Zügel die Längsbiegung nicht genügend zulässt, also nicht genügend nachgibt.
- mit der äußeren Hand über den Mähnenkamm drückt, um das Pferd besser zu wenden und/oder gewissermaßen seitwärts zu schieben, oder
- mit zu hoher äußerer Hand führt, oder
- im Bestreben, das Pferd deutlicher zu biegen, sich im Sitz verdreht und sich die innere Hand vor den Oberschenkel oder vor den Bauch zieht.

Alle beschriebenen technischen Fehler, besonders was die Höhe der Hand anbelangt, wirken sich bei Zäumung auf Kandare besonders gravierend aus, weil diese bei den meisten Pferden stärker beizäumend wirkt, diese also noch leichter eng gemacht werden. Außerdem kann schon allein durch einen unsachgemäßen Gebrauch des Stangengebisses, z. B. wenn ein Kandarenzügel klemmt bzw. einer völlig durchhängt, ein Verwerfen verursacht werden.

Leider sind die Ursache nicht immer nur solche Fehler in der Reittechnik, die sich ja mit Konzentration und möglichst häufiger Erinnerung durch einen Ausbilder relativ leicht vermeiden bzw. abstellen lassen.

Recht oft ist das Verwerfen ein Anzeichen dafür, dass das Pferd, wie oben schon angesprochen, noch generelle Ausbildungsmängel hat, besonders also bezüglich Losgelassenheit, Anlehnung und Geraderichtung verbessert oder korrigiert werden muss.

Der Reiter kann dann fühlen, dass es nicht willig vorwärts geht, nicht vertrauensvoll an beide Zügel gleichmäßig herantritt und schief ist.

Die dann notwendige Vorgehensweise kann in den entsprechenden Kapiteln nachgelesen werden.

➔ Instinktiv – richtig?; Position der Hand; Anlehnung; Schiefe; Geraderichten; Seitengänge (Traversalen)

---

[2] Es muss sichergestellt werden, dass das Pferd keine Zahnprobleme hat.

Reiten von Übungen und Lektionen

Teil 4

1. ➤ Zügel aus der Hand kauen lassen und Überstreichen

Gute Dehnungshaltung in sicherer Selbsthaltung bei aktivem Abfußen

Hier fehlt die Dehnung nach vorne; dadurch kommt das Pferd etwas auf die Vorhand.

1.1 Zügel aus der Hand kauen lassen

Um die Losgelassenheit zu überprüfen, haben wir die wunderbare Übung „Zügel aus der Hand kauen lassen". Sehr erfreulich ist es auch, dass in unseren derzeitigen Aufgaben diese Übung viel öfters abgefragt wird als früher. Leider, und da nehme ich auch einige Richter nicht aus, wissen relativ viele diesbezüglich nicht genau Bescheid.

Das Pferd soll sich dabei vorwärts-abwärts an das Gebiss herandehnen, wozu der Reiter das Zügelmaß allmählich bis zum „langen Zügel" verlängert. Die Dehnung sollte mindestens so weit erfolgen, dass das Pferdemaul sich auf Höhe der Buggelenke befindet, aber höchstens so weit, wie es mit dem Gleichgewicht des betreffenden Pferdes vereinbar ist. Die Stirn-Nasen-Linie sollte vor der Senkrechten bleiben.

Das richtig gelöste Pferd bleibt dabei voll im Gleichgewicht, behält Gangart, Takt und Tempo bei; der Reiter kommt vermehrt zum Treiben und zum Sitzen. Die Hand sollte bei dieser Übung durchaus etwas in Richtung Pferdemaul mit nach vorne gehen, damit das anschließende Nachfassen und Verkürzen des Zügels leichter und weicher vor sich geht. Was die Position der Hand anbelangt, sollte der Reiter stets dem Maul folgen, sodass die gerade Linie Ellbogen-Hand-Pferdemaul erhalten bleibt. Ganz besonders wichtig ist dies beim Reiten mit Kandarenzäumung, weil allein schon durch das Tieferkommen des Pferdemauls die Stange stärker einwirkt, also mehr beizäumt. Deshalb sollte beim Nachgeben der Zügel auch der Kandarenzügel deutlich mehr nachgegeben werden, als der der Trense. Um die Hinterhand aktiv zu halten, muss im Moment des Dehnens besonders gut nachgetrieben werden, weil in Dehnungshaltung beim Pferd zunächst die Neigung besteht, das Tempo und den Raumgriff zu verkürzen. Dies hängt damit zusammen, dass die Rumpfstreckermuskulatur vom Hinterhauptsbein über den Hals, den Rücken und die Hinterhand bis zu den Sprunggelenken als eine zusammenhängende Einheit gesehen werden muss.

Wenn das „Zügel-aus-der-Hand-kauen-lassen" im Trabe geritten wird, kann dies sowohl im Aussitzen wie auch im Leichttraben geschehen. Wenn das Pferd sich tatsächlich loslässt, der Reiter also gut zum Sitzen kommt, sollte er ruhig dabei aussitzen (ausgenommen bei einer Remonte), wobei es durchaus vorteilhaft sein kann, etwas entlastend zu sitzen. Vielen Reitern gelingt es in dieser Sitzform besser, entsprechend nachzutreiben und Veränderungen im Tempo des Pferdes sofort zu erkennen. Das Leichttraben dabei muss absolut ausbalanciert, geschmeidig und mit einer feinen vom Sitz unabhängigen Hand möglich sein; andernfalls ist es ausgesprochen kontraproduktiv.

Besonders wertvoll ist das mehrmalige An- und Abspannen der dabei beteiligten Mus-

keln. Deshalb kommt es nicht so sehr darauf an, dass das Pferd sich gleich bleibend über eine längere Reprise in dieser Dehnungshaltung bewegt, viel wertvoller ist es, wenn der Reiter wiederholt die Zügel aus der Hand kauen lässt, sie wieder etwas verkürzt, um sich das Pferd erneut dehnen zu lassen. Nur wenn das Pferd auch in dieser Dehnungshaltung dank guten Vertrauens zur Reiterhand sicher an das Gebiss herantritt, also „zieht", ist das Ganze tatsächlich wertvoll. Nur dann nämlich werden die Hinterbeine aktiv abfußen und nach vorn durchschwingen und somit auch den hinteren Bereich der Rumpfstreckermuskulatur entsprechend dehnen und kräftigen. Der Reiter muss dabei also immer noch etwas in der Hand und vor allem das Gefühl haben, dass er das Pferd vor sich hat. Dies muss sich auch in seinem Sitz, in dem Grad der Entlastung widerspiegeln. Ein übertriebenes Vornübersitzen ist dabei schädlich.

Wie weit man nun das einzelne Pferd sich dehnen lassen sollte, hängt letztendlich von dessen Körperbau, seinem Ausbildungszustand und der Fähigkeit, sich mit dem Reiter auszubalancieren, ab. Wer das Glück hat, das gewissermaßen geborene Bergaufpferd sein eigen zu nennen, welches dank entsprechenden Gebäudes, aber eben auch dank hoher Leistungsbereitschaft immer gut ausbalanciert ist, kann guten Gewissens eine Dehnung zulassen, bei der die Nase fast den Boden berührt und der Reiter die Schnalle des Zügels in der Hand hat.

Bei der Mehrzahl der Pferde jedoch, die den durchschnittlichen Reitern zur Verfügung stehen, sollte dieses ganz tiefe Sich-dehnen-lassen, man nennt das „Zügel aus der Hand kauen lassen bis zur Schnalle", auch zum Abschluss der lösenden Arbeit nur in ganz kurzen Reprisen gestattet und verlangt werden. Andernfalls würde das Pferd nur unnötig auf die Vorhand kommen und sicherlich Balance- und Taktprobleme bekommen.

Zügel-aus-der-Hand-kauen-lassen ist nicht nur eine wunderbare Übung zur Überprüfung der Losgelassenheit, sekundär auch des Taktes und der Anlehnung. Es ist auch ganz besonders gut dazu geeignet, das Pferd z. B. nach einer gelungenen Lektion zu belohnen und zu belobigen, ihm einfach seine gute Mitarbeit und Leistung positiv zu quittieren.

Deshalb sollte jede Unterrichtseinheit, egal in welcher Disziplin oder Klasse, damit enden, dass das Pferd noch einmal zur Dehnung gebracht wird. In welcher Gangart dies vonstatten geht, ist individuell unterschiedlich. Am besten beginnt man damit im Galopp, z.B. auf einem großen Zirkel, reitet in Dehnungshaltung einen fließenden Übergang zum Trabe (dabei entweder entlastend aussitzen oder leichttraben), wechselt im Trab die Hand, galoppiert in Dehnungshaltung oder mit nur ganz geringfügig verkürztem Zügelmaß nochmals auf der anderen Hand an und wiederholt das Ganze. Auch der abschließende Übergang zum Schritt muss ganz flüssig und ohne Probleme am langen Zügel funktionieren, wenn vorher richtig geritten wurde. **Durch einen solchen Abschluss des Reitens wird hervorragend die gesamte Arbeit der Ausbildungseinheit überprüft; zugleich aber wird durch diesen positiven Abschluss der Beginn des Reitens am nächsten Tage optimal vorbereitet.**

1.2. Überstreichen

Das „Überstreichen" ist eine Übung zur Überprüfung der Selbsthaltung des Pferdes; es soll zeigen, ob das Pferd sicher an den Gewichts- und Schenkelhilfen des Reiters steht und nicht auf die Stütze der Reiterhand angewiesen ist.

Im Aufgabenheft wird es verschiedentlich abgefragt, sowohl im Trab als auch im Galopp. Der Reiter soll dazu über eine Strecke von zwei bis drei Pferdelängen beide Zügelfäuste entlang des Mähnenkamms vorschieben und anschließend wieder in die Ausgangshaltung zurücknehmen. Normalerweise sollte er etwa zwei Handbreit dabei nach vorn gehen, die Anlehnung also tatsächlich vorübergehend aufgeben. Reiter mit relativ kurzen Armen dürfen mit den Händen selbstverständlich nur so weit vorgehen, wie es

> Zügel-aus-der-Hand-kauen-lassen ist nicht nur eine wunderbare Übung zur Überprüfung der Losgelassenheit, sekundär auch des Taktes und der Anlehnung.

2. ▶ Reiten von Wendungen im Gang

ihnen ohne Aufgabe des richtigen Dressursitzes möglich ist.

Wenn das Pferd tatsächlich sicher an den treibenden Hilfen steht, wird es mit seiner Stirn-Nasen-Linie etwas deutlicher vor die Senkrechte kommen, dabei aber in Selbsthaltung bleiben, also nicht wie beim „Zügel-aus-der-Hand-kauen-lassen" der Reiterhand folgen. Das Pferd bleibt in seinem Tempo unverändert.

Häufig nehmen die Reiter bei dieser Übung die Hände deutlich nach oben, geben also beim Nachvornegehen die Verbindung zum Maul nicht auf. Dies ist fehlerhaft, weil damit eine echte Überprüfung der Selbsthaltung nicht erfolgt. Beim Reiten auf Kandarenzäumung wird durch die dann höher kommende Hand unwillkürlich die beizäumende Wirkung der Kandare verstärkt, das Pferd also sogar gezwungen, sich eng zu machen.

Gelegentlich kann das Überstreichen auch mit einer Hand vorgenommen werden. Dies wird z.B. in großen Wendungen abgefragt und betrifft dann selbstverständlich die innere Hand. Es soll dabei nämlich überprüft werden, ob das deutlich gestellte und gebogene Pferd sicher am äußeren Zügel steht, ob der Reiter vom inneren Zügel loskommt. Dazu bedarf es auch eines sicheren Sitzes und einer korrekten Einwirkung mit dem inneren Schenkel, der das Pferd vermehrt an den äußeren Zügel herantreibt. Die äußere Hand sollte dabei gut tief geführt werden, da das Pferd an den tief geführten Zügel williger herantritt.

Entgegen einer weit verbreiteten Meinung ist das Überstreichen wenig geeignet, zu überprüfen, ob das Pferd vertrauensvoll an die Hand des Reiters herantritt. Auch ein hinter dem Zügel gehendes, zusammengezogenes Pferd kann durchaus diesen „Test" bestehen. Besser geeignet, einen solchen Anlehnungsfehler zu entlarven, wäre das „Zügel-aus-der-Hand-kauen-lassen" oder einfach das Reiten von Verstärkungen und Übergängen.

➔ Losgelassenheit; Reiten einer Aufgabe; Selbsthaltung

2. Reiten von Wendungen im Gang

Wendungen korrekt zu reiten, muss geübt werden; es dient dem Zweck,

- Hufschlagfiguren auch unter erhöhten Anforderungen, wie z.B. in Aufgaben oder beim Quadrillereiten, präzise reiten zu können,
- beim Parcoursspringen oder im Gelände in der Lage zu sein, genaue Linien einzuhalten, um schnell und ideal zum Sprung zu kommen.
- Mit allen Hilfen richtig gerittene Wendungen dienen aber auch der gleichmäßigen Gymnastizierung des Pferdes auf beiden Händen, also dem Geraderichten und schaffen damit die notwendigen Voraussetzungen für jede versammelnde Arbeit.

Wie eng Wendungen geritten werden können, hängt vom Stand der Ausbildung, vor allem von der Biegsamkeit des Pferdes ab. Auch in der täglichen Arbeit sollten engere Wendungen erst allmählich mit zunehmender Losgelassenheit gefordert werden. Um auf beiden Händen annähernd gleich gut Wendungen reiten zu können, muss der Reiter sich des Problems der natürlichen Schiefe bewusst sein und gelernt haben, von Pferd zu Pferd individuell damit umzugehen. (siehe hierzu Teil 3, Kapitel 6. „Geraderichten"!)

Ziel muss es sein, dass das Pferd sich um den jeweils inneren Schenkel biegt und sicher an den äußeren Zügel herantritt, der äußere Schenkel verhindert ein Ausweichen mit der Hinterhand. Die allein schon durch die Position der Schenkel zustande kommende einseitig belastende Gewichtshilfe unterstützt die Stellung und Biegung. Nur wenn das Pferd die diagonale Hilfengebung, das Herantreiben des inneren Schenkels an den äußeren Zügel gut annimmt, kann der Reiter am inneren Zügel leicht werden. Dies wiederum ist Voraussetzung für Taktsicherheit und Selbsthaltung in allen Wendungen.

Ein häufig vorkommender Fehler entsteht durch das Übertreiben der einseitig belastenden Gewichtshilfe. Durch das Einknicken in der Hüfte wird das Gewicht des Reiters nach außen verlagert, sodass das gemeinsame Gleichgewicht gestört wird.

Alle Wendungen können zunächst im Schritt geübt und dann je nach Ausbildungsstand und Versammlungsgrad im Trab und Galopp in angemessener Größe geritten werden.

Die so genannte geraderichtende Biegearbeit fordert aber nicht ein ständiges, gar übertriebenes Reiten von Wendungen und „Kringeln". Mit den Übungen Schultervor und Reiten in Stellung (siehe Teil 4, Kapitel 10.1 und 10.2) können schon der junge Reiter und das junge Pferd recht frühzeitig vertraut gemacht werden.

Nun ein paar Beispiele:
Durchreiten von Ecken

Eine solch einfache Übung, wie das Durchreiten einer Ecke in der Reitbahn oder auf einem eingegrenzten Platz, scheint kaum der Rede wert. Trotzdem lohnt es sich darüber einmal nachzudenken. Frühere Generationen von Ausbildern bezeichneten die Ecken als die „Bundesgenossen des Reiters". Dies trifft insofern zu, als dass es in einer Ecke am einfachsten möglich ist, vornehmlich mit dem inneren Schenkel für Biegung zu sorgen und nicht so sehr verleitet wird, am inneren Zügel zu viel einzuwirken.

Über das Stellen und Biegen vor und für die Ecke denken die meisten nach, dagegen vergessen sie häufig, dass ein Pferd im Gegensatz zu einem Auto keinen automatischen Geradeauslauf hat. Deshalb versäumen sie, die Ecke, das Reiten der Wendung wieder zu beenden und dem Pferd die Hilfen für das Geradeaus zu geben. Dieses Problem ist übrigens nicht nur nach Ecken zu Beginn der langen Seiten zu beobachten, sondern oft auch beim Abwenden auf die Mittellinie oder auf eine Diagonale.

Auch für die Ecke gilt: Wie tief in die Ecke hineingeritten werden kann, hängt von der Biegsamkeit und Elastizität des jeweiligen Pferdes ab; keinesfalls darf es dabei auf Grund unangemessener Anforderung zu Taktfehlern kommen.

Die einfache Schlangenlinie

Die Ausführung dieser Übung ist leider nicht so einfach, wie die Bezeichnung es Glauben macht. Wie vor jeder Übung muss sich der Reiter zunächst bewusst machen, wie sie aussehen soll und welches die Kriterien einer guten Ausführung sind.

Wie bei allen Wendungen ist eine wichtige Voraussetzung für präzises Gelingen, dass das Pferd vertrauensvoll an die Hand herantritt, gut durchschwingt und deshalb genügend „zieht". Ähnlich wie beim Abwenden auf eine Diagonale neigen viele Pferde beim Verlassen des Hufschlages dazu, abrupt und in zu großem Winkel abzuwenden. Deshalb muss der Reiter ganz bewusst aus der Ecke heraus noch bis zum Wechselpunkt auf dem Hufschlag bleiben und dann noch für ca. zwei Pferdelängen mit dem nach wie vor linken Schenkel, von der linken Hand kommend, gebogen halten. Erst dann erfolgt ganz allmählich das Umstellen, für das nunmehr der andere, der rechte Schenkel, primär zuständig ist, indem er an den neuen äußeren, hier den linken, Zügel herantreibt. Die Zügel werden umgefasst, die Hände dürfen auf keinen Fall über den Mähnenkamm drücken.

Während des ganzen mittleren Teils der Schlangenlinie bleibt das Pferd, in diesem Fall rechts gebogen, um dann wieder etwa zwei Pferdelängen vor dem Wechselpunkt umgestellt und nun wieder mit dem linken Schenkel zum Hufschlag zurückgeritten zu werden. (siehe Abb. nächste Seite)

Je genauer der Reiter die zu reitende Linie vor Augen hat, die Punkte für das Umstellen und den Scheitelpunkt auf Höhe des Halbe-Bahn-Punktes, desto besser wird ihm die einfache Schlangenlinie gelingen. Beim Üben kann der Einsatz von Kegeln sehr hilfreich sein (siehe Abb. S.162). Die Größe der Schlangenlinie kann allmählich gesteigert werden und sollte normalerweise maximal bis zur Viertellinie, also fünf Meter in das Viereck hineingeritten werden. Im Training können entsprechend fortgeschrittene Reiter sie auch einmal größer reiten.

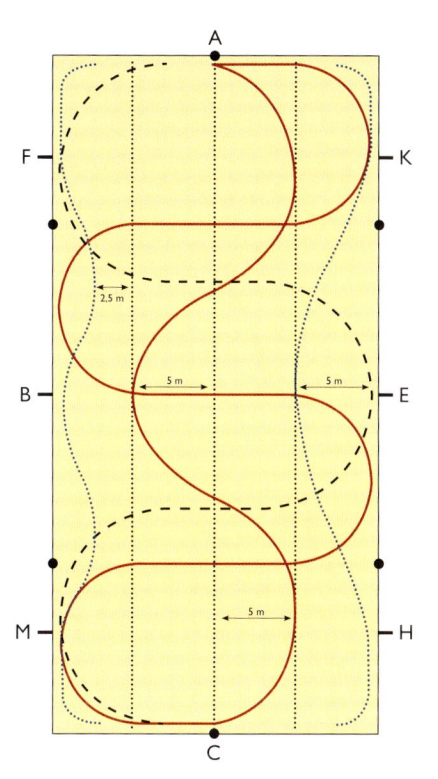

Schlangenlinien: Einfache und doppelte an der langen Seite, durch die Bahn, drei und vier Bögen, entlang der Mittellinie (zwischen den Viertellinien)

2. ➢ Reiten von Wendungen im Gang

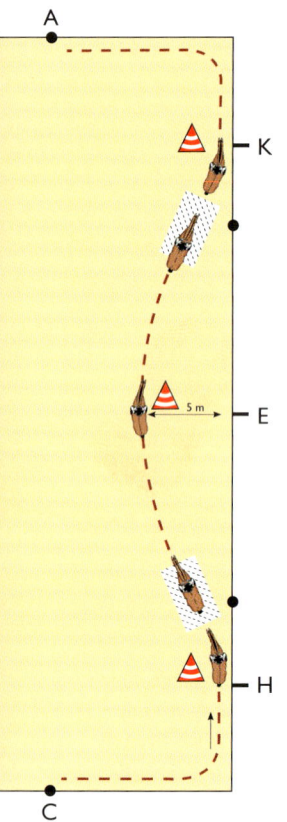

Einfache Schlangenlinie, die Bereiche, wo das Umstellen jeweils erfolgen muss, sind besonders markiert

Die Volte

Selbst bei Dressurprüfungen der Kl. M sind gut eingeteilte, kreisrunde Volten eine Seltenheit. Die Größe der Volte richtet sich nach dem Ausbildungsstand und innerhalb der Trainingseinheit nach dem Grad der Losgelassenheit und Biegsamkeit des jeweiligen Pferdes. In Kl. A werden 10-m-, in Kl. L 8-m- und ab Kl. M 6-m-Volten verlangt.

Erste Volten kann man am besten in einer der Ecken reiten, zumal, wie oben dargestellt, diese das Biegen des Pferdes erleichtern und jeweils schon eine Viertelvolte sind. Nur wenn das Pferd schon so sicher an den Hilfen des Reiters steht, dass dieser in der Wendung am inneren Zügel etwas leicht werden kann, hat es Sinn, mit großen Volten zu beginnen.

Eine andere gute Vorübung ist das „In-den-Zirkel-hineinreiten". Dazu wird vom großen Zirkel beginnend allmählich in diesen hineingeritten. Im Gegensatz zum „Zirkel-verkleinern" bewegt sich das Pferd dabei nach wie vor auf einem Hufschlag. Der Reiter kann alle zwei bis drei Pferdelängen mit dem inneren Zügel vorfühlen (leichtwerden); der in der Mitte stehende Ausbilder erleichtert ihm die Orientierung, um die Kreise konzentrisch anzulegen. Ersatzweise kann auch hier ein Kegel benutzt werden.

Auch der junge Reiter sollte schon frühzeitig lernen, bei dieser Übung mit der Schiefe des Pferdes umzugehen: Auf der Hand, auf das Pferd fester ist („Zwangsseite"), muss er besonders mit dem inneren Schenkel darauf achten, dass die Schulter nicht in den Kreis hineindrängt, mit dem äußeren Schenkel ein Ausweichen der Hinterhand zu verhindern.

Auf der Hand, auf der sich das Pferd scheinbar besser biegen lässt, muss er mit dem verwahrenden äußeren Zügel dafür sorgen, dass das Pferd sich nicht auf diesen stützt und mit der Schulter ausfällt. Vorbeugend kann er sogar kurzfristig einmal konter-, also nach außen stellen; dazu wird die äußere Faust eingedreht, der Zügel etwas angenommen und wieder nachgegeben. Er muss gut an den äußeren Zügel herantreiben und sogar etwas an „Kruppeheraus" denken, ohne aber deswegen den inneren Schenkel stärker zurückzulegen.

Insgesamt darf diese Übung nicht zu lange ausgedehnt werden; das wieder Herausreiten sollte lieber etwas zu früh begonnen werden, nicht erst, wenn das Pferd auf die Vorhand kommt.

Als Nächstes wird dann die Volte an der langen Seite, am besten an einem bestimmten Punkt, z.B. Mitte der langen Seite bei B, geübt. Dieser sollte in jedem Fall weit genug von der kurzen Seite entfernt gewählt werden, weil sonst das Pferd zu dieser hindrängelt. Schon beim Hinreiten sollte etwa zwei Pferdelängen vor B das Pferd für die Wendung gestellt und ruhig auch schon etwas gebogen werden, um dann am Punkt nur noch mit einer halben Parade dem Pferd das Signal zum Abwenden geben zu müssen; es muss möglich sein, am inneren Zügel wieder leicht zu werden.

Um die Volte tatsächlich kreisrund hinbekommen zu können, kann man sich die Verbindungslinie der beiden HB-Punkte als den Kreis halbierende gerade Linien vorstellen, man kann sich sogar ca. einen Meter von B entfernt eine Hindernisstange auf diese Linie legen (siehe Graphik S. 163 unten). Dafür, dass das vorbereitete Pferd nun nicht zu abrupt abwendet, wodurch die erste Hälfte der Volte zu flach werden würde, ist der innere Schenkel in Verbindung mit dem äußeren Zügel verantwortlich. In der zweiten Hälfte dagegen muss verhindert werden, dass es aus der Volte herausdrängt bzw. diese zu groß anlegt; auf der Hand, auf der es etwas hohl ist, gilt es, mit dem tief geführten verwahrenden Zügel unterstützt von dem in diesem Fall relativ weit vorne liegenden äußeren Schenkel die Schulter gut zu be-

So sollte ein Pferd in der Volte gebogen gehen.

Ganze Bahn, durch die Länge der Bahn, die halbe und die ganze Bahn wechseln, die Viertellinien

Mittelzirkel, Volten und Kehrtvolten

Doppelte halbe Volte in Grob- und Feinform

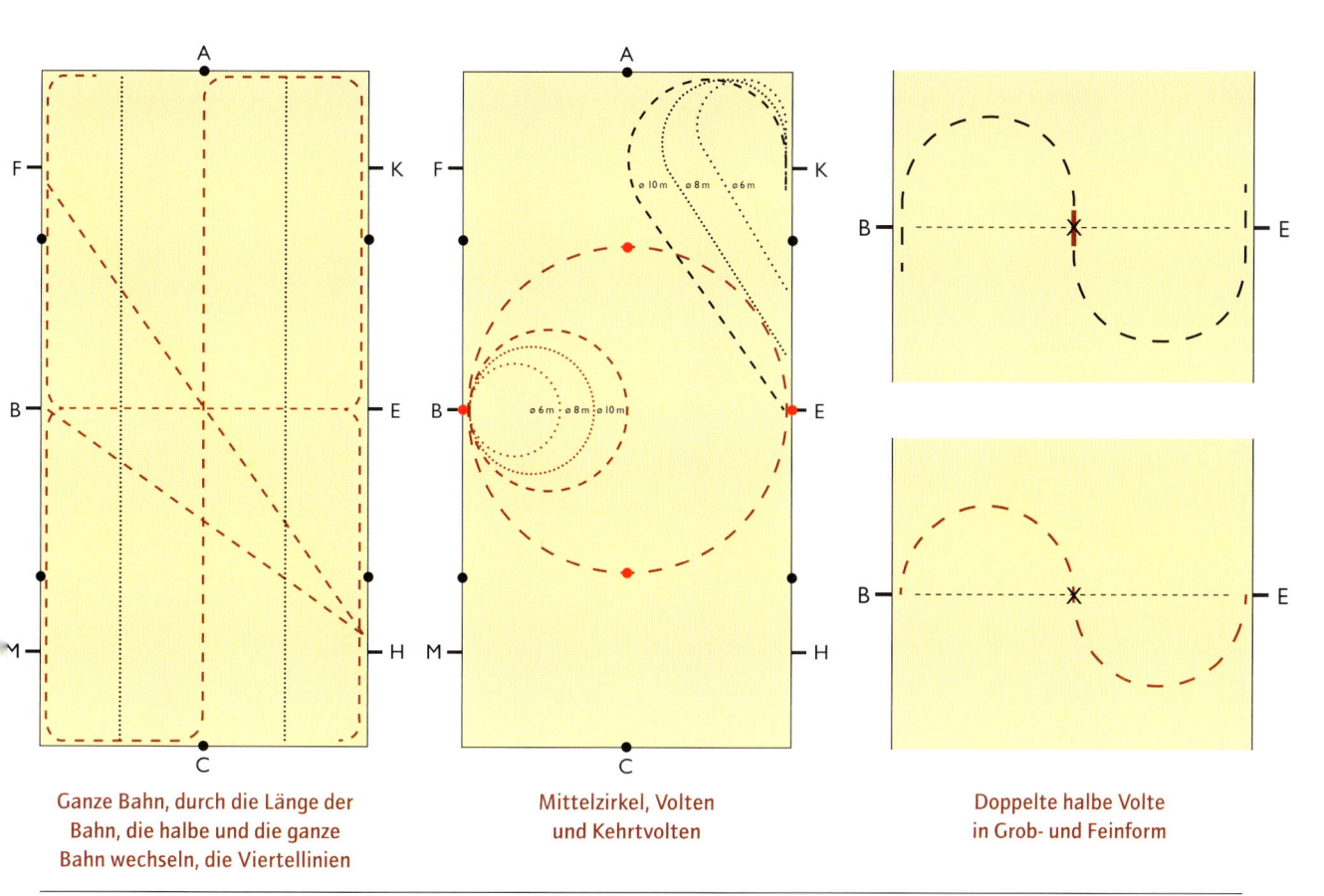

grenzen. Auf der eher etwas festen Seite dagegen muss vermehrt das Ausfallen der Hinterhand unterbunden werden; dafür ist der zurückliegende äußere verwahrende Schenkel zuständig.

Wird in anspruchsvolleren Aufgaben die Volte in der Mitte der Bahn verlangt, muss sich der Reiter entsprechende Linie und Punkte vorstellen und mit losgelassen getragenem Kopf versuchen, sich sorgfältig zu orientieren.

Die Kehrtvolte

Die Kehrtvolte kommt entweder in Form von „aus der Ecke kehrt" oder an der langen Seite vor. Man kann sie sich einfach als eine etwa zu zwei Dritteln gerittene Volte vorstellen, aus der heraus dann das Pferd umgestellt und zum Hufschlag zurückgeführt wird (siehe Graphik S.164).

Die doppelte halbe Volte

Die doppelte halbe Volte ist eine für die Gymnastizierung wertvolle Übung, durch die sich Losgelassenheit und gleichmäßige Geschmeidigkeit des Pferdes auf beiden Händen, aber auch die Geschicklichkeit des Reiters sehr leicht überprüfen lässt. Sie wird in einer ganzen Reihe von Aufgaben, meist quer zur Mittellinie abgefragt.

So wird sie z.B. von der rechten Hand Mitte der langen Seite bei B begonnen, in einer halben 10-m-Volte auf die Mittellinie nach X geritten und mit einer zweiten halben 10-m-Volte nach links zum Punkt E zum Hufschlag zurückgeritten. In der fortgeschrittenen Ausbildung ist das Ziel, das Pferd bei X fließend, ohne dabei geradeaus zu reiten, umzustellen, also zwei echte Halbkreise aneinander zu fügen.

Um beim Üben genügend Platz und Zeit für ein sorgfältiges Umstellen zu gewinnen, empfiehlt es sich, nicht exakt bei B, sondern etwas verzögert abzuwenden und die erste halbe Volte etwas weiter nach hinten zu verlagern, sodass auch entsprechend früher wie-

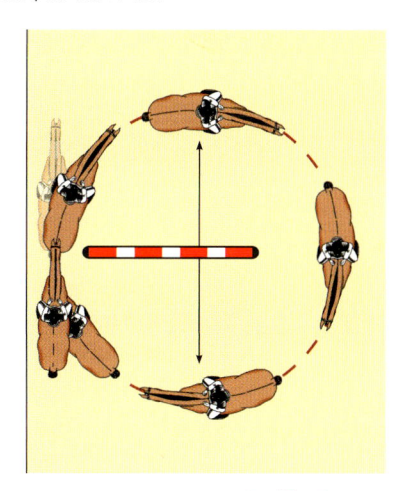

Mit Hilfe einer Stange lässt sich eine Volte besser einteilen.

Reiten mit *Verstand und Gefühl* **163**

2. ▶ Reiten von Wendungen im Gang

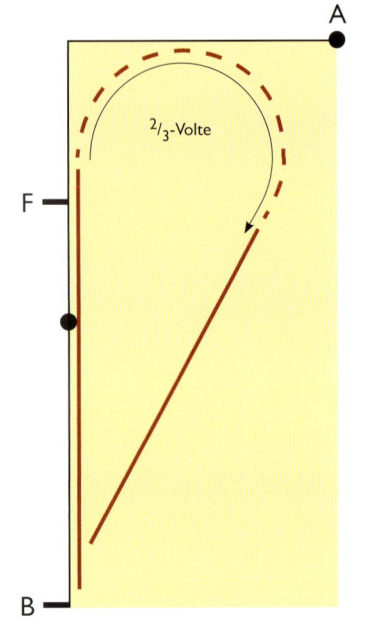

Aus der Ecke kehrt; die Größe hängt vom Ausbildungsstand und von der jeweiligen Klasse ab.

der die Mittellinie erreicht wird. Dann kann auf dieser im kurzen Geradeaus das Pferd umgestellt und für die zweite Halbvolte um den linken Schenkel gebogen werden.

Auch hierbei kommt es wieder darauf an, analog wie bei der Volte schon angesprochen, mit der natürlichen Schiefe des Pferdes entsprechend umzugehen. Auch beim Umstellen macht es einen Unterschied, ob ich von der eher festen zur hohlen Seite hin umstelle oder umgekehrt.

Wenn man also von der rechten Hand kommend auf die linke wechselt und das Pferd rechts eher etwas fest ist, muss man beim Umstellen darauf achten, dass es den rechten, den neuen äußeren Zügel nicht zu sehr annimmt, sich gar darauf stützt. Dies kann durch betontes Nachgeben, in diesem Fall am äußeren Zügel geschehen. Falls das nicht ausreicht, muss im Training an diesem Zügel einmal angenommen und wieder nachgegeben werden, so als ob man das Pferd kurzfristig konterstellen wollte. Selbstverständlich muss auch der linke innere Zügel dabei gut anstehen, damit das Gebiss nicht durch das Maul gezogen wird.

Ist das Pferd dagegen auf der rechte Seite eher etwas hohl und links eher etwas fest, muss beim Umstellen von der rechten auf die linke Hand schon vor X rechtzeitig der rechte neue äußere Zügel gut anstehen, mit dem neuen inneren Schenkel dann dicht am Gurt gut an diesen herangetrieben werden, um auch auf der linken Hand, bei links gebogenem Pferd am inneren Zügel, wieder leicht werden zu können.

Je besser in der täglichen Arbeit auf das Geraderichten Wert gelegt wird, desto besser kann in einer Aufgabe diese Übung funktionieren.

Halbe Volten beiderseits der Mittellinie

Aus den doppelten halben Volten lässt sich eine Übung ableiten, die sehr anspruchsvoll ist, die man aber sehr effektiv in die geraderichtende Biegearbeit einbeziehen kann: halbe 10-m-Volten zu beiden Seiten der Mittellinie.

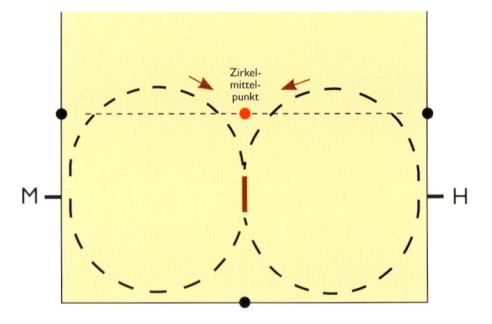

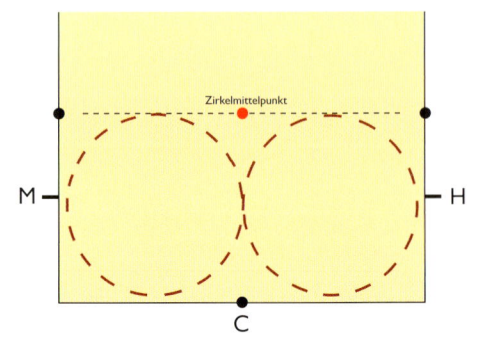

Die Acht: Grob- und Feinform

Für das Umstellen und den Umgang mit der natürlichen Schiefe gilt analog, was oben bei den doppelten halben Volten erklärt wurde. Auch bei dieser Übung können die Halbkreise etwas weiter, also etwas über die Viertellinien hinaus ausgeritten werden, um Zeit und Platz für das Umstellen zu gewinnen. Für das Üben dieser Art von Schlangenlinien ist es besonders empfehlenswert, mit Kegeln zu arbeiten (siehe Abb. S.166).

Die Acht

Man unterscheidet die große und die kleine Acht. Die große Acht ergibt sich, wenn man zunächst einen Zirkel, z.B. auf der rechten Hand reitet, aus dem Zirkel wechselt und einen zweiten Zirkel auf der anderen Hand anschließt.

Die kleine Acht besteht aus zwei 10-m-Volten, die jeweils in einer Ecke an der kurzen Seite des Vierecks geritten werden. Eine genaue Einteilung wird leichter, wenn man sich als Begrenzung die Verbindungslinie zwischen den beiden an den langen Seiten gegenüberliegenden Zirkelpunkten vorstellt (siehe Abb. S.166).

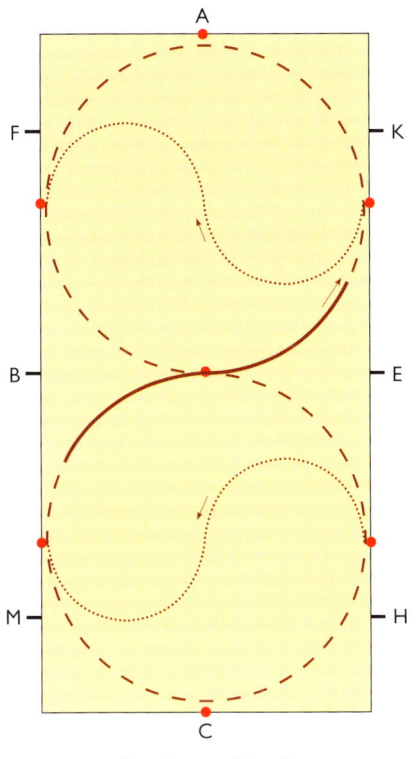

Aus dem und durch den Zirkel wechseln

Dazu beginnt man z.B. auf der linken Hand mit einer 10-m-Volte in der zweiten Ecke der kurzen Seite, stellt das Pferd auf der Mittellinie um und schließt die Rechtsvolte in der anderen Ecke der kurzen Seite an. Dies kann mehrmals hintereinander wiederholt werden, es kann aber auch jeweils die eine Volte, z.B. zur Verbesserung, wiederholt werden.

Die Acht ist eine für die Gymnastizierung des Pferdes überaus wertvolle Übung. Der erfahrene Reiter kann dabei lernen, mit der Schiefe des Pferdes umzugehen sowie die Abstimmung seiner Hilfen und seine Reittechnik zu verbessern.

Mit dem weiter ausgebildeten Pferd kann sie schon in die Lösungsphase eingebaut werden, beim jüngeren Pferd gehört sie bereits in die Arbeitsphase.

Wie oben schon bei der doppelten halben Volte angesprochen, ist ein Wechsel von einer Wendung in die andere mit flüssigem Umstellen, ohne dabei wenigstens ein kurzes Stück geradeaus zu reiten, sehr schwierig und setzt ein hohes Maß an Durchlässigkeit voraus. Deshalb ist es beim Üben sinnvoll, die Volten jeweils ein klein wenig oval in Richtung Bahnmitte zu vergrößern, um auf der Mittellinie Platz und Zeit für das Umstellen zu gewinnen.

Durch überlegtes Arbeiten auf der Acht ist es hervorragend möglich, die Nachgiebigkeit in den Ganaschen und die auf beiden Seiten gleichmäßige Längsbiegung eines Pferdes, also sein Geradegerichtetsein, zu verbessern.

Selbstverständlich kann die Acht an beliebiger Stelle in einem Viereck angelegt werden. Besonders wertvoll ist sie aber, so wie beschrieben, an der kurzen Seite, weil dann die Ecken beim Biegen des Pferdes Hilfestellung leisten.

Durch den Zirkel wechseln

Diese Hufschlagfigur entspricht vollkommen der doppelten halben Volte. Sie beginnt jeweils am ersten Zirkelpunkt einer langen Seite bzw. beim Reiten auf dem Mittelzirkel am Mittelpunkt der langen Seite, am so genannten HB-Punkt (halbe-Bahn-Punkt). Auch hierbei kann das Abwenden bewusst etwas später erfolgen, um im Zirkelmittelpunkt, also auf der Mittellinie, etwas Zeit und Platz für das Umstellen zu gewinnen.

Ein zweimaliges Wechseln durch den Zirkel ergibt wiederum eine Acht.

Die doppelte Schlangenlinie

Die doppelte Schlangenlinie ist eine sehr anspruchsvolle Übung, die auf einem 40-m-Viereck

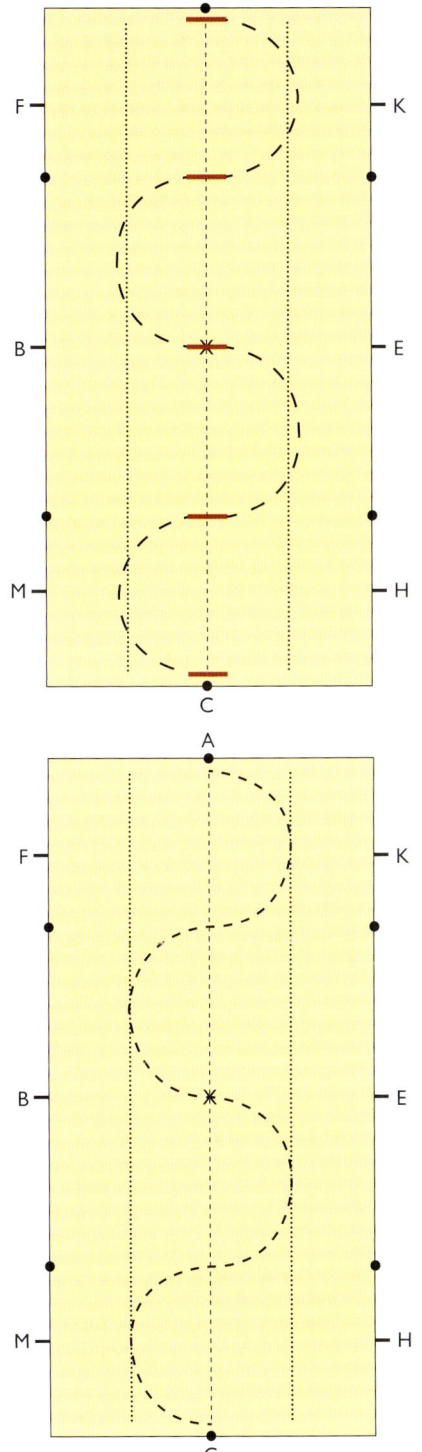

Halbe Volten beiderseits der Mittellinie: Grob- und Feinform

Reiten mit Verstand und Gefühl

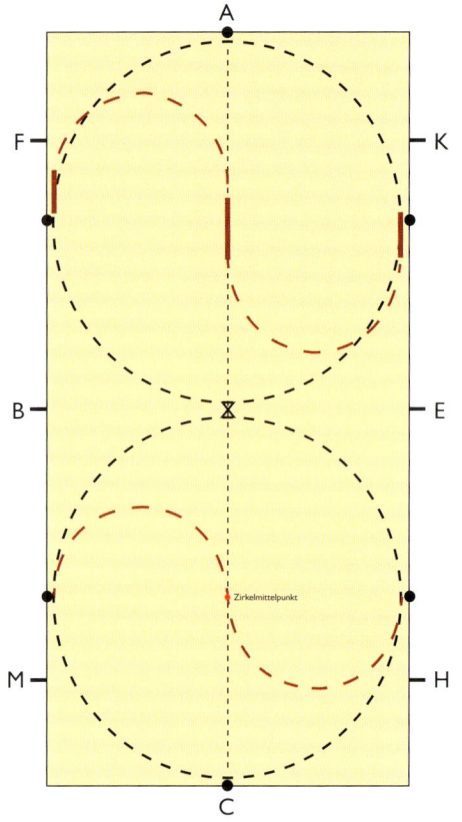

2. ➤ Reiten von Wendungen im Gang

Durch den Zirkel wechseln: Grob- und Feinform

Kegel erleichtern das korrekte Reiten einer doppelten Schlangenlinie.

schon ein ganz erhebliches Maß an Geradegerichtetsein, Versammlung und Durchlässigkeit voraussetzt. Sie wird an der langen Seite von Wechselpunkt zu Wechselpunkt im versammelten, zumindest in einem verkürzten Arbeitstrab geritten und soll mit ihren Scheitelpunkten 2,5 m in das Viereck hineingeritten werden. Analog zur einfachen Schlangenlinie muss hierbei viermal umgestellt werden, dies muss alles viel geschickter und schneller gehen; deshalb muss bereits vor Beginn das Zügelmaß so weit verkürzt werden, dass während der Schlangenlinie ein Umfassen nicht mehr notwendig ist.

Da die Bögen sehr flach sind, muss das Pferd auch nur wenig gebogen werden; besonders ein zu starkes Biegen des Halses muss vermieden werden. Die doppelte Schlangenlinie ist eine Übung, bei der geradezu exemplarisch erfühlt werden kann, dass nur ein feines Zusammenspiel aller Hilfen und ein kopfgesteuertes „Navigieren" zum richtigen Ergebnis führen kann.

Im Gegensatz zur einfachen, bei der die Reiter häufig den Scheitelpunkt zu früh, also vor der Verbindungslinie der HB-Punkte, erreichen, stellen sie bei der doppelten, vor allem im ersten Bogen, meist zu

Auch beim Üben von Schlangenlinien durch die Bahn können Kegel oder Stangen sehr hilfreich sein.

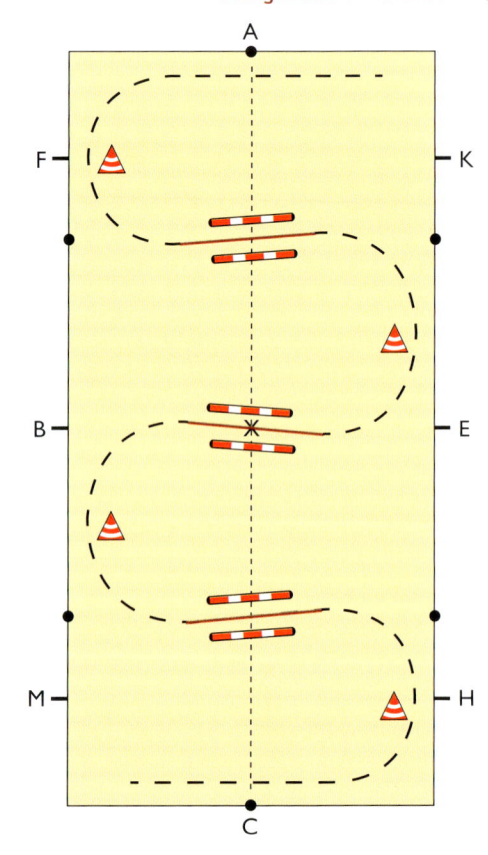

spät um, sodass nicht mehr genug Platz für den zweiten Bogen ist. Der Einsatz von Kegeln kann hier wahre Wunder wirken.

Schlangenlinien durch die Bahn
Schlangenlinien durch die Bahn können auf verschiedene Arten angelegt werden: Zum einen

gibt es die Form, die in Dressuraufgaben verlangt wird, bei der die Mittellinie im rechten Winkel gekreuzt wird. Bei der zweiten, der älteren Form geschieht dies leicht s-förmig (siehe Graphik S.141 u. S.166). Ursprünglich sollten dabei die Ecken noch ausgeritten und erst am Wechselpunkt begonnen werden. Harmonischer zu reiten und mindestens ebenso wertvoll ist aber die hier abgebildete Form, bei der bereits an der kurzen Seite der erste Bogen begonnen und auch erst wieder an der kurzen Seite der letzte Bogen beendet wird; insofern entspricht sie der in Dressuraufgaben geforderten Form.

In der täglichen Arbeit sollte auch diese Form (manche nennen sie birnenförmig) bevorzugt geübt werden, weil sie gymnastisch wertvoller ist.

Je nach Größe des Vierecks, 40 oder 60 Meter Länge, werden üblicherweise zwischen drei und sechs Bögen geritten. In der Arbeit sollte die Zahl der Bögen davon abhängig gemacht werden, wie weit das Pferd schon gelöst und biegsam ist.

Um sie gut einteilen und korrekt reiten zu können, muss man sich vorher gewissermaßen einen Plan machen und dann vorausschauend „navigieren".

Bei vier Bögen auf einem 40-m-Viereck z.B., wird die Mittellinie jeweils an den Mittelpunkten der Zirkel und bei X gekreuzt.

Zum genauen Reiten, besonders was das Umstellen anbelangt, wurde bereits im Kapitel „Geraderichten" genaueres gesagt.

Für das präzise Reiten unterschiedlichster Linien, übrigens auch beim Springen, können in der Ausbildung sowohl von Pferden wie auch von Reitern Kegel und Stangen sehr wertvolle Hilfe leisten und zugleich für Abwechslung sorgen (siehe Graphiken!).

➔ Geraderichten

1. ➢ Übergänge: Momente der Wahrheit

Übergang zum Mittelgalopp: Reiterin sitzt etwas entlastend, um gut in der Bewegung mitzukommen.

3. Übergänge, Momente der Wahrheit

Übergänge gibt es in der Reitausbildung ganz unterschiedlicher Art:

- Da gibt es zum einen die Wechsel von einer Grundgangart in die andere. Dabei wiederum unterscheidet man die so genannten einfachen Übergänge, also die Wechsel von einer Gangart in die nächst höhere oder in die nächst niedrigere, Schritt-Trab, Trab-Galopp, Galopp-Trab und Trab-Schritt. Sie zählen zu den lösenden Übungen.
- Wesentlich anspruchsvoller und bereits zur versammelnden Arbeit gehörend sind die Übergänge Schritt-Galopp und Galopp-Schritt.
- Ebenfalls als Übergänge bezeichnet werden die Wechsel innerhalb einer Grundgangart von einem Tempo zum anderen, z.B. vom versammelten Trab zum Mitteltrab oder umgekehrt etc.
- Von Übergängen spricht man auch bei der Arbeit mit Seitengängen, z.B. vom Travers ins Schulterherein und/oder zum Renvers etc.
- Schließlich gibt es noch im Grand-Prix-Bereich die Übergänge von der Piaffe in

Reiten mit *Verstand und Gefühl* **167**

3. ▶ Übergänge: Momente der Wahrheit

> ▶ Bei einem qualitätsvoll gerittenen Übergang gelingt der Wechsel von einer Gangart zur anderen bzw. von einem Tempo in das andere fließend, ohne Stocken und vor allem ohne Spannungsmomente.

> die Passage und umgekehrt sowie von der Passage in den starken Trab und umgekehrt.

3.1 Bedeutung der Übergänge

Alle Übergänge haben in der entsprechenden Phase der Ausbildung und der jeweiligen Arbeitseinheit einen nicht zu unterschätzenden Ausbildungswert. Sie erfordern ein hohes Maß an reiterlichem Gefühl bei der Abstimmung der Hilfen und beim Pferd ein besonders hohes Maß an Losgelassenheit und Durchlässigkeit.

Für alle Beteiligten, für den Reiter, den Ausbilder sowie den Richter sind sie überaus aussagekräftig, teilweise sogar entlarvend. Um bei einem neuen, unbekannten Pferd herauszufinden, wie weit und vor allem wie korrekt es ausgebildet ist, ist das Reiten bzw. Reitenlassen von Übergängen vorzüglich geeignet; zunächst tatsächlich nur einfache und dann weiterhin je nach Ausbildungsstand auch anspruchsvollere Übergänge.

Es ist immer wieder erstaunlich, dass selbst angeblich M- und S-erfahrene Reiter damit ihre Schwierigkeiten haben. In allen Dressuraufgaben kommen die verschiedensten Übergänge vor und werden gesondert bewertet.

In der täglichen Arbeit lohnt es sich, schon dem ersten Antraben aus dem Schritt gute Beachtung zu schenken: Einem korrekt ausgebildeten und im Schritt genügend vorbereiteten Pferd sollte es ganz selbstverständlich möglich sein, den ersten Arbeitstrab willig aktiv und ohne einen einzigen gespannten Tritt beginnen zu können.

3.2 Kriterien für gelungene Übergänge

Bei einem qualitätsvoll gerittenen Übergang gelingt der Wechsel von einer Gangart zur anderen bzw. von einem Tempo in das andere fließend, ohne Stocken und vor allem ohne Spannungsmomente.

Der Bewegungsablauf ist vor und nach dem Übergang sicher im Takt, bei Gangartwechseln ist der erste Schritt, Tritt oder Sprung nach dem Wechsel sofort sicher im Takt. Dank gut abgestimmter, gefühlvoller Hilfengebung zeigt sich das Pferd dabei willig, nachgiebig im Genick und in guter Selbsthaltung.

Bei Rückführungen aus einer Verstärkung im Trab oder Galopp zeigt sich eindeutig, ob das Pferd reell ausgebildet ist, sodass man es mit Recht als schwungvoll und durchlässig bezeichnen kann. Wenn es dabei mit den Hinterbeinen heranschließt und damit Last aufzunehmen bereit ist sowie ohne Verzögerung und Spannung mit angemessenem Fleiß im versammelten Tempo weitergeht.

Besonders beim Angaloppieren und bei allen Rückführungen, also bei Übergängen von der höheren in die niedrigere Gangart und aus Verstärkungen zurück in die Versammlung, muss das Geradegerichtetsein beachtet werden, andernfalls wäre ein versammelnder Effekt nicht möglich.

3.3 Was ist beim Reiten von Übergängen zu beachten?

Entscheidende Voraussetzung für das gute Gelingen von Übergängen ist nicht nur eine konsequente und sichere Hilfengebung, sondern vor allem auch die Vorstellung und Einstellung, mit der der Reiter an die Sache herangeht.

Zum einen muss er selbst davon überzeugt sein und daran glauben, dass der Übergang gut vorbereitet ist und deshalb auch gut gelingen wird. Pferde sind sehr sensible Wesen; sie registrieren die mentale Situation des Reiters meist recht genau und reagieren entsprechend. Dies gilt sowohl bezüglich guten Selbstvertrauens, aber auch bezüglich Unsicherheiten und Zweifel.

Zum anderen muss er, und das gilt besonders für Übergänge von der höheren in die niedrigere Gangart, die Idee haben, dem Pferd mit den Hilfen zu sagen, was er von ihm erwartet, also die neue Gangart zu fordern. Zum Beispiel bei einem einfachen Übergang vom Galopp zum Trab mit seiner Hilfengebung den Trab abzufragen, nicht aber gewissermaßen zu sagen: „Höre auf zu galoppieren!".

Im ersteren Fall werden richtigerweise die treibenden Hilfen dominieren, während in letzterem wahrscheinlich vornehmlich mit der Hand rückwärts geritten würde.

Damit alle Übergänge tatsächlich flüssig und spannungsfrei gelingen, sollte der Reiter jeweils zur Vorbereitung das Pferd mit halben Paraden etwas zu „schließen" versuchen. Das heißt, er muss halbe Paraden geben, das Pferd also etwas deutlicher an die Hand herantreiben. Durch diese Vorbereitung wird es ihm möglich, im Übergang wieder leicht zu werden und die neue Gangart nach vorne zuzulassen. Auch diese Vorbereitung ist vor allem wichtig bei Übergängen von der höheren in die niedrigere Gangart.

Bei sehr gehfreudigen, vielleicht auch noch nicht so durchlässigen Pferden glauben viele Reiter (und Ausbilder), der Übergang, also die halbe Parade von der höheren in die niedrigere Gangart, gelänge besser, wenn der Reiter, wie es so schön heißt, „sich schwer hinsetzt", sich gar in Rücklage begibt. Dies ist falsch und besonders bei sensiblen und eifrigen Pferden absolut kontraproduktiv. Sie würden sich im Rücken irritiert fühlen, verkrampfen und eventuell sogar vor dem unangenehmen Gefühl wegzulaufen versuchen. Stattdessen muss der Reiter, natürlich tief im Sattel sitzend, alle Hilfen entschlossen etwas stärker, dafür aber kürzer geben; er muss vor allem sofort mit der Hand wieder leicht werden, ohne die Anlehnung aufzugeben, und darf nicht im Zügel hängen bleiben. Nötigenfalls muss er die Hilfen wiederholen. Bei in dieser Hinsicht verdorbenen Pferden kann es durchaus einmal hilfreich sein, für diese Parade etwas vornüber, entlastend zu sitzen.

Wenn der Übergang vom Galopp zum Trab Probleme bereitet, das Pferd zwar den Galopp verkürzt, aber nicht in den Trab hineinfindet, sollte der Reiter etwas schulterhereinartig reiten, eventuell sogar an „Kruppe heraus" denken. Die dadurch geforderte leichte Seitwärtsbewegung fällt dem Pferd im Bewegungsablauf des Trabes leichter.

Sehr frische, gehfreudige Pferde neigen manchmal dazu, beim Angaloppieren, besonders aus dem Trab, etwas übertrieben zu reagieren und mit Spannung und hoher Kruppe anzugaloppieren; besonders wenn der Reiter seine Hilfen nicht genau im richtigen Moment, abgestimmt auf die Fußfolge des Pferdes gibt. Dieser Reaktion kann man etwas vorbeugen, indem man kurz vor dem Angaloppieren den inneren Schenkel etwa eine Handbreit zurücknimmt, um dann im Moment des Angaloppierens damit ruhig entlang dem Haar wieder vorzustreichen und den Galopp abzufragen. Dadurch bekommt das Pferd ein klein wenig Reaktionszeit und kann aus der passenden Stützphase in den richtigen Galopp finden.

Sehr häufig bereiten auch die Übergänge innerhalb des Schritts Schwierigkeiten. Das beginnt schon in Klasse L, wenn das Pferd im Mittelschritt etwas aufgenommen werden muss, z.B. vor einer Kurzkehrtwendung. Noch deutlicher wird es bei den in höheren Klassen geforderten Übergängen zum versammelten Schritt. Um dem vorzubeugen, empfiehlt es sich in der täglichen Arbeit, z.B. in Schrittpausen, das Pferd in wechselndem Rahmen, das heißt, wechselweise am langen und am etwas verkürzten Zügel zu reiten. Dabei ist der treibende Schenkel dafür verantwortlich, dass sich der Fleiß und der Bewegungsrhythmus nicht verändern.

Es muss für das Pferd etwas völlig Normales sein, sich auch im Schritt etwas aufnehmen zu lassen, ohne sich zu verhalten, Spannung aufzubauen oder gar „anzuzackeln". Sehr viele Pferde sind es leider gewohnt, jedes Mal wenn im Schritt die Zügel aufgenommen oder verkürzt werden, antraben oder angaloppieren zu sollen. (Genaueres hierzu in Teil 3, Kapitel 2. über das Schrittreiten)

➔ Schrittreiten; Galopparbeit; Verstärkungen, Seitengänge

> Der Reiter muss bei Übergängen die Idee haben, dem Pferd mit den Hilfen zu sagen, was er von ihm erwartet, also die neue Gangart fordern.

4. ➤ Vorhandwendung

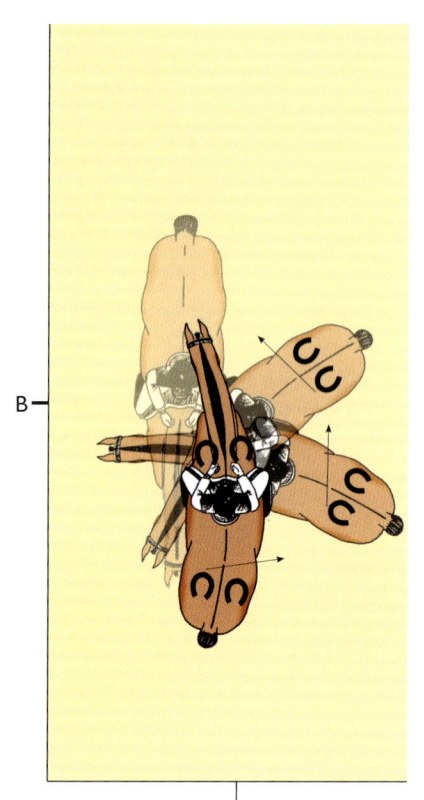

Vorhandwendung

4. Vorhandwendung

Die Vorhandwendung wird zwar turniermäßig sehr selten geritten, wird aber dennoch immer wieder sehr kontrovers diskutiert: Welchen Sinn hat sie überhaupt und wie ist der korrekte Ablauf bzw. die richtige Hilfengebung?

Die Vorhandwendung gehört zu den lösenden Übungen, ist aber, wenn sie gut ausgeführt werden soll, eine sehr schwierige Lektion.

Sie wird zwar gelegentlich auch geritten, um das junge Pferd mit den seitwärtstreibenden Hilfen vertraut zu machen; dafür wird der erfahrene Reiter und Ausbilder aber eher Schenkelweichen oder die Vorübungen für die Seitengänge (Schultervor und Reiten in Stellung) benutzen.

Für die Ausbildung des jungen Reiters kann sie allerdings durchaus wertvoll sein. Dieser kann dabei auf einem geeigneten Lehrpferd die gesamte Hilfengebung und vor allem die Abstimmung der Hilfen aufeinander besonders gut üben und lernen, weil es sich um einen langsamen Bewegungsablauf handelt, der sogar in Abschnitten durchgeführt werden kann.

Die Vorhandwendung soll im Idealfall folgendermaßen aussehen: Aus dem sicheren Halten heraus beschreibt das in die Richtung der Wendung gestellte Pferd mit den Hinterbeinen einen Halbkreis um die Vorhand, wobei der Wendepunkt möglichst dicht beim inneren Vorderfuß liegen sollte. Der äußere Vorderfuß tritt auf einem kleinen Halbkreis um den inneren herum, während der äußere Hinterfuß jeweils nur leicht zur Seite tritt, damit anschließend der jeweilige innere Hinterfuß deutlich vorwärts-seitwärts übertreten bzw. kreuzen kann. Das unerwünschte Drehen mit dem inneren Vorderfuß passiert nicht so leicht, wenn die Wendung nicht zu klein angelegt wird. Das Pferd sollte tatsächlich leicht gestellt, keinesfalls aber aus der Schulter heraus im Hals abgestellt werden, weil es sonst über die Schulter ausfällt. Um nicht ein Zurücktreten oder ein Anheben des Halses und des Kopfes zu provozieren, sollte die Vorhandwendung in einer geschlossenen Reitbahn nicht an der Bande durchgeführt werden.

Zur Vorhandwendung gibt der Reiter folgende Hilfen: Zum Stellen gibt er eine leichte einseitig belastende Gewichtshilfe, nimmt den etwas verkürzten neuen inneren Zügel leicht an und verhindert mit dem verwahrenden tief geführten äußeren Zügel eine zu starke Abstellung im Hals. Mit dem etwas zurückgelegten inneren Schenkel treibt er das Pferd im Rhythmus des Bewegungsablaufes Schritt für Schritt vorwärts-seitwärts herum und verhindert mit dem verwahrenden äußeren Schenkel, der ebenfalls etwas zurückgelegt ist, ein zu starkes Seitwärtstreten des äußeren Hinterfußes bzw. ein Herumeilen der Hinterhand. Während der ganzen Wendung muss der Reiter mit seinen Gewichtshilfen und beiden Schenkeln das Pferd gut vor sich behalten; nur so kann er sicherstellen, dass das Pferd am Zügel bleibt und sich nicht heraushebt. **Dass, entgegen einer weit verbreiteten Meinung, eine auch nur geringe Rückwärtstendenz während der Vorhandwendung mit Sicherheit der größere Fehler ist, ergibt sich aus verschiedenen Gründen:** Durch die gesamte Reitlehre zieht sich gleichsam wie ein roter Faden die Forderung, dass der Reiter stets sein Pferd vor sich haben muss; dies gilt selbstverständlich auch für diese Übung. Gerade auch für weniger routinierte Reiter ist diese Vorstellung wichtig, weil sie sehr häufig dazu neigen, vor jeder anstehenden Lektion vornüberzusitzen und vor allem Anlehnungsproblemen mit rückwärts wirkenden Zügelhilfen zu begegnen.

Bei Pferden, die regelmäßig mit dem inneren Hinterbein nur beistellen, anstatt vorwärts-seitwärts überzutreten, empfiehlt es sich sogar, mit

5. Schenkelweichen

einer leichten Vorwärts-Seitwärts-Tendenz, ähnlich wie beim Schenkelweichen zu reiten und dadurch das Übertreten bzw. Kreuzen der Hinterbeine zu fördern und zu erleichtern. Um den Lerneffekt für den Reiter noch zu erhöhen, sollte die Vorhandwendung an immer wieder wechselnder Stelle geritten werden. Wird sie zu oft auf dem zweiten Hufschlag geritten, so warten viele Pferde gar nicht mehr auf die Hilfen des Reiters, sondern vollführen die Wendung von alleine. Viel besser funktioniert das auf oder quer zur Mittellinie; das Pferd wartet dann wieder besser auf die Hilfen des Reiters. Der Ausbilder kann den Lerneffekt dadurch noch erhöhen, dass er dem Reiter mit der Stimme jeweils dann ein Zeichen gibt, wenn der innere Schenkel seitwärts treiben muss, also das innere Hinterbein abfußen und seitwärts treten soll. **Insgesamt kommt es weniger darauf an, dass das Pferd möglichst schnell wendet, sondern vielmehr darauf, dass es deutlich erkennbar zwar den Hilfen des Reiters folgt, aber wirklich auch auf diese wartet.** Deshalb ist es auch völlig in Ordnung, wenn die Übung in Abschnitten durchgeführt wird, also nach jedem zweiten Schritt eventuell ein kurzer Moment des Haltens eingelegt wird.

Da das gerittene Pferd dem Gewicht des Reiters folgen, also versuchen soll, sich stets wieder ins Gleichgewicht mit dem Reiter zu begeben, darf bei der einseitig belastenden Gewichtshilfe tatsächlich nur der Druck auf dem inneren Gesäßknochen etwas erhöht werden. Dies geschieht alleine schon dadurch, dass der äußere verwahrende Schenkel aus der Hüfte heraus etwas zurückgelegt und dabei möglichst lang gemacht wird. Auf keinen Fall sollte er sich mit seinem Oberkörper und Rumpf auch nur geringfügig nach dieser Seite herüberbeugen.

Auch wenn die Vorhandwendung für die weitere Ausbildung eines Dressurpferdes keine direkte Rolle spielt, sollte doch jedes Pferd, welches gut an den Hilfen steht, jederzeit in der Lage sein, diese Übung richtig auszuführen.

➜ Hilfengebung; Losgelassenheit

5. Schenkelweichen

Die Übung Schenkelweichen mit ihren verschiedenen Möglichkeiten wird von Ausbildern sehr unterschiedlich beurteilt. Wann und wie es sinnvoll eingesetzt werden kann und worauf es dabei ankommt, soll im Folgenden erklärt werden.

Schenkelweichen wird zu den lösenden Lektionen gezählt. Dabei soll das Pferd mit den seitwärtstreibenden Hilfen vertraut und insgesamt durchlässiger gemacht werden. **Für den lernenden Reiter ist es eine ausgezeichnete Übung, um sich in der Abstimmung der Hilfen zu verbessern,** weil es im Schritt durchgeführt werden kann, sich also um einen langsamen Bewegungsablauf handelt. So kann er erleben, dass ein Pferd, welches zunächst zögert, der seitwärtstreibenden Hilfe zu folgen, diese sofort leichter annimmt, wenn er sie zeitlich besser abstimmt. Häufig kann er dann sogar mit einer feiner gegebenen seitwärtstreibenden Schenkelhilfe, also mit weniger Kraft, einen besseren Erfolg erzielen.

Beim Schenkelweichen bewegt sich das Pferd mit leichter Stellung, aber ohne Rippenbiegung vorwärts-seitwärts auf zwei Hufschlägen. Dabei treten die inneren Füße gleichmäßig vor und über die äußeren. Der Viertakt des Schritts muss erhalten bleiben. Die Stellung erfolgt immer zur Seite des seitwärtstreibenden Schenkels, der somit zum inneren wird, auch wenn er der Bande zugewandt ist. Das Schenkelweichen wird normalerweise im Schritt und nur von fortgeschrittenen Reitern auf entsprechenden Pferden auch im Arbeitstrab geritten. Es sollte nur über kürzere Strecken erfolgen.

Folgende Hilfen sind dabei zu geben:
- Der Reiter gibt eine einseitig belastende Gewichtshilfe, die aber allein dadurch erfolgen sollte, dass der äußere verwahrende Schenkel aus der Hüfte heraus verwahrend zurückgelegt wird; der Oberkörper sollte dabei aufrecht gerade bleiben.
- Der innere Schenkel liegt etwas hinter dem

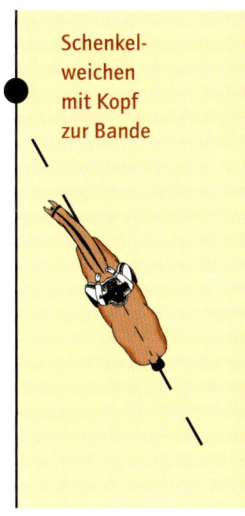

Schenkelweichen mit Kopf zur Bande

Schenkelweichen mit Kopf in die Bahn

5. ➤ Schenkelweichen

➤ Viereck verkleinern und vergrößern sollte stets in Abschnitten und zunächst getrennt voneinander geübt werden.

Gurt und treibt möglichst im Rhythmus des abfußenden Hinterbeins vorwärts-seitwärts, der äußere Schenkel liegt, wie oben schon angesprochen, verwahrend hinter dem Gurt und verhindert somit, dass das Pferd mit der Hinterhand zu weit herumtritt; gleichzeitig ist er auch für die Vorwärtsbewegung verantwortlich.

Mit dem äußeren, in verwahrender Position liegenden Schenkel kann aber nicht einem Ausweichen des Pferdes über die Schulter begegnet werden.

- Der innere Zügel wird leicht angenommen, um dem Pferd die Stellung zu geben.
- Der äußere Zügel wird so viel nachgegeben, wie es die Stellung erfordert, ohne die sichere Anlehnung zum Pferdemaul aufzugeben. Andererseits verhindert er eine zu starke Abstellung und Biegung des Halses und damit ein Ausfallen über die Schulter.

In folgenden verschiedenen Formen kann das Schenkelweichen geritten werden:

Für den lernenden Reiter ist es zunächst einfacher, dem der Bande zugewandten Schenkel weichen zu lassen („Kopf zur Bande"). Hierbei kann sich der Reiter vermehrt auf sein Vorwärts-seitwärts-Treiben konzentrieren und wird, wegen der Begrenzung durch die Bande, weniger verleitet, zu viel Zügelhilfen einzusetzen.

In dieser Form werden sicherlich auch die ersten Versuche mit dem jungen Pferd unternommen.

Dazu wird die zweite Ecke der kurzen Seite etwas abgekürzt und schräg auf die lange Seite zugeritten, um schon die gewünschte Abstellung zu haben. Ganz ähnlich funktioniert es auch sehr gut aus einer Kehrtvolte heraus. Beendet wird es, indem das Pferd umgestellt und im flachen Bogen auf den Hufschlag zurückgeführt wird.

In der weiteren Ausbildung ist es wertvoller, aber auch anspruchsvoller, das Pferd dem Schenkel weichen zu lassen, der dem Bahninneren zugewandt ist („Kopf in die Bahn"). Hierbei wird am ersten Wechselpunkt der langen Seite beginnend das Pferd mit der Vorhand ganz allmählich nach innen geführt, wobei der seitwärtstreibende Schenkel in Verbindung mit dem verwahrenden Zügel rechtzeitig dem Pferd zeigen muss, was er von ihm will, dass es entlang der Bande bleiben und nicht in die Bahn hineinwenden soll. Zum Beenden wird die Vorhand wieder zurück auf den Hufschlag geführt, ohne jedoch das Pferd dabei umzustellen.

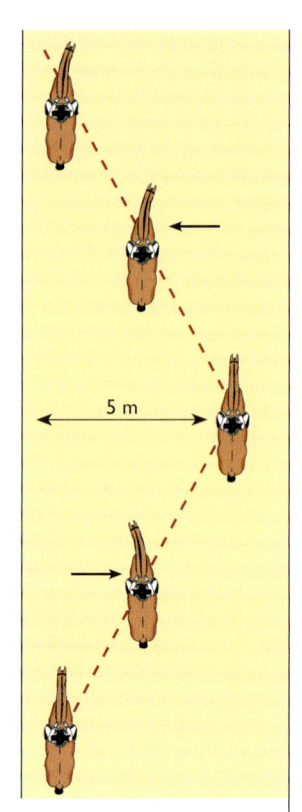

Viereck verkleinern und vergrößern entspricht Schenkelweichen entlang diagonaler Linien.

Außerdem gibt es noch „Viereck verkleinern und vergrößern", was nichts anderes ist als Schenkelweichen entlang einer diagonalen Linie. Hierbei wird das Pferd aus der Ecke heraus zu Beginn der langen Seite noch im Geradeaus umgestellt und erst dann vorwärts-seitwärts in die Bahn hineingeritten. In maximal fünf Meter Abstand vom Hufschlag wird das Pferd geradeaus gestellt und geritten, allmählich umgestellt und erst dann wieder vorwärts-seitwärts zur Bande zurückgeritten.

Viereck verkleinern und vergrößern sollte stets in Abschnitten und zunächst getrennt voneinander geübt werden. Das heißt, es sollte beim Erlernen aber auch gelegentlich beim weiteren Üben nur das Verkleinern oder das Vergrößern geritten werden. Besonders auf einem größeren Viereck oder Platz können dann im Wechsel einige Schritte vorwärts-seitwärts, einige Schritte geradeaus nur vorwärts und wieder einige Schritte vorwärts-seitwärts verlangt werden.

Das „Übertreten lassen auf der offenen Zirkelseite" ist schon eine sehr schwierige Übung und sollte nur von fortgeschritteneren Reitern durchgeführt werden. Es ist nur dann sinnvoll, wenn nach wie vor die Vorwärtsbewegung genügend erhalten bleibt und dabei sehr präzise die Zirkellinie eingehalten werden kann.

All diese Übungen sind auch nur dann wertvoll, solange die **Taktsicherheit im fleißigen Vorwärts** des Schritts gewährleistet ist. Davon muss es auch der Reiter oder Ausbilder abhängig machen, wie viel Abstellung und damit Kreuzen der Beine er verlangen darf. Wird das Schenkelweichen häufiger geübt, muss darauf geachtet werden, dass das Pferd nicht anfängt, dem Reiter zuvorzukommen und von selbst vermehrt seitwärts zu gehen bzw. seitwärts auszuweichen; es soll einerseits durchlässig den Hilfen des Reiters folgen, andererseits aber auch auf die Hilfen warten.

Nun noch zu einigen häufig vorkommenden Fehlern, die es zu vermeiden gilt:

Bei der einseitig belastenden Gewichtshilfe darf sich der Reiter auf keinen Fall mit dem Oberkörper herüberlehnen, weil dadurch besonders das gerittene Pferd irritiert würde; es hat ja schließlich gelernt, dem Gewicht des Reiters zu folgen. Das Übertreiben dieser Hilfe geschieht häufig, weil der Reiter die irrige Vorstellung hat, das Pferd so seitwärts schieben zu können. Dafür ist aber der vorwärts-seitwärts treibende Schenkel verantwortlich, der etwa eine Handbreit weiter zurückgelegt wird.

Wenn das Pferd diese Hilfe nicht genügend annimmt, hat es wenig Sinn, den Schenkel weiter umzulegen oder gar Dauerdruck zu machen, sondern die Hilfe muss einfach präziser in dem Moment impulsartig erfolgen, in dem das jeweils innere Hinterbein abfußt.

Häufig ist hierbei auch zu beobachten, dass der Reiter, ohne es zu bemerken, gleichzeitig mit dem Impuls am inneren Schenkel auch den verwahrenden äußeren Schenkel vermehrt einsetzt. Dies ist recht kontraproduktiv, weil dadurch das Pferd noch weniger weiß, dass es mit den Hinterbeinen kreuzen soll. Vielmehr ist hier wieder einmal die so genannte diagonale Hilfengebung ganz wichtig. Das heißt in dem Moment, in dem der innere Schenkel verstärkt Impuls gibt, muss der verwahrende äußere Zügel dafür sorgen, dass es nicht über die Schulter ausweicht.

Wenn das Pferd immer wieder versucht, durch Eiligwerden und Ausweichen über die Schulter, sich dem Übertreten zu entziehen, hat es sich sehr gut bewährt, einfach einmal halten, und zwar in der Position und mit der Abstellung, in der das Pferd sich gerade befindet. Dadurch lernt das Pferd, wieder besser auf die Hilfen des Reiters zu warten.

Wenn das Pferd beim Drängen über die äußere Schulter sich im Hals zu viel abstellt, muss der Reiter mit der äußeren verwahrenden Hand den Zügel eher etwas tiefer führen und durch deutliches Annehmen und Nachgeben das Pferd daran hindern, sich darauf zu stützen. Leider drücken in solchen Fällen viele Reiter mit der äußeren Hand über den Widerrist, wodurch das Pferd in der Vorwärtsbewegung gehindert und geradezu gezwungen wird, sich zu verwerfen.

Beim Begrenzen der äußeren Schulter kann durchaus eine an dieser Schulter angelegte Gerte hilfreich sein. Auf keinen Fall darf der äußere Schenkel stärker verwahrend auf die Hinterhand einwirken; er kann aber eventuell in vortreibender Position dicht am Gurt helfen, das Drängeln über die äußere Schulter zu verhindern.

Wenn es zu Beginn des Viereckverkleinerns schwer fällt, die Hinterhand genügend mitzu-

Schenkelweichen mit Kopf zur Bande: Anfangs empfiehlt es sich, mit einer etwas geringeren Abstellung wie hier zufrieden zu sein.

Das Pferd zeigt korrektes Viereck verkleinern mit richtiger Stellung. Der Reiter wirkt in diesem Moment etwas weit hinten mit dem rechten Schenkel ein.

6. ➤ Rückwärts... mit Geduld

nehmen, muss der Reiter sich etwas mehr Zeit nehmen, er sollte, am besten auf dem 2. Hufschlag, erst im Geradeaus das Pferd umstellen und dann versuchen, sofort das zum Hufschlag parallele Pferd vorwärts-seitwärts in die Bahn zu reiten.

Beim Vergrößern neigen viele Pferde dazu, die letzten Meter zum Hufschlag zurückzueilen und dabei über die Schulter auszufallen. Um dies zu verhindern, am besten dem vorzubeugen, sollte immer wieder einmal das Vergrößern durch vermehrtes Vorwärtstreiben und durch deutlicheren Einsatz der verwahrenden Hilfen auf der Hälfte abgebrochen und geradeaus zur kurzen Seite geritten werden.

Besonders bei Pferden, die sehr empfänglich sind für seitwärtstreibende Hilfen, also diesen besonders leicht folgen, muss verhindert werden, dass aus dem Schenkelweichen ein Ausweichen wird. Zur Kontrolle empfiehlt es sich, Schlangenlinien entlang der langen Seite oder auch durch die Bahn zu reiten und dabei zu überprüfen, ob das Pferd gut eingespurt bleibt oder anfängt, mit der Hinterhand auszuweichen.

Insgesamt muss der Reiter das Pferd, wie bei allen Übungen, gut an den treibenden Hilfen behalten, was nur mit einem aufrechten Sitz gut gelingen kann. Nur im willigen, fleißigen Vorwärts kann Schenkelweichen wertvoll sein. Deshalb ist im Zweifelsfall eine etwas geringere Abstellung wertvoller als eine zu starke. Im Übrigen ist der Grad der Abstellung davon abhängig, wie gut es dem Pferd möglich ist, mit den Beinen vorwärts-seitwärts zu kreuzen. Sehr schmal gebauten Pferden fällt dies in der Regel von Natur aus etwas schwerer. Im Zweifelsfall erkennt man an dem beginnenden Verlust von Takt und Fluss, wenn die Abstellung überzogen wurde.

Selbstverständlich können all diese Übungen von fortgeschrittenen Reitern auf entsprechenden Pferden auch im Trabe geritten werden.

Das Pferd ist hier zu stark im Hals abgestellt und weicht über die Schulter aus. Der Reiter knickt in der linken inneren Hüfte ein und wirkt fehlerhaft mit dem linken inneren Zügel ein.

Beim Spielen kann manchmal sogar auf der Weide ein Ansatz von Rückwärtstreten beobachtet werden.

Wertvoller wäre dann aber mit echten Seitengängen zu beginnen, wie Schultervor, Reiten in Stellung und Schulterherein.

➔ Reiten von Wendungen

6. Rückwärts.... mit Geduld

Mit der Übung Rückwärtsrichten lässt sich sehr gut die Durchlässigkeit des Pferdes fördern und überprüfen. In der weiteren Ausbildung kann damit auch seine Versammlung verbessert werden. Gelegentlich wird es auch als Gehorsamsübung abgefragt.

Das Pferd soll sich dabei auf gerader Linie in klarer diagonaler Fußfolge bewegen, deutlich abfußen und in sicherer Anlehnung mit einer dem jeweiligen Ausbildungsstand angemessenen Haltung bleiben. (Wegen der diagonalen Fußfolge, bei der wie im Trab das jeweils diagonale Beinpaar gleichzeitig auf- und abfußt, spricht man auch beim Rückwärtsrichten von Tritten und nicht von Schritten.)

Auf Turnieren wird bis einschließlich der Klasse L das Rückwärtsrichten um eine Pferdelänge (drei bis vier Tritte), ab Klasse M wird es um eine festgelegte Zahl von Tritten verlangt. Ab Klasse S kann es auch im Rahmen der Schaukel gefordert werden.

Rückwärts zu treten ist für ein Pferd durchaus nicht, wie von manchen Leuten behauptet, eine völlig unnatürliche Bewegung:

Man kann es durchaus schon auf der Weide beobachten, wenn z.B. zwei Junghengste miteinander spielen, versuchen, sich in die Vorderbeine zu kneifen und dabei rückwärts ausweichen.

Es sollte mit jedem Reitpferd möglichst frühzeitig geübt werden. Man kann das junge Pferd im Stall, spätestens aber beim Anlongieren ganz spielerisch an der Hand ein paar Tritte rückwärts treten lassen. Besonders unter dem Reiter wird dem jungen Pferd das Rückwärtsrichten dann umso leichter fallen, je besser es losgelassen über den Rücken geht und zunächst auch etwas mehr vorwärts-abwärts eingestellt wird. Wenn das Pferd sich unter dem Sattel gut loslässt, in der Bewegung und auch im Halten vertrauensvoll und gelassen die Anlehnung sucht bzw. annimmt, kann das Rückwärtsrichten auch unter dem Reiter geritten werden. Hat das Pferd schon an der Hand und beim Longieren gelernt, sich vom Ausbilder zwanglos rückwärts richten zu lassen, so kann dieser in gleicher Form auch dem Reiter bei den ersten Versuchen helfen. Er kann diese Übung mit ruhiger Stimme begleiten und dabei wiederholt „zurück, zurück" sagen, er kann von unten am Bug oder an den Vorderbeinen durch leichtes Touchieren mit der Gerte etwas nachhelfen, muss aber jeden Zwang vermeiden, damit beim Pferd nicht Spannungen oder gar Ängste aufkommen. Bei manchen Pferden reicht es aus, ist vielleicht sogar besser, statt mit einer Gerte nur mit der Hand zu helfen. Dazu legt man, z.B. beim Üben auf der linken Hand, die linke Hand auf das Buggelenk und übt mit den Fingerspitzen zwischen Buggelenk und Brustbein leichten Druck aus. (siehe Abb. nächste Seite)

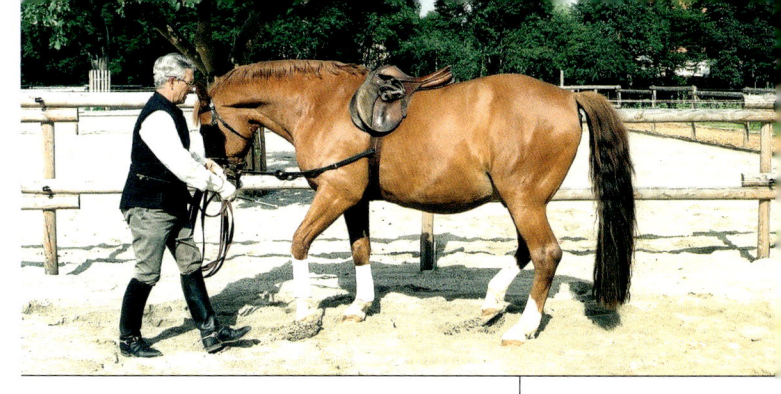

Der Reiter sollte sich zunächst aus der Hüfte heraus etwas entlastend vornüber beugen, um den Rücken frei zu geben; er sollte aber dabei mit dem Gesäß am Sattel bleiben, damit er das Pferd vor sich behält. Die Schenkel werden leicht verwahrend zurückgenommen, ohne aber mit diesen verstärkten Druck auszuüben.

Gerade wenn das Pferd zögert zurückzutreten, wäre ein verstärktes Treiben mit den Schenkeln völlig falsch, weil sich das Pferd sonst noch weniger traut mit den Hinterbeinen rückwärts zu treten.

Den meisten Pferden fallen solche Übungen entlang der Bande am leichtesten; ein gut geebneter Hufschlag erleichtert die Arbeit.

Wenn ein Pferd dazu neigt, seitwärts auszuweichen, sollten die Versuche an der Bande zunächst auf der Hand vorgenommen werden, auf der das Pferd eher etwas fester ist, also stärker an die Hand herantritt. Zusätzlich muss beim Halten schon darauf geachtet werden, dass das Pferd mit der Schulter eher etwas von der Bande absteht, auf keinen Fall aber schon mit der Schulter zur Bande drängt und somit schon eine schiefe Ausgangsposition hat. Der Ausbilder oder Helfer kann dann mit der einen Hand am Trensenring bzw. Zügel und mit der anderen Hand mit einer Gerte das Geradehalten unterstützen. Bei manchen Pferden hilft es auch, gewissermaßen wie beim Abteilungsreiten hinter einem anderen, natürlich sehr braven Pferd, welches gehorsam rückwärtsrichtet, zu halten, sodass das lernende Pferd von dem anderen gewissermaßen sich rückwärts schieben lässt.

Wenn keine körperlichen Probleme vorliegen, sollte es mit etwas Geduld, Einfühlungsvermögen, viel Lob und gelegentlich einem Leckerli zur rechten Zeit bald möglich sein, mit jedem Pferd zwanglos rückwärts zu richten. Anderseits soll-

> Rückwärtsrichten kann sehr gut auch an der Hand geübt werden; so sollte frühest möglich schon das junge Pferd damit vertraut gemacht werden.

> Rückwärts zu treten ist für ein Pferd durchaus nicht, wie von manchen Leuten behauptet, eine völlig unnatürliche Bewegung.

6. ➢ Rückwärts... mit Geduld

So kann man sehr gut beim Rückwärtsrichten helfen.

te beim Ausprobieren eines Pferdes, welches man eventuell zu kaufen gedenkt, auch das Rückwärtsrichten getestet werden. Wenn es selbst mit Hilfe und noch nicht einmal an der Hand möglich ist, das Pferd zwei bis drei Tritte rückwärts treten zu lassen, muss überprüft werden, ob gesundheitliche Mängel, z.B. im Rücken dafür verantwortlich zu machen sind.

Gelegentlich hört man die Empfehlung, bei Pferden, die beim Rückwärtsrichten Schwierigkeiten machen, als Einleitung die Hinterhand wie bei einer Vorhandwendung seitwärts treten zu lassen. Aus lernpsychologischen Gründen ist dies abzulehnen; es ist was die Motorik anbelangt, unsinnig, wenn nicht unmöglich, einen Bewegungsablauf auf dem Umweg über ein falsches Bewegungsmuster zu erlernen.

In der weiteren Ausbildung, etwa ab Klasse L aufwärts, sollte dem Pferd das Rückwärtsrichten so selbstverständlich und geläufig sein, dass es in der der jeweiligen Klasse angemessenen Aufrichtung und Beizäumung diese Lektion absolvieren kann.

6.1 Rückwärtsrichten mit dem fortgeschrittenen Pferd

Das Rückwärtsrichten muss immer aus dem sicheren, geschlossenen Halten begonnen werden, es endet je nach Aufgabenstellung wiederum im Halten oder es erfolgt ein unmittelbares Anreiten im Schritt, Trab oder Galopp.

Bei der Schaukel, in Dressurprüfungen ab der Klasse S, folgt auf eine bestimmte Anzahl von Tritten rückwärts, eine bestimmte Zahl von Schritten vorwärts, wiederum eine festgelegte Zahl von Tritten rückwärts das unmittelbare Anreiten im Schritt, Trab oder Galopp; das Pferd soll während der Schaukel nicht zum Halten kommen und sich geschmeidig, ohne jegliches Stocken auf gerader Linie bewegen, die gesamte

Rückwärtsrichten gegen die Hand

Übung soll mit guter Hankenbeugung und Versammlung vonstatten gehen.

Bei einem ausgebildeten Pferd, dem diese Übung geläufig ist, gibt der Reiter eine Hilfe wie zum Anreiten, also leicht vortreibend mit Gewicht und Schenkel und fängt die Vorwärtsbewegung im Ansatz mit einer durchhaltenden oder annehmenden und nachgebenden Zügelhilfe ab und lenkt sie um ins Rückwärts. Sowie das Pferd bei nachgiebigem Genick zum ersten Tritt rückwärts ansetzt, wird der Reiter mit der Hand etwas leicht, ohne die Anlehnung aufzugeben. Jeder weitere Tritt rückwärts wird von der gleichen Hilfengebung begleitet; beide Schenkel liegen dabei verwahrend etwas weiter zurück, um einem Schiefwerden des Pferdes vorzubeugen.

Ob die Zügel durchhaltend oder annehmend und nachgebend eingesetzt werden müssen, hängt vom Ausbildungstand des Pferdes ab. Wenn es gut durchlässig ist, reicht eine ganz feine durchhaltende Hilfe, an die herangetrieben wird und von der sich das Pferd gewissermaßen abstößt. Muss noch mit Annehmen und Nachgeben gearbeitet werden, besteht sehr leicht die Gefahr, dass das Pferd von Tritt zu Tritt im Hals enger wird, bis es sich im Rücken fest macht und stockt.

Je durchlässiger die ganze Parade gelang, desto williger und losgelassener wird auch das Rückwärtsrichten gelingen. Auf jeden Fall sollte erst dann der erste Tritt rückwärts abgefragt bzw.

zugelassen werden, wenn das Pferd im Genick nachgibt und konzentriert bei der Sache ist.

Es mag zwar paradox klingen, aber auch beim Rückwärtsrichten muss der Reiter das Pferd an den treibenden Hilfen und gut vor sich haben; andernfalls ist es kaum möglich, jeden Tritt zu kontrollieren und später auch eine genau festgelegte Trittzahl zu reiten.

6.2 Fehlerhaftes Rückwärtsrichten

Rückwärtsrichten mit Widerstand gegen die Hand

Wurde dem Pferd das Rückwärtsrichten sachgemäß und ohne Zwang beigebracht, sodass es diese Übung vom Grundsatz her beherrscht, kommt Widerstand eigentlich nur dann auf, wenn der Reiter sich zu Beginn nicht genügend Zeit lässt, nicht wartet, bis das Pferd im Genick nachgibt und anfängt mit den Zügeln rückwärts zu ziehen.

Wenn dieser Fehler bei jedem Versuch rückwärtszurichten vorkommt, muss die ganze Übung neu aufgebaut werden, wie bei einem jungen Pferd.

Eilen beim Rückwärtsrichten

Dieser Fehler wird meistens dadurch verursacht, dass das Pferd nicht genügend an den treibenden Hilfen, nicht genügend vor dem Reiter ist. Deshalb gilt es, schon beim Halten diesem Fehler vorzubeugen und gegebenenfalls das Rückwärtsrichten in diesem Moment gar nicht zu beginnen. Überhaupt sollte darauf geachtet werden, dass das Pferd keinesfalls antizipiert, also von sich aus das Rückwärtsrichten beginnt.

Wenn der Reiter während des Rückwärtsrichtens merkt, dass das Pferd eilig wird, muss er seine leicht zurückliegenden Schenkel etwas stärker einsetzen und vermehrt an Vorwärtstreiben denken. Er darf sich nicht verleiten lassen, sofort wenn das Pferd anfängt rückwärts zu eilen, übertrieben nachzugeben oder gar die Anlehnung aufzugeben. Das Pferd lernt sonst sehr schnell, dass es durch das Ansetzen zum Eilen erreichen kann, dass der Reiter die Anlehnung aufgibt, es lernt, sich den Hilfen zu entziehen.

Fehler in der Fußfolge

Zu Problemen bezüglich der diagonalen Fußfolge kommt es in der Regel dann, wenn das Pferd mangels Durchlässigkeit entweder eilig oder mit Widerstand, schleppend rückwärts tritt. Gelegentlich ist es auch dadurch verursacht, dass es beim ersten Tritt nur mit dem Vorderbein beginnt und das diagonale Hinterbein noch nicht mitnimmt.

Dazu kommt es vor allem dann, wenn Pferde schon beim Halten mit den Hinterbeinen übertrieben herangeschlossen haben und der Reiter nicht erlaubt hat, dass es sich mit seinen Vorderbeinen mit einem halben Schritt vorwärts auskorrigiert.

Ein weiterer Grund dafür kann sein, dass der Reiter mit seinen verwahrend zurückliegenden Schenkeln zu viel Druck macht, häufig gerade auch deshalb, weil das Pferd etwas zögert, zurückzutreten, und es sich deshalb nicht traut, mit seinen Hinterbeinen sofort zurückzutreten.

Schiefes Rückwärtsrichten

Wenn ein Pferd dazu neigt, schief zu werden, kann eine wertvolle Korrektur meist nur durch Verbesserung des Geradegerichtetseins erreicht werden.

Beim Üben auf dem ersten Hufschlag, also an der Bande oder an der Vierecksbegrenzung, kann es auf beiden Händen vorkommen, wenn das Pferd mangels Balance und Versammlung dabei noch hinten breit wird.

Probleme beim Rückwärtsrichten mit unmittelbar folgendem Anreiten

Wird in der Aufgabe verlangt „Rückwärtsrichten, daraus im Schritt, Trab oder Galopp anreiten", so soll der erste Schritt, Tritt oder Sprung taktmäßig und spannungsfrei erfolgen. Der Reiter muss einerseits die Vorwärtsbewegung gut zulassen, also mit der Hand leicht werden, andererseits darf er aber dabei die Anlehnung nicht aufgeben und muss das Pferd geschlossen halten; gerade beim Angaloppieren muss die notwendige positive Körperspannung erhalten bleiben.

Die vortreibenden Hilfen sollten bestimmt erfolgen, ohne das Pferd zu überfallen oder gar hektisch zu machen. Mit einem Pferd, welches

7. ➤ Hinterhandwendung, Kurzkehrtwendung, Schrittpirouette

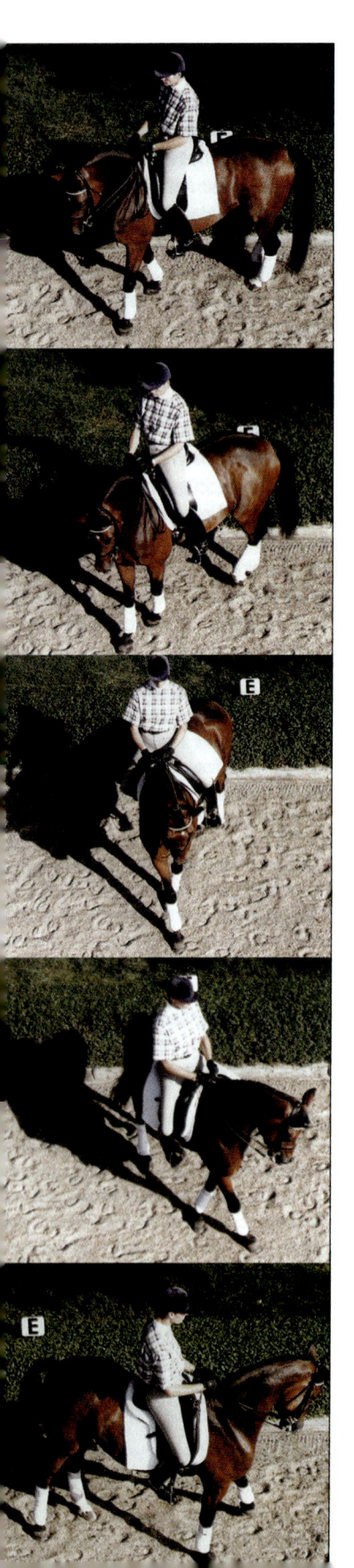

gehfreudig und sensibel am Schenkel ist, bereitet diese Übung keine größeren Schwierigkeiten.

Bei allen Problemen, die in Zusammenhang mit dem Rückwärtsrichten auftreten und in mehr oder weniger gleicher Form häufiger vorkommen, muss von den Anforderungen her wieder einen Schritt zurückgegangen werden, das Pferd zunächst wieder besser über den Rücken vorwärts-abwärts eingestellt werden, insgesamt der Losgelassenheit mehr Aufmerksamkeit geschenkt werden, um eine wirkungsvolle Korrektur zu erreichen.

➔ Grundgangarten; Losgelassenheit; Geraderichten; Schiefe; Versammlung

7. Hinterhandwendung, Kurzkehrtwendung, Schrittpirouette

Die Hinterhand- und Kurzkehrtwendungen sind versammelnde Übungen, die an Pferd und Reiter schon erhöhte Anforderungen stellen, Schrittpirouetten setzen schon einen erhöhten Versammlungsgrad voraus und werden erst ab Klasse M verlangt.

Der Bewegungsablauf ist bei diesen drei Lektionen vom Grundsatz her identisch: Das Pferd ist bei sicherer Anlehnung gleichmäßig um den inneren Schenkel gebogen, es wendet mit der Vorhand um 180° um die Hinterhand, der Wendepunkt sollte so dicht wie möglich beim inneren Hinterfuß liegen, der nahezu auf der Stelle auf- und abfußt, die Vorderbeine treten vorwärts-seitwärts und kreuzen, die ganze Wendung soll im Viertakt des Schrittes vonstatten gehen und von einer leichten Vorwärtstendenz geprägt sein.

Da das Pferd aufgrund des Bewegungsablaufes um den inneren Hinterfuß den ursprünglichen Hufschlag um eine Körperbreite verlässt, muss es zuletzt mit einem traversartigen Schritt vorwärts-seitwärts auf den Hufschlag zurückgeführt werden. Nur bei diesem letzten Schritt darf der äußere Hinterfuß vorwärts-seitwärts übertreten. Ein Kreuzen der Hinterbeine wäre ansonsten fehlerhaft, weil das Pferd damit der Lastaufnahme mit dem inneren Hinterbein ausweicht.

Die Hinterhandwendung wird aus dem Halten, die Kurzkehrtwendung aus dem Schritt oder Trab geritten; wenn sie aus dem Trab geritten wird, muss ein bis zwei Schritte vorher zum Schritt durchpariert werden. Die Schrittpirouette wird aus dem versammelten Schritt geritten und unterscheidet sich von den anderen beiden Übungen nur durch den höheren Versammlungsgrad.

Hinterhandwendung: Das Pferd bewegt sich im Bewegungsablauf des Schritts um einen Wendepunkt, der dicht beim inneren Hinterfuß liegt.

Folgende Hilfen werden gegeben:
- Die einseitig belastende Gewichtshilfe (ohne seitliches Herüberbeugen oder gar Einknicken in der Hüfte) ergibt sich aus dem Umlegen der Beine für die Schenkelhilfen.
- Der innere Schenkel liegt vortreibend am Gurt.
- Der äußere Schenkel wird aus der Hüfte heraus verwahrend etwas zurückgenommen, er verhindert ein Ausfallen der Hinterhand, darf aber nicht seitwärts treiben.
- Der innere Zügel weist seitwärts, trägt dadurch zur Stellung bei und weist dem Pferd die Richtung der Wendung.
- Der äußere Zügel lässt die Stellung zu, begrenzt sie und die Biegung des Halses und verhindert ein Ausfallen der Schulter.
- Alle Hilfen zusammen sorgen für die notwendige Längsbiegung, wobei dem

- inneren Schenkel vorrangige Bedeutung zukommt.
- Beide Schenkel sind für die leichte Vorwärtstendenz und das taktmäßige Auf- und Abfußen verantwortlich.

Um mit allen Hilfen richtig einzuwirken, sollte der Reiter folgende Vorstellung haben:

Er hat das Pferd, welches vertrauensvoll an die Hand herantritt, sicher an den treibenden Hilfen und vor sich, er sitzt etwas in die Richtung, wohin er wenden möchte und nimmt das leicht vorwärts strebende Pferd mit seinen Gewichts- und Schenkelhilfen mit sich mit. Um zu vermeiden, in der inneren Hüfte einzuknicken und dadurch zur falschen Seite zu sitzen, kann er versuchen, mit dem äußeren Gesäßknochen geringfügig zur Sattelmitte zu rutschen.

Voraussetzung für die Hinterhand- und Kurzkehrtwendung ist, dass das Pferd sich schon einigermaßen sicher geraderichten und in gewissem Maße versammeln lässt. Da die Kurzkehrtwendung schon aus dem Schritt begonnen wird, sollte sie zuerst geübt werden, allerdings zunächst in kleinen Etappen, also mit einer Wendung um 60° oder höchstens 90°.

Als Vorübung dient jede korrekt gerittene Wendung, bei der das Pferd entsprechend gebogen und sich gut eingespurt sicher auf einem Hufschlag bewegt, also weder mit der Vor- noch mit der Hinterhand nach innen oder außen ausweicht bzw. ausfällt. Es muss dabei sicher am äußeren Zügel stehen und insgesamt gut und vertrauensvoll an die Hand des Reiters herantreten. Dieses fällt in den meisten Fällen besonders im Schritt schwer. Es ist also wichtig, im Training präzise Wendungen im Schritt zu reiten, bei denen das Pferd lernt, jeweils beim Aufnehmen (halbe Parade) vor der Wendung sich nicht zu verhalten, sondern vertrauensvoll weiter zu schreiten (siehe hierzu Teil 3, Kapitel 2. „Schrittreiten"). Um in der Wendung, wie oben gefordert, gut vom inneren Zügel loszukommen, ist es von Vorteil, schon einige Schritte vorher das Pferd entsprechend zu stellen, eventuell auch schon etwas zu biegen. Dieses im Geradeaus mit leichter Stellung und Biegung zu reiten entspricht den bekannten Vorübungen für die Seitengänge, nämlich Schultervor und Reiten in Stellung (siehe Teil 4, Kapitel 10.2 und 10.3).

Da ja alle Pferde auf Grund ihrer natürlichen Schiefe auf der einen Seite sich eher etwas fest und auf der anderen Seite sich eher etwas hohl machen, ist es von Vorteil, schon vor der Wendung entsprechend zu reiten. Dazu denke man auf der eher etwas hohlen Seite an Schultervor, nötigenfalls sogar etwas an „Kruppeheraus", um zu vermeiden, dass das Pferd entweder über die Schulter ausweicht oder mit der Hinterhand in die Wendung hineindrängt.

Auf der anderen Seite denke man mehr an Reiten in Stellung, vielleicht sogar etwas an Travers oder „Schulterheraus". Dadurch wird verhindert, dass das Pferd entweder mit der Hinterhand ausfällt oder aber mit der Schulter in die Wendung hineindrängt und sich so der geforderten Längsbiegung entzieht.

Eine gute vorbereitende Übung ist eine große Volte (ca. 10 m) im Schritt, die am besten um den Ausbilder, ersatzweise um einen Kegel oder um einen gedachten Fixpunkt herum geritten wird. Hierbei wird auf der hohlen Seite wieder (siehe oben) an Schultervor gedacht, d.h. die Hinterhand bewegt sich genau auf der Kreislinie, die Schulter ca. zwei Handbreit innerhalb dieser. Wenn das Pferd dabei gleichmäßig im Vorwärts, leicht „auf Zug", vertrauensvoll an die Hand herantritt, kann es der Reiter ein, zwei Schritte mit der Vorhand in die Volte hineinführen, danach unter Beibehaltung der Längsbiegung wieder auf einem Hufschlag weiterreiten und auf den Kreisbogen zurückkehren.

Auf der festeren, der so genannten Zwangsseite muss der Reiter etwas traversartig reiten,

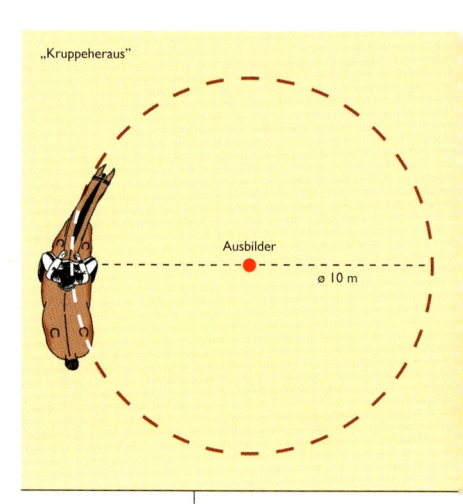

„Kruppeheraus": Die gedachte Hufschlaglinie liegt genau zwischen den Vorderhufen, der innere Hinterhuf spurt etwa auf dieser Linie.

7. ➤ Hinterhandwendung, Kurzkehrtwendung, Schrittpirouette

Die Quadratvolte: An den Seiten jeweils mit Stellung und leichter Biegung reiten, an den Ecken dann eine Kurzkehrtwendung um 90°. Wird auf der schwierigen (hohlen) Seite des Pferdes geritten, empfiehlt sich Schultervor, auf der festen, der Zwangsseite, Reiten in Stellung.

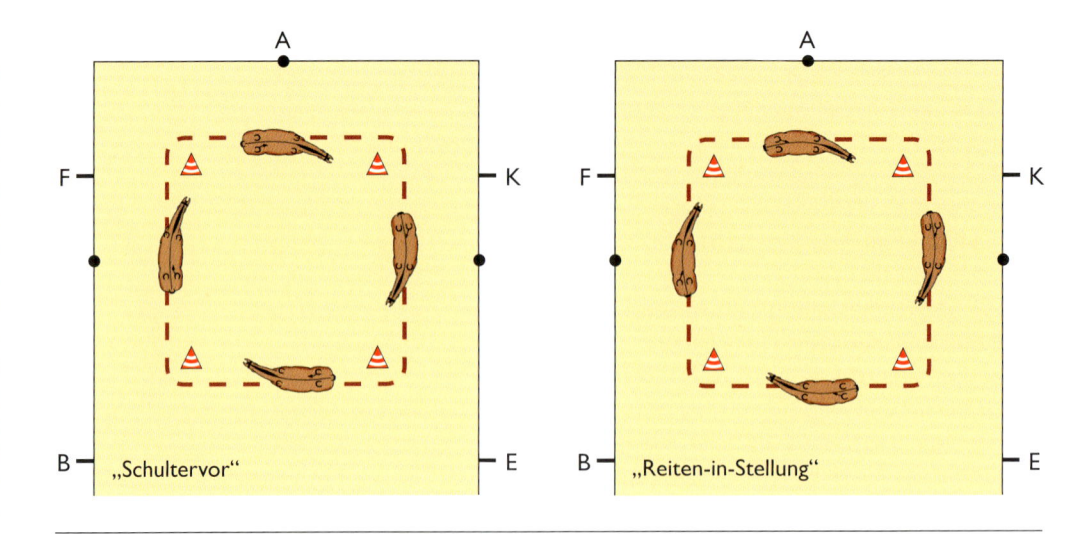

„Schultervor"

„Reiten-in-Stellung"

Kegel helfen dem Reiter, die Wendung genau einzuteilen.

sodass die Vorhand sich genau auf der Kreislinie, die Hinterhand sich ein, zwei Handbreit innerhalb dieser bewegt. Wenn dies sicher gelingt, wird genau wie auf der anderen Hand ansatzweise die Wendung versucht.

Auf der hohlen Seite muss einem eventuellen Hereindrängen mit der Hinterhand durch leichtes „Kruppeheraus", auf der festeren Seite einem Hereindrängen mit der Vorhand durch „Schulterheraus" (eventuell Gerte an die innere Schulter!) vorgebeugt werden.

Leider werden diese Wendungen häufig mit der falschen Vorstellung geritten, das Pferd mit der Gewichts- und Schenkelhilfe herumschieben zu wollen. Natürlich muss das Pferd für beide Schenkel sensibel sein, es muss nicht nur den vortreibenden annehmen, sondern auch den verwahrenden Schenkel, der auch immer eine vortreibende Wirkung hat, gut respektieren.

Nur wenn das Pferd gegen den verwahrenden Schenkel angeht und mit der Hinterhand auszuweichen versucht, sollte der äußere Schenkel aktiv, impulsartig sich wieder Respekt verschaffen. Ein ständig zu aktiver äußerer Schenkel führt zu einem Seitwärtstreten, manchmal sogar Kreuzen der Hinterbeine. Zum einen wird dadurch die Wendung zu groß, zum anderen aber geht der versammelnde Sinn dieser Übung verloren, weil das Pferd mit dem inneren Hinterbein der Lastaufnahme ausweicht.

Erste Übungen sollten immer aus dem Schritt, am besten weg vom Hufschlag, vorgenommen werden, weil dann das Pferd sich am besten auf die Hilfen des Reiters konzentriert. Es empfiehlt sich, wie oben schon angesprochen, zunächst mit ein, zwei Schritten, in denen das Pferd die Wendung annimmt, zufrieden zu sein. Man kann dies dann weiter fortführen, z. B. in Form einer so genannten Quadratvolte (siehe Graphik), bei der im Inneren der Bahn jeweils an der Ecke in Form einer halben Kurzkehrtwendung um 90° gewendet wird. An den jeweiligen Seiten des Quadrates wird das Pferd mit Stellung und leichter Biegung geradeaus geritten.

Die ersten ganzen Kurzkehrtwendungen um 180° lassen sich besonders gut auf einer Linie quer zum Viereck reiten, wobei dann jeweils kurz vor Erreichen der langen Seite gewendet wird. Die Bande oder Viereckbegrenzung hilft dem Reiter dann, das Pferd aufzunehmen, ohne zu sehr mit den Zügeln einwirken zu müssen.

Erst wenn diese Übungen gelingen, ist es sinnvoll, eine Hinterhandwendung zu reiten. Auch aus dem Halten sollte dann mit einem Vorwärtsschritt begonnen werden. Im weiteren Verlauf besteht kein Unterschied zu einer Kurzkehrtwendung, nur dass im Anschluss daran wieder zum Halten durchpariert wird.

Wird die Hinterhandwendung auf dem Hufschlag an der Bande geritten, so sollte der Reiter im mittleren Teil der Wendung die Vorstellung haben, einen halben Schritt nach vorne von der Bande wegreiten zu wollen, weil in diesem Abschnitt die meisten Pferde die Tendenz haben, rückwärts zu drängeln und sich an der Bande anzulehnen. Im letzten Drittel der Hinterhandwendung muss der Reiter mit richtig gerittenen halben Paraden das Pferd gut bei sich behalten, weil es in diesem Abschnitt dazu neigt, in zu starkem Vorwärts zum Hufschlag zurückzueilen.

Sobald das Pferd anfängt, nicht mehr gleichmäßig im Bewegungsablauf des Schritts auch mit den Hinterbeinen mitzufußen, muss die Wendung etwas größer, gewissermaßen in halben Schritten, nach vorn geritten werden. Ein zu aktives Einwirken mit dem äußeren Schenkel ist dabei zu vermeiden, dadurch würde wiederum das oben schon angesprochene fehlerhafte Kreuzen der Hinterbeine provoziert werden.

Manche Pferde verhalten sich, wenn sie diese Übung gut kennen und fangen an zu antizipieren, d.h. sie beginnen von sich aus zu wenden und die notwendige Vorwärtstendenz geht verloren. Dem muss sofort entgegengewirkt werden, andernfalls kommt es zu Taktfehlern bis hin zu einem passartigen Bewegungsablauf:

Die Wendung wird vermehrt im Vorwärts, z.B. in halben Schritten geritten. In der Vorbereitung, etwa zwei Pferdelängen vorher wird das Pferd etwas deutlicher aufgenommen (bei gut gleichmäßig weitertreibenden Hilfen), um in die Wendung hinein wieder mit etwas mehr Rahmen deutlicher im Vorwärts zu bleiben.

Versucht das Pferd in der Wendung herumzueilen, muss der Reiter alle Hilfen etwas bestimmter einsetzen, vor allen Dingen aber muss er mit dem inneren Schenkel in Verbindung mit dem äußeren Zügel dieses abzufangen versuchen. Dieser Fehler tritt in der Regel auf der etwas festeren Hand des Pferdes auf, weil es sich dadurch, wie oben beschrieben, der Längsbiegung zu entziehen versucht. Nimmt ein Pferd das Wenden nicht genügend an, muss die Wendung noch einmal in deutlicherem Vorwärts versucht werden, weil dann das Kreuzen mit den Vorderbeinen leichter fällt; eventuell kann ein Touchieren mit der Gerte an der äußeren Schulter hilfreich sein. Keinesfalls darf der Reiter versuchen, mit dem äußeren Zügel das Pferd herumzudrücken, weil dadurch die Vorwärtsbewegung und die Längsbiegung behindert würden. Möglicherweise kommt es auch zum Verwerfen im Genick.

Beim Beenden der Kurzkehrtwendung ist konsequent darauf zu achten, dies deutlich und rechtzeitig mit dem vortreibenden inneren Schenkel zu tun, damit sich das Pferd nicht vorzeitig umstellt und den Hilfen entzieht.

Bei der Kurzkehrt- wie bei der Hinterhandwendung kommt es, wie bei allen solchen technischen Übungen und Lektionen immer wieder darauf an, sie oft genug mit korrekter und gut überlegter Hilfengebung, am besten unter Aufsicht, zu üben. Andererseits muss gerade auch bei diesen Lektionen, wie oben schon erwähnt, darauf geachtet werden, dass das Pferd nicht antizipiert, sondern Schritt für Schritt auf die Hilfen wartet; nur so kann Fehlern in Bezug auf Takt und Längsbiegung vorgebeugt werden. Deshalb ist es wichtig, etwas Phantasie walten zu lassen

Touchieren an der äußeren Schulter kann helfen, dem Pferd die Richtung der Wendung zu zeigen.

8. ➤ Arbeit im Galopp

und die Übungen für diese Lektionen an wechselnden Stellen und im unterschiedlichen Zusammenhang während des Trainings zu reiten.

So ist es sehr empfehlenswert, gelegentlich Kurzkehrtwendungen oder in der weiter fortgeschrittenen Ausbildung Schrittpirouetten auf der Viertellinie oder am Ende einer Diagonalen zur Bande hin zu reiten.

Wenn Pferd und Reiter mit dieser Systematik Hinterhand- und Kurzkehrtwendungen erlernt haben und beherrschen, bereitet bei entsprechender Versammlungsfähigkeit und -bereitschaft im Schritt auch das Reiten einer Schrittpirouette keinerlei Schwierigkeiten.

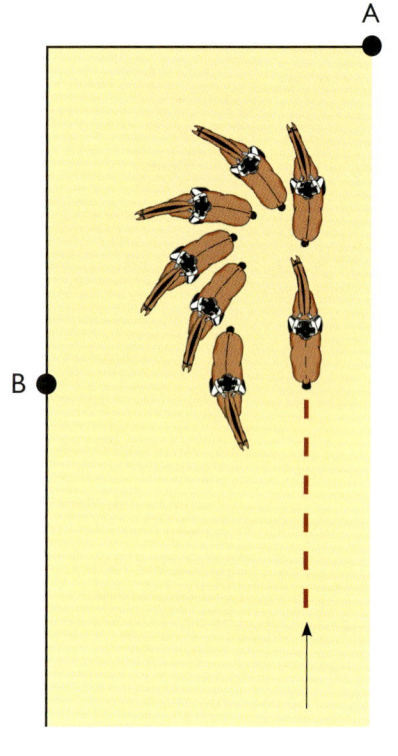

Beim Kurzkehrt zur Bande hin bzw. in die Ecke hinein wartet das Pferd wieder besser auf die Hilfen des Reiters.

➔ Schrittreiten; Reiten von Wendungen; Schultervor; Reiten in Stellung

8. Arbeit im Galopp: Versammelnde Arbeit, einfacher Galoppwechsel und Kontergalopp

Über die Gangart Galopp wurde alles Wichtige bezüglich Bewegungsablauf, Takt, Raumgriff etc. schon im Kapitel über die Grundgangarten erklärt. Im Folgenden werden noch einige spezielle Hinweise besonders im Hinblick auf versammelnde Galopparbeit gegeben.

8.1 Hilfengebung zum Angaloppieren

Die Hilfen zum Angaloppieren aus dem Schritt und aus dem Trab sind prinzipiell gleich:

Mit halben Paraden wird das Pferd vorbereitet und vermehrt geschlossen, d.h. zwischen den vortreibenden und den verhaltenden Hilfen verstärkt eingerahmt. Diesen kurzen Vorgang könnte man auch mit dem leichten Spannen einer Feder vergleichen.

Der innere Schenkel liegt am Gurt, während der äußere etwa eine Handbreit weiter nach hinten umgelegt und dabei gut lang gemacht wird.

Durch diese Lage der Schenkel, besonders durch das Umlegen und Langmachen des äußeren wird der innere Gesäßknochen etwas stärker belastet (einseitig belastende Gewichtshilfe). Ein Herüberbeugen mit dem Oberkörper ist überflüssig, es würde sogar die Balance stören.

Der innere Zügel wird etwas angenommen oder weist etwas seitwärts, um dem Pferd die notwendige Stellung zu geben.

Der äußere Zügel verwahrt, d.h. er lässt die Stellung zu, begrenzt sie aber auch.

Sobald das Pferd zum Angaloppieren ansetzt, wird der Reiter, besonders mit der inneren Hand leicht, um den Galoppsprung herauszulassen.

Leider wird jungen Reitern oft der Eindruck vermittelt, zum Angaloppieren sei es hauptsächlich oder gar nur wichtig, den äußeren Schenkel umzulegen. Dies mag zunächst auch genügen, um das „brave" ältere Pferd „in den Galopp zu bugsieren". Für die weitere, etwas gehobene Ausbildung ist diese Vorstellung aber sogar kontraproduktiv, weil dadurch meist dieser Schenkel zu weit umgelegt und zu stark eingesetzt wird.

Das Pferd wird so zum schiefen Galoppieren geradezu aufgefordert; besonders bei der Arbeit im Kontergalopp und an fliegenden Wechseln ist es wichtig, mit dem inneren Schenkel jeden Galoppsprung zu fordern.

Beim Angaloppieren aus dem Schritt ist es besonders wichtig, dass das Pferd dabei einerseits sicher über den Rücken und nachgiebig im Genick bleibt, dass der Reiter aber auch zum Leichtwerden (ohne die Anlehnung aufzugeben) am inneren Zügel kommt, um das gute Unterspringen mit dem inneren Hinterbein zuzulassen. Ist zu erwarten, dass das Pferd sich im Übergang heraushebt, darf er auf keinen Fall versuchen, es mit den Händen herunterzudrücken. Vielmehr muss er schon vorbeugend besonders die innere Hand in einer Position tragen, dass auch im Moment des Angaloppierens die gerade Linie Ellbogen-Hand-Pferdemaul gewährleistet ist.

Sehr eifrige und gehfreudige Pferde neigen dazu, sich in Erwartung des Angaloppierens zu verspannen und hektisch zu werden. Dem kann vorgebeugt werden, indem man vorher ganz bewusst den Schritt mit der treibenden Hilfe fordert, keinesfalls aber etwas zu verhindern versucht.

Da es weniger erfahrenen Reitern meist schwer fällt, die Galopphilfe exakt in der Stützphase des Schritts zu geben, aus der heraus die Fußfolge des Galopps sofort möglich ist, sollten sie diese nicht zu punktuell und aufwändig geben. Wenn sie vor dem Angaloppieren den inneren Schenkel ca. eine Handbreit zurücklegen, um ihn dann im Moment des Angaloppierens entlang des Haares wieder vorstreichen zu lassen und dann den Galopp abzufragen, geben sie dem Pferd ein klein wenig mehr Reaktionszeit. Auch das Umlegen des äußeren verwahrenden Schenkels sollte nicht zu abrupt und zu stark erfolgen. Diese modifizierte Hilfengebung kann auch beim Angaloppieren aus dem Trab vorteilhaft sein, falls das Pferd etwas übereifrig ist und schon auf die Hilfe lauert.

Übergänge stellen immer Situationen dar, in denen das System Reiter-Pferd störanfällig ist, z.B. in Bezug auf die Anlehnung. Je besser der Reiter sein Pferd kennt, desto leichter ist es ihm möglich, solchen Störungen vorzubeugen. So muss er, wenn er erwartet, dass das Pferd sich im Angaloppieren herausheben wird, beide Hände, besonders aber die innere, in einer Position tragen, dass in jedem Fall die gerade Linie Ellebogen-Hand-Pferdemaul erhalten bleibt. Ist zu erwarten, dass das Pferd dabei zu tief kommt, eventuell sogar abkippt, dann muss er mit betont tiefer Faust führen.

Besonders auch beim Angaloppieren aus dem Schritt muss der Reiter dafür sorgen, dass er der dabei zustande kommenden Tempo- und Balanceveränderung Rechnung trägt, dass er also aus dem Sitz heraus gut mitkommt, nicht aber hinter der Bewegung sitzt.

Anfangs kann es hilfreich sein, das Angaloppieren an derselben Stelle vorzunehmen: Sowie eine gewisse Sicherheit erreicht ist, muss es dagegen ganz bewusst an immer wieder wechselnden Punkten erfolgen, es darf nicht angenommen werden, wenn das Pferd antizipiert, also der Hilfe zuvorzukommen versucht. In diesem Fall muß so lange wieder Trab oder Schritt geritten werden, bis das Pferd abwartet. Dabei ist es dann wichtig, das Pferd mit halben Paraden, besonders mit den treibenden Hilfen, oder durch Reiten mit deutlicherer Stellung oder sogar Biegung so zu beschäftigen, dass es „gar keine Zeit hat", an das Angaloppieren „zu denken".

Um einen einfachen Galoppwechsel reiten zu können, muss das Pferd sich im Galopp schon recht gut versammeln lassen. Deshalb soll darüber erst im übernächsten Abschnitt gesprochen werden.

8.2 Wie kann die Versammlung im Galopp verbessert werden?

Selbstverständlich trägt alles, was die Ausbildung des Pferdes gemäß unserer Ausbildungs-

Dieses Pferd steht auch unmittelbar nach dem Angaloppieren losgelassen an den Hilfen.

8. ➤ Arbeit im Galopp

Mit dieser Arbeit kommen die Pferde fast von selbst zurück und nehmen mit der Hinterhand vermehrt Last auf.

skala fördert, letztendlich auch zur Verbesserung der Versammlung bei, egal in welcher Grundgangart. Wegen der manchmal sehr unterschiedlichen Veranlagung in Bezug auf Trab und Galopp empfiehlt es sich, das Training entsprechend differenziert zu planen und zu gestalten.

Zur Verbesserung der Versammlung im Galopp bieten sich folgende Übungen besonders an:

- Häufiges Angaloppieren aus dem Schritt.
- Zulegen und Einfangen im Galopp, wobei besonders die halbe Parade zur Rückführung sorgfältig mit allen Hilfen gut aufeinander abgestimmt gegeben werden muss. Der Reiter muss vor allem bedenken, dass jeweils das Nachgeben Voraussetzung für das vermehrte Unterspringen ist, also für die verbesserte Lastaufnahme in der Versammlung. Auf großen gebogenen Linien sind diese Übergänge besonders wertvoll.
- Besonders empfehlenswert ist die Arbeit auf einem Zirkel, der ganz allmählich kleiner geritten wird. Nur wenn auch dabei das Pferd sicher am äußeren Zügel steht, die Anlehnung am inneren Zügel leicht bleiben kann, wird das innere Hinterbein vermehrt Last aufnehmen. Wie weit in den Zirkel hineingeritten werden kann, hängt von den Voraussetzungen und Möglichkeiten des Pferdes ab; es kann durchaus bei ein und demselben Pferd auf der linken und der rechten Hand unterschiedlich möglich sein. Auf der festeren, der Zwangsseite empfiehlt es sich das Verkleinern etwas traversartig zu gestalten, auf der hohlen, der schwierigen Seite sollte man dagegen mehr an Schulterherein oder sogar „Kruppeheraus" denken. Um diese Übung richtig reiten zu können, das Verkleinern in etwa konzentrischen Kreisen vornehmen zu können, ist es hilfreich, sich den Mittelpunkt des Zirkels konkret vorzustellen, um den Ausbilder oder auch um einen Kegel herum den Zirkel kleiner zu reiten. Diese Übung bietet eine hervorragende Möglichkeit, das Pferd im Galopp aufzunehmen, ohne zu sehr mit den Händen ein- oder sogar rückwärts zu wirken.
- Deshalb ist sie auch die beste Vorbereitung für den sehr anspruchsvollen Übergang vom Galopp zum Schritt. Dieser gelingt umso leichter, je besser sich das Pferd vorher im Galopp versammeln ließ und Last aufzunehmen bereit war. Erst wenn dies ausreichend möglich ist, kann der Übergang gelingen, ohne dass das Pferd dabei auf die Hand und auf seine Vorhand kommt, sich vielmehr setzt. In Verbindung mit der Arbeit auf dem allmählich kleineren Zirkel lässt sich dieser Übergang besonders gut üben. Meistens wird er in der Phase des Verkleinerns versucht; wertvoller gelingt er jedoch zu Beginn des Herausreitens bzw. Vergrößerns, weil dann weniger Gefahr besteht, dass zu viel am inneren Zügel eingewirkt wird.
- Eine weitere Übung, die sich sehr gut als Vorbereitung zum Kontergalopp eignet, ist das Reiten einer Kehrtvolte in entgegengesetzter Richtung in eine Ecke hinein. Dazu galoppiert der Reiter zu Beginn der langen Seite im Kontergalopp an, wendet etwa Mitte der langen Seite vom Hufschlag ab Richtung Mitte der kurzen Seite und reitet dann in die Ecke hinein, jetzt ist er ja wieder im Handgalopp, zurück zur langen Seite (Graphik S. 185). Die Größe dieser „Konterkehrtvolte" kann ganz auf

die Möglichkeiten des jeweiligen Pferdes abgestimmt werden.

Bei Pferden, die eine sehr große Übersetzung im Galopp haben, bei denen also der einzelne Galoppsprung sehr raumgreifend ist, muss mit vielen kurzen Galoppreprisen gearbeitet werden. Wird zu lang am Stück galoppiert und versucht, die Sprünge zu verkürzen, kommt es sehr leicht zu Störungen im Takt; die Galoppade verlangsamt sich, der Rücken wird fest und statt dass die Hinterbeine besser in Richtung unter den Schwerpunkt springen arbeiten sie hinten heraus.

Bei aller versammelnden Arbeit wird derjenige den größten und schnellsten Erfolg haben, der gelernt hat, Paraden zu geben, ohne das Pferd dabei eng zu machen; nur dann kann es über den Rücken arbeiten und optimal hinten heranschließen. Die Aufrichtung des Pferdes muss stets relativ bleiben, es darf nicht versucht werden, das Pferd mit der Hand aufzurichten und „oben hinzustellen"!

Grundsätzlich dürfen Reprisen versammelnder Arbeit nicht zu lang ausgedehnt werden und müssen durch frisches Vorwärtsreiten unterbrochen werden. Nur so kann Verspannungen und Verkrampfungen vorgebeugt und der Trainingsfortschritt sichergestellt werden.

8.3 Der einfache Galoppwechsel

Die Bezeichnung „einfacher" Galoppwechsel ist etwas irreführend, es ist nämlich eine durchaus schwierige Übung. Er ist nichts anderes als das Aneinanderfügen zweier Übergänge, nämlich einer Parade vom Galopp zum Schritt und eines erneuten Angaloppierens aus dem Schritt; dazwischen soll das Pferd drei bis fünf klare Schritte zeigen.

Dementsprechend gelten genau die Übungsempfehlungen und Kriterien, die für diese Übergänge aufgeführt wurden, auch für den einfachen Wechsel.

Im Training sollte er immer wieder an unterschiedlichen Stellen und auf verschiedenen Linien geübt werden. Die Schrittreprise sollte dabei lieber etwas länger ausgedehnt werden; auf jeden Fall muss so lange Schritt geritten werden, dass das Pferd nicht schon auf das Angaloppieren lauert, sondern zufrieden schreitend die Hilfe zum Angaloppieren abwartet.

Ist der einfache Galoppwechsel mit einem Richtungswechsel verbunden, z.B. beim Wechseln aus dem Zirkel, ist es wichtig, die Hilfe zum erneuten Angaloppieren erst zu geben, wenn das Umstellen tatsächlich beendet ist. Nur wenn der Reiter am neuen inneren Zügel wieder leicht werden kann, ist sichergestellt, dass der erste Galoppsprung nicht mit Spannung oder gar zur falschen Hand erfolgt.

Ein wirklich qualitätsvoll gezeigter einfacher Galoppwechsel, bei dem es dem Reiter mit relativ feinen Hilfen gelingt, dass das Pferd beim Übergang zum Schritt willig Last aufnimmt, sofort gelassen schreitet und ohne Spannung, aber in guter Anlehnung, gerade und genügend bergauf angaloppiert, dokumentiert eine korrekte Ausbildung mit einem schon hohen Maß an Versammlung und Durchlässigkeit sowie eine gute, vertrauensvolle Abstimmung zwischen Reiter und Pferd.

8.4 Der Kontergalopp

Der Außengalopp, besser auch Kontergalopp genannt, wird in Dressurprüfungen ab der Kl. L verlangt. Er wird im versammelten Tempo geritten.

Die Stellung des Pferdes entspricht dem jeweiligen Galopp, das heißt, dass das Pferd auf der rechten Hand im Linksgalopp nach links gestellt ist.

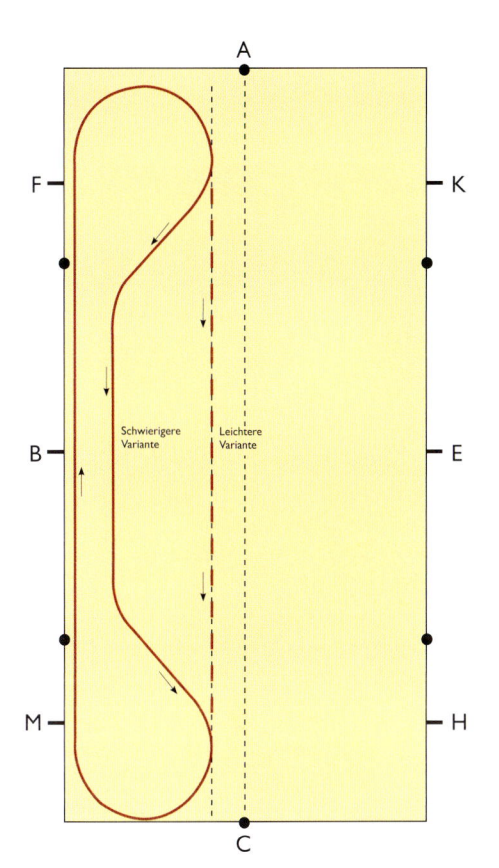

„Verkehrte Kehrtvolten" in die Ecke hinein

8. ➢ Arbeit im Galopp

Kontergalopp mit guter Stellung; der Reiter könnte aber mit der rechten inneren Hand noch etwas leichter werden.

Die Hilfengebung ist genau wie beim Galoppieren im Handgalopp. Der Reiter muss vermeiden, in der inneren Hüfte einzuknicken. Er muss besonders gut ausbalanciert im gemeinsamen Gleichgewicht mit dem Pferd sitzen, um präzise, aber nicht übertriebene Hilfen zu geben. Mit dem inneren, die Stellung gebenden Zügel, muss er immer wieder leicht werden, damit das innere Hinterbein gut durchspringen kann.

Die Bezeichnungen „innerer" Zügel bzw. „inneres" Hinterbein beziehen sich jeweils auf den Galopp und seine Stellung, das heißt bei einem Pferd, das auf der linken Hand im Kontergalopp, also rechts galoppiert, ist die rechte Seite die innere.

Bei richtiger Arbeit im Kontergalopp wird die Fähigkeit des Pferdes, sich auszubalancieren und mit der Hinterhand Last aufzunehmen, zunächst verbessert, dann auch überprüft; er eignet sich auch gut zur Verbesserung des geradegerichteten Galoppierens in der Verstärkung. Besonders in einer Halle hilft beim Zulegen im Kontergalopp die Bande sehr gut, das Pferd gerade zu halten. Zur Ausbildungssystematik sei noch vermerkt, dass das Training des Kontergalopps und das Erlernen fliegender Wechsel parallel vonstatten gehen kann und soll. Allerdings wäre es unklug, unmittelbar vor dem Reiten einer L-Aufgabe fliegende Wechsel zu üben.

Bevor der Reiter die Arbeit im Kontergalopp beginnen kann, müssen folgende Voraussetzungen gegeben sein:
- Bei Reiter und Pferd sollte die Hilfengebung für den Galopp bzw. deren Akzeptanz so verfeinert sein, dass in erster Linie der innere, vortreibende Schenkel den Galopp fordert, nicht mehr so sehr der äußere verwahrende (siehe Teil 4, 8.1).
- Es muss möglich sein, an beliebiger Stelle auf relativ leichte Hilfen rechts oder links anzugaloppieren.
- Übergänge innerhalb der Gangart, also Zulegen und Einfangen bis hin zum „verkürzten Arbeitstempo" gelingen schon einigermaßen auf einem Hufschlag, also ohne deutliche Schiefe.
- Das Angaloppieren aus dem Schritt, sowie möglichst auch schon der Übergang vom Galopp zum Schritt sollten relativ sicher beherrscht werden.
- Für wertvolle Arbeit im Kontergalopp ist ein schon recht erhebliches Maß an Versammlung notwendig. Der Reiter muss für das Versammeln im Galopp schon ein gutes Gefühl entwickelt haben, da sonst die Gefahr besteht, dass der Durchsprung nachlässt, es also zu Taktverlusten oder -fehlern kommt.

Übungen, die zum Kontergalopp führen
- Als erste Vorübung bietet sich an, bei Übergängen Schritt-Galopp-Schritt auf gerader Linie wechselweise auch im Kontergalopp anzugaloppieren (Das Viereck sollte dazu wenigstens 40 m lang sein.) Fängt das Pferd dabei an, zu antizipieren, müssen die Schrittreprisen länger ausgedehnt werden.
- Beim Reiten einer zunächst sehr flachen (ca. 1 m vom Hufschlag) einfachen Schlangenlinie ohne Galoppwechsel kann das Pferd den Außengalopp erstmals ansatzweise kennen lernen.
- Als Nächstes kann entweder durch eine große Kehrtvolte oder durch einen Wechsel durch die halbe Bahn erstmals richtig zum Kontergalopp gekommen werden, um dann erst einmal noch vor der folgenden kurzen Seite zum Trab durchzuparieren oder mit einem einfachen Wechsel wieder zum Handgalopp zu kommen.
- Erst wenn diese Übungen sicher gelingen, hat es Sinn, im Kontergalopp auch um die Ecken herumzureiten; dabei werden diese anfangs stärker, später etwas abgerundet.

- Eine sehr anspruchsvolle Übung ist der Kontergalopp auf dem Zirkel mit dem Wechsel von Kontergalopp zu Kontergalopp.
- Ganz ähnlich und noch etwas anspruchsvoller sind Schlangenlinien im Galopp durch die Bahn, zum Teil dann ohne Galoppwechsel bzw. auch mit Wechsel von Konter- zu Kontergalopp, wie sie in einigen Aufgaben vorkommen.

Wird der Kontergalopp über längere Strecken geritten, so muss der Reiter besonders auf Erhaltung des Schwungs sowie des Durchsprungs achten.

Fehler

- Wie oben angesprochen, wird in der gesamten Galopparbeit, sowohl auf gerader als auch auf gebogener Linie, mit leichter Stellung (im Genick) geritten. Dies dient zum einen der sicheren Genickkontrolle, zum anderen wird damit der Neigung des Pferdes entgegengewirkt, sich im Galopp auf beiden Händen schief zu machen und mit der Hinterhand etwas nach innen zu drängen. Dieses Stellen kann aber nur seinen Zweck erfüllen, wenn es sicher mit der diagonalen Hilfengebung, innerer Schenkel – äußerer Zügel, erreicht werden kann, das Pferd dabei gut am äußeren Zügel steht. Gibt es damit Probleme und wird dann zu sehr am inneren Zügel eingewirkt, wird das Pferd meist sogar noch schiefer, vor allem aber wird der Durchsprung der Hinterbeine beeinträchtigt.
- Beim Stellen soll das Pferd in Genick und Hals leicht seitlich gebogen werden. Noch immer gilt dabei als Anhaltspunkt die Empfehlung, Stellung nur so weit zu verlangen, dass das innere Auge und der innere Nüsternrand aus Sicht des Reiters erkennbar ist. Leider wird gerade bei der Arbeit im Kontergalopp diesbezüglich häufig überzogen. (Auch einige Richter sind für diese Übertreibung verantwortlich.) **Ein übermäßiges Abstellen im Hals ist aber völlig kontraproduktiv, weil es, wie oben schon gesagt, ein optimales Durchspringen und Lastaufnehmen mit den Hinterbeinen verhindert, weil es aber auch dem schiefen Galoppieren Vorschub leistet.** Wenn der Reiter also merkt, dass das Pferd im Kontergalopp mit der Schulter in die Bahn hineindrängt, muss er in der Regel als erstes die Stellung reduzieren. Gleichzeitig muss er überprüfen, ob er seinen verwahrenden, nach wie vor äußeren Schenkel (im Rechtsgalopp also den linken) nicht zu weit nach hinten umgelegt hat und damit zu stark, womöglich sogar seitwärtstreibend einwirkt.
- Dieser Fehler mit dem verwahrenden äußeren Schenkel ist häufig zu beobachten, wenn z.B. aus einer Kehrtvolte heraus oder beim Wechseln durch die halbe Bahn zurück Richtung Hufschlag geritten wird. Die Reiter versuchen dann mit dieser Schenkelhilfe ein Umspringen in den Handgalopp zu verhindern. Dadurch wird das Pferd aber geradezu gezwungen, schief zu werden und traversalartig zum Hufschlag zu galoppieren. **Richtiger wäre es, in dieser Situation die Vorstellung zu haben, mit dem nach wie vor inneren Schenkel den jeweiligen Galopp zu erhalten und jeden Galoppsprung sorgfältig abzufragen.**
- Bemerkt der Reiter, dass das Pferd beim Erreichen des Hufschlages versucht, auf dem zweiten Hufschlag zu bleiben, kann dies auch durch zu starkes Stellen und durch mangelhaftes Geradegerichtetsein im Galopp begründet sein. Dementsprechend muss auch die Korrektur vorgenommen werden. Es muss versucht werden, mit dem nach wie vor inneren Schenkel vermehrt an den äußeren Zügel heranzutreiben, eine übermäßige Halsabstellung zu vermeiden und das Pferd besser auf einem Hufschlag gerade zu halten. Der Reiter darf sich nicht verleiten lassen, mit den Zügelfäusten, vor allem mit der äußeren, die Schulter des Pferdes herüberdrücken zu wollen.

Hier bewegt sich das Pferd im Kontergalopp deutlich schief und kommt zu tief.

9. ➤ Verstärkungen und Übergänge

Gut ausbalancierte Trabverstärkung in angemessenem Rahmen eines noch jungen Pferdes.

- Auch im Kontergalopp bleibt die Reinheit der Gangart, in diesem Fall also der sichere Dreitakt, oberstes Kriterium. Versammlung darf niemals auf Kosten des Fleißes gehen. Ein verlangsamter Bewegungsablauf, bei dem der Durchsprung nachlässt, es sogar zum Vierschlaggalopp („Tralopp") kommt, ist grob fehlerhaft. Die Schwebephase ist dann deutlich verkürzt und der innere Hinterfuß fußt zu schnell wieder auf, sodass das diagonale Beinpaar, hinten innen – vorne außen, nicht mehr gleichzeitig zum Fußen kommt. In solch einem Fall muss sofort wieder frischer vorwärts galoppiert werden, bevor die Versammlung im Galopp wieder verbessert werden kann.

➤ Grundgangarten; Was bedeutet „innen" und „außen"?; Geraderichten; Umgang mit der natürlichen Schiefe

9. Verstärkungen und Übergänge als Prüfstein der Ausbildung

Verstärkungen wie Mittel- und starker Trab sowie Mittel- und starker Galopp sind für viele Freunde der Dressur sowohl beim Reiten als auch beim Zusehen das Salz in der Suppe einer Aufgabe. Leider wird, vor allem beim Vorstellen und Ausprobieren junger Pferde häufig wenig beachtet, dass sie richtig gezeigt und sinnvollerweise deshalb auch nur abgefragt werden sollten, wenn das Pferd entsprechend weit ausgebildet ist, wenn es vor allem sicher ausbalanciert ist und schon zu guter Versammlung fähig und bereit ist. So paradox es klingen mag, Verstärkungen sind ein wesentliches Kriterium der Versammlung. Besonders im Trab wird nicht selten spektakuläres Strampeln mit den Vorderbeinen, bei dem die Hinterbeine mangels Rückentätigkeit wenig durchschwingen und Schub entwickeln, als starker Trab verkauft und leider auch abgekauft.

Umgekehrt sind für den guten Ausbilder oder den fachkundigen Beobachter, z.B. den Richter, die Übergänge wiederum ganz wichtige Kriterien bei der Beurteilung von Verstärkungen. Dabei kann man besonders gut erkennen, ob das Pferd korrekt gemäß unserer Ausbildungsskala ausgebildet wurde, ob es durchlässig ist. Andererseits machen sich entsprechende Mängel sofort deutlich bemerkbar, entweder durch mangelndes Heranschließen der Hinterbeine oder sogar durch Takt und Anlehnungsfehler.

Zum anderen kann und muss der Reiter hier zeigen, ob er aus einem korrekten Sitz heraus in der Lage ist, mit gefühlvoll aufeinander abgestimmten Hilfen sein Pferd richtig zu motivieren, zu unterstützen und auch den jeweiligen Bedingungen angepasst, das mögliche und richtige Maß in der Verstärkung zu finden.

> Beim Zulegen, also jeweils zu Beginn, zeigt sich,
> - ob das Pferd aufgrund guter Losgelassenheit und Zwanglosigkeit sicher im Takt bleibt,
> - ob es dank einer guten und feinen Reiterhand tatsächlich ans Gebiss herantritt und deshalb über den losgelassenen Rücken mit der Hinterhand Impuls nach

> vorn, also echten Schwung entwickelt,
> - und ob die Verstärkung aus einer ehrlich erarbeiteten Versammlung heraus vonstatten geht, ob das Pferd deshalb auch sofort „zündet", und es ihm möglich ist, dabei gut im Geradeaus, schmalspurig und vorwärts-aufwärts in sicherer Selbsthaltung zu traben oder zu galoppieren.

Auch bei der Rückführung, also jeweils am Ende, lassen sich hervorragend die einzelnen Kriterien unserer Ausbildungsskala abfragen, es ist deren Ziel ist, eine optimale Durchlässigkeit zu erreichen. Allerdings darf dabei nicht Gehorsam mit Durchlässigkeit verwechselt werden: Manche Pferde, die schon in der Verstärkung mangels Losgelassenheit im Rücken wenig Aktivität aus der Hinterhand, meist auch mit wenig Zug nach vorne zeigen, nehmen die Parade am Ende der Verstärkung sehr willig und dankbar an, schließen sich aber nicht, nehmen hinten keine Last auf und deshalb den Schwung aus der Verstärkung nicht wieder mit in die Versammlung. Solch ein Übergang macht bei oberflächlicher Betrachtung vielleicht einen gehorsamen Eindruck, hat aber natürlich mit Durchlässigkeit nichts zu tun.

Besonders gut lassen sich in der Rückführung auch verdeckte Mängel, was die Losgelassenheit betrifft, erkennen, weil dann beim Aufnehmen zum versammelten Trab sofort Spannungen in Form von gespannten Tritten sichtbar werden.

Worauf kommt es nun also beim Training von Verstärkungen besonders an?

Wie bei allen Übungen und Lektionen im Dressurreiten gilt es, zunächst einmal die notwendigen Voraussetzungen zu schaffen. Um wirklich gute Verstärkungen bis hin zum starken Trab und starken Galopp reiten zu können, muss das Pferd gemäß der Ausbildungsskala schon sehr weit fortgeschritten und gefestigt sein, also auch schon ein ganz erhebliches Maß an Versammlung erreicht haben. Je besser in der Ausbildung bis dahin gearbeitet wurde, desto höher ist die Leistungsfähigkeit und vor allem auch die Leistungsbereitschaft des Pferdes. Nur wenn das Pferd sich in den Verstärkungen unter seinem Reiter wohl fühlt, wird es optimal das ihm Mögliche zeigen. Deshalb muss der Reiter versuchen, in diesen Reprisen großer Schwung- und Kraftentwicklung besonders gut losgelassen und ausbalanciert tief im Sattel zu sitzen, zumal in den Momenten, in denen das Tempo sich verändert, dieses dynamische Gleichgewicht zwischen Reiter und Pferd sehr leicht gestört werden kann.

Zu Beginn des Trainings sollten tatsächlich nur einige wenige Tritte bzw. Sprünge verlängert werden. Es sollte erst gar nicht dazu kommen, dass das Pferd aus Mangel an Kraft und/oder Balance auseinander fällt, auf die Vorhand kommt oder gar Taktfehler macht. In der Trabverstärkung wäre es auch ein Zeichen der Überforderung, wenn es anfängt, mit der Hinterhand breit zu spuren. Dieser Fehler darf nicht so einfach als vorübergehender leichter Mangel abgetan werden, der irgendwann von selbst wieder verschwindet. Er kann später, wenn überhaupt, meist nur sehr schwer korrigiert werden.

In der Vorbereitung auf jede Verstärkung sollte der Reiter sich vorstellen, sein Pferd etwas zu schließen, wie eine Feder zu spannen, um dann die Verstärkung herauszulassen. Dazu sind allerdings sehr feine, gefühlvoll abgestimmte Hilfen notwendig. Das Pferd muss im Genick nachgiebig und im Rücken losgelassen bleiben, damit nicht Verspannung, ja sogar Verkrampfung entsteht. Er muss die Idee haben, an die im Wechsel etwas durchhaltende und leicht werdende Hand heranzutreiben, stets darauf bedacht, die Feder nicht zu überspannen. Ein erstes Anzeichen dafür wäre es, wenn das Pferd sich verhält oder stockt.

Ein häufig anzutreffender Fehler in diesem Zusammenhang ist ein Sitzen in Rücklage. Häufig ist dieser Fehler wohl verursacht durch die falsche Vorstellung, das Pferd mit dem Gewicht anschieben zu können und zu müssen. Daraus resultiert zum einen aber, dass der Reiter hinter der Bewegung sitzt und dem Pferd in den Rücken fällt, ähnlich wie es bei unroutinierten Reitern beim Springen vorkommt. Zusätzlich hängt dann der Reiter

> Ein häufig anzutreffender Fehler beim Reiten von Verstärkungen in diesem Zusammenhang ist ein Sitzen in Rücklage.

Reiten mit Verstand und Gefühl **189**

9. ➤ Verstärkungen und Übergänge

➤ **Auch beim Reiten von Verstärkungen gilt der Grundsatz, dass das Pferd einerseits den Hilfen des Reiters möglichst umgehend Folge leistet, dass es aber andererseits auch wirklich auf diese Hilfen wartet.**

vermehrt im Zügel, hindert das Pferd also an der für die volle Schwungentfaltung notwendigen Rahmenerweiterung. Stattdessen sollte er in dem Moment, wenn das Pferd zulegt, die Idee haben, besonders gut mitzukommen, eventuell ansatzweise etwas entlastend sitzen und mit den Händen bei aller Stetigkeit der Verbindung genügend zuzulassen. Nur mit angemessener Rahmenerweiterung kann sich das Pferd voll entfalten und sich taktsicher in Selbsthaltung präsentieren. Es ist erstaunlich, was manche moderne Warmblutpferde trotz enger Hälse zu zeigen vermögen. Von der Halshaltung hängt aber die Losgelassenheit des Bewegungszentrums Rücken entscheidend ab, außerdem die Fähigkeit sich auszubalancieren. Deshalb müssen enge Pferde in den Verstärkungen vom Reiter gestützt, ja fast getragen werden, um ohne Taktfehler oder gar Angaloppieren durchhalten zu können.

Zeigt ein Pferd bei den Verstärkungen, besonders im Trabe, wenig Gehfreude, so muss sicherlich über die Effektivität der treibenden Hilfen nachgedacht werden, vielmehr aber noch über die Elastizität des Sitzes und die Qualität der Reiterhand. Nur wenn das Pferd vertrauensvoll an die Hand herantritt und springt, wird es bei losgelassenem Rücken optimal mit den Hinterbeinen durchschwingen und -springen, somit also für die Vorwärtsbewegung den notwendigen Impuls und positiven Zug nach vorn haben.

Dieses Vertrauen des Pferdes zur Hand des Reiters spielt gerade auch bei den Rückführungen eine ganz entscheidende Rolle: **Nur wenn der Reiter beim Aufnehmen bezüglich seiner Zügelhilfen das richtige Wechselspiel zwischen Annehmen und Nachgeben oder besser noch zwischen Durchhalten und Leichtwerden beherrscht, kann das Pferd den Schwung in die Versammlung mitnehmen, mit den Hinterbeinen vermehrt durchschwingen und heranschließen.** Auch was seine treibenden Hilfen anbelangt, darf er nicht übertreiben: Selbstverständlich muss er aus der elastischen Mittelpositur heraus mitschwingend „das Kreuz an- und abspannen", also treibend sitzen, mit den Schenkeln gut an der Rippe des Pferdes bleiben, also treibende Impulse geben. Übertreibt er diese Hilfen, macht er zu viel Druck, eventuell auch zu viel Tempo und geht dadurch nicht mehr elastisch auf den Bewegungsablauf des Pferdes ein, so wird dies dazu führen, dass das Pferd sich physisch und psychisch verspannt und dadurch nicht mehr optimal mitarbeitet; dies gilt umso mehr, je sensibler und leistungsbereiter das Pferd ist. Nur solange bei allem „Vorwärts" die Gelassenheit des Bewegungsablaufes erhalten bleibt, sich keine Hektik aufbaut, wird die notwendige Losgelassenheit erhalten bleiben.

Auch beim Reiten von Verstärkungen gilt der Grundsatz, dass das Pferd einerseits den Hilfen des Reiters möglichst umgehend Folge leistet, dass es aber andererseits auch wirklich auf diese Hilfen wartet. Es darf sich keinesfalls angewöhnen, aus der Ecke heraus an der langen Seite oder über die Diagonale von selbst „loszuziehen", zu antizipieren. Um dem vorzubeugen, empfiehlt es sich, Übergänge immer wieder an verschiedenen Stellen zu reiten; besonders gut lässt sich dies auf einem großen Zirkel variieren. Dieses Zulegen auf großer gebogener Linie bringt noch zusätzliche Vorteile mit sich: Durch die dann vorgegebene Stellung und leichte Längsbiegung hat der Reiter das Pferd noch besser unter Kontrolle, die Taktsicherheit sowie die Balance wird verbessert und das innere Hinterbein wird zu stärkerer Beugung gezwungen, somit also die Versammlung verbessert. Wenn durch das Üben von Aufgaben z.B. auf den Diagonalen das Pferd anfängt, jedes Mal aus der Ecke heraus von selbst zuzulegen, sollte zur Korrektur zwischendurch bewusst erst auf der zweiten Hälfte die Verstärkung gefordert werden. Dafür sollte der Mitteltrab oder -galopp auch einmal bis zur kurzen Seite oder sogar um diese herum ausgedehnt werden, damit das Pferd auch die Rückführung nicht vorwegnimmt.

Da die Pferde im Galopp wegen des diagonalen Bewegungsablaufes von hinten außen nach vorne innen besonders im Zulegen auf beiden Händen verstärkt zum Schiefwerden neigen, muss in dieser Gangart die Verstärkung betont aus dem Schultervor begonnen und geritten werden. Hierbei muss sichergestellt sein, dass das Pferd die diagonale Hilfengebung „innerer Schenkel – äußerer Zügel" sicher annimmt, weil sonst durch den zu stark einwirkenden inneren Zügel, besonders beim Aufnehmen, das innere Hinterbein am Durchsprung gehindert wird, gelegentlich sogar ein vorübergehendes Umspringen mit den Hinterbeinen provoziert wird. Für das Geraderichten im Galopp, so auch in der Verstärkung, kann das Reiten im Kontergalopp sehr wertvoll sein, zunächst auf gerader, dann auch auf großer gebogener Linie. Allerdings muss dabei vermieden werden, den verwahrenden äußeren Schenkel zu deutlich zurückzulegen und zu stark einzusetzen; er würde sonst kontraproduktiv wirken.

Sowohl in der Trab- wie auch in der Galoppverstärkung muss bei aller gewünschten Gehfreude und Leistungsbereitschaft des Pferdes sichergestellt sein, dass der Reiter bezüglich des Tempos die Initiative behält. Nur wenn das Pferd immer noch bereit ist zu „warten", in welchem Maße die Verstärkung ausgeführt werden soll, kommt der Reiter noch etwas zum Treiben und kann das Pferd sicher vor sich behalten. Andernfalls kann es sehr schnell zu Taktfehlern kommen, weil das Pferd auf die Vorhand kommt, der starke Trab oder Galopp also nicht mehr aus der Versammlung, genügend geschlossen und im gewünschten Bergauf gezeigt werden kann. Kürzere Reprisen, häufiger und an unterschiedlichen Stellen wiederholt können diesem Problem vorbeugen. Außerdem sollte der Reiter in den ersten Tritten bzw. Sprüngen die Vorstellung haben, zunächst gewissermaßen durch den Zügel hindurch die Verstärkung zu entwickeln, bevor er entsprechend die Rahmenerweiterung zulässt. Je weiter das Pferd ausgebildet, je durchlässiger es ist, desto weniger Tritte und Sprünge werden dafür benötigt.

Generell im Zusammenhang mit versammelnden Übungen ist ein Punkt leider häufig problematisch und kann nicht oft genug angesprochen werden: Das Pferd kann nur dann durchlässig hinten heranschließen, also in Versammlung gebracht werden, wenn die dazu notwendigen Paraden, dank sicherem Herantreten ans Gebiss geritten werden können, ohne dass das Pferd dabei eng wird. Andernfalls entsteht nämlich in der unsichtbaren Verbindungsleitung, die vom Maul über das Genick, den Hals und den Rücken bis zur Hinterhand verläuft, gewissermaßen ein Knick, der dazu führt, dass das Pferd sich im Rücken festmacht, die Verbindung zwischen sicherer Anlehnung und durchschwingender Hinterhand verloren geht und das Pferd, anstatt sich zu setzen und heranzuschließen, mit hoher Kruppe und nach hinten herausarbeitender Hinterhand reagiert.

Deshalb müssen gerade auch die Paraden für jede Rückführung präzise und entschlossen, im Zweifelsfall auch einmal herzhaft gegeben werden, entscheidend ist das sofortige Leichtwerden mit der Hand; nötigenfalls muss die Parade wiederholt werden. Das entsprechend ausgebildete Pferd wird dann im Nachgeben besonders gut mit den Hinterbeinen heranschließen; eine signalartige Hilfe wird genügen, um ihm das Ende der Verstärkung anzuzeigen. Bleibt der Reiter dagegen mit der annehmenden oder durchhaltenden Zügelhilfe hängen, weil er wartet, bis das Pferd zurückgekommen ist, wird dieses auf die (Vor-)Hand kommen.

Abschließend sei noch ein Punkt angesprochen, der im Hinblick auf die Gesunderhaltung des Pferdes wichtig ist:

Um vorzeitigem Verschleiß vorzubeugen, sollten Verstärkungen wohl dosiert geritten und trainiert werden; im starken Trab werden die Gliedmaßen sehr stark belastet. Dies gilt in erhöhtem Maße, wenn die Bewegungen mangels Losgelassenheit nicht elastisch durch den ganzen Körper des Pferdes gehen und sich bei den Rückführungen Spannungen aufbauen. Bei sehr harten, tiefen, losen, ungleichmäßigen oder unebenen Bodenverhältnissen wird der verantwortungsbewusste Reiter auf Verstärkungen verzichten und insgesamt sehr vorsichtig arbeiten.

➔ Schwung; Durchlässigkeit

10. ➤ Seitengänge

An sich sehr vorschriftsmäßiges Schultervor mit guter Biegung und Aufrichtung; Abstellung etwas groß.

10. Seitengänge

10.1 Schultervor

Unter Seitengängen verstehen wir nach der Definition unserer Reitlehre Vorwärts-Seitwärtsbewegungen, bei denen das Pferd mit gleichmäßiger Längsbiegung und entsprechender Versammlung geht. Sie werden normalerweise im Trab und Galopp geritten, können anfangs aber auch sehr gut im Schritt vorgeübt werden. In Dressuraufgaben werden sie in Form von Schulterherein, Travers, Renvers und verschiedenen Traversalen geritten.

Am Beispiel der Seitengänge kann hervorragend aufgezeigt werden, was der Sinn sogenannter dressurmäßiger Lektionen ist. Bei Turnierprüfungen dienen sie zur Überprüfung und Beurteilung des Ausbildungsstandes und der Ausbildungsqualität. Leider haben deswegen viele Reiter die Vorstellung, sie um ihrer selbst willen einüben zu müssen.

Primär müssen sie aber als wichtiges Ausbildungsmittel gesehen werden, mit dessen Hilfe wertvolle gymnastizierende Arbeit geleistet werden kann. Unter diesem Aspekt kann der Wert für die korrekte Ausbildung eines Pferdes, besonders im Hinblick auf das Geraderichten, gar nicht hoch genug eingeschätzt werden. Im weiteren Verlauf der Ausbildung werden durch diese Arbeit auch die Hankenbeugung, also die Versammlung verbessert; das Pferd lernt sich besser auszubalancieren und wird dadurch durchlässiger, geschmeidiger und auch gehorsamer. Gerade im Hinblick auf höhere Versammlung als Voraussetzung für qualitätsvolle Verstärkungen, aber auch zum Beispiel für eine ausdrucksstarke Passage, ist die Verbesserung der Schulterfreiheit noch zu erwähnen.

Ausgangspunkt für das Reiten von Seitengängen ist die geraderichtende Biegearbeit, also das Reiten auf gebogenen Linien in möglichst korrekter Längsbiegung auf beiden Händen.

Bevor wir nun zu den Vorübungen wie Schultervor und Reiten-in-Stellung kommen, sei noch einmal daran erinnert, dass auch in diesem Bereich der unerfahrene Reiter immer nur auf einem gut ausgebildeten Lehrpferd erfolgreich lernen kann und das junge Pferd nur durch einen versierten Ausbilder sorgfältig und effektiv gefördert werden kann.

10.1 Schultervor

Das Schultervor wird mit ganz leichter Abstellung (vom Hufschlag) und relativ geringfügiger, aber möglichst gleichmäßiger Längsbiegung geritten. Das Pferd tritt dabei mit dem inneren Hinterbein in Richtung zwischen die beiden Vorderbeine, mit dem äußeren Hinterbein aber möglichst exakt auf der Spur des äußeren Vorderbeines, es wird also schon etwas gefordert, hinten schmaler zu spuren. Die geforderte Längsbiegung, besonders in den Rippen, geht verloren, wenn die Hinterhand nach außen ausweicht. Das Schultervor wird auch „Erste Stellung" genannt; siehe hierzu auch das großartige Buch von Waldemar Seunig „Von der Koppel bis zur Kapriole".

Die Hilfengebung: Der Reiter sorgt vorbereitend dafür, dass er sein Pferd im versammelten

192 Reiten mit *Verstand und Gefühl*

oder im verkürzten Arbeitstrab sicher unter Kontrolle hat, dass vor allem das Grundtempo genau angemessen ist. Hierzu begleitet er jeden Trabtritt mit einer korrekten halben Parade, bei der also auch die treibenden Hilfen sorgfältig eingesetzt werden. Da das Pferd mit Längsbiegung gehen soll, behält er aus der ersten Ecke der langen Seite heraus die einseitig belastende Gewichtshilfe bei, treibt mit dem am Gurt liegenden inneren Schenkel Tritt für Tritt an den äußeren Zügel heran, sorgt damit auch für Rippenbiegung und weiterhin aktives Abfußen und Vortreten des inneren Hinterfußes. Der äußere Schenkel liegt verwahrend etwas zurück und verhindert ein Ausweichen der Hinterhand. Der innere Zügel, der schon zum Durchreiten der Ecke nachgefasst wurde, sorgt, eventuell leicht seitwärtsweisend, für die Stellung. Der äußere, verwahrende Zügel lässt die Stellung zu, begrenzt sie aber auch.

Auf jeden Fall sollte das Durchreiten der Ecke komplett beendet sein, bevor der Reiter das Schultervor zu entwickeln beginnt, das heißt, er darf auf keinen Fall beim Durchreiten der Ecke schon versuchen, die Hinterhand herauszudrücken.

Voraussetzung für ein Gelingen dieser, aber auch der folgenden Übungen, ist ein ganz sicheres und vertrauensvolles Herantreten des Pferdes an die Hand („das Pferd muss ziehen"), wobei in dieser Phase der Ausbildung ja noch nicht davon ausgegangen werden kann, dass das Pferd schon soweit geradegerichtet ist, dass es an beide Zügel tatsächlich gleichmäßig herantritt. Deshalb muss der hoffentlich erfahrene Reiter gerade beim lernenden Pferd entsprechend dessen Schiefe seine Hilfen sehr differenziert einsetzen, je nachdem, ob er auf der eher hohlen oder der eher festen Seite bzw. Hand des Pferdes arbeitet.

Wenn jetzt im Folgenden vornehmlich über den Einsatz der Zügelhilfen gesprochen wird, darf nicht verkannt werden, dass diese nur etwas bewirken können, solange das Pferd sicher an den Schenkelhilfen steht, die egal in welcher Position, stets auch vortreibend wirken sollen.

Auf der hohlen Seite muss besonders darauf geachtet werden, ein übertriebenes Abstellen des Halses bzw. ein Ausfallen der Schulter zu verhindern, wozu die äußere Hand aufrecht, aber gut tief geführt werden muss. Häufig nimmt das Pferd dabei den äußeren Zügel zu sehr an und versucht sich darauf zu stützen. Dem begegnet der Reiter zunächst durch ein kurzfristiges Nachgeben oder aber durch ein kurzes, aber entschlossenes Annehmen und Nachgeben an diesem Zügel. Auf keinen Fall darf mit fester äußerer Hand dem Pferd die Stütze angeboten werden. Nicht zu vergessen ist hierbei auch der innere Zügel, der verhindern muss, dass das Gebiss durchs Maul gezogen wird. Der äußere Schenkel sollte in diesem Fall fast in vortreibender Position bleiben, um beim Begrenzen der äußeren Schulter mitzuhelfen.

Wird auf der anderen Hand, also der eher festeren geritten, so ist in erster Linie der innere Schenkel gefragt. Dieser muss nämlich dafür sorgen, dass beim Stellen das Pferd nicht versucht, durch ein entsprechendes Gegenandrängen mit der Schulter, also in das Viereck hinein, sich der Stellung und der Längsbiegung zu entziehen. Der verwahrende äußere Zügel, an den das Pferd in diesem Fall ja nicht so gern herantritt, muss sicher und tief geführt Verbindung halten, besonders dann, wenn der innere Zügel kurz und entschlossen seitwärtsweisend eingesetzt wird. Auch dieses Seitwärtsweisen mit dem inneren Zügel, um das Pferd zu stellen, darf nicht mit zu hoher Hand vorgenommen werden. Auf jeden Fall muss diese Hilfe so entschlossen und so kurz gegeben werden, dass dadurch kein Gegenangehen des Pferdes provoziert wird. Je entschlossener der Reiter diese Hilfe gibt, desto wichtiger ist, dass im gleichen Moment der verwahrende Zügel ein Durchrutschen des Gebisses durch das Maul verhindert, und dass sofort anschließend ein Leichtwerden mit beiden Zügeln erfolgt, um dem Pferd zu zeigen, was man von ihm will. Selbstverständlich muss auf dieser eher festeren Seite des Pferdes auch der äußere Schenkel wahrscheinlich deutlicher verwahrend eingesetzt werden, da ja das Pferd mangels genügender Dehnungsfähigkeit seiner Muskeln

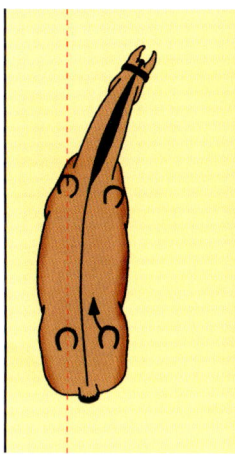

Schultervor

10. ▶ Seitengänge

Konterschultervor: Der Reiter müsste mit dem rechten äußeren Schenkel noch besser verwahren und die Hinterhand auf der Linie behalten; dadurch würde die Biegung auch noch verbessert werden.

auf der äußeren Seite versuchen wird, mit der Hinterhand nach außen auszuweichen, um sich so der Längsbiegung zu entziehen.

Besonders in einer Reitbahn mit Bande kann es beim Üben sehr wertvoll und effektiv sein, auch einmal „Konterschultervor" zu reiten. Dies würde beim rechtsschiefen Pferd, welches also vermehrt an den linken Zügel herantritt und eben auch auf der linken Hand fester ist, folgendermaßen vonstatten gehen: Es wird beim Reiten auf der rechten Hand nach Durchreiten der Ecke das Pferd in oben beschriebener Form, nun aber eben nach links, also zur Bande hin gestellt, sodass der linke, in diesem Fall innere, Schenkel durch die Bande Unterstützung findet, wenn das Pferd, um sich der Längsbiegung zu entziehen, versucht, mit der Schulter nach links zu drängen. Im Gegenteil, durch das nach links Stellen wird sich die Schulter eventuell etwas von der Bande lösen lassen, was aber wiederum nur wertvoll ist, wenn der rechte verwahrende Schenkel sicher die Hinterhand auf der Spur hält, also ein Ausweichen verhindert.

10.2 Reiten in Stellung

Mit dem Reiten-in-Stellung werden die gleichen Ausbildungsziele verfolgt, wie mit dem Schultervor; es ist eine weitere direkte Vorübung für die Seitengänge. Allerdings ist es ganz unabhängig von den „hohen" Zielen eines Dressurreiters, der in der Klasse M starten möchte, ebenso wie das Schultervor eine der wichtigsten Übungen für das Geraderichten ist. Den Unterschied zwischen diesen beiden Übungen könnte man für den theoretisch schon etwas Kundigeren ganz kurz folgendermaßen erklären: **Beim Schultervor muss der Reiter Richtung Schulterherein denken und entsprechende Hilfen geben, beim Reiten-in-Stellung in Richtung Travers.**

Beim Schultervor wird in erster Linie das innere Hinterbein vermehrt gefordert, in Richtung unter den Schwerpunkt zu treten, beim Reiten-in-Stellung vermehrt bzw. zusätzlich das äußere Hinterbein, was insgesamt zu dem für die Versammlung und Durchlässigkeit wichtigen schmaleren Spuren der Hinterbeine führen soll. Bei korrekter Ausführung bewegt sich beim Reiten-in-Stellung (auch „Zweite Stellung" genannt) das Pferd mit dem inneren Beinpaar auf einer zur Vierecksbegrenzung parallelen Hufschlaglinie. Das äußere Hinterbein fußt ein wenig innerhalb der Spur des äußeren Vorderbeins. Von vorne kann der Beobachter den äußeren Hinterfuß zwischen den beiden Vorderbeinen sehen, während beim Schultervor ja das äußere Beinpaar auf einer Parallelen zur Bande sich bewegt und dementsprechend von vorne betrachtet das innere Hinterbein zwischen den Vorderbeinen sichtbar ist.

Die Hilfengebung beider Lektionen unterscheidet sich nur sehr geringfügig. Der äußere Schenkel muss vermehrt die Hinterhand begrenzen, um eben das äußere Hinterbein in Richtung zwischen die beiden Vorderhufe fußen zu lassen. Der innere Schenkel muss aber besonders gut vortreibend das innere Hinterbein aktiv und auf der Hufschlaglinie des inneren Vorderbeins halten, welches besonders bei Pferden, die für seitwärtstreibende Hilfen sehr empfänglich sind, sorgfältiger Beachtung bedarf. Wenn der Reiter oder Ausbilder bei dieser Arbeit merkt, dass das Pferd anfängt, mit der Hinterhand auszuweichen, also zu schwanken, muss zur Kontrolle und zur Korrektur vermehrt wieder nach vorn geritten werden, z. B. auch auf großen gebogenen Linien. Das Pferd muss wieder sicher „ziehen".

Auch beim Reiten-in-Stellung wird der kundige Reiter, der junge Reiter muss es lernen, seine Hilfengebung bei ein und demselben Pferd auf beiden Händen sehr differenziert gestalten und abstimmen müssen, je nachdem, ob er auf der etwas hohlen oder auf der festen Hand arbeitet. Auf der hohlen Seite muss er in erster Linie wieder eine zu starke Halsabstellung und ein eventuelles Ausfallen über die Schulter vermeiden (Hilfen analog

Reiten in Stellung: Das Genick kommt fast etwas tief.

zum Schultervor, siehe oben). Auf der festen Seite muss er mit beiden Schenkeln noch präziser, eventuell auch etwas entschlossener einwirken, um ein Drängen der Schulter nach innen und ein Ausfallen der Hinterhand nach außen zu verhindern. Auch für die Zügelhilfen gilt das oben beim Schultervor bereits Erklärte.

Wie bei allen Übungen und Lektionen, bei denen die Längsbiegung wichtig ist, darf der Reiter seine einseitig belastende Gewichtshilfe nicht übertreiben. Diese wird dann richtig und auch vollkommen ausreichend gegeben, wenn nur das Pferd und der Reiter sie spürt, am Sitz, vor allem an der Haltung des Oberkörpers sollte kaum eine Veränderung erkennbar sein. Die vermehrte Belastung der inneren Gesäßhälfte kommt allein dadurch zustande, dass der Reiter beim Umlegen des äußeren Schenkels zum Verwahren das ganze Bein, also auch den Oberschenkel aus der Hüfte heraus etwas zurücknimmt. Auf diese Art und Weise kommt es niemals zu dem berüchtigten Einknicken in der Hüfte und der damit verbundenen fehlerhaften Gewichtsverlagerung.

Auch beim Schultervor und beim Reiten-in-Stellung muss der Reiter bzw. Ausbilder beim jungen Pferd in der Lernphase bereits kleine Fortschritte dem Pferd positiv quittieren und die Reprisen jeweils wohl dosieren.

10.3 Schulterherein

Nach den Vorübungen Schultervor und Reiten-in-Stellung kommen wir nun zu den eigentlichen Seitengängen, zunächst zum Schulterherein. Schulterherein ist der erste echte Seitengang und kann von entsprechend erfahrenen und guten Reitern schon mit dem relativ jungen Pferd angefangen und geübt werden. Normalerweise wird diese Übung im versammelten Trab verlangt, kann jedoch in der Lernphase auch im Schritt oder im etwas verkürzten Arbeitstrab geritten werden.

Das Pferd bewegt sich dabei auf drei Hufschlaglinien (s. Abb. S.196), und zwar treten die Hinterbeine nach wie vor geradeaus und dank gleichmäßiger Längsbiegung, auch in der Rippe, ist die Schulter so weit hereingeführt, dass das äußere Vorderbein genau vor dem inneren Hinterbein spurt. Der Hals sollte nur unwesentlich mehr gebogen sein als das Pferd in seiner übrigen Längsachse. Bei guter Ausführung behält das Pferd sicher Takt und Fleiß der Bewegung bei, zeigt je nach Versammlungsgrad und Qualität seines Bewegungsablaufes gute Kadenz, steht sicher am äußeren Zügel und trägt sich in guter Selbsthaltung.

Die Hilfengebung

Wie bei jeder anderen dressurmäßigen Übung auch, wird der Reiter nur dann richtige und damit effektive Hilfen geben können, wenn er mit der richtigen Vorstellung an die Aufgabe herangeht: er muss das Schulterherein so zu reiten versuchen, als ob er ständig eine Volte beginnen möchte. Das Pferd wird um den inneren Schenkel, bei verwahrendem äußerem Schenkel gebogen; die einseitig belastende Gewichtshilfe, also der leicht verstärkte Druck auf dem inneren Gesäßknochen kommt schon dadurch zustande, dass der äußere Schenkel, in diesem Fall kann man ruhig einmal von Bein sprechen, aus der Hüfte heraus etwas zurückgelegt wird. Der innere Zügel stellt das Pferd, entweder durch Annehmen und Nachgeben oder aber noch besser durch Seitwärtsweisen, und der äußere Zügel, an den das Pferd hoffentlich sicher herantritt, lässt die Stellung zu, begrenzt sie aber auch.

Damit das Pferd nun nicht die Volte beginnt, sondern auf dem Hufschlag bleibt, wirkt der Reiter mit dem inneren Schenkel etwas deutlicher, fast schon etwas seitwärtstreibend ein, darf die-

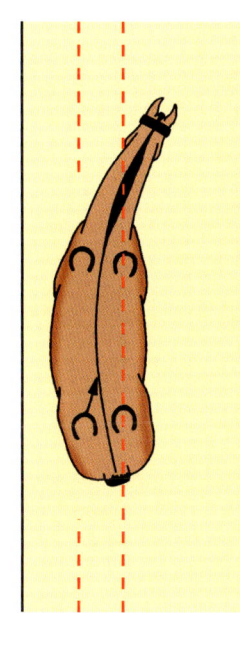

Reiten in Stellung

10. ▸ Seitengänge

sen dabei aber nicht zu sehr zurücklegen, weil sonst das Pferd veranlasst würde, mit den Hinterbeinen seitwärts zu treten und eventuell sogar zu kreuzen. Gleichzeitig fängt der Reiter mit beiden Zügeln, wobei der äußere etwas vorherrschen sollte, leicht durchhaltend und sofort wieder leicht werdend, ein. Wenn diese Übungen über Schultervor so gestaltet wurden, dass die Abstellung erst ganz allmählich stärker verlangt wird, wird das Pferd ganz schnell begreifen, was der Reiter wünscht. Nach einiger Zeit muss die Hilfengebung mit dem Pferd so sicher abgestimmt sein, dass diese Übung auch ohne Anlehnung an der Bande, zum Beispiel auf der Mittellinie oder der Viertellinie geritten werden kann.

Ob das Pferd genügend sicher an den treibenden Hilfen und am äußeren Zügel steht, kann sehr schön dadurch überprüft werden, dass zunächst der innere Zügel, später auch beide Zügel leicht nachgegeben werden können, ohne dass die Selbsthaltung verloren geht. Ist dies nicht möglich, so treten sehr schnell die häufig zu beobachtenden Taktfehler auf.

Schulterherein: Der äußere Zügel könnte noch besser die Stellung zulassen, deshalb ansatzweise verworfen.

Konterschulterherein

Wirkt der Reiter mangels richtiger Vorstellung von dieser Übung mit dem inneren Schenkel zu sehr seitwärtstreibend ein, wird das Pferd häufig mit zu viel Abstellung, aber zu wenig Biegung seitwärts treten und auch mit den Hinterbeinen kreuzen; das Pferd wird also schenkelweichartig gehen, Längsbiegung und Versammlung können so nicht verbessert werden.

Auch beim Schulterherein muss je nach Geraderichtung des betreffenden Pferdes der Reiter seine Hilfen insofern differenziert geben, als er hohle und feste Seite berücksichtigt. So muss er zum Beispiel bei einem rechts hohlen, links eher etwas festen Pferd auf der rechten Hand besonders mit gut tief und aufrecht geführter linker Hand die Schulter begrenzen. Häufig wird er dabei das Gefühl haben, das Pferd löse sich nicht genügend mit der Schulter von der Bande. Auf keinen Fall darf er dann mit der linken äußeren Hand nach rechts, womöglich über den Mähnenkamm herüberdrücken, weil er so das Pferd eng macht, es in seiner Stellung behindert und es geradezu zwingt, sich zu verwerfen. Vielmehr muss er schon vor Beginn des Schulterhereins, also zum Beispiel in der Ecke, durch Nachgeben beziehungsweise Annehmen und Nachgeben am äußeren Zügel das Pferd ermahnen, diesen nicht als Stütze zu benutzen. Zur Korrektur kann dann auch einmal fast „schenkelweichartig" mit nur ganz geringer Längsbiegung oder sogar renversartig geritten werden.

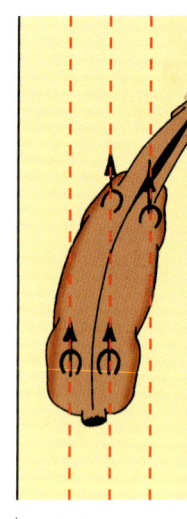

Mit dem gleichen Pferd muss auf der anderen, also auf der linken Hand, besonders gut auf Längsbiegung geachtet werden. Schon in der Ecke muss der Reiter besonders darauf achten, dass das Pferd seine beiden Schenkel sicher respektiert. Der linke innere muss verhindern, dass es durch Hereindrängen mit der Schulter sich der Längsbiegung zu entziehen versucht, entspre-

Schulterherein

196 Reiten mit *Verstand und Gefühl*

chend der rechte äußere das Ausweichen der Hinterhand verhindern.

Bezüglich der Anlehnung muss primär wieder dafür gesorgt werden, dass das Pferd dank sicherem Herantreten an den äußeren Zügel mit seiner rechtsseitigen Muskulatur genügend dehnungsfähig und -bereit ist. Nötigenfalls kann mit dem inneren Zügel immer wieder deutlich seitwärtsweisend die Stellung gefordert werden; diese Hilfe muss entschlossen und präzise eingesetzt werden und durch jeweils schnelles Nachgeben einem Gegenangehen vorgebeugt werden. Häufig wird gelehrt, hierbei mit hoher innerer Hand ein Nachgeben in der Ganasche zu erreichen. Da aber die hohe Hand, besonders bei Kandarenzäumung, den Hals eng macht, wird ein vertrauensvolles verbessertes Herantreten an den äußeren Zügel eher verhindert, dafür ein Verwerfen im Genick provoziert.

Bei genügender Sicherheit im Schulterherein können noch folgende besondere Formen davon zur Gymnastizierung herangezogen werden: Konterschulterherein, Schulterherein auf gebogener Linie und Konterschulterherein auf gebogener Linie.

Das Konterschulterherein ist ganz analog dem Konterschultervor zu reiten, welches im letzten Kapitel besprochen wurde. Es eignet sich besonders gut dazu, das Schulterherein auf der eher festeren Seite des Pferdes zu üben; in unserem konkreten Fall, also dem eher links festen Pferd, würde man auf der rechten Hand nach Durchreiten der ersten Ecke der langen Seite das Pferd allmählich nach links stellen, wodurch, besonders beim Reiten entlang einer Bande, das Pferd gefordert ist, sich mit der Schulter von der Bande zu lösen, es kann also nicht mehr so leicht gegen den nunmehr inneren linken Schenkel drängeln. Wertvoll kann diese Übung natürlich nur dann sein, wenn der äußere Schenkel tatsächlich ein seitliches Ausweichen und Kreuzen der Hinterbeine verhindert und das Pferd sicher an den äußeren, in diesem Fall rechten Zügel herantritt.

Beim Schulterherein auf gebogener Linie, zum Beispiel auf einem großen Zirkel, wird das innere Hinterbein zu noch stärkerer Aktivität veranlasst, weil die Hinterhand den längeren Weg hat.

Umgekehrt dagegen muss das Pferd beim Konterschulterherein auf gebogener Linie mit der Hinterhand mehr heranschließen, weil diese den kürzeren Weg hat.

Die beiden letzteren Übungen stellen an den Reiter schon ganz erhebliche Anforderungen und können nur dann wertvoll eingesetzt werden, wenn dieser so gefühlvoll und zugleich präzise mit seinen Hilfen einzuwirken vermag, dass tatsächlich die vorgesehene gebogene Linie sicher eingehalten werden kann.

Auch in der Galopparbeit wird der erfahrene Ausbilder und Reiter sein Pferd sehr gerne im Schultervor beziehungsweise schulterhereinartig arbeiten. Dadurch wird hervorragend der im Galopp besonders leicht auftretenden Schiefe vorgebeugt und begegnet, was besonders im Zusammenhang mit Verstärkungen und später auch Galopp-Pirouetten große Bedeutung hat.

Richtiges Reiten der Vorübungen Schultervor und Reiten-in-Stellung und des Schulterhereins können für jedes Reitpferd wertvoll aber auch möglich sein.

10.4 Travers, Renvers

Nachdem Schultervor, Reiten-in-Stellung und Schulterherein besprochen wurden, kommen wir im Folgenden nun zu Travers und Renvers. Beide Übungen werden auf Turnieren ab Klasse M geritten und sind direkte Vorübungen für

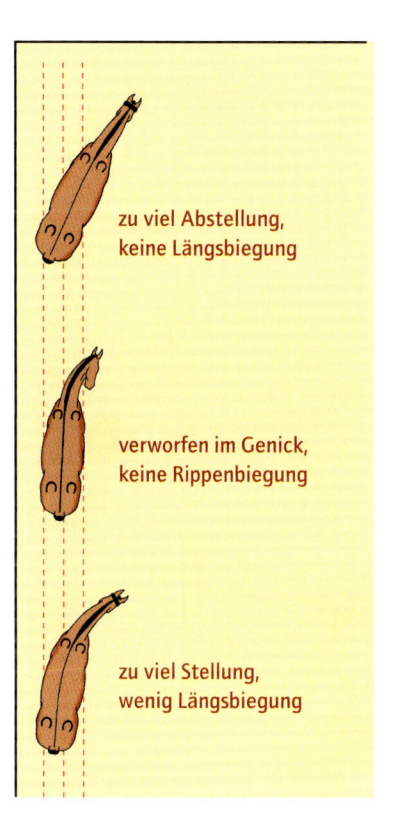

zu viel Abstellung, keine Längsbiegung

verworfen im Genick, keine Rippenbiegung

zu viel Stellung, wenig Längsbiegung

Fehler beim Schulterherein

10. ➤ Seitengänge

Travers in korrekter Biegung und Abstellung, Genick kommt etwas tief

Travers

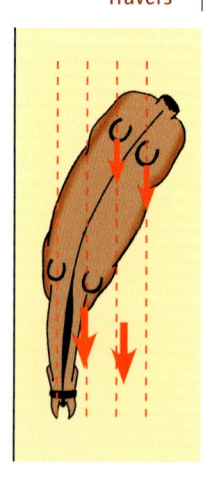

die Traversalverschiebungen. In Aufgaben werden sie im versammelten Trab geritten, in der Lernphase für Reiter und Pferd können sie auch im Schritt oder im verkürzten Arbeitstrab geübt werden.

Beim Travers bewegt sich das Pferd vorwärts-seitwärts mit gleichmäßiger Längsbiegung und einer Abstellung (Winkel zwischen Pferd und Hufschlag) von max. 30 Grad. Die Vorderbeine bewegen sich dabei auf dem Hufschlag, in der Regel entlang der langen Seite oder der Mittellinie; dabei kreuzen die Vorderbeine leicht, die Hinterbeine deutlicher. Auf keinen Fall darf dabei das Pferd im Hals zu stark abgestellt werden, seine Stirn soll im rechten Winkel zur langen bzw. parallel zur kurzen Seite sein. Im Gegensatz zum Schulterherein, bei dem das Pferd sich auf drei Hufschlaglinien bewegt, sind es beim Travers und Renvers vier Hufschlaglinien. Das ergibt sich daraus, dass bei diesen beiden Übungen Vorder- und Hinterbeine kreuzen. Allerdings gilt auch hierbei, dass die 30-Grad-Abstellung das Ziel ist und in der Lernphase erst ganz allmählich die Anforderungen diesbezüglich gesteigert werden dürfen.

Die Hilfengebung

Vor Beginn verbessert der Reiter durch halbe Paraden die Versammlung und die Kontrolle des Trabes. Während des Travers

- sorgt der innere am Gurt liegende Schenkel für den weiterhin gleichmäßigen und fleißigen Vortritt des inneren Hinterbeines, ist aber auch hauptverantwortlich für die geforderte Längsbiegung in der Rippe,
- der äußere Schenkel liegt verwahrend etwas weiter zurück, sorgt für die Vorwärts-seitwärts-Bewegung und als Gegenüber zum inneren Schenkel mit für die Rippenbiegung.
- Durch diese Position der Schenkel, besonders dank des aus der Hüfte heraus zurückgenommenen äußeren Schenkels ergibt sich eine etwas verstärkte Belastung des inneren Gesäßknochens, was zur Verbesserung der Längsbiegung beiträgt,
- der innere, etwas verkürzte Zügel gibt dem Pferd die Stellung und kann hierzu etwas seitwärtsweisend eingesetzt werden,
- der äußere, verwahrende Zügel gibt so viel nach, wie es die Biegung im Halsbereich erfordert, um diese dann aber auch zu begrenzen.
- Zur Verbesserung der Gewichtshilfe kann es hilfreich sein, sich vorzustellen, den äußeren Gesäßknochen etwas in Richtung Sattelmitte zu schieben.

Insgesamt sollte der Reiter bei dieser Lektion die Vorstellung haben, in die Richtung zu sitzen, in die er reiten möchte, und das Pferd mit seinen Gewichts- und Schenkelhilfen mit sich mitzunehmen. Leider sitzen ja dabei viele Reiter nach außen und knicken in der inneren Hüfte ein, weil sie die falsche Idee haben, das Pferd in die entsprechende Richtung schieben zu müssen. Je besser das Pferd bereits ausgebildet ist, desto mehr ist diese Art der Hilfengebung kontraproduktiv, weil das gerittene Pferd gelernt hat, dem Reitergewicht zu folgen, um sich mit dem Reiter wieder ins Gleichgewicht zu begeben.

Normalerweise beginnt das Travers, wie jede Übung entlang der langen Seite, am Wechselpunkt, wozu dann die Hinterhand in die Bahn hereingeführt wird. Beim Üben empfiehlt es sich aber, die Längsbiegung aus der gut durchschrittenen Ecke mitzunehmen, sie eventuell durch eine Volte sogar noch zu verbessern, und dann zu beginnen, ohne erst noch eine Pferdelänge geradeaus zu reiten. Wurden die vorbereitenden Übungen Schultervor und besonders das Reiten-in-Stellung sorgfältig erarbeitet, so gelingt das Travers, zumindest mit geringer Abstellung, sofort.

Auf der Hand, auf der das Pferd eher etwas fester ist, sich also nicht so leicht biegen lässt, wird es sich häufig der geforderten Längsbiegung dadurch zu entziehen versuchen, dass es etwas eiliger wird, um sich dann schenkelweichartig entlang der Bande bzw. des Hufschlages zu bewegen. In diesem Fall muss, z.B. durch das Reiten einer großen Volte, die Längsbiegung wieder verbessert werden, mit den diagonalen Hilfen – innerer Schenkel, äußerer Zügel – ein Loskommen vom inneren Zügel sichergestellt werden und unmittelbar vor Beginn des Travers ganz konsequent das Tempo sogar ein wenig verkürzt werden, um das Pferd sicher an den Hilfen zu behalten. Der innere Schenkel ist die entscheidende Hilfe, um die Nachgiebigkeit in der inneren Ganasche zu gewährleisten und ein Drängeln über die innere Schulter zu verhindern.

Auf der anderen Hand, also auf der „hohlen" oder „schwierigen" Seite neigen die Pferde hingegen vermehrt dazu, sich mit dem inneren Hinterbein der Lastaufnahme dadurch zu entziehen, dass sie von sich aus die Hinterhand zu stark hereinschieben, also zu viel Abstellung anbieten, sich meist gleichzeitig mehr oder weniger stark auf den äußeren Zügel stützen.

In diesem Fall muss der Reiter vorbereitend vermehrt daran arbeiten, dass das Pferd wieder vom äußeren Zügel loskommt und verbessert auch an den inneren Zügel herantritt. Dazu kann es genügen, auch einmal vorher am äußeren Zügel nachzugeben, meist ist es aber notwendig, den äußeren Zügel ein- oder mehrmals deutlich anzunehmen und wieder nachzugeben, wobei jeweils der innere Zügel verhindern muss, dass das Gebiss dabei durch das Maul gezogen wird.

Wenn dann auf dieser Hand das Travers begonnen werden soll, muss der Reiter auf guten Fluss im Vorwärts achten und darf dabei den äußeren Schenkel nicht zu stark umlegen und mit diesem auch nicht zu stark einwirken.

Auf beiden Händen gilt es in der Lernphase, die Anforderungen nur ganz allmählich zu steigern und z.B. lieber mit einigen wenigen, gut kontrollierten Tritten im Travers zufrieden zu sein, als die Übung so lange zu reiten, bis die Qualität der Ausführung nachlässt.

Zum Beenden des Travers wird einfach wie beim Beenden einer Volte das Pferd wieder geradeaus gerichtet, das Seitwärtskreuzen beendet, ohne jedoch die Hinterhand seitwärts auf den Hufschlag herauszudrücken.

Etwas anspruchsvoller ist das Üben des Travers auf gebogener Linie, z.B. auf einem großen Zirkel. Speziell auf der eher etwas festeren Seite des Pferdes kann dies zur Verbesserung der Längsbiegung des Kreuzens der Hinterbeine hilfreich und effektiv sein.

10.5 Renvers

Das Renvers ist die Konterlektion zum Travers, bei der dementsprechend die Hinterhand auf dem Hufschlag bleibt und die Vorhand in das Viereck hineingeführt wird. Sie sollte erst versucht werden, wenn das Travers wenigstens ansatzweise gelingt. Dadurch dass das Pferd eben nicht zum Hufschlag bzw. zur Bande hin geritten wird, ist die Gefahr noch größer, dass der Reiter zu sehr mit den Zügeln einwirkt, um z.B. das Pferd daran zu hindern, in die Bahn hineinzulaufen, den Hufschlag also zu verlassen.

Folgende Möglichkeiten gibt es, das Renvers zu beginnen:
- Nach Durchreiten der ersten Ecke der langen Seite wird wie zu einer einfa-

Korrektes Renvers, Reiterin könnte etwas besser nach rechts sitzen.

Renvers

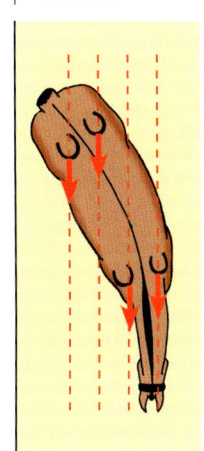

10. Seitengänge

chen Schlangenlinie angesetzt. Sobald das Pferd sich mit der Schulter vom Hufschlag löst, wird umgestellt und analog zu den Hilfen des Travers eingewirkt. Hierbei ist es noch wichtiger als beim Einüben des Travers, zunächst mit ganz wenig Abstellung zu beginnen und mit wenigen Tritten zufrieden zu sein.

- Renvers kann auch vom zweiten Hufschlag aus entwickelt werden, indem die Hinterhand bei entsprechender Biegung um den neuen inneren Schenkel auf den ersten Hufschlag gebracht wird.
- Eine dritte Möglichkeit ist es, aus einer Kurzkehrtwendung heraus, unmittelbar vor Beendigung dieser Übung, mit dem dann ja schon richtig gestellt und gebogenen Pferd im Renvers weiterzureiten. Diese Art der Übung wird nur mit einem schon sehr durchlässigen Pferd möglich und sinnvoll sein.
- Das Renvers kann auch aus dem Schulterherein entwickelt werden. Dazu wird nach einigen Tritten im Schulterherein das Pferd nach der anderen Seite gestellt und gebogen. Diese Übung bedarf eines schon sehr erfahrenen Reiters.

Fehler

Folgende weitere Fehler gilt es beim Travers und Renvers zu vermeiden:

Steht das Pferd nicht sicher genug an den (diagonalen) Hilfen, nimmt es den inneren Schenkel und den äußeren Zügel nicht sicher genug an (häufig auf der festen bzw. Zwangsseite), kann dies zu Taktfehlern und zu einem Nachlassen des Fleißes führen. Besonders kommt es dazu, wenn der Reiter dann vermehrt mit dem inneren Zügel die Stellung zu verbessern versucht, die innere Hand dabei auch noch höher nimmt oder gar über den Mähnenkamm herüberdrückt. Dadurch wird das Pferd nur enger im Hals, es wird sich also noch schlechter stellen lassen und sich wahrscheinlich auch noch verwerfen. Wie immer muss dann einen Schritt zurückgegangen werden, um durch geraderichtende Biegearbeit wieder die Voraussetzungen zu schaffen. Übrigens wird auch das manchmal geforderte Wenden des Oberkörpers des Reiters in die zu reitende Richtung häufig übertrieben, wodurch dieser in der inneren Hüfte einknickt und meist auch am inneren Zügel zieht.

In der klassischen Ausbildung soll das Pferd bei Seitengängen im Hals nicht stärker gebogen sein als in seiner übrigen Längsachse. Leider versuchen viele Reiter und Ausbilder Mängel in der Rippenbiegung durch ein verstärktes Abstellen

zu viel Abstellung, keine Längsbiegung

wenig Abstellung, im Hals zu stark gestellt

übertriebene Längsbiegung

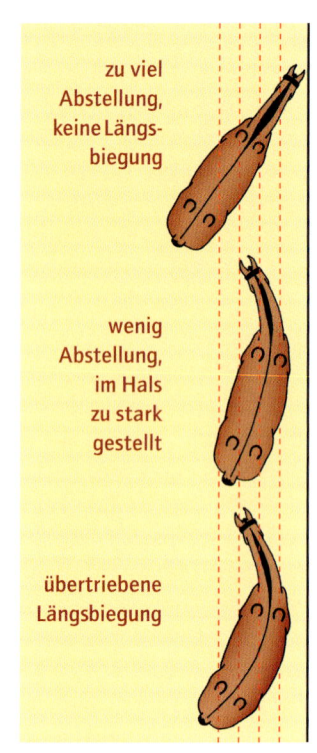

Fehler in Travers, für das Renvers gilt dasselbe analog

Zum Beenden des Renvers wird die Vorhand im flüssigen Vorwärts wieder zum Hufschlag zurückgeführt und das Pferd geradeaus gerichtet.

Sowohl Travers als auch Renvers werden üblicherweise im versammelten Trab geritten. Da im Galopp wegen des diagonalen Bewegungsablaufs vom äußeren Hinter- zum inneren Vorderbein die Pferde ohnedies dazu neigen, in dieser Gangart sich etwas schief zu bewegen, sollten diese Lektionen nur im Ausnahmefall von besonders routinierten Reitern auch in der Galopparbeit Verwendung finden, um die Geschmeidigkeit, die Längsbiegung und die Versammlung weiter zu verbessern oder um Pferde, denen Galopptraversalen etwas schwer fallen, darauf vorzubereiten.

des Halses zu kaschieren (und bekommen gelegentlich dafür auch noch gute Punkte). Diese fehlerhafte Ausführung wird aber nicht das Geradegerichtetsein, die Versammlung und letztendlich die Durchlässigkeit des Pferdes verbessern können.

10.6 Traversalen

Traversalen sind Vorwärts-seitwärts-Bewegungen im versammelten Trab oder im versammelten Galopp. In der Lernphase für Reiter oder Pferd können sie auch im Schritt geübt werden. Ihr Bewegungsablauf entspricht genau dem im Travers, nur dass jetzt entlang einer mehr oder weniger steilen diagonalen Linie geritten wird. Das Pferd geht also mit gleichmäßiger Längsbiegung, in gutem Fluss und, abhängig vom Bewegungspotential und Versammlungsgrad, mit deutlicher Kadenz. Es bewegt sich dabei mit seiner inneren Schulter und Hüfte parallel zur langen Seite. In Aufgaben werden halbe, doppelte halbe, ganze, doppelte ganze und Zickzack-Traversalen verlangt.

Bei den Zickzack-Traversalen wird jeweils eine bestimmte Anzahl von Metern gefordert, im Galopp wird ab Intermediare II die genaue Zahl der Sprünge vorgegeben.

Hilfengebung

Wenn der Reiter mit seinem Pferd das Travers und eventuell auch das Renvers einigermaßen sicher beherrscht, wird ihm das Traversieren relativ leicht gelingen. Er muss sich nur vorstellen, das Travers entlang einer diagonalen Linie zu reiten. Der Grad der Abstellung (der Winkel zwischen der Längsachse des Pferdes und der jeweiligen Diagonalen) entspricht gemäß der geforderten Parallelität genau dem Winkel zwischen dem Hufschlag bzw. der Bande und der diagonalen Linie (siehe Abb. S. 202).

Wichtig für die Hilfengebung ist wieder die richtige Vorstellung des Reiters, dorthin zu sitzen, wohin er reiten möchte, das Pferd mit Gewichts- und Schenkelhilfen mit sich mitnehmen zu wollen und es mit dem inneren Zügel auch dorthin zu führen.

Im Einzelnen werden die gleichen Hilfen gegeben wie beim Travers:

- Der am Gurt liegende innere Schenkel sorgt für den weiterhin gleichmäßigen und fleißigen Vortritt des inneren Hinterbeines, ist aber auch hauptverantwortlich für die geforderte Längsbiegung, besonders in der Rippe;
- der äußere Schenkel liegt verwahrend etwas weiter zurück, sorgt für die Vorwärts-Seitwärts-Bewegung und als Gegenüber zum inneren Schenkel mit für die Rippenbiegung.
- Durch diese Position der Schenkel, besonders dank des aus der Hüfte heraus zurückgenommenen äußeren Schenkels, ergibt sich eine etwas verstärkte Belastung des inneren Gesäßknochens, was zur Verbesserung der Längsbiegung beiträgt,
- der innere, etwas verkürzte Zügel gibt dem Pferd die Stellung und kann hierzu etwas seitwärtsweisend eingesetzt werden,
- der äußere, verwahrende Zügel gibt so viel nach, wie es die Biegung im Halsbereich erfordert, um diese dann aber auch zu begrenzen.
- Zur Verbesserung der Gewichtshilfe kann es hilfreich sein, sich vorzustellen, den äußeren Gesäßknochen etwas Richtung Sattelmitte zu verschieben.

Trabtraversale mit guter Längsbiegung und gutem Kreuzen

10. ▶ Seitengänge

Gute Galopp-traversale

Wie beim Travers sitzen leider auch beim Traversieren viele Reiter nach außen und knicken in der inneren Hüfte ein, weil sie fälschlicherweise glauben, das Pferd seitwärts schieben zu müssen. Je besser das Pferd ausgebildet ist, desto mehr wirkt dieser Fehler kontraproduktiv, weil es ja eigentlich gelernt hat, dem Reitergewicht zu folgen, um das gemeinsame Gleichgewicht zu erhalten.

Sollen Traversalen sicher und qualitätsvoll gelingen, so ist es ganz besonders wichtig, dass das Pferd zuverlässig die diagonale Hilfengebung (innerer Schenkel – äußerer Zügel) annimmt, und dass der Reiter vom inneren Zügel loskommt. Deshalb empfiehlt es sich schon jeweils in der Vorbereitung, z.B. in Wendungen, immer wieder einmal mit dem inneren Zügel vorzufühlen bzw. überzustreichen. Ein beidhändiges Leichtwerden oder Überstreichen während der Traversale dient der Überprüfung der Selbsthaltung des Pferdes, quittiert diesem aber seine gute Mitarbeit auch positiv.

Zum Einleiten der Traversale wird das Pferd entsprechend der Bewegungsrichtung gebogen und je nach Ausbildungsstand und Sensibilität wird die Vorwärts-Seitwärts-Bewegung abgerufen. Bei sehr fein abgestimmten Pferden genügt eventuell schon der entsprechende Gedanke des Reiters, um die Traversale zu beginnen. In früheren Stadien der Ausbildung wird bei dem bereits gebogenen Pferd durch einen leichten Impuls mit dem zurückliegenden äußeren Schenkel, durch ein leichtes Annehmen und Nachgeben am äußeren Zügel und ein Seitwärtsweisen mit dem inneren Zügel das Traversieren begonnen. Zum Beenden der Traversale wird mit dem inneren Schenkel in Verbindung mit dem äußeren Zügel die Seitwärtsbewegung abgefangen, geradeausgeritten und erst dann das Pferd auch wieder geradeausgestellt.

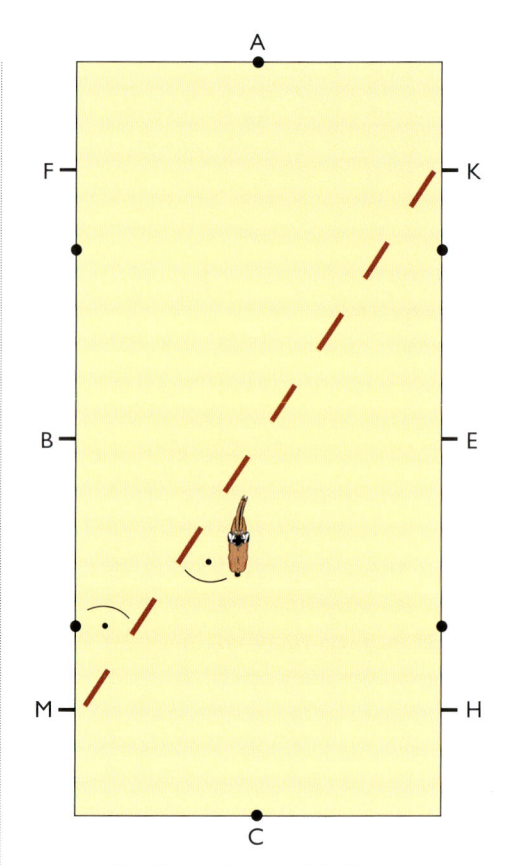

Eine Traversale entspricht Travers entlang einer diagonalen Linie

10.6.1 Umgang mit der natürlichen Schiefe bei der Traversale

Bei jüngeren Pferden, aber auch bei älteren, die sich noch nicht vollkommen geraderichten lassen, wird der Reiter in Abhängigkeit von der Schiefe seines Pferdes, bezüglich seiner Hilfengebung doch recht deutlich zu differenzieren haben, ob er auf der eher etwas festeren, der sogenannten Zwangsseite oder aber auf der eher etwas hohlen, der sogenannten schwierigen Seite traversieren möchte.

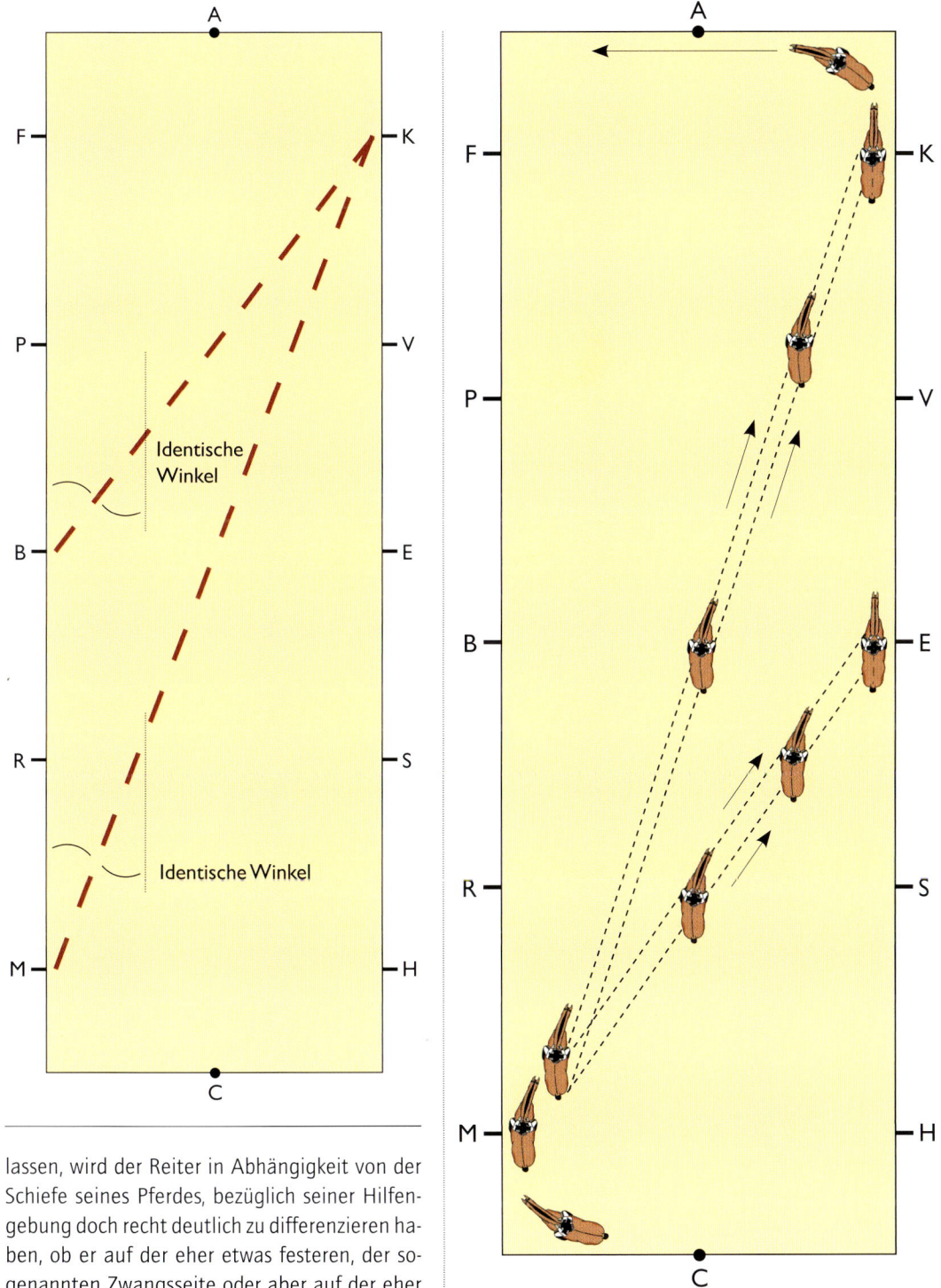

Wegen der geforderten Parallelität richtet sich die Abstellung zur Diagonalen nach deren Steilheit

Reiten mit *Verstand und Gefühl* 203

10. Seitengänge

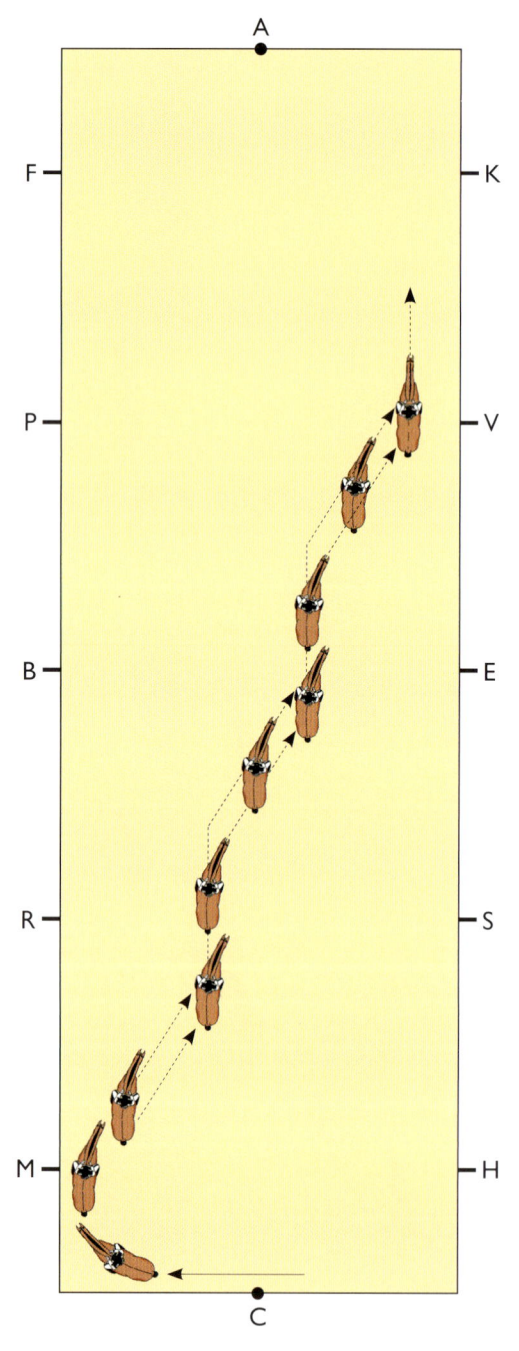

„Stufentraversale": In Abschnitten des Geradeaus sollte die Biegung beibehalten oder nötigenfalls wieder verbessert werden!

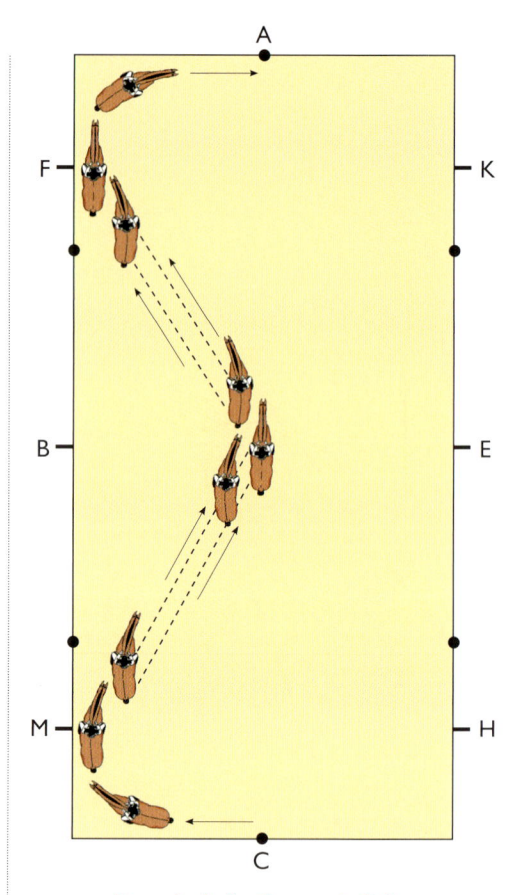

Doppelte halbe Traversale: Beim Üben kann in der Mitte ein längeres Stück geradeaus geritten werden.

Im ersten Fall ist er gut beraten, in der Vorbereitung vermehrt an das Reiten-in-Stellung, eventuell sogar an Travers zu denken, um von Anfang an mit gleichmäßiger Längsbiegung und Parallelität die Traversale reiten zu können.

Auf der anderen Hand, auf der das Pferd wahrscheinlich dazu neigt, mit der Hinterhand etwas vorauszugehen, empfiehlt sich eine Vorbereitung und ein Beginn aus dem Schultervor bzw. schulterhereinartig.

Auch im weiteren Verlauf der Traversale wird der Reiter auf beiden Händen jeweils mit unterschiedlichen Problemen konfrontiert sein. Auf der festeren Seite wird meistens die Schwierigkeit darin bestehen, die Hinterhand genügend

Ansatz zu einer Traversale: Das Pferd wird eng, kommt zu tief, nimmt die Biegung kaum an und verwirft sich im Genick.

„dabei" zu haben. Um dem zu begegnen, reicht es aber nicht aus, mit dem äußeren Schenkel vermehrt das Mitnehmen der Hinterhand zu fordern, viel wichtiger ist es, mit dem inneren Schenkel durch sicheres Vorwärtsstreiben direkt am Gurt zu verhindern, dass das Pferd mit der Schulter in Bewegungsrichtung drängt und sich so der Längsbiegung zu entziehen versucht. Deshalb sollte ein unterstützender Einsatz der Gerte, wenn überhaupt als Unterstützung des inneren Schenkels oder sogar an der Schulter erfolgen.

In diesem Zusammenhang sollte auch das abschnittsweise Üben einer Traversale – manche nennen das „Stufentraversale" – angesprochen werden (s. Abb. S.204). Diese Übungsvariante

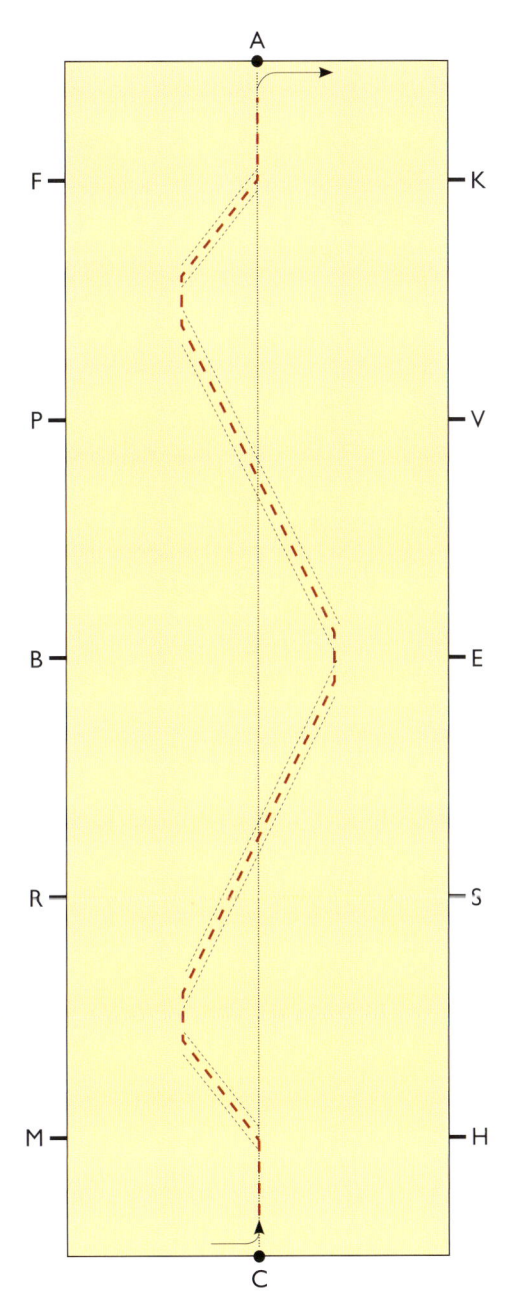

Die Zickzack-Traversalen stellen höchste Ansprüche an die Balance und Durchlässigkeit sowie an die Geschicklichkeit des Reiters. Es wird dabei besonders die gleichmäßige Geschmeidigkeit und Biegsamkeit auf beiden Händen überprüft. Im Trab ist die Meterzahl rechts und links der Mittellinie, im Galopp auch die jeweilige Zahl der Galoppsprünge vorgegeben.

Reiten mit *Verstand und Gefühl* **205**

10. ➤ Seitengänge

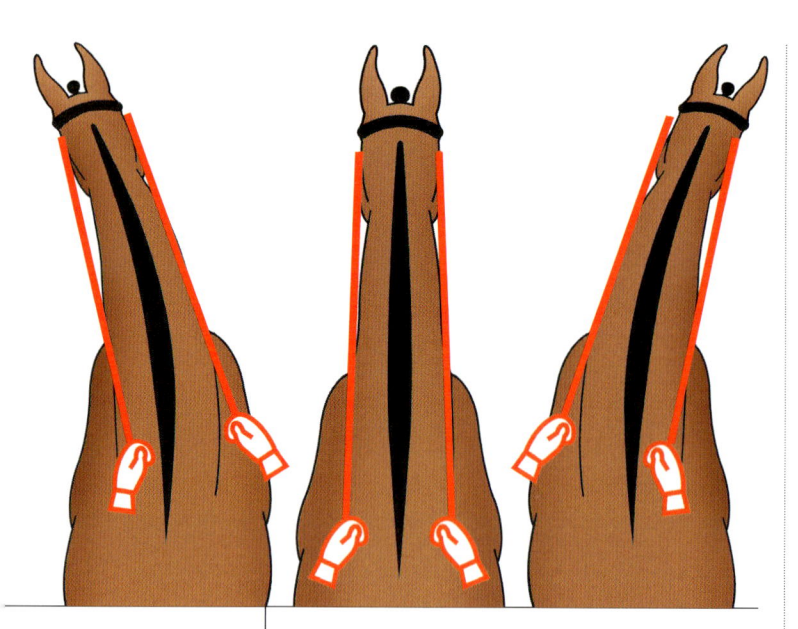

Beim gebogenen Pferd kann der Reiter seine Hände jeweils so weit nach links oder rechts bewegen, dass die Zügel immer noch gerade und am Hals anliegend zum Maul führen; dies erleichtert das geschmeidige und flüssige Umstellen zum Beispiel bei doppelten Schlangenlinien oder Zick-Zack-Traversalen.

kann besonders gut auf einem großen Viereck Anwendung finden. Hierbei wird jeweils nach einigen Tritten oder Sprüngen vorwärts-seitwärts wieder geradeaus weitergeritten, um z.B. Fluss, Längsbiegung oder auch Parallelität wieder zu verbessern. Auch hier kann wieder, wie oben bei der Einleitung der Traversale beschrieben, je nach Art der Schiefe auf dem Geradeausstück mehr an Reiten-in-Stellung oder eben an Schultervor gedacht werden. Gegebenenfalls kann dabei auch eine Volte geritten werden, bei der das Annehmen der Schenkelhilfen und das Loskommen vom inneren Zügel im Vordergrund stehen müssen.

> Auch beim Üben von Traversalverschiebungen wird der gute Reiter und Ausbilder sorgfältig darauf achten, die Anforderungen, was die Steilheit, also das Kreuzen, aber auch was die Länge der Reprise anbelangt, keinesfalls zu überziehen. Er wird sehr aufmerksam beobachten, ob der Takt und der Fluss des Bewegungsablaufes erhalten bleibt; nötigenfalls wird er sofort angemessen reagieren.

Lernenden Pferden fällt es anfangs meistens leichter, die Traversale von der Mittel- bzw. Viertellinie aus zu beginnen, wobei sie allerdings die letzten zwei bis drei Meter zur Bande hin die Neigung haben, eiliger und weniger gebogen zum Hufschlag zu „laufen". Dem muss durch sorgfältiges Kontrollieren jedes Trittes oder Sprunges mit einer halben Parade vorgebeugt werden.

Andererseits wird dem lernenden Reiter, selbstverständlich auf gut geeigneten Lehrpferden, das Parallelhalten des Pferdes leichter fallen, wenn vom Hufschlag aus begonnen wird.

10.6.2 Das Umstellen zwischen zwei Traversalen

Beim Umstellen zwischen zwei Traversalen wird im Geradeaus die Hilfengebung gewechselt und das Pferd entsprechend der neuen Bewegungsrichtung gestellt und gebogen. Je besser Pferd und Reiter aufeinander abgestimmt sind, je durchlässiger das Pferd reagiert, umso mehr kann diese Strecke des Geradeaus verkürzt werden, bis schließlich von einer Traversalbewegung in die andere übergegangen werden kann.

Bei Galopptraversalen ist dafür selbstverständlich ein sicheres Beherrschen des fliegenden Galoppwechsels Voraussetzung. Das Umspringen erfolgt im Geradeaus, wobei sehr erfahrene Reiter dabei durchaus eine individuell modifizierte Technik haben. Sie reiten den Wechsel erst, wenn sie das Pferd bereits umgestellt haben.

Da das Pferd im Schulterbereich etwas schmaler gebaut ist als im Beckenbereich, ist es sinnvoll, jeweils beim Umstellen an Schultervor zu denken, also die Vorstellung zu haben, die Schulter des Pferdes etwas mehr in die neue Richtung zu führen.

Wenn das Pferd beim Umstellen, besonders zur jeweils festeren Seite hin, nicht genügend an den neuen äußeren Zügel herantritt, kann das innere Hinterbein blockiert sein, sodass es zu Taktfehlern kommt und im Galopp der Wechsel nur unzureichend durchgesprungen wird.

10.6.3 Fehler bei den Traversalen

Außer den oben schon angesprochenen Fehlern kommen folgende auch häufig vor und bedingen sich zum Teil sogar gegenseitig:

Kommt immer wieder die Hinterhand voraus, muss die Traversale zunächst aus dem Schultervor begonnen werden. Es muss darauf geachtet werden, dass das Pferd genügend schwungvoll an die Hand „heranzieht" und dass es mit genügend Selbsthaltung geht, was durch beidhändiges Leichtwerden oder Überstreichen gut überprüfbar ist. Ein zu starkes Umlegen und Einwirken mit dem äußeren Schenkel muss unbedingt vermieden werden.

Beim Umstellen zwischen zwei Traversalen tritt dieser Fehler vornehmlich zur hohlen Seite hin auf. Dann ist es sinnvoll, beim Umstellen zu dieser Seite, das Pferd wie am Scheitelpunkt einer einfachen Schlangenlinie mit seiner Vorhand vermehrt in die neue Richtung zu führen. Insgesamt gilt es, bei der Bekämpfung dieses Fehlers alles zu vermeiden, was das Pferd eng macht.

Das Engwerden im Hals ist ja leider ein Fehler, der heute so häufig vorkommt, dass er von vielen gar nicht mehr als solcher ernsthaft erkannt, geschweige denn bekämpft wird. Immer dann, wenn mehr Versammlung verlangt wird, kommt es vermehrt dazu, so eben auch bei Traversalen. Ohne auf dieses Problem hier im Einzelnen zu sehr einzugehen, muss aber ganz klar gesagt werden, dass ein enges Pferd sich mit Sicherheit schlechter biegen lässt und im Durchschwingen der Hinterbeine begrenzt ist. Deshalb muss immer wieder daran gearbeitet werden, dass das Pferd gut an den treibenden Hilfen steht, gleichmäßig an beide Zügel herantritt, also sicher „zieht" und somit Paraden gegeben werden können, ohne das Pferd eng zu machen.

Auch das Verwerfen im Genick wird beim Pferd mit engem Hals besonders häufig vorkommen. Verursacht wird es durch technische Fehler, wie z.B.

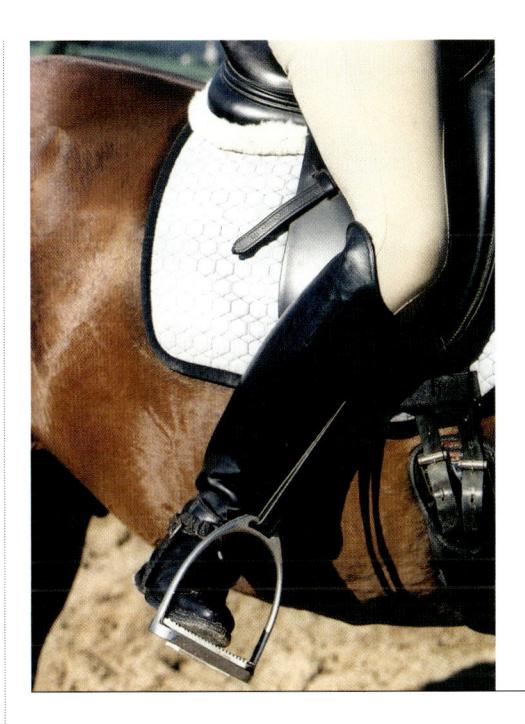

Wird der äußere Schenkel, in verwahrender oder seitwärtstreibender Funktion, nicht genügend respektiert, hat es keinen Sinn, ihn weiter zurückzulegen; vielmehr muss dann einmal mit dem Sporn für Nachdruck gesorgt werden, dazu darf die Fußspitze kurzfristig etwas nach außen gedreht werden.

- durch eine einseitig hohe Hand, ganz besonders bei Kandarenzäumung,
- durch eine über den Mähnenkamm drückende Hand, das kann die äußere oder die innere sein,
- durch ein mangelhaftes Nachgeben am äußeren, verwahrenden Zügel,
- durch einen einseitig klemmenden Kandarenzügel
- oder ganz allgemein, wenn das Pferd nicht genügend gleichmäßig an beide Zügel herantritt.

Die technisch bedingten Fehler sollten relativ schnell vermeidbar sein; beim zuletzt angesprochenen jedoch, der mit mangelnder Geraderichtung zusammenhängt, muss eine Korrektur viel grundlegender angelegt werden, es muss zunächst wieder vermehrt auf geraderichtende Biegearbeit Wert gelegt werden.

➔ Anlehnung; Schwung; Geraderichten; Reiten von Wendungen; fliegende Wechsel

11. ▸ Fliegender Wechsel

Gute Versammlung im Galopp ist Voraussetzung für fliegende Wechsel.

11. Fliegender Wechsel

Beim fliegenden Galoppwechsel wird im Moment der freien Schwebe die Fußfolge z.B. vom Linksgalopp zum Rechtsgalopp gewechselt. Er wird einzeln dressurmäßig ab der Klasse M verlangt. Serienwechsel, also regelmäßige Galoppwechsel nach vier, drei, zwei oder gar jeweils einem Galoppsprung kommen erst in Aufgaben der Klasse S vor.

11.1 Kriterien für gelungene Galoppwechsel

Den fliegenden Galoppwechsel soll das Pferd taktmäßig springen. Das heißt: Alle Galoppsprünge, auch der letzte vor und der erste nach dem Wechsel, sollen im klaren Dreitakt erfolgen.

Dabei soll das Pferd gelassen, gut im Fluss nach vorn, geradegerichtet und bergauf möglichst weit durchspringen. Es soll präzise, aber unauffällige Hilfen prompt und willig annehmen. Die Qualität des Wechsels kann normalerweise nicht besser sein als die des Galopps vorher, weshalb bei Wechselproblemen zunächst stets erst einmal an der Verbesserung des versammelten Galopps gearbeitet werden muss. Dennoch gibt es gelegentlich Pferde, besonders solche mit einer sehr großen Übersetzung, die aus einem nur schleppend, knapp durchgesprungenen Galopp erstaunlich gute Wechsel springen.

Hilfengebung

Ganz entscheidend für das Gelingen des Wechsels ist das richtige „Timing", also das exakte zeitliche Abstimmen der Hilfen. Grundsätzlich müssen die Wechselhilfen unmittelbar vor der Schwebephase gegeben werden, um dem Pferd das Umspringen während dieser zu ermöglichen. Der genau passende Zeitpunkt, ob sie nämlich in der letzten Dreibein- oder erst in der letzten Einbeinstützphase gegeben werden müssen, ist von Pferd zu Pferd individuell unterschiedlich zu wählen; das hängt nämlich von der Sensibilität und besonders von der Reaktionsgeschwindigkeit des einzelnen Pferdes ab. In der Lernphase kann diese sogar auf der einen Hand etwas anders sein als auf der anderen.

Zur Vorbereitung verbessert der Reiter durch halbe Paraden die Galoppade und die Aufmerksamkeit des Pferdes.

- Der bis dahin verwahrende äußere Schenkel wird zum neuen inneren, also treibenden und gleitet hierzu in die entsprechende Position am Gurt. Der bisher innere wird analog nunmehr zum verwahrenden und somit etwas zurückgenommen.
- Durch das Umlegen der Schenkel wird beim losgelassen und ausbalanciert sitzenden Reiter automatisch der innere Gesäßknochen etwas stärker belastet; ansonsten sollte der Reiter mit dem Oberkörper möglichst ruhig sitzen bleiben.
- Ein leichtes Umstellen des Pferdes erfolgt etwas vor dem Wechsel; dabei muss das Pferd sicher an den neuen äußeren Zügel heranspringen, damit das neue innere Hinterbein genügend weit nach vorn durchspringen kann.

In diesem Zusammenhang lohnt es sich, einmal generell über die Galopphilfen nachzudenken.

Wie ich meine, wird sowohl bei der Ausbildung junger Reiter als auch bei der Ausbildung junger Pferde dabei viel zu sehr die Bedeutung des äußeren Schenkels betont. Manchmal geht es ja tatsächlich nach dem Motto: „Äußeren Schenkel (möglichst weit) umlegen... und Galopp ist da!" Dabei tritt eigentlich die Bedeutung des inneren Schenkels, der vortreibend für das entsprechend weite Vorspringen des inneren Hinterbeins zuständig ist, zu sehr in den Hintergrund. Auch beim Reiten im Kontergalopp arbeiten viele mit der Vorstellung, sie müssten durch ein noch deutlicheres Zurücklegen des verwahrenden Schenkels das Umspringen verhindern. Viel richtiger ist es aber, mit dem nach wie vor inneren Schenkel den gewünschten Galopp bei jedem einzelnen Sprung abzufragen. Dies hat zusätzlich den Vorteil, dass das Pferd nicht so leicht schief wird. Wenn auf gerader Linie im Galopp das Pferd verbessert geradegehalten werden soll, wird ja auch richtigerweise die diagonale Hilfengebung „innerer Schenkel – äußerer Zügel" vermehrt betont.

Auch für das Reiten fliegender Wechsel hat es deutliche Vorteile, wenn im Laufe der Ausbildung zur Verfeinerung der Hilfengebung zunehmend die Bedeutung des neuen inneren Schenkels an Bedeutung gewinnt:

Die Wechsel werden zunehmend mehr geradeaus gesprungen, der Reiter kann allmählich dezenter einwirken, wodurch auch mehr Ruhe in den Sitz kommt. So gerittene Pferde gehen dann auch auf sehr feine Hilfen Serienwechsel, verzeihen allerdings auch nicht so leicht Reiterfehler.

Auch bei der Hilfengebung für den fliegenden Wechsel wird es ähnlich, wie es auch schon bei den Seitengängen angesprochen wurde, gegebenenfalls vorteilhaft sein, in Abhängigkeit von der natürlichen Schiefe zwischen der schwierigen (hohlen) und der Zwangsseite zu differenzieren. Soll der Wechsel zu der eher etwas festen Seite hin gesprungen werden, muss der neue äußere verwahrende Schenkel sicherlich etwas deutlicher ein Ausweichen der Hinterhand verhindern und der innere Schenkel die Vorhand gut im Ge-

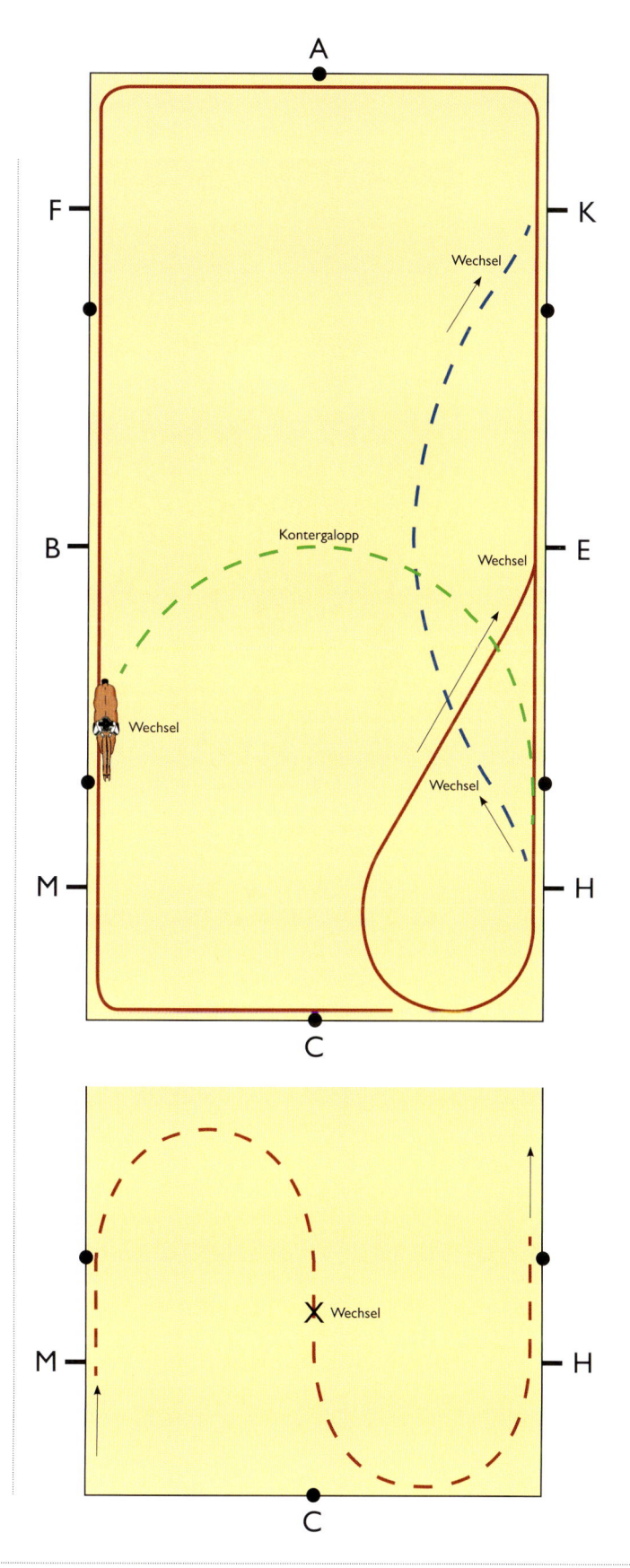

11. ➤ Fliegender Wechsel

Wunderbar vorwärts-aufwärts gesprungener fliegender Galoppwechsel (Rusty unter Ulla Salzgeber)

radeaus halten. Auf der anderen Hand muss besonders darauf geachtet werden, dass die neue äußere Schulter nicht ausweicht.

Der weniger erfahrene Reiter macht häufig den Fehler, die Hilfen für den Galoppwechsel im gleichen zeitlichen Ablauf und Rhythmus zu geben wie die Hilfen, die vorher jeden einzelnen Galoppsprung gefordert bzw. begleitet haben. Dann kommt er aber zu spät, sodass das Pferd, wenn überhaupt, nur noch mit den Vorderbeinen reagieren kann, hinten aber gar nicht oder einen Galoppsprung später umspringt. Deshalb muss er sich einfach vorstellen, die Hilfe wie einen Zwischenschlag zwischen zwei Galopphilfen, also deutlich früher zu geben. Wer ein Musikinstrument spielt oder sich mit Musiknoten auskennt, kann es sich wie eine Synkope vorstellen. Je gelassener und gleichmäßiger, z.B. bei einem Lehrpferd, der Ablauf im Galopp vonstatten geht, desto leichter wird dem lernenden Reiter das Timing fallen.

Um den Lernerfolg für das junge Pferd zu optimieren, sollten Galoppwechsel so lange stets nur von einem möglichst erfahrenen Ausbilder geübt werden, bis das Pferd dabei auf beiden Händen eine gewisse Sicherheit erlangt hat.

Bevor wir nun zu den verschiedenen Übungsmöglichkeiten kommen, noch einige beachtenswerte Grundsätze:

- Der dressurmäßige fliegende Wechsel sollte immer auf gerader Linie geritten werden. Vor allem sollte nicht versucht werden, durch einen mehr oder weniger abrupten Richtungswechsel das Umspringen zu fordern. Auch wenn, z. B. zur Verbesserung der Versammlung, vor und nach dem Wechsel auf gebogenen Linien geritten wird (s.u.), so sollte der Wechsel selbst stets wieder im Geradeaus erfolgen.
- Bei den ersten Übungen wird sinnvollerweise der fliegende Wechsel zu der Hand hin geübt, auf der das betreffende Pferd besser galoppiert; dies ist in den meisten Fällen relativ eindeutig und leicht auszumachen.
- Beim Lernen ist es hilfreich, den fliegenden Wechsel mehrfach auf der gleichen Hufschlagfigur bzw. an der gleichen Stelle der Reitbahn zu reiten.
- Auch hierbei ist es ganz wichtig, was Intensität und Dauer des Übens anbelangt, sorgfältig und wohl überlegt zu dosieren. Also z.B. nach ein oder zwei gelungenen Wechseln das Pferd zu loben und diese Arbeitsphase zu beenden.
- Es kann sinnvoll sein, nach einigen Tagen, an denen am Wechsel gearbeitet wurde, diesbezüglich eine Pause einzulegen, gewissermaßen um das Gelernte sich setzen zu lassen.
- Nur wenn der Reiter dank guten Gefühls und ausreichender Erfahrung in der Lage ist; auf die aktuelle Befindlichkeit des Pferdes einzugehen und seine Übungsintensität und -methodik darauf abzustimmen, kann er erfolgreich und effektiv arbeiten.
- Reagiert das Pferd auf die Hilfe zum fliegenden Wechsel nicht wie gewünscht, darf es nicht gestraft werden, weil dies zu angstbedingten Spannungen oder gar Blockaden führen kann, was wiederum der spontanen Reaktion des Pferdes auf die Wechselhilfe im Wege

stünde. Vielmehr müssen wieder Übungen geritten werden, die die Durchlässigkeit verbessern, wie z.B. Galoppverstärkungen, hierbei besonders auch eine präzise Rückführung oder einfache Galoppwechsel. Gelegentlich kann es hilfreich sein, mit der Gerte den neuen inneren Schenkel zu unterstützen, indem durch ein Touchieren an der neuen inneren Rippe das bessere Vorspringen des neuen inneren Hinterbeines gefördert wird.

- Das Üben des fliegenden Wechsels über eine Stange oder über ein Cavaletti ist besonders für Dressurpferde nicht empfehlenswert, weil es das Bergaufspringen geradezu unmöglich macht, stattdessen ein Nachspringen oder eine hohe Kruppe provoziert.

11.2 Hinweise zur Ausbildung

Wenn es um das Vertrautmachen mit fliegenden Wechseln geht, so gilt ganz besonders der Grundsatz, dass dieser für das junge Dressurpferd sehr anspruchsvolle Ausbildungsabschnitt nur von einem erfahrenen Ausbilder optimal gestaltet werden kann. Zu welchem Zeitpunkt es sinnvoll ist, mit dem Üben fliegender Wechsel zu beginnen, ist eine Frage, die durchaus unterschiedlich beantwortet wird. Wie bei allem Lernen gilt es auch beim Pferd, die Lernfähigkeit der Jugend auszunützen. Natürlich ist die Veranlagung für diese Übung von Pferd zu Pferd ganz unterschiedlich ausgeprägt. Die moderne Reitpferdezucht liefert uns immer häufiger Pferde, die dank der Selektion vor allem auch auf Rittigkeit und einer sehr guten angeborenen Balance schon in den ersten Wochen des Anreitens ganz spielerisch fliegende Wechsel anbieten. Das wird dann der gute, erfahrene Reiter selbstverständlich annehmen.

Um in der weiteren Ausbildung korrekte dressurmäßige Wechsel üben zu können, sollte das Pferd schon einigermaßen geradegerichtet und versammelt gehen, besonders auch was die Galopparbeit anbelangt. Es sollte auf feine Hilfen an beliebiger Stelle sicher und gerade auf beiden Händen auch aus dem Schritt angaloppieren. Der einfache Galoppwechsel sollte schon recht durchlässig und präzise gelingen. Bei Wendungen im Galopp und bei der Rückführung nach Galoppverstärkungen sollte eine deutliche Lastaufnahme erkenn- bzw. spürbar sein.

Bereits gleichzeitig mit den ersten Übungen des Kontergalopps kann auch mit dem fliegenden Wechsel begonnen werden. Dadurch kann die Neigung des ausbalancierten jungen Pferdes, am liebsten im Handgalopp sich zu bewegen, vorteilhaft ausgenutzt werden. Springt das Pferd bei diesen Übungen von sich aus einmal um, muss es zwar sofort und bestimmt korrigiert werden, darf es aber auf keinen Fall gestraft werden. Entscheidend ist sowohl beim fliegenden Wechsel als auch beim Kontergalopp, dass das Pferd stets sicher an den treibenden Hilfen steht, der Reiter es also vor sich hat.

Mit welchen Übungen und auf welchen Hufschlagfiguren erste fliegende Wechsel versucht werden, ist etwas Ansichtssache, aber auch eine Frage der Intuition des erfahrenen Ausbilders. Was bei dem einen Pferd die ideale Ausbildungsmethode ist, muss bei dem anderen Pferd nicht unbedingt erfolgreich sein. Hinzu kommt noch, dass es manchmal bei ein- und demselben Pferd vorteilhaft oder sogar notwendig ist, unterschiedliche Übungsvarianten zu nutzen.

11.3 Übungsvarianten

Für alle im Folgenden beschriebenen verschiedenen Übungsvarianten (s. Abb. S. 209) sollte mindestens ein Reitplatz oder eine Halle von mindestens 20 m x 40 m zur Verfügung stehen, bei Pferden mit sehr raumgreifender Galoppade besser sogar 20 m x 60 m.

- Nach einer Kehrtvolte in der zweiten Ecke der langen Seite wird die Hilfe zum Wechsel unmittelbar bei Erreichen des Hufschlages gegeben, wobei die Bande sehr gut die neuen verwahrenden Hilfen unterstützt, also das Geradeausreiten erleichtert. Hinzu kommt, dass bei dieser Methode die neue äußere Schenkelhilfe

11. ➤ Fliegender Wechsel

nicht einseitig überbetont wird, sondern auch der neue innere Schenkel das Vorspringen des neuen inneren Hinterbeines (eventuell mit der oben beschriebenen Unterstützung mit der Gerte) besonders gut fordern kann. Dies mindert von Anfang an die Neigung des Pferdes, beim Wechsel zu schwanken. Manche Pferde kapieren den fliegenden Wechsel noch leichter, wenn aus dieser Kehrtvolte traversalartig zum Hufschlag zurückgeritten wird und dann beim Umstellen ins Geradeaus die Hilfe erfolgt.

- Erfahrene, sichere Ausbilder bevorzugen, selbstverständlich auf entsprechend veranlagten Pferden, das Üben des fliegenden Wechsels vom Handgalopp zum Kontergalopp auf dem zweiten Hufschlag entlang der langen Seite. Hierbei wird überhaupt nicht von der geraden Linie abgewichen, das neue innere Hinterbein kann besonders gut durchspringen und es bleibt noch genügend Platz, um im Falle des Misslingens das Pferd erneut vorzubereiten und den Versuch zu wiederholen. Da das Pferd nach dem Wechsel in Richtung Bande galoppiert, bleibt es in der Regel leichter „beim Reiter", ohne zu stürmen. Zusätzlich wird bei dieser Variante sogar der Kontergalopp gefestigt; das Pferd wird weniger leicht zum ungewollten Umspringen neigen.

- Bei einer anderen sehr bewährten Variante wird im Kontergalopp auf einen großen halben Zirkel abgewendet und die Hilfen zum Wechsel beim Erreichen des Hufschlages gegeben. Wird diese Übung auf dem Mittelzirkel begonnen, so hat das den Vorteil, dass der Wechsel auch wieder ins Geradeaus erfolgt. Bei Pferden, denen der Wechsel, zumindest zu einer Seite schwer fällt, kann vor dem Wechsel auch eine ganze oder sogar eineinhalb Runden auf dem Zirkel im Kontergalopp geritten werden, damit das Pferd dann gewissermaßen wieder froh ist, zum Handgalopp wechseln zu können.

- Eine weitere gute Übungsform, die sich anbietet, wenn das Pferd bei den ihm nun bekannten Gelegenheiten schon auf den Wechsel lauert, ist folgende:

Nach Durchreiten der ersten Ecke der langen Seite wird ähnlich wie bei einer einfachen Schlangenlinie abgewendet. Etwa ein bis zwei Pferdelängen nach Verlassen des Hufschlags, dort, wo man bei einer einfachen Schlangenlinie das Pferd umstellen würde, wird dann der Wechsel geritten. Ob nach gelungenem Wechsel sofort durchpariert wird, um das Pferd zu loben, oder aber im Kontergalopp weitergeritten wird, hängt von der Situation ab und muss gefühlsmäßig entschieden werden.

- Gelegentlich kommt es vor, dass das Pferd, besonders bei dem Wechsel, der ihm weniger leicht fällt, wegen der dann notwendigerweise etwas energischeren Hilfengebung versucht, nach vorne zu stürmen. In diesem Fall lohnt es sich, Folgendes zu probieren: Es wird ein großer Zirkel angelegt und auf einem großen Halbkreis, wie beim Wechseln durch den Zirkel, auf die Mittellinie abgewendet. Diese halbe Zehnmeter-Volte sollte nicht direkt beim Zirkelpunkt begonnen, sondern ein wenig mehr Richtung Bahnmitte verlagert werden. Dann kann auf der Mittellinie zwei oder drei Pferdelängen geradeaus Richtung kurze Seite geritten werden und in diese Richtung der Wechsel versucht werden. Erfahrungsgemäß kann der Reiter so das Pferd besser vor sich behalten und kommt beim Wechsel genügend zum Treiben.

Auch wenn wir davon ausgehen, dass die ersten Galoppwechsel durch einen erfahrenen Reiter versucht und geritten werden, der auch so viel Gefühl hat, dass er selbst beurteilen kann, ob das Pferd einigermaßen sicher durchgesprungen ist, ist es immer von Vorteil, wenn zusätzlich ein fachkundiger Helfer dabei ist, der ein gutes Auge für solche Bewegungsabläufe hat und gegebenenfalls sofort Fehler angibt. Besonders Pferde mit einer etwas flacheren Galoppade springen manchmal, kaum spürbar, nach. Um das Pferd nicht falsch zu konditionieren, also keinen fehlerhaften Bewegungsablauf zu programmieren, muss sichergestellt sein, dass tatsächlich nur einigermaßen gelungene Wechsel, keinesfalls nachgesprungene lobend positiv quittiert werden.

Wenn die Galoppwechsel nach beiden Seiten einigermaßen sicher gelingen, geht es darum, mehr Ausdruck durch ein sichereres Bergauf zu erreichen. Dazu dient alles, was die Versammlung und die Durchlässigkeit verbessert. Zwei hierfür gut geeignete Übung seien hier beschrieben:

- Auf einer diagonalen Wechsellinie, wobei es sinnvoll ist, als Zielpunkt eher den Zirkel- als den Wechselpunkt anzupeilen, werden in der ersten Hälfte die Galoppsprünge etwas verlängert. Ungefähr ab der Mittellinie wird mit sorgfältigen halben Paraden (gut an den treibenden Hilfen) wieder aufgenommen und dann nach ein, zwei Galoppsprüngen der Wechsel so geritten, als ob man wieder zulegen wollte.
- Mit Pferden, die entsprechend ausbalanciert und versammlungsfähig sind, kann, wie bei Vorübungen zur Galopppirouette, der Zirkel verkleinert werden, wobei das Pferd dann, hoffentlich ohne zu viel Handeinwirkung, gewissermaßen von selbst vermehrt Last aufnimmt. Aus dieser Volte heraus wird auf die Diagonale gegangen und nach wenigen Galoppsprüngen im Geradeaus wieder gut nach vorn der Wechsel geritten. Eventuell kann daran anschließend auch auf der anderen Hand der Zirkel verkleinert bzw. auf eine Volte gegangen werden, um so auch den anderen Wechsel zu reiten.

Bei allen Übungen zum fliegenden Wechsel muss immer wieder darauf geachtet werden, dass das Pferd gelassen bleibt. Nur dann können zuverlässig sichere und qualitätsvolle Galoppwechsel gelingen.

11.4 Fehler und deren Korrektur

Bei auftretenden Schwierigkeiten müssen stets zunächst erst wieder die Voraussetzungen überprüft und gegebenenfalls sichergestellt werden:

- Der Galoppsprung muss im klaren Dreitakt mit deutlicher Schwebephase gesprungen werden,
- das Pferd muss auf jeden Fall wieder (los-)gelassen sein,
- es muss, auch beim Verkürzen, gerade bleiben und
- dabei in guter Selbsthaltung, also ausbalanciert und mit leichter Anlehnung, galoppieren.

So ist es gar nicht möglich, aber auch nicht sinnvoll für das Abstellen einzelner Fehler rezeptartige Korrekturvorschläge zu machen. Wenn durch entsprechendes „Analysieren" die Ursache für den Fehler herausgefunden werden kann, ergibt sich die Korrektur aus dem oben Besprochenen fast von selbst. In der Regel muss entsprechend anders oder verbessert vorbereitet werden, bevor ein erneuter Versuch Erfolg versprechen kann.

Das Pferd kann z.B. hinten nachspringt,
- weil es nicht genügend über den Rücken durchspringt, oder
- weil der Reiter nicht genügend vom neuen inneren Zügel loskommt (mangelndes Geradegerichtetsein), oder
- weil das Pferd schon auf den Wechsel lauert und nicht mehr genügend wartet.
- weil die Hilfe etwas zu spät gegeben wird, sodass das Pferd mit den Hinterbeinen nicht mehr rechtzeitig reagieren kann.

Hierzu ein zweites Beispiel: Das Pferd wird im Wechsel schief,
- weil es insgesamt noch nicht genügend geradegerichtet galoppiert, oder
- weil es sich im Wechsel jeweils verhält, oder
- weil der Reiter die Hilfe zu stark mit dem äußeren und zu wenig mit dem inneren Schenkel gibt.

Diese Aufzählung ließe sich beliebig fortsetzen, verdeutlicht aber wohl genügend, worauf es ankommt.

Abschließend sei noch einmal betont, dass ein junges Pferd in der Regel nur von einem erfahrenen und gefühlvollen Ausbilder Galoppwechsel richtig, vor allem ohne zu viele Irrwege, lernen kann.

> Bei allen Übungen zum fliegenden Wechsel muss immer wieder darauf geachtet werden, dass das Pferd gelassen bleibt. Nur dann können zuverlässig sichere und qualitätsvolle Galoppwechsel gelingen.

12. Serienwechsel

> Auch bezüglich der Hilfen gilt für den Wechsel innerhalb einer Serie dasselbe wie für den Einzelnen.

12. Serienwechsel

In Dressurprüfungen der Kl. S werden Serienwechsel gefordert. Darunter versteht man mindestens drei Wechsel nacheinander nach dem jeweils vierten, dritten, zweiten Wechsel oder sogar von Sprung zu Sprung.

In Vorbereitung darauf werden in der schwersten Aufgabe der Klasse M auf einer Diagonalen (auf dem 60er Viereck) drei einzelne fliegende Wechsel zu Beginn, in der Mitte bei X und am Ende vor Erreichen des Wechselpunktes abgefragt.

12.1 Kriterien für gelungene Serienwechsel

Die Kriterien bei Serienwechseln sind zunächst einmal dieselben wie bei einzelnen. Sie sollen also taktmäßig, gelassen, flüssig nach vorn, gerade, bergauf und weit durchgesprungen gezeigt werden. Pferd und Reiter sollen so gut aufeinander abgestimmt sein, dass relativ unauffällige Hilfen prompt und willig angenommen werden.

Hinzu kommt noch, dass das Tempo dabei gleichmäßig durchgehalten, die geforderte Sprung- und Wechselzahl genau eingehalten und die Wechsel auf der geforderten Linie gleichmäßig verteilt werden sollen.

Hilfengebung

Auch bezüglich der Hilfen gilt für den Wechsel innerhalb einer Serie dasselbe wie für den Einzelnen. Je weniger Galoppsprünge zwischen den Wechseln geritten werden sollen, desto wichtiger ist es, das Pferd gerade zu halten. Eine gute Sensibilität für die Hilfen und die Bereitschaft, sie willig und prompt anzunehmen wird zunehmend wichtiger.

Bei Vierer- und Dreierwechseln kann der Reiter in den Sprüngen zwischen den Wechseln jeweils noch daran arbeiten, die Qualität des Galopps zu erhalten, ja sogar zu verbessern und den nächsten Wechsel vorzubereiten. Bei Zweier- erst recht bei Wechseln von Sprung zu Sprung ist dafür aber kaum noch Zeit; deshalb muss schon vorher gewährleistet sein, dass das Pferd auch in der Serie sicher an den treibenden Hilfen steht.

Im Training sollte deshalb sehr genau darauf geachtet werden, gegebenenfalls die Galoppwechsel zu unterbrechen, wenn das Pferd sich verhält, auf die Hand kommt, im Bergauf nachlässt oder ähnliche Mängel auftreten. Es muss dann erst wieder der Galopp mit allen Kriterien bis hin zur Versammlung verbessert werden.

Um die geforderte Anzahl an Wechseln mit der vorgegebenen Zahl an dazwischen liegenden Galoppsprüngen genau erfüllen zu können, muss der Reiter lernen, trotz aller Konzentration auf die Hilfen richtig zu zählen.

Aus dieser Aufgabenstellung heraus wird wiederum klar, dass genau wie bei den einzelnen fliegenden Wechseln es richtig wäre, wenn der lernende Reiter ein erfahrenes, sicheres Pferd für die ersten Übungen zur Verfügung hätte, und wenn das lernende Pferd durch einen erfahrenen Reiter mit dieser gesteigerten Aufgabenstellung vertraut gemacht werden würde.

Je weniger diese Konstellation gegeben ist, desto wichtiger ist es, die Anforderungen hinsichtlich der Länge der Serien und der Zahl der dazwischen liegenden Galoppsprünge ganz allmählich zu steigern und nicht so lange zu üben, bis Pferd und Reiter mangels Konzentration vermehrt Fehler machen.

Die einfachste Methode, z.B. Viererwechsel zu zählen, ist 1,2,3,4/2,2,3,4/3,2,3,4 usw.; auf 4 erfolgt dann jeweils der Wechsel.

Hat der Reiter genügend Erfahrung und Gefühl für den jeweiligen Rhythmus, zählt er nur mehr die Wechsel, nicht aber die dazwischen liegenden Galoppsprünge.

12.2 Wechsel von Sprung zu Sprung (à tempo)

Da hierbei die Hilfe für den Wechsel jeweils schon während des vorhergehenden Galoppsprungs gegeben wird, muss bei den Wechseln von Sprung zu Sprung den Hilfen für den ersten Wechsel sehr schnell schon die Hilfen für den zweiten Wechsel folgen; es darf nicht gewartet werden, bis der erste Wechsel erfolgt ist. Für alle weiteren Wechsel gilt natürlich das-

selbe. Dies setzt beim Pferd ein gutes Reaktionsvermögen und eine hohe Sensibilität für die Hilfen, beim Reiter eine sehr geschickte und zeitlich gut abgestimmte Hilfengebung voraus.

Wegen der kurzen bzw. nicht mehr vorhandenen Intervalle zwischen den Wechseln, besonders eben bei Zweier- und Einerwechseln, ist es unmöglich oder würde stören, das Pferd für jeden Wechsel umzustellen. Es muss vielmehr gerade an beide Zügel heranspringen; der Kontakt am jeweils äußeren Zügel kann etwas stärker, am inneren dadurch etwas leichter sein, um den Galoppsprung, besonders mit dem neuen inneren Hinterbein, gut nach vorne herauszulassen.

Serienwechsel, besonders die von Sprung zu Sprung, können nur gut gelingen, wenn die Hilfengebung optimal so verfeinert ist, dass die Verständigung zwischen Reiter und Pferd fast nur noch zeichenartig erfolgen kann.

12.3 Ausbildungshinweise

Erst wenn die einzelnen fliegenden Wechsel jederzeit und an nahezu jeder Stelle sicher und qualitätsvoll gelingen, hat es Sinn, Serienwechsel zu üben.

Um von Anfang an einem Schwanken in den Wechseln möglichst vorzubeugen, wird zweckmäßigerweise zunächst entlang der langen Seite auf dem zweiten oder dritten Hufschlag begonnen, in der Regel mit einem Wechsel zum Kontergalopp und einem zweiten Wechsel zurück zum Handgalopp. Dabei sollte anfangs auch gar nicht auf die Zahl der dazwischen liegenden Galoppsprünge geachtet werden. Wichtig ist erst einmal, dass der zweite Wechsel nur dann geritten wird, wenn das Pferd dabei sicher an den Hilfen steht und bereit ist, willig den Hilfen zu folgen, ohne aber zu antizipieren.

Mit zunehmender Sicherheit können die Anforderungen, was die Zahl der Wechsel, aber auch die feste Zahl der Galoppsprünge dazwischen anbelangt, gesteigert werden.

Es ist ein großer Vorteil, wenn für diese Übungen ein großer Platz mit 60 oder auch mehr Metern Länge zur Verfügung steht. Grundsätzlich sollte die nächste Steigerung immer erst erfolgen, wenn der vorhergehende Schritt gesichert ist. Dreierwechsel sollten also erst dann versucht werden, wenn Viererwechsel zuverlässig gelingen.

Der Reiter bzw. Ausbilder sollte immer sehr kritisch die Qualität des Galopps und der einzelnen Wechsel beobachten, um gegebenenfalls rechtzeitig durch Herabsetzen der Anforderung korrigierend einzugreifen.

Gelingen Serienwechsel entlang der langen Seite in gutem Geradeaus, können sie auch auf der Diagonalen geübt werden. Im Hinblick auf das Reiten von Dressuraufgaben kommt dann noch eine zusätzliche Anforderung hinzu, nämlich die richtige Einteilung: Der mittlere Wechsel, z.B. bei sieben Zweierwechseln der vierte, soll möglichst genau bei X erfolgen. Das bedeutet, dass in Abhängigkeit vom Bodengewinn des einzelnen Galoppsprungs mit unterschiedlichen Pferden eventuell auch unterschiedlich früh nach dem Abwenden auf die Diagonale der erste Wechsel erfolgen muss.

Einerwechsel sollten auf jeden Fall erst dann versucht werden, wenn auch Zweierwechsel sicher und in guter Gelassenheit gelingen. Zunächst wird, wieder entlang der langen Seite, nur ein „Hin- und Zurückspringen" verlangt, vom Handgalopp zum Kontergalopp und zurück zum Handgalopp. Falls das Pferd z.B. den Wechsel nach links etwas lieber und leichter springt, beginnt man von der linken Hand mit dem Wechsel nach rechts und zurück zum Linksgalopp. Im weiteren Verlauf sollte diese Übung auf beiden Händen häufig wiederholt werden und die Reaktionsschnelligkeit des Pferdes für diese Übung gesteigert werden. Bei der allmählichen Steigerung der Anforderungen über drei zu vier und fünf Einerwechseln hin muss immer wieder darauf geachtet werden, die Arbeit genügend abwechslungsreich zu gestalten, vor allem auch Reprisen von Mittelgalopp mit den entsprechenden Übergängen einzubeziehen. Der Reiter und Ausbilder sollte dabei stets die verschiedenen

> Erst wenn die einzelnen fliegenden Wechsel jederzeit und an nahezu jeder Stelle sicher und qualitätsvoll gelingen, hat es Sinn, Serienwechsel zu üben.

13. ➢ Galopppirouetten

➢ **Bezüglich der Wechsel von Sprung zu Sprung sollte erwähnt sein, dass es durchaus Pferde gibt, die Zweierwechsel sicher lernen, mit Einerwechseln aber Probleme haben, eventuell sogar überfordert sind.**

Kriterien der Ausbildungsskala im Hinterkopf haben, bereits Ansätze von Spannung oder gar Verkrampfung ernst nehmen und diesen sofort begegnen.

In welchem Tempo Einerwechsel geübt werden sollen, muss individuell überlegt werden. Zunächst ist es sicherlich wichtig, in relativ ruhigem Tempo das Pferd vor allem gut vor sich zu behalten, um dafür zu sorgen, dass das präzise Timing der Hilfengebung sichergestellt ist, dass die Hilfen nicht zu spät kommen. Mit zunehmender Sicherheit können und sollten die Wechsel wieder etwas mehr im Vorwärts geritten werden, um Raumgriff, Schwung und Ausdruck zu erhöhen.

Genau wie bei den anderen Serienwechseln muss beim Üben auf der Diagonalen verstärkt auf das Geradehalten des Pferdes geachtet werden.

Überhaupt, und das gilt für alle Serienwechsel, wird sich mangelndes Geradegerichtetsein des Pferdes besonders schnell und deutlich bemerkbar machen:

Nach der etwas hohlen Seite neigen die Pferd in der Regel vermehrt zum Schiefwerden, zum Herüberschieben der Hinterhand, auf der eher etwas festen Seite kommt es sehr leicht vor, dass das neue innere Hinterbein nur verkürzt durchspringt.

Treten solche Mängel auf, sollte dies sofort Anlass sein, der geraderichtenden Arbeit wieder mehr Aufmerksamkeit und Zeit zu widmen, wieder vermehrt dafür zu sorgen, dass das Pferd an beide Zügel gleich gut heranspringt.

Bezüglich der Wechsel von Sprung zu Sprung sollte erwähnt sein, dass es durchaus Pferde gibt, die Zweierwechsel sicher lernen, mit Einerwechseln aber Probleme haben, eventuell sogar überfordert sind. Die Möglichkeiten richtig einzuschätzen, ob und wie man mit solchen Pferden doch zum Erfolg kommen kann, sowie das weitere Vorgehen richtig zu planen, setzt große Erfahrung, gutes Gefühl und viel Geduld voraus.

In der weiteren fortgeschrittenen Ausbildung lohnt es sich, Serienwechsel auch auf großen gebogenen Linien zu üben. Erfahrene Reiter können dadurch den Durchsprung und das Geradegerichtetsein in den Wechseln verbessern, in Kürprüfungen erhöht sich dadurch der Schwierigkeitsgrad.

Serienwechsel, besonders Einerwechsel, setzen beim Pferd in hohem Maße Geschicklichkeit, Reaktionsvermögen und Durchlässigkeit voraus. Nur ein Reiter, der losgelassen, tief und ausbalanciert sitzt, reaktionsschnell ist und präzise, gefühlvoll abgestimmte Hilfen zu geben in der Lage ist, kann qualitätsvolle Serienwechsel reiten oder gar einem Pferd beibringen.

Serienwechsel gehören zu den Lektionen, die von manchen erfahrenen Pferden zwar sehr gehorsam ausgeführt werden, dabei aber mangels guter Rückentätigkeit mit entsprechend wenig Impuls aus der Hinterhand gesprungen werden; dies kann wenig befriedigen. Der fachkundige Beobachter sieht, dass die Hinterbeine nur folgen, anstatt aktiv Schub zu entwickeln.

Alles, was zu Fehlern, ihren Ursachen und ihrer Behebung bei einzelnen fliegenden Wechseln ausgeführt wurde, gilt hier gleichermaßen. Wichtig in der täglichen Arbeit ist nur, auch beim Üben von Serienwechseln die Qualität jedes einzelnen kritisch zu beobachten, um zu vermeiden, dass Fehler zur Gewohnheit und automatisiert werden.

➔ Galopparbeit

13. Galopppirouetten

Galopppirouetten sind Wendungen des Pferdes um die Hinterhand. Sie werden aus dem versammelten Galopp geritten mit Stellung und Biegung in Bewegungsrichtung. Der innere Hinterfuß bewegt sich dabei auf einem möglichst kleinen Kreis. Dazu ist der im Galopp höchstmögliche Grad an Versammlung gefordert, wozu sich die Hinterhand senken und vermehrt Last aufnehmen muss.

In Dressurprüfungen – ab Klasse S – werden halbe und ganze Galopppirouetten verlangt, zur Steigerung des Schwierigkeitsgrades zeigen viele Reiter in der Grand Prix-Kür auch eineinhalbfache oder sogar doppelte Pirouetten.

Die dafür notwendige Tragkraft muss dem Pferd durch entsprechend wohl überlegte und richtig dosierte versammelnde Arbeit sorgfältig antrainiert werden; die Bedeutung des Faktors Zeit darf dabei keinesfalls unterschätzt werden. Selbstverständlich spielt die unterschiedliche Veranlagung, besonders was die Versammlungsfähigkeit und -bereitschaft im Galopp anbelangt, eine entscheidende Rolle. Das geborene Bergaufpferd, welches eine entsprechend gute natürliche Balance mitbringt, hat hier deutliche Vorteile. Dies sind ja auch schon bei Dressurpferdeprüfungen der Klassen L und M wichtige Kriterien.

Zum Reiten von Galopppirouetten und erst recht natürlich, wenn es darum geht, sie Pferden beizubringen, ist ein hohes Maß an reiterlichem Können unabdingbare Voraussetzung. Der Reiter muss nicht nur optimal ausbalanciert sitzen, er muss vor allem auch ein sehr gutes Gefühl für das gemeinsame Gleichgewicht mit dem Pferd und für die jeweils mögliche Belastbarkeit haben.

13.1 Kriterien für gelungene Galopppirouetten

An erster Stelle ist gemäß unserer Ausbildungsskala die Taktmäßigkeit zu nennen. Das heißt, das Pferd soll in der Pirouette gleichmäßig und gelassen, aber nicht zu sehr verlangsamt, „rund" durchspringen. Allerdings hat man mit Hilfe von Zeitlupenaufnahmen festgestellt, dass auch bei wirklich gut gesprungenen Pirouetten das diagonale Beinpaar nicht mehr ganz exakt gleichzeitig auffußt, sondern das innere Hinterbein minimal vor dem äußeren Vorderbein den Boden berührt. Dies darf aber mit bloßem Auge gar nicht erkennbar sein.

Bei nachgiebigem Genick springt das Pferd in gleich bleibend guter Anlehnung sicher an den äußeren Zügel heran, sodass die Längsbiegung (einschließlich Stellung) bis zum letzten Galoppsprung erhalten bleibt.

Dank guter Versammlungsfähigkeit und -bereitschaft nimmt die Hinterhand mit guter Hankenbeugung vermehrt Last auf und ermöglicht dadurch in der halben Pirouette mindestens drei, in der ganzen Pirouette mindestens sechs Galoppsprünge.

Guter Pirouettengalopp, Nase könnte etwas besser vorgelassen werden.

Hilfengebung

Das Pferd wird mit halben Paraden vermehrt aufgenommen, um den Galopp optimal zu versammeln:

- Der innere Schenkel liegt direkt am Gurt, sorgt für nach wie vor gute Aktivität des inneren Hinterbeins und ist verantwortlich für die Längsbiegung, auch in der Rippe.
- Der äußere Schenkel liegt verwahrend etwas zurück; er verhindert ein Ausweichen der Hinterhand und sorgt ge-

13. ➢ Galopppirouetten

> meinsam mit den übrigen Hilfen für die Vorwärtstendenz auch während der Wendung, für die gleichmäßige Längsbiegung und für das Herumwenden des Pferdes.
> - Durch diese Lage der Schenkel, besonders dank des aus der Hüfte heraus zurückgenommenen äußeren Schenkels ergibt sich eine etwas stärkere Belastung der inneren Gesäßhälfte, was ebenfalls zur Längsbiegung und zur Bereitschaft des Pferdes, in die entsprechende Richtung zu wenden, beiträgt.
> - Der innere Zügel ist etwas verkürzt, gibt so die Stellung und führt seitwärtsweisend das Pferd in die Wendung.
> - Der äußere, verwahrende Zügel lässt nachgebend die Stellung zu, begrenzt diese aber auch und verhindert gegebenenfalls eine zu starke Abstellung des Halses, wodurch die Balance, und damit auch die Bereitschaft des Pferdes zu wenden, gestört würde.

Insgesamt muss in der Pirouette jeder Galoppsprung besonders sorgfältig, genauso wie beim Angaloppieren, geritten werden, wobei dem Leichtwerden mit dem inneren Zügel große Bedeutung zukommt, um auf keinen Fall das sehr stark geforderte innere Hinterbein an der Lastaufnahme zu hindern.

Wie schon bei den Seitengängen, den fliegenden Galoppwechseln und den sehr ähnlich zu reitenden Schrittpirouetten angesprochen, wird es häufig notwendig sein, die Hilfengebung in Abhängigkeit von der natürlichen Schiefe des jeweiligen Pferdes auf der schwierigen (hohlen) Seite etwas anders zu gestalten als auf der so genannten Zwangsseite:

Auf der schwierigen Seite wird das Pferd in der Regel dazu neigen, mit der Hinterhand vorausspringen zu wollen, also der Lastaufnahme nach innen auszuweichen; außerdem wird es eventuell versuchen, sich auf den äußeren Zügel zu stützen und sich im Hals zu stark abzustellen, was wiederum dazu führt, dass es sich mit der Schulter nicht so leicht herumführen lässt. Selbstverständlich muss diesem Problem durch entsprechende geraderichtende Arbeit in der Vorbereitung vorgebeugt werden. Während der Pirouette und besonders auch in den letzten Galoppsprüngen davor muss der Reiter bei seiner Hilfengebung, besonders was die Schenkel anbelangt, an Schultervor oder sogar „Kruppeheraus" denken und vorbeugend auch mit dem äußeren Zügel etwas nachgeben.

Auf der Zwangs-, der festen Seite neigen die Pferde häufig dazu, mit der Schulter in die Wendung hineinzudrängen, ja sich herumzuwerfen, um sich so der Längsbiegung zu entziehen. Die Hinterhand weicht dabei nach außen aus. Auch hierbei ist Entscheidendes nur durch seriöse geraderichtende Arbeit zu verbessern. Während der Pirouette und der letzten einleitenden Galoppsprünge muss nun der Reiter an Reiten-in-Stellung oder sogar an Travers denken, also mit dem inneren Schenkel die Vorhand am Drängen nach innen, die Hinterhand am Ausweichen nach außen hindern.

13.2 Hinweise zur Ausbildung

Voraussetzung für das Üben von Galopppirouetten ist eine sehr gute Versammlungsfähigkeit und -bereitschaft im Galopp. Das Pferd muss fähig und bereit sein, mit entsprechender Hankenbeugung genügend Last mit der Hinterhand aufzunehmen. Das dazu notwendige Aufnehmen im Galopp muss dem Reiter mit feinen Hilfen, besonders was die Zügelhilfen anbelangt, möglich sein. Zum Beispiel muss das Pferd bei der Rückführung nach einem Mittelgalopp bereitwillig zurückkommen und mit der Hinterhand mehr Last aufnehmen, wenn der Reiter aus dem Sitz heraus etwas deutlicher an die durchhaltende Hand herantreibt, aber auch sofort wieder leicht wird, um das Heranschließen der Hinterhand zu erleichtern.

Sobald das Pferd ausbildungsmäßig so weit vorbereitet ist, wird es mit Sicherheit auch schon die in einer M-Dressur bereits verlangten Galopptraversalen auf beiden Händen beherrschen. Beinahe noch wichtiger als bei den Seitengängen ist für die Pirouette das sichere Heranspringen an den äußeren Zügel. Dies kann besonders gut überprüft werden durch „Zirkel verkleinern" (s. Abb. S.221) oder Reiten von Volten im Galopp.

Wenn der Reiter beim Verkleinern des Zirkels immer vermieden hat, zu stark mit den Händen einzuwirken, wird er, besonders beim „Zirkel verkleinern", bei jedem richtig ausgebildeten Pferd mit genügend Veranlagung für Versammlung im Galopp Momente erlebt haben, bei denen das Pferd sich fast von selber aufnimmt und anfängt, spürbar vermehrt bergauf zu springen. Wichtig ist es, in diesen Momenten darauf zu achten, dass das Pferd bei aller Versammlungsbereitschaft und der daraus resultierenden leichteren Anlehnung immer noch genügend an die Hand heranspringt; nur dann lässt es sich auch jeder Zeit aus der Wendung, eventuell mit einem gleichzeitigen Verlängern der Galoppsprünge, wieder herausreiten. Allerdings darf das Pferd beim Herausreiten auch nicht von selbst „schneller" werden, gleichsam der Lastaufnahme zu „entfliehen" versuchen.

Nimmt das Pferd dieses Verkürzen auf gerader und gebogener Linie gut an, ist das bereits der Anfang des so genannten Pirouettengalopps. Besonders bei Pferden mit großer Galoppübersetzung muss dieses „Fleißigbleiben" beim Versammeln größte Beachtung finden, weil es sonst ganz schnell zu einer Störung des klar durchgesprungenen Dreitaktes kommen kann. Bei Pferden mit weniger raumgreifendem Galopp muss dabei vor allem ein Eilig- oder gar Hektischwerden vermieden werden.

Bei dieser Arbeit benötigt das Pferd ja sehr viel Kraft, die es aber erst allmählich so weit entwickeln und aufbauen kann, dass ihm Pirouetten auch im Galopp möglich werden. **Der Reiter bzw. Ausbilder muss bei diesem Training ganz sorgfältig darauf achten, dass auf keinen Fall die Trainingsreize durch zu lange Reprisen oder durch zu starkes Verkürzen überzogen werden.** Je nach Temperament des Pferdes würde dies zu Blockaden oder sogar Widersetzlichkeiten führen.

Wenn dann in der weiteren Ausbildung tatsächlich echtes „Zirkel verkleinern" (im Gegensatz zu „Hineinreiten-in-den-Zirkel) geritten wird, so erfolgt dies im Travers-Galopp, das Vergrößern im Schulterherein-Galopp. Bei manchen Pferden muss beim Verkleinern, besonders auf der Hand, auf der sie sich hohl zu machen versuchen, vermieden werden, die Hinterhand vorauskommen zu lassen, weil dann die Lastaufnahme mit dem inneren Hinterbein nicht genügend gewährleistet ist. In diesem Fall muss der Reiter, wie bei einer Schrittpirouette, vermehrt daran denken, die Vorhand herumzuführen; er darf dabei seinen äußeren Schenkel nicht zu weit zurücknehmen. Da diese Pferde den äußeren Zügel sogar zu stark annehmen bzw. sich darauf zu stützen versuchen, darf der Reiter diesen nicht

Galopppirouette in guter Biegung und Versammlung: Rusty unter Ulla Salzgeber

13. ➢ Galopppirouetten

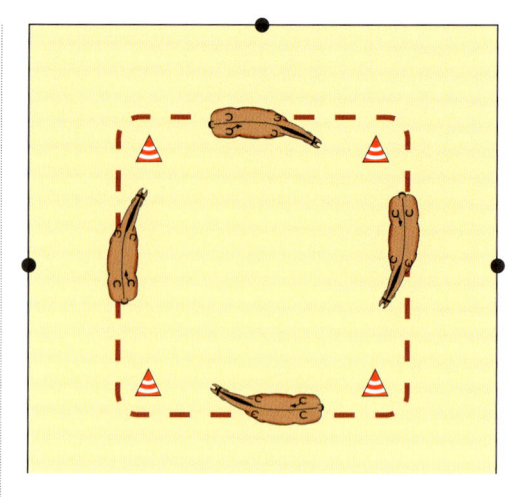

Die Quadratvolte kann auch zur Vorbereitung auf Galopppirouetten sinnvoll eingesetzt werden.

Zirkelverkleinern im Galopp

so sehr anbieten, vielmehr muss er damit immer wieder nachgeben.

Ganz entsprechendes gilt es auf der anderen Hand beim Vergrößern zu beachten: Der innere Schenkel muss dann ganz besonders sicher dicht am Gurt liegen, um auch beim Vergrößern in Verbindung mit dem verwahrenden äußeren Schenkel die Längsbiegung zu erhalten.

Von diesem korrekten „Zirkel verkleinern" bis zur Arbeitspirouette (einer Pirouette auf etwas größerem Kreisbogen) ist es bei entsprechend veranlagten Pferden nur ein kleiner Schritt. Entscheidend ist jedoch das sichere Gefühl des Reiters dafür, was er seinem Pferd jeweils schon abverlangen kann; das Erhalten des taktmäßigen und aktiv, schwungvoll durchgesprungenen Galopps muss immer Vorrang haben vor dem Reiten der Wendung auf kleinstem Raum.

Schon beim „Zirkel verkleinern", erst recht aber bei der Arbeitspirouette gelingt es dem Reiter leichter, die Wendung richtig zu platzieren oder zu zentrieren, wenn er um eine Hilfsperson oder auch um einen Kegel herum die Übung anlegen kann. Bei vielen Pferden ist zu beobachten, dass sie dann auch von selbst aktiver weitergaloppieren.

Besonders auch Reiter, die auf Grund ihrer Körperproportionen, z.B. dank langer Hebel relativ stark einzuwirken in der Lage sind, müssen sich davor hüten, die Übungsreprisen und die damit verbundene Belastung zu sehr auszudehnen. Übertrieben häufiges und überzogenes Üben von Galopppirouetten überanstrengt das Pferd und kann zu ernsthaften Schäden führen.

13.3 Übungsvarianten

Wenn Pferde gelernt haben, sich, wie oben beschrieben, in der Wendung vermehrt aufzunehmen und zu setzen, kann die Galopppirouette auch in Form einer Kehrtvolte geübt werden (siehe Abb. S.222). Dabei wird ähnlich wie beim „Zirkel verkleinern" traversartig abgewendet und je nach Ausbildungsstand des Pferdes das Ganze allmählich kleiner geritten. Das Travers-

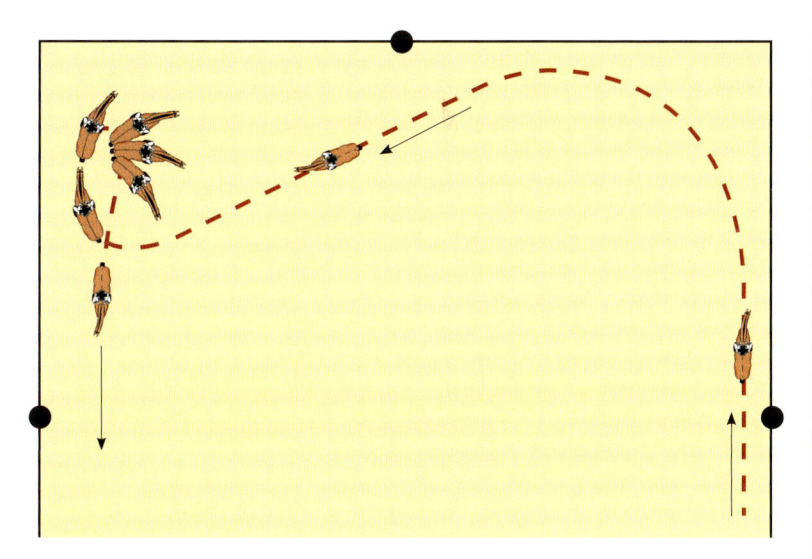

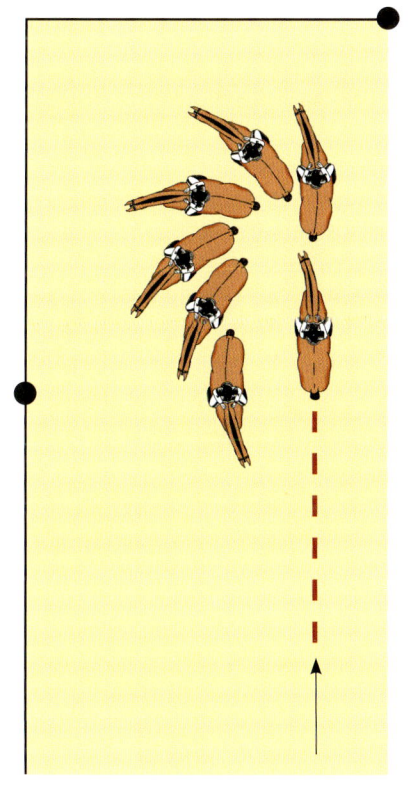

Übungsvarianten für Galopppirouetten, die dem Reiter helfen, mit weniger Handeinwirkung reiten zu können.

auf der Mittellinie oder an der offenen Zirkelseite geritten werden.

Des Weiteren kann man sich die aufnehmende Wirkung von Vierecksbegrenzung oder noch besser der Bande zu Nutze machen, indem man die Wendung aus dem Kontergalopp heraus reitet. Dies kann entweder in der ersten Ecke der kurzen Seite in Form einer Wendung um 180° erfolgen oder in der zweiten Ecke der kurzen Seite, dann schon um 270°. Bei vielen Pferden sind diese Varianten äußerst hilfreich, obwohl sie den Reiter in seiner Flexibilität etwas einschränken, weil er nicht jederzeit korrekturhalber aus der Wendung herausreiten kann.

Eine weitere Übungsmethode, die bei den Kurzkehrtwendungen schon angesprochen wurde, ist das Üben von Viertel-Pirouetten auf einem groß angelegten Quadrat. In einer entsprechend großen Halle oder noch besser Platz kann man sich dazu auch ein Fünf- oder Sechseck vorstellen, wobei die Länge des Geradeaus-

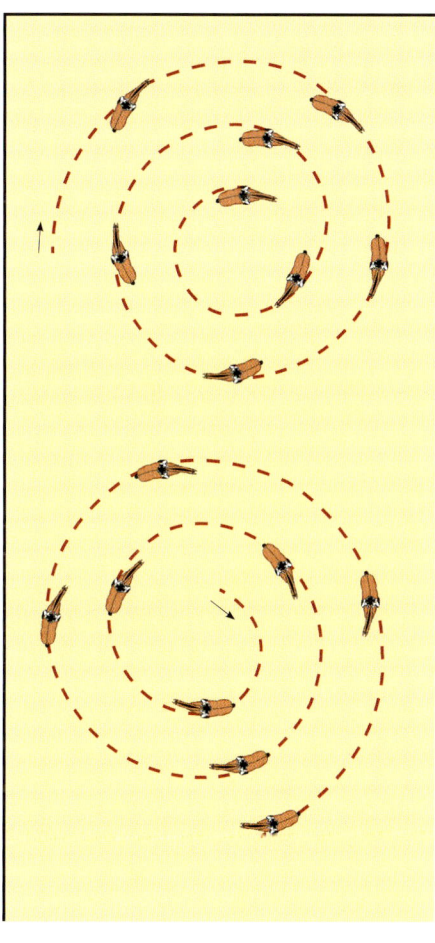

Zirkelverkleinern leicht traversartig, vergrößern schulterhereinartig

artige, das nämlich die Hinterhand einen etwas kleineren Bogen beschreibt als die Vorhand, kann auf der Hand, auf der das Pferd von Haus aus etwas fester ist, eher deutlicher betont werden. Diese Übung kann in der weiteren Ausbildung auch

13. ➢ Galopppirouetten

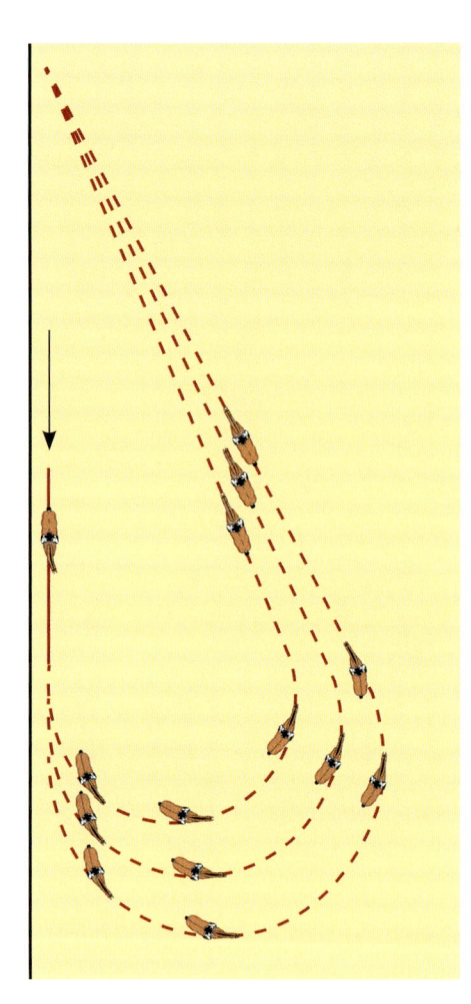

Mit Kehrtvolten können Galopppirouetten vorbereitet werden.

Stücks ganz individuell davon abhängig gemacht werden kann, wie gut sich das Pferd „anfühlt". Auf der Hand, auf der sich das Pferd eher etwas festmacht, sollte im Geradeaus dann an „Reiten-in-Stellung" bzw. Travers gedacht werden, auf der eher etwas hohlen Seite vermehrt an Schultervor. Diese Übungsweise ist besonders gut anzuwenden, wenn das Pferd anfängt, auf die Wendung zu lauern bzw. sich in der Wendung übereilt herumzuwerfen.

Beim Üben dieser überaus anspruchsvollen Lektion Galopppirouette ist die Hilfe eines erfahrenen und kritischen Beobachters, wenigstens gelegentlich, auch für den erfahrenen Reiter immer wertvoll.

Bei sehr gehfreudigen und eifrigen Pferden, denen es bei der Arbeit an den Pirouetten an Gelassenheit mangelt, kann es sehr hilfreich sein, in der Arbeitspirouette immer wieder einmal zum Schritt durchzuparieren und daraus erneut zur Galopppirouette anzusetzen.

13.4 Fehler und deren Korrektur

Auch bei Galopppirouetten ist es wenig sinnvoll, zu versuchen, für das Abstellen einzelner Fehler rezeptartige Korrekturvorschläge zu machen. Vielmehr gilt es auch hier, bei auftretenden Schwierigkeiten sofort wieder die Voraussetzungen zu überprüfen und sie gegebenenfalls wieder sicherzustellen. Wenn bei dieser „Analyse", eventuell mit Hilfe eines kritisch beobachtenden Ausbilders oder von Videoaufnahmen, die Ursache für den Fehler herausgefunden werden kann, ergibt sich die Korrektur aus all dem vorher besprochenen von selbst. In der Regel muss entsprechend anders oder besser vorbereitet werden, bevor ein erneuter Versuch Erfolg versprechen kann.

Als Hilfe für diese Analyse seien hier ein paar typische und häufig vorkommene Fehlerursachen genannt:

- Sitzfehler, wie z.B. ungenügend ausbalanciertes Einwirken mit den Gewichtshilfen etwa durch übermäßiges Herüberlegen des Oberkörpers in Verbindung mit Einknicken in der Hüfte;
- übertriebener Einsatz des verwahrenden Schenkels manchmal bei gleichzeitig zu geringem Einsatz, manchmal auch nur fehlerhafter Position des vortreibenden inneren Schenkels;
- fehlerhafter Einsatz der Zügelhilfen, wie zu hohe Hände, Herüberdrücken der inneren oder äußeren Hand über den Mähnenkamm, gelegentlich auch zu tief geführte drückende Hände.

Als Hilfe zur Fehlerfindung, was die Ausbildung des Pferdes anbelangt, kann immer wieder nur empfohlen werden, sich der Punkte der Ausbildungsskala zu bedienen.

Fast immer wird man beim Auftreten von Problemen feststellen müssen, dass dem Pferd in der Ausbildung, und das betrifft leider gerade auch die besonders talentierten Pferde, zu wenig Zeit gegeben wurde. Das betrifft bei der täglichen Arbeit insbesondere das richtige Lösen, das sorgfältige Geraderichten und das dem betreffenden Pferd angemessene Versammeln von hinten nach vorne.

➔ Reiten von Wendungen; Schrittpirouetten

14. ▸ Abwechslung durch Cavaletti-Arbeit

Trab über Cavaletti in guter Balance

14. Abwechslung durch Cavaletti-Arbeit

Die Arbeit mit Cavaletti, man benutzt auch die deutsche Bezeichnung Bodenricks, dient der Gymnastizierung besonders auch jüngerer Pferde. Durch sie können die Körperkräfte des Pferdes gestärkt und seine Beweglichkeit, besonders was die Gliedmaßen anbelangt, verbessert werden; gleichzeitig wird es aber auch hinsichtlich seiner Motorik geschult:

- Diese Arbeit fördert das taktmäßige Abfußen im Schritt und im Trab,
- animiert die Pferde, sich zu dehnen, verbessert also die Losgelassenheit und Rückentätigkeit,
- fordert ein energischeres, höheres Abfußen, verbessert also auch die Schubkraft und Versammlung,
- sie schult das Gleichgewicht und die Trittsicherheit sowie
- die Aufmerksamkeit und das Taxiervermögen.

Mit Hilfe von Bodenricks kann aber auch, z.B. in der Hallensaison, einfach etwas Abwechslung in das tägliche Training gebracht werden. Dazu können sie auch wie in der Springausbildung für die Galopparbeit benutzt werden.

Auch für die Ausbildung des Reiters bringt der Einsatz von Cavaletti viele Vorteile, wobei der junge Reiter möglichst auf einem mit dieser Arbeit vertrautem Pferd geschult werden sollte:

- Er lernt dabei, sich elastischer auszubalancieren,
- auch im Aussitzen durch leichtes Vornüberneigen aus der Hüfte heraus den Rücken des Pferdes entlasten zu können,
- und dem Pferd auch in Dehnungshaltung, so wie später beim Springen, eine weiche und konstante Anlehnung zu bieten;
- insgesamt wird durch diese Arbeit der Sitz gefestigt und das reiterliche Gefühl geschult.

Für den jungen Reiter hat eine abwechslungsreiche Gestaltung der Reitstunden fast noch größere Bedeutung als für das Pferd. Mit ein wenig Phantasie kann der Ausbilder seinen Schülern

Jüngeres Pferd in guter Dehnung, es hat aber etwas viel „Drive" nach vorne und schwingt deshalb mit den Hinterbeinen nicht mehr so gut nach vorne durch; die gut sitzende Reiterin muss versuchen, vor den Cavaletti besser mit den Paraden durchzukommen.

Diese Art von Cavaletti ist handlich und für die Trabarbeit sehr gut geeignet.

Reiten mit Verstand und Gefühl **223**

14. ➤ Abwechslung durch Cavaletti-Arbeit

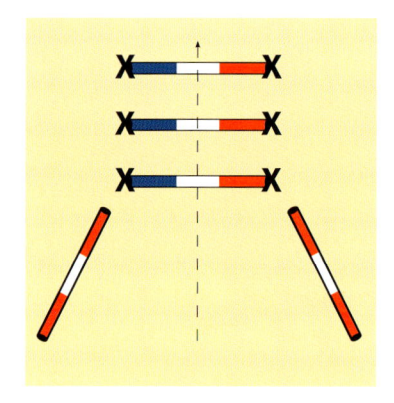

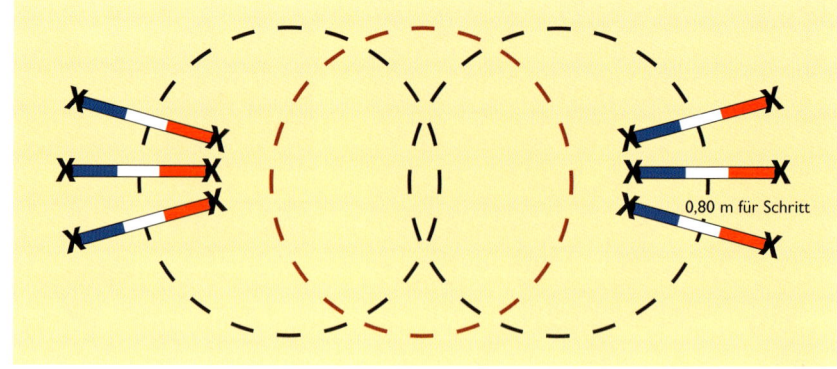

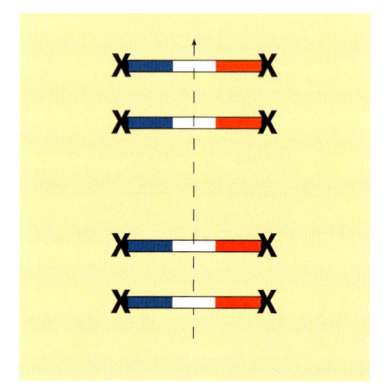

Verschiedene Aufbauvarianten von Cavaletti

mit Cavaletti dank vielfältiger Aufbaumöglichkeiten sehr schnell „Aha-Erlebnisse" verschaffen, immer wieder Begeisterung für den doch recht langen und beschwerlichen Weg des Reitenlernens wecken. Dabei ist meistens auch zu beobachten, wie Verkrampfungen und Steifheiten bei den Reitern beinahe wie von selbst verschwinden.

Bei aller Begeisterung für und bei der Bodenrick-Arbeit darf die daraus resultierende Belastung niemals unterschätzt werden. Deshalb muss darauf geachtet werden, dabei immer das rechte Maß zu finden und sie nicht zu lange auszudehnen, besonders zu Beginn dieser Ausbildungsphase. Überforderung wäre in jedem Fall kontraproduktiv.

Solche Arbeit kann nur dann erfolgreich sein, wenn zunächst einmal technisch die richtigen Voraussetzungen gegeben sind:

Cavaletti gibt es in unterschiedlicher Ausführung. Auf jeden Fall sollten sie auch in niedriger Einstellung mit der Oberkante der Stange ca. 15 cm hoch sein. Eine Länge von 2,5 bis 3 m ist vollkommen ausreichend. Bei längeren Cavaletti neigen die Pferde mehr dazu, von der gewünschten Linie abzuweichen.

Die Stangen der Bodenricks sollten sich farblich deutlich von dem jeweiligen Untergrund abheben, also z.B. weiß gestrichen sein.

Für die reine Schritt- und Trabarbeit eignen sich auf Grund ihrer Handlichkeit am besten die Cavaletti mit den rechteckigen Füßen (siehe Abb. S.223 unten). Wer auch Galopparbeit damit durchführen und dazu die höhere Einstellung haben möchte, muss solche mit quadratischen oder kreuzförmigen Füßen benutzen.

Für den normalen Gebrauch reicht es, wenn man sechs Cavaletti zur Verfügung hat; für unerfahrene Pferde sind Fänge zu Beginn eine sinnvolle Ergänzung.

Statt Bodenricks einfache Stangen zu benutzen, kann nur ein wenig wertvoller Ersatz sein, weil sie zu flach auf dem Boden liegen, nicht die notwendige Höhe haben und nach mehrmaligem Darüberreiten nicht mehr genügend beachtet werden. Außerdem verrutschen sie sehr leicht und können zu Unsicherheit führen oder sogar gefährlich werden, wenn ein Pferd darauf tritt und sich an der wegrollenden Stange eine Verstauchung oder Zerrung holt.

Gerade für die Arbeit mit Bodenricks sind gute Bodenverhältnisse sehr wichtig. Durch sehr tiefen und sehr harten Boden werden die Sehnen und Bänder bzw. die Gelenke übermäßig belastet. Vor allem aber muss der Untergrund trittsicher, gleichmäßig und eben sein, damit die Pferde genügend Sicherheit haben, um vertrauensvoll und losgelassen zutreten zu können.

Auch Pferden, die sonst gewohnt sind, ohne Beinschutz zu gehen, sollte man bei der Cavaletti-Arbeit Gamaschen oder Bandagen anlegen. Damit kann der Bildung von Überbeinen vorgebeugt werden, die bei Fehlversuchen durch Anschlagen oder Streichen entstehen könnten.

Bei normalem Aufbau werden die Cavaletti zunächst einmal in niedriger Einstellung und auf gerader Linie aufgebaut. Der übliche Abstand beträgt für die Schrittarbeit ca. 0,80 - 0,90 m, für die Arbeit im Trabe durchschnittlich 1,30 m und für den Galopp wäre ein Abstand von 3,20 - 3,50 m richtig.

Die Arbeit über Bodenricks im Galopp ist für die Dressurausbildung weniger wertvoll, weil dabei ein Bergaufgaloppieren mit gesenkter Kruppe geradezu unmöglich ist. Sie ist aber eine sehr anspruchsvolle Arbeit, die für das Reiten im Gelände und über Sprünge eine fast unverzichtbare Vorbereitung darstellt; dazu werden die Bodenricks auch in hoher Position, also mit einer Höhe von ca. 50 cm, aufgestellt.

Auch wenn, wie oben angesprochen, Bodenrick-Arbeit die Losgelassenheit fördert, muss innerhalb der Trainingseinheit zunächst das Pferd so weit gelöst werden, dass es den Weg in die Tiefe findet, sich also anfängt zu dehnen, und sich im Arbeitstrab sicher regulieren lässt. Nur wenn es möglich ist, in einem ruhigen, aber fleißigen Arbeitstempo über die Bodenricks zu reiten, kann damit begonnen werden. Wenn sich das Pferd aber trotzdem vor den Cavaletti spannt und eilig wird, muss darauf reagiert werden; oft hilft es, dem Pferd die Cavaletti zu zeigen, mehrmals daran entlangreiten oder auch davor zum Schritt oder sogar zum Halten durchzuparieren, um die notwendige Gelassenheit zu erreichen.

Bei Pferden oder Reitern, die mit der Cavaletti-Arbeit noch nicht vertraut sind, beginnt man mit einem einzelnen Cavaletti und reitet im Schritt darüber. Wie schnell dann die Anforderungen gesteigert werden können, muss ganz individuell entschieden werden. Fänge am jeweils ersten Bodenrick erleichtern das Anreiten; bei sehr vorsichtigen und guckerigen Pferden sollte ein erfahrenes Führpferd helfen. In der normalen Arbeit können dann ohne Weiteres 4 - 6 Cavaletti aufgestellt werden. Besonders bei Pferden, die dazu neigen, eilig zu werden, sollte das Anreiten so gestaltet werden, dass aus einer Wendung heraus erst zwei bis drei Pferdelängen vor den Bodenricks geradeaus geritten wird.

Wenn auf gerader Linie eine gewisse Sicherheit erreicht ist, kann man die Cavaletti auch auf einem großen Bogen (mindestens ca. 15 m Durchmesser) anordnen. Der gewünschte Abstand wird dann jeweils in der Mitte der Cavaletti gemessen. Der erfahrene Reiter hat bei dieser Anordnung die Möglichkeit, je nach Einteilung des Weges, die Abstände etwas enger oder weiter zu wählen. In der weiteren Arbeit sollte dann immer wieder einmal mit Veränderungen im Aufbau für erhöhte Konzentration des Pferdes gesorgt werden. Dazu kann z.B. in der Cavaletti-Reihe durch die Herausnahme eines der Bodenricks ein Zwischentritt gefordert werden.

Zur Arbeit über Bodenricks sollte der noch wenig erfahrene Reiter die Bügel ein oder zwei Loch kürzer verschnallen. Es wird ihm dann leichter fallen, sich etwas in den leichten Sitz zu begeben, also aus der Hüfte heraus leicht vornüber zu neigen. Die Hände werden dabei entsprechend etwas Richtung Pferdemaul nach vorne gehen, wobei gegebenenfalls die Zügel etwas verkürzt werden müssen, um die elastische, aber nach wie vor konstante Verbindung zum Pferdemaul sicherzustellen. Diese Art des entlastenden Aussitzens muss zunächst natürlich erst einmal ohne Bodenricks geübt werden, weil sich dadurch die Gleichgewichtsverhältnisse etwas ändern und das Ausbalancieren etwas schwieriger wird. Um schon am ersten Cavaletti mit dem Pferd voll im gemeinsamen Gleichgewicht sein zu können, sollte schon einige Pferdelängen vorher in diesen Sitz übergegangen werden. Der Reiter muss versuchen, gut losgelassen zu sitzen, vor allem auch um aus Schulter- und Ellbogengelenk heraus das gewünschte „Sich-Dehnen" des Pferdes zulassen zu können. Leichttraben über die Cavaletti ist weniger lehrreich und nur bei einem sehr geschickten und ausbalancierten Reiter für das Pferd angenehm. Beim ausgebildeten und gut bemuskelten Pferd kann dabei auch dressurmäßig ausgesessen werden. Im Zweifels-

> Auch bei der Cavaletti-arbeit wird man an der Reaktion des Pferdes erkennen können, ob Aufbau und Anforderungen angemessen waren.

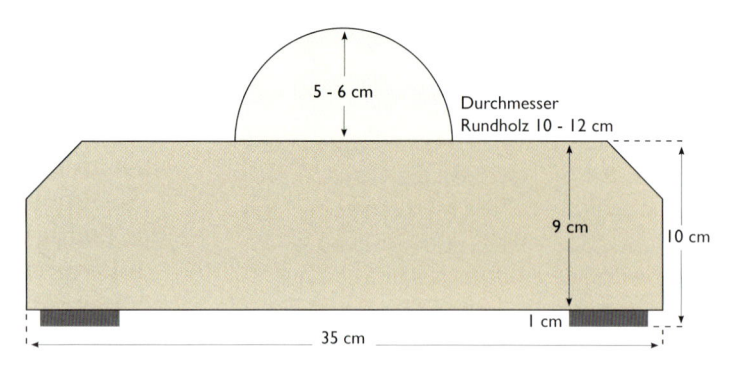

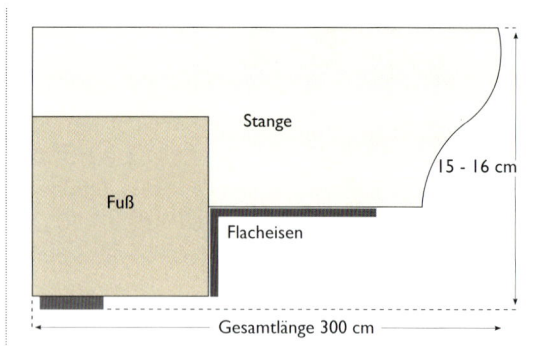

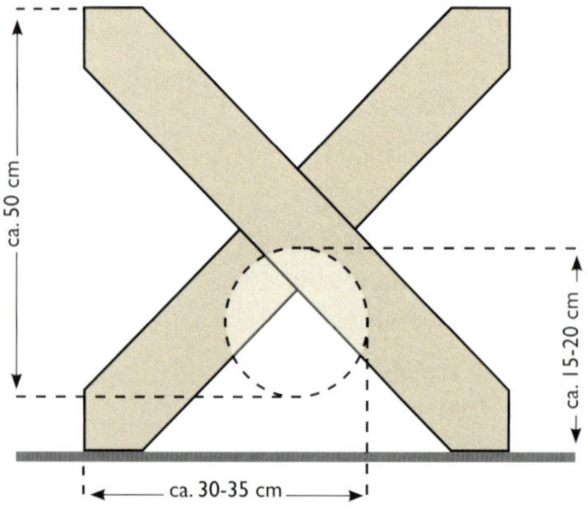

14. ➢ Abwechslung durch Cavaletti-Arbeit

Konstruktionsvorlagen zum Cavaletti-Eigenbau

➢ Nur wenn das Pferd bei dieser Arbeit gelassen bleibt und der Reiter bei nachgebender Hand zum Treiben kommt, ist sie ausbildungsmäßig wertvoll.

fall wird man immer an der Reaktion des Pferdes erkennen können, ob es richtig war.

Nur wenn das Pferd bei dieser Arbeit gelassen bleibt und der Reiter bei nachgebender Hand zum Treiben kommt, ist sie ausbildungsmäßig wertvoll.

Normalerweise dient die Cavaletti-Arbeit, wie oben angesprochen, dazu, die Losgelassenheit des Pferdes, besonders auch was den Rücken anbelangt, zu verbessern. Deshalb ist es im Schritt und im Arbeitstrab sehr wichtig, die individuell genau passenden Abstände zu wählen. Bei etwas zu engen Abständen verhält sich das Pferd, bei auch nur etwas zu weiten Abständen wird sich das Pferd im Rücken sogar festmachen.

Andere Ausbildungsziele damit zu verfolgen kann nur im Einzelfall dem ganz erfahrenen Ausbilder erfolgreich gelingen. Wird z.B. versucht, mit Hilfe etwas weiter gelegter Bodenricks den Raumgriff in der Trabverstärkung zu verbessern, wird dies bei Pferden, die nicht überdurchschnittliche Gangqualitäten haben, sehr leicht dazu kommen, dass sie zwar mit den Hinterbeinen stärker abfußen aber nicht genügend über den Rücken nach vorne durchschwingen können, ja sogar vermehrt nach hinten herausarbeiten. Dasselbe gilt im Grundsatz auch für den Versuch, mit enger zusammengelegten oder gar halbhoch gestellten Cavaletti die Versammlung zu fördern.

14.1 Resümee

Mit anderen Worten: Pferde, mit denen diese Arbeit machbar wäre, brauchen sie wahrscheinlich nicht; diejenigen, die in diesen Punkten verbesserungsbedürftig sind, vertragen sie aber nicht, werden sogar dadurch geschädigt.

Auch bei der Arbeit an der Longe können Cavaletti sinnvoll eingesetzt werden (siehe Abb. S.224 rechts). Allerdings sollte nur derjenige sich daran wagen, der diese Arbeit gut beherrscht und in der Lage ist, dabei sein Pferd ganz sicher an den Hilfen zu haben und präzise auf den gewünschten Linien zu longieren. Nur dann wird es möglich sein, die Zirkellinie genau einzuhalten und damit das Pferd so über die Cavaletti gehen zu lassen, dass die Abstände gut passen.

Andererseits hat der erfahrene Longenführer so die Möglichkeit, ohne Umbau mit verschiedenen Abständen zu arbeiten.

Aus Sicherheitsgründen sollten bei der Longenarbeit nur Bodenricks ohne Kreuze verwendet werden. Es könnte daran sehr leicht die Longe einmal hängen bleiben.

Wer sich ausführlicher mit Cavaletti-Arbeit, auch im Zusammenhang mit Gymnastikspringen informieren möchte, dem sei das Buch „Cavaletti – Dressur und Springen" von Ingrid und Reiner Klimke empfohlen.

➔ **Losgelassenheit**

Teilnahme an Dressurprüfungen

Teil 5

➢ Teilnahme an Dressurprüfungen

Vorbildliche Bedingungen, um für eine Dressurprüfung abzureiten (Verden)

1. Abreiten für Dressurprüfungen und Vorbereitung von Lektionen

Über die ganz entscheidende Bedeutung des richtigen Abreitens besteht sicherlich kein Zweifel. Jeder, der auf Turnieren geritten hat, erinnert sich an Prüfungen, bei denen durch nicht optimales Abreiten ein besseres Ergebnis verpasst wurde.

Auch wenn bei der täglichen Arbeit zum Teil etwas anders vorgegangen werden muss, gilt dabei genauso, dass sorgfältiges, korrektes Lösen unabdingbare Voraussetzung für eine erfolgreiche, Reiter und Pferd zufrieden stellende Arbeit ist. Wenn an einem Tag einmal die Zeit für das Reiten etwas knapp bemessen ist, muss eben die Arbeits-, keinesfalls aber die Lösungsphase verkürzt werden; man beschränkt sich dann auf so genannte „Gesundheitsarbeit".[1]

Dies gilt selbstverständlich für alle Disziplinen. Hier und heute, – das geht aus unserer Themenstellung ja hervor –, wollen wir uns schwerpunktmäßig mit der Arbeit mit Dressurpferden befassen.

Nur um die Begriffe abzuklären: Die lösende Arbeit steht in beiden Fällen unverzichtbar am Beginn des Reitens. Das Abreiten für Turnierprüfungen umfasst jedoch mehr. Hierbei muss das Pferd auch soweit gearbeitet werden, dass es unmittelbar vor seinem jeweiligen Leistungshöhepunkt steht, diesen im Viereck dann erreicht, aber auch noch so viel Kraft hat, dass es ohne Leistungsabfall die Aufgabe zu Ende gehen kann.

Um noch einmal zu unterstreichen, für wie wichtig ich das Abreiten halte, hier ein paar Beispiele, wie ich das üblicherweise handhabe:

- Bei jedem Reiter, auch/oder vielleicht gerade auch bei einem in Klasse M und höher reitenden, den ich unterrichten und fördern soll, möchte ich unbedingt auch die lösende Arbeit, und zwar einschließlich des Schrittreitens beobachten und beeinflussen. Davon gibt es nur Ausnahmen, wenn ich positiv weiß, dass der Betreffende hierbei nach meinen Vorstellungen zu reiten versteht und von der Richtigkeit dieser Methode auch überzeugt ist.

Darauf bestehe ich bei jedem Lehrgang – so viel Zeit muss sein, sie zahlt sich aus – gerade aber auch, wenn mir jemand nur einmal sein Pferd vorstellen möchte, weil er mit ihm irgendein Problem hat.

- Auch bei Prüfungen, wie z. B. Reitabzeichen-, Amateurausbilder-, ja selbst bei Berufsreiterprüfungen, für die ich in den vergangenen 20 Jahren ständig verantwortlich war, halte ich eine Aufsicht oder zumindest Begleitung beim Abreiten für notwendig; gerade in solchen Stresssituationen treten plötzlich wieder Fehler auf, die man eigentlich für ausgemerzt hielt.

- Genauso gilt dies bei Turnierbegleitung, außer bei sehr erfahrenen, korrekt arbeitenden Schülern, die auch alleine kühlen Kopf behalten.

In diesem Zusammenhang sei nur der Vollständigkeit halber das Besichtigen eines eventuell zum Kauf anstehenden Pferdes erwähnt. Auch hier ist es sehr wichtig, das Pferd von der ersten Minute der Arbeit an zu sehen und es nicht abgeritten vorgeführt zu bekommen.

---

[1] Mit Gesundheitsarbeit ist Folgendes gemeint: Das Pferd wird sorgfältig gelöst und die meiste Zeit in Dehnungshaltung geritten. Die ganze Arbeit wird selbstverständlich auf sein Exterieur, Interieur und seinen Ausbildungsstand genau abgestimmt. Besonders vorteilhaft ist es, Abwechslung vom täglichen Ablauf zu schaffen, z.B. durch Reiten im Gelände, Cavalettiarbeit oder leichtes Gymnastikspringen. Siehe hierzu das Kapitel „Losgelassenheit – erstes und letztes Ziel in der Ausbildung eines Pferdes".

1.1 Was soll durch das Abreiten vor der Prüfung erreicht werden?

Ganz allgemein gilt als Ziel für jedes Abreiten das Erreichen der optimalen Leistungsfähigkeit und Leistungsbereitschaft. Einerseits muss dafür unbedingt genügend Zeit vorgesehen werden und zur Verfügung stehen, andererseits ist es für Reiter und Pferd ein nicht zu unterschätzender Vorteil, wenn je nach Anforderung der anstehenden Aufgabe 30 - 50 Minuten ausreichen, also das Ziel relativ schnell erreicht werden kann.

Beide sparen dadurch physische und, fast noch wichtiger, psychische Kraft (Konzentrationsfähigkeit).

1.2 Wie ist das Abreiten zu planen?

Von welchen Faktoren hängt es ab, wie viel Zeit für das Abreiten benötigt wird?
- Alter und Ausbildungsstand des Pferdes
- Gebäude und Interieur des Pferdes
- Inhalt und Schwierigkeitsgrad der zu reitenden Aufgabe
- Äußere Bedingungen, wie Bodenverhältnisse und Witterung
- Lage des Vorbereitungs- und Prüfungsvierreckes, besonders was Ablenkungsfaktoren anbelangt
- **Ausbildungs- und Erfahrungsstand des Reiters**
- Wann, wo und vor allem wie war die letzte Arbeit (Ende einer Arbeitseinheit ist gewissermaßen der Beginn der Nächsten)?

Diese Punkte gilt es täglich wieder von Neuem individuell bezogen auf das konkrete Pferd sorgfältig zu überlegen und zu beachten; nur dann kann die für das Abreiten notwendige Zeit richtig bemessen werden.

Dabei kann ganz grob folgender Zeitplan zugrunde gelegt werden:

- 15-20 Minuten lösende Arbeit
- kleine Erholungs- und Entspannungspause
- 15-20 Minuten zur Erarbeitung des entsprechenden Versammlungsgrades
- 3-5 Minuten für das Fertigmachen des Reiters und des Pferdes für die Prüfung
- 5-10 Minuten letzte Arbeit, wie z.B. Reiten von Trab- und Galoppverstärkungen

Vor Beginn des Abreitens muss selbstverständlich geklärt werden, ob für die anstehende Prüfung feste Startzeiten vorgegeben sind, ob der Zeittakt angemessen gewählt und wie genau er auch eingehalten wird. Ohne solch festgelegte Zeiten gestaltet sich die Planung etwas schwieriger, was aber spätestens ab Klasse M nicht mehr vorkommen dürfte.

Umso mehr empfiehlt es sich aber, lieber etwas mehr Zeit einzuplanen, weil es zwar möglich ist, überschüssige Zeit durch Schrittarbeit zu überbrücken, nicht aber, fehlende Zeit aufzuholen.

<blockquote>
Je anspruchsvoller die Aufgabe, desto wichtiger ist es, ein Müdereiten des Pferdes zu vermeiden.
</blockquote>

Nur am Rande sei vermerkt, dass, besonders bei großen, sehr anspruchsvollen Prüfungen, auch genau zu überlegen ist, wann und wie vorher noch gefüttert und getränkt werden kann und muss.

Losgelassen und zufrieden trabendes Pferd. Der Reiter sollte mit aufrechten Fäusten und losgelasseneren Armen noch besser eine leichte Verbindung erhalten!

➢ Teilnahme an Dressurprüfungen

„Lagebesprechung"

- Gutes, konzentriertes Arbeiten mit dem Pferd beginnt bei entsprechender überlegter Schrittarbeit!
- Das Pferd muss vom Aufsitzen an das Gefühl haben, geritten zu werden. Deshalb gilt es, von Beginn an den Bewegungsablauf sorgfältig zu kontrollieren, besonders das Grundtempo in der Trabarbeit.
- Der richtige, überlegte Umgang mit der natürlichen Schiefe bzw. das Geraderichten muss täglich, ebenfalls vom ersten Schrittreiten an, gute Beachtung finden; damit steht und fällt der Erfolg der lösenden Arbeit, eigentlich der Erfolg aller seriösen Reitausbildung.

In dieser Phase der Arbeit muss sehr die Neigung gerade auch junger Reiter bekämpft werden, zu schnell oder gar von Beginn an das Pferd in einer Haltung zu reiten, die eigentlich erst zu Beginn der Arbeitsphase notwendig und sinnvoll ist, auch wenn dieses es anbietet. Genauso wenig ist eine übertriebene, ich will es einmal Beizäumung nennen, empfehlenswert, wie sie heute leider überall, zum Teil auch durch unsere Spitzenreiter „vorgemacht wird". Dies wird dann als „tiefes Einstellen" bezeichnet, ist häufig aber für das Pferd eine reine Zwangshaltung. Deshalb ist es unbedingt notwendig, sich in diesem Zusammenhang Gedanken zum Thema „Rückentätigkeit des Pferdes" zu machen.

Einteilung der Arbeitsphase

Je besser der Reiter sein Pferd auch unter Turnierbedingungen kennt, desto genauer weiß er, wie er die Arbeit einzuteilen hat, welche Übungen und Lektionen er im Einzelfall wie und wie oft zu reiten hat.

Das Abfragen einzelner Lektionen kurz vor der Prüfung hat durchaus eine hohe Bedeutung, um das Pferd nicht erst in der Aufgabe mit anspruchsvolleren Anforderungen zu konfrontieren. Diesbezüglich müssen je nach Pferd folgende Punkte überlegt und beachtet werden:

- **Richtige Reihenfolge wählen, um nötigenfalls das Pferd nochmals abspannen zu lassen!**

1.3 Das Abreiten

Lösende Arbeit

Es ist hier sicherlich nicht notwendig, erneut die lösende Arbeit mit allen möglichen Variationen zu beschreiben (s. Teil 3, Kapitel 3. „Losgelassenheit").

Drei Punkte sollen aber in diesem Zusammenhang nochmals als besonders wichtig herausgestellt werden, deren sorgfältige Beachtung erst lösende Arbeit erfolgreich machen kann:

- Sollte die Lektion genau in dem Zusammenhang, wie in der Aufgabe oder besser anders geritten werden?
- Bei Lektionsfehlern, z.B. bei Galoppwechseln oder beim Halten, ist so kurz vor der Prüfung Strafen noch weniger sinnvoll als sonst. Damit soll natürlich nichts gegen eine sofortige und auch entschlossene Korrektur gesagt sein, die aber immer bei den Ursachen der jeweiligen Fehler ansetzen muss.
- Beim Abreiten darf nicht mehr versucht werden, zu sehr an Problempunkten des Pferdes zu korrigieren, da es sonst leicht zu Unstimmigkeiten kommen kann.

Bei aller sorgfältigen Vorüberlegung und Planung wird der gute Reiter immer wieder in sein Pferd hineinlauschen, um Abweichungen von der Normalform frühestmöglich zu erfühlen und zu erkennen, sie zu analysieren und sein Abreiten darauf neu abzustimmen; notfalls wird er auch auf einen Start verzichten.

Die Frage, ob das ganze Prozedere des Lösens und/oder Abreitens tatsächlich immer völlig gleich gestaltet werden sollte, muss von Pferd zu Pferd ganz unterschiedlich beantwortet werden. Ein gewisses Maß an Abwechslung sollte auch beim täglichen Abreiten zuhause stets geboten werden, um vor allem auch dem Pferd immer wieder zu zeigen, dass es die Hilfen zwar prompt und willig annehmen, aber unbedingt auch auf sie warten muss.

Da es ja keine Regel ohne Ausnahme gibt, – in unserem Sport schon gar nicht –, sollen auch Pferde erwähnt werden, die am besten mit einem so genannten „Kaltstart" in die Prüfung geritten werden. Kaltstart ist dabei insofern nicht ganz richtig, weil man dabei selbstverständlich nicht auf ein Abreiten ganz verzichtet, sondern dies ausführlich einige Stunden vorher erledigt, unmittelbar vor dem Start aber nur noch kurz und betont ruhig löst.

Dieses Vorgehen kann ich nur sehr bedingt empfehlen. Langfristig sollte möglichst jedes Pferd durch seinen Reiter so geschult werden, dass ein normales Abreiten vor der Prüfung möglich ist. Der physische und psychische Aufwand und letztendlich auch Verschleiß sind unter dem Strich geringer.

→ Schrittreiten; Losgelassenheit; Geraderichten; Reiten einer Aufgabe

2. Reiten einer Dressuraufgabe im Training und auf dem Turnier

Wohl jeder, der sich als Reiter oder Ausbilder dem Dressurreiten verschrieben hat, wird Folgendes schon erlebt haben:

Man reitet ein Pferd, welches dressurmäßig solide ausgebildet ist und in der täglichen Arbeit schon alle Übungen und Lektionen, z.B. der Klasse L, recht sicher absolviert. Um es nun auf den ersten Start in einer Dressurprüfung der Klasse L auf einem Turnier vorzubereiten, nimmt man das Aufgabenheft zur Hand und lässt sich eine entsprechende Aufgabe vorlesen. Wahrscheinlich stellt man dann dabei fest, dass es doch einen ganz erheblichen Unterschied macht, wenn man die geforderten Übungen und Lektionen am Stück und an festgelegten Punkten des Vierecks reiten soll. Dieser bekannte Effekt begegnet einem natürlich in Aufgaben der höheren Klassen noch verstärkt. Deshalb ist es sehr wichtig, regelmäßig ganz konkrete Aufgaben auf einem Viereck mit den vorgeschriebenen Abmessungen und Punkten durchzureiten und zu üben.

Bevor wir uns nun die Aufgabe L 2 vornehmen und diese durchgehen, einige allgemeine Vorbemerkungen zum Reiten einer Aufgabe im Training und auf dem Turnier:

- Um sich voll konzentrieren zu können, sollte man entweder eine Aufgabe auswählen, die man auswendig beherrscht, oder jemand diesbezüglich Erfahrenen bitten, die Aufgabe vorzulesen. Dass die Aufsicht und Hilfe eines entsprechenden Ausbilders das Ganze erst richtig wertvoll macht, versteht sich von selbst.
- Wie zu Beginn jedes Trainings, ist das Pferd sorgfältig zu lösen und abzureiten.

➢ Teilnahme an Dressurprüfungen

Sehr gute Grußaufstellung

mehr genügend auf die Hilfen des Reiters wartet und deswegen z.B. schon deutlich vor X zu halten versucht. In solchen Fällen muss dann nach dem Grundsatz verfahren werden: Erstens reite ich jetzt anders und zweitens als das Pferd denkt.

- Wie beim gesamten Umgang mit dem Pferd und beim täglichen Reiten kommt es ganz entscheidend darauf an, mit welcher Einstellung und Vorstellung man an die Sache, hier also an das Aufgaben-Reiten herangeht. Üblicherweise neigen aufgabenunerfahrene Reiter dazu, in der Aufgabe plötzlich ganz anders zu reiten als in der Arbeit. Anstatt nach wie vor positiv dem Pferd mit den Hilfen zu sagen, was es zu tun hat und aktiv zu reiten, ja zu arbeiten, fangen sie an, gewissermaßen zu „beten", es möge doch nur nichts schief gehen, versuchen also nur Fehler zu verhindern. Diese Taktik funktioniert eigentlich in keiner Sportart, erst recht nicht beim Reiten, weil unsere Pferde in der Regel ein sehr feines Gespür dafür haben, was der Reiter von ihnen erwartet, und diese Erwartung nicht enttäuschen möchten – das gilt leider auch für Fehler.

- Beim Reiten einer Aufgabe im Training darf man sich keinesfalls verleiten lassen, so wie auf dem Turnier über Fehler hinwegzureiten bzw. zu versuchen, sie zu kaschieren. Zum Beispiel darf das Pferd beim Halten vor dem Rückwärtsrichten nicht antizipieren, weil es schon weiß, was der Reiter vorhat und anfängt, ohne korrektes Halten zurückzutreten. In der Arbeit sollte man dies auf jeden Fall korrigieren, auf entsprechend ausführliches Halten bestehen und eventuell für den Moment auf das Rückwärtsrichten verzichten.

- Wie oft man mit einem Pferd dieselbe Aufgabe durchreitet und in einem Stück übt, lässt sich nur individuell entscheiden. Für den Reiter, vor allem den weniger geübten, wäre sicherlich ein häufigeres Durchreiten von Vorteil. Dagegen muss man beim Pferd, besonders wenn es sehr lernfähig und clever ist, beobachten, ob es die Aufgabe schon zu genau kennt, nicht

- Auf allen geraden Linien, so z.B. entlang der langen Seite, sollte der Reiter stets etwas mit Stellung[1] reiten, um das Pferd auf sich zu konzentrieren, die Nachgiebigkeit im Genick und damit die Durchlässigkeit sicherzustellen. Dabei hat die diagonale Hilfengebung, also innerer Schenkel und äußerer Zügel, besondere Bedeutung. Stattdessen scheinen viele Pferde an der langen Seite sogar kontergestellt zu gehen. Besonders in Verstärkungen entlang der langen Seite, aber auch auf Diagonalen, gilt es dies zu beachten, um dem Schiefwerden vorzubeugen.

- Wenn während der Aufgabe eine Übung oder Lektion nicht zur vollen Zufriedenheit gelingt, sollte spätestens nach dem Ende der Aufgabe überlegt werden, was die Ursache des Mangels war, und dann hoffentlich verbessert die entsprechende Übung wiederholt werden. Meist lohnt es sich dabei, nochmals wieder auf eine

---

[1] Wenn hier empfohlen wird, mit Stellung zu reiten, heißt das nur, dass das Pferd seinen Kopf leicht im Genick wendet, wobei die Halswirbelsäule etwas beteiligt ist (siehe hierzu den Kasten im Kapitel „Geraderichten"). Dies ist nicht identisch mit dem „Reiten in Stellung", wie es in Kapitel „Seitengänge" erklärt wird, bei dem bereits auch etwas Rippenbiegung verlangt wird.

Vorübung oder wenigstens leichtere Variation zurückzugreifen. Wenn die Schwierigkeiten z.B. beim Rückwärtsrichten aufgetreten sind, kann die Korrektur zunächst auf dem Hufschlag geritten werden, bevor sie erneut wie in der Aufgabe in der Mitte des Vierecks geübt wird.

- Allerdings sollte nicht bei jedem Fehler die Aufgabe unterbrochen werden, um sofort Korrektur zu reiten; man schafft sonst vielleicht nie die ganze Aufgabe am Stück.
- Zur Vorbereitung auf das Reiten einer Dressuraufgabe auf einem Turnier gehört es auch, sich und das Pferd mit allen möglichen äußeren Gegebenheiten vertraut zu machen. Dazu sollte man auch einmal verladen und auf einem fremden Platz üben, am besten sogar unmittelbar nach einem Turnier, wenn noch die Richterhäuschen stehen, die Fahnen hängen und Kegel sowie Blumendekoration noch am Viereck sind.
- Auf Turnieren entstehen bei ungünstigen Witterungsverhältnissen und vielen Startern auf den Dressurvierecken bei X, gelegentlich auch an anderen strapazierten Punkten, häufig unangenehme Löcher. Dadurch wird ein vernünftiges Halten, Rückwärtsrichten, eine Kurzkehrtwendung, erst recht aber eine taktsichere Verstärkung unmöglich. Der clevere Reiter wird sich bereits im Training diesbezüglich Gedanken machen und sich darauf einstellen, entsprechend diese Punkte zu meiden und daran vorbeizureiten.
- Auf kleineren und mittleren Turnieren gibt es gelegentlich auch noch Dressurplätze mit leichtem Gefälle. Ein gut ausbalanciertes und sicher an den treibenden Hilfen stehendes Pferd wird auch damit wenig Probleme bekommen, wenn der Reiter, besonders bergab, Verstärkungen nicht bis zum Letzten ausreizt und es sicher vor sich behält.
- Besonders vorbereitet werden muss ein Start auf einem Rasenviereck: Um sich sicher und ausbalanciert dort bewegen zu können, braucht das Pferd einen entsprechenden Beschlag und Stollen. Außerdem muss es ein paar Mal auf solchem Boden geritten worden sein.
- Ob das Reiten der Dressuraufgabe als erfolgreich angesehen werden kann, muss an den realistisch eingeschätzten Möglichkeiten des Reiters und des Pferdes gemessen werden. Je früher der Reiter lernt, voll konzentriert und mit der richtigen Einstellung an die Aufgabe heranzugehen, desto früher wird er in diesem Sinne Erfolg und Freude daran haben können.

Im Folgenden sollen nun anhand der Aufgabe L 2 ohne einen Anspruch auf Vollständigkeit einige typische Punkte herausgriffen werden, die im Training und in der Prüfung beachtenswert sind:

- Beim Einreiten muss genau die Mittellinie angepeilt werden, das bedeutet, besonders wenn von innerhalb des Vierecks begonnen wird, rechtzeitig, ca. 3 - 4 m vor A abzuwenden. Bei einem zu späten Abwenden wäre gleich wieder ein Umstellen notwendig und somit ein schwankendes Einreiten vorprogrammiert. Ob man besser von der rechten oder linken Hand abwendet, muss man davon abhängig machen, auf welcher Hand es einfacher ist, das Pferd gerade zu richten und es auch bei der Grußaufstellung gerade zu halten. Wenn man von der beim Pferd eher etwas hohlen Seite einreitet, muss man auf der Mittellinie etwas an Schultervor denken, reitet man von der etwas festeren Seite ein, etwas an Reiten in Stellung.
- Um genau am Punkt bei X zu halten, muss der Reiter sich umblicken, um sich an den Punkten B und E zu orientieren. Im Training sollte lieber deutlich nach X gehalten werden und auch des Öfteren ganz auf das Halten verzichtet werden, damit das Pferd nicht dem Reiter zuvorkommt. Nur dann wird es auch möglich sein, das Pferd in der ganzen Parade geschlossen und in Selbsthaltung zu halten. Um sicherzustellen, dass das Pferd stets ruhig und gelassen steht, trotzdem sich aber anschließend wirklich vom Fleck weg antraben lässt, muss der Reiter in der ganzen Parade und beim

| 1. A-X | Einreiten im Arbeitstrab |
| X | Halten. Grüßen. Im Arbeitstempo antraben. |

➢ Teilnahme an Dressurprüfungen

2. C   Rechte Hand.
(C-M-B) (Der Arbeitstrab).

Gruß auch ruhig und gelassen sitzen, also nicht unnötig Sitzkorrekturen vornehmen, und er muss dem Pferd ganz konsequent zeigen, dass er jeweils rechtzeitig durch eine halbe Parade oder etwa durch einen kleinen Schnalzer das Pferd auf das Anreiten vorbereitet, es keinesfalls mit groben treibenden Hilfen oder gar mit dem Sporen überfällt. Beim Trainieren muss auch regelmäßig das Grüßen, gegebenenfalls mit Kappe oder Hut, geübt werden. Beim Üben der Grußaufstellung, auch am Ende der Aufgabe, lohnt es sich darauf zu achten, dass das Pferd nicht schon in dem Moment von sich aus antritt, wenn der Reiter die Zügel wieder aufnimmt. Nur so ist gewährleistet, dass das Anreiten kontrolliert und gerade erfolgt.

- Wie gut das Antraben vom Fleck weg gelingt, hängt davon ab, wie sensibel das Pferd auf die Reiterhilfen reagiert. Der Reiter sollte dazu mit seinen treibenden Hilfen nur ein Signal geben, also mit seinen Schenkeln einen Impuls geben, keinesfalls aber so lange Druck ausüben, bis das Pferd sich in Bewegung setzt. Nötigenfalls muss er diesen Impuls eben wiederholen. Wenn das Pferd diese Art der Hilfengebung gewohnt ist, trabt es an, wenn der Reiter den Schenkel wieder etwas löst und lang macht und somit wird es auch den ersten Tritt ohne die so häufig zu beobachtende Spannung zeigen. Das willige Antreten kann der Reiter dadurch noch fördern, dass er vom Sitz und seinem Gewicht her gut mitkommt, anstatt hinter der Bewegung zu sitzen, gar mit der Vorstellung, das Pferd anschieben zu können. Um sicherstellen zu können, dass das Pferd beim Antraben weder zu tief kommt bzw. abkippt noch sich im Genick festmacht und heraushebt, muss der Reiter die Anlehnung entsprechend gestalten: Wenn zu erwarten ist, dass das Pferd in der Anlehnung zu leicht wird, eventuell sogar etwas zu tief kommt, muss er an die bewusst tief geführte Hand herantreiben und versuchen, den Kontakt zum Maul optimal elastisch zu gestalten. Wenn zu erwarten ist, dass es etwas gegen die Hand geht und sich herauszuheben versucht, muss er die Hand sicher in einer Position tragen, die für eine stets gerade Linie Ellbogen-Hand-Pferdemaul sorgt. Das heißt, er wird sie ein wenig höher tragen, um sie aber sofort wieder nachgebend tiefer zu nehmen, wenn das Pferd im Genick nachgiebig bleibt.

- Nach dem Anreiten wird das korrekte Geradeausreiten auf der Mittellinie umso leichter gelingen, je besser das Pferd geradegerichtet ist. Der berühmte Bogen fehlerhaft nach links von der Mittellinie abweichend vor der Rechtswendung bei C wird bei genügender Beachtung der äußeren Hilfen, besonders auch des gut auf seiner Seite bleibenden linken Zügels, leicht zu vermeiden sein.

- Für diese erste Trabtour ist das Arbeitstempo vorgegeben. Selbstverständlich soll der Arbeitstrab stets von guter Frische geprägt sein, von vielen Reitern wird er jedoch überzogen, sodass die Pferde eilig werden; besonders häufig ist dies in Dressurprüfungen der Kl. A zu beobachten, wo man manchmal fast den Eindruck bekommt, es sei ein Geschwindigkeitswettbewerb. Das Arbeitstempo muss individuell passend gewählt sein und ist abhängig vom Bewegungsablauf des jeweiligen Pferdes. Das gewünschte aktive Durchschwingen der Hinterbeine wird durch ein Überziehen des Tempos sogar gemindert. Gar nicht genügend Beachtung kann hierbei die gute Anlehnung finden, welche sich bei leichter Stellung in einem nachgiebigem Genick, aber eben auch genügend Rahmen und sicherer Selbsthaltung zeigt.

> **Ein Pferd geht in guter Selbsthaltung, wenn es dank sorgfältiger Ausbildung gemäß der gesamten Skala der Ausbildung in dem der Klasse entsprechenden Versammlungsgrad und der daraus resultierenden gewünschten relativen Aufrichtung geht. Seine Silhouette soll durch**

einen gut getragenen, gleichmäßig aufgewölbten Hals und eine sicher leicht vor der Senkrechten sich befindende Stirn-Nasen-Linie sowie dem Genick als höchstem Punkt geprägt sein. Wenn es dem Reiter gelungen ist, sein Pferd zu versammeln, ohne es eng im Hals zu machen, erscheint es nicht nur dem Betrachter wohl proportioniert, vielmehr wird es sich auch in besonders sicherer Balance bewegen können, ohne eben von dem „starken" Reiter durch die Aufgabe und über das Viereck getragen werden zu müssen. Je leichter, bei aller Stetigkeit der Verbindung, sich die Anlehnung dabei gestaltet, mit desto feineren Hilfen lässt sich das Pferd reiten.

➜ Selbsthaltung

- Das richtig gewählte, nicht überzogene Arbeitstempo ist die Voraussetzung, um auch die beiden halben Volten, zunächst nach rechts, dann nach links, reiten zu können. Je nachdem, wie es um die Schiefe des Pferdes bestellt ist, welches seine feste oder hohle Seite ist, muss der Reiter zeigen, dass er gelernt hat, damit richtig umzugehen. Auf der eher festen Seite muss der innere Schenkel dafür sorgen, dass man vom inneren Zügel genügend loskommt und somit Taktfehler vermeidet, der äußere muss besonders sorgfältig verwahren, um einem Ausfallen der Hinterhand vorzubeugen. Dabei darf dieser Schenkel nötigenfalls auch einmal etwas aktiv werden, ein übermäßiges Umlegen wäre aber falsch, weil dadurch das Pferd erst recht dagegen drücken würde. Auf der etwas hohlen Seite muss vermehrt darauf geachtet werden, dass das Pferd nicht den äußeren Zügel zu sehr annimmt, sich eventuell sogar darauf stützt und über die Schulter ausfällt. Eine gut tief geführte Hand, die keinesfalls über den Mähnenkamm drückt, und ein fast in vortreibender Position liegender äußerer Schenkel helfen dabei.

Um diese beiden halben Volten korrekt einteilen und auch das Umstellen auf der Mittellinie gut vornehmen zu können, empfiehlt es sich, mit dem Beginn bis ca. ein oder zwei Meter hinter B zu warten. Dann ist auch bei X genügend Platz, auf einer Pferdelänge geradeaus geschmeidig nach links zu stellen und zu biegen und trotzdem genau bei E wieder den Hufschlag zu erreichen. Das letzte Stück Arbeitstrab, etwa vom Zirkelpunkt (vor K) an bis Mitte der kurzen Seite, reitet man zweckmäßigerweise etwas frischer vorwärts, um dann bei A den Übergang zum versammelten Trab deutlich zeigen zu können. Wie bei allen Rückführungen kommt es hierbei darauf an, diese Parade vornehmlich mit den treibenden Hilfen zu reiten, also die Vorstellung zu haben, das vermehrte Heranschließen der Hinterbeine und den versammelten Trab fordern zu wollen, um ein Stocken zu vermeiden.

- Dieses Schließen des Pferdes in der Versammlung, man kann es auch mit dem Spannen einer Feder vergleichen, ist die notwendige Vorbereitung für den darauf folgenden Mitteltrab auf der Diagonalen F-X-H. Je besser das Pferd dieses Versammeln annimmt, desto besser wird es in der Verstärkung Schub und Schwung entwickeln können. Damit die Übergänge sicher taktmäßig gelingen, muss der Mitteltrab sorgfältig entwickelt und genauso sorgfältig zurückgeführt werden, wobei einerseits die treibende Hilfe sehr wichtig ist, andererseits aber die Hand bei allem notwendigen Aufnehmen immer wieder leicht werden muss, um das Heranschließen der Hinterbeine auch entsprechend zuzulassen. Während der Verstärkung muss der Reiter dafür sorgen, selbst die Initiative zu behalten, also jeweils nur so viel zuzulegen, dass er immer noch etwas zum Treiben kommt. Andernfalls würde das Pferd sehr leicht auf die Hand kommen und Taktfehler wären kaum zu vermeiden. In der Arbeit ist darauf zu achten, dass das Pferd nicht schon aus der Ecke heraus, eventuell sogar stürmend, loszieht. Ge-

3.	B-X	Halbe Volte rechts (10 m).
	X-E	Halbe Volte links (10 m).
4.	(E-K-A)	(Der Arbeitstrab).
	A	Versammelter Trab.
	(A-F)	(Der versammelte Trab).
5.	F-X-H	Im Mitteltrab durch die ganze Bahn wechseln.
	H	Versammelter Trab.

➤ Teilnahme an Dressurprüfungen

6.		(Übergänge vom versammelten Trab zum Mitteltrab und vom Mitteltrab zum versammelten Trab).
7.	B (H-B-M-X)	Rechts um. (Der versammelte Trab).
8.	X	Halten. Eine Pferdelänge rückwärts richten, daraus im Mittelschritt anreiten.
9.	E (X-E-K-A)	Linke Hand. (Der Mittelschritt).
10.	A	Kurzkehrt links.

legentlich sollte der Reiter deshalb die Verstärkung erst nach dem ersten Drittel der Diagonalen oder langen Seite beginnen oder sie in zwei Etappen reiten. Auch bei der Rückführung neigen manche Pferde dazu, dem Reiter zuvorzukommen und zu früh den Mitteltrab zu beenden. Dem kann vorgebeugt werden, wenn man die Verstärkung immer wieder einmal bis in die Wendung hinein ausdehnt, dann aber nicht zum Wechsel-, sondern zum Zirkelpunkt hin reitet und so die Wendung etwas großzügiger gestaltet. Aus dem gleichen Grund ist es sinnvoll, ab und zu auch auf einem etwas längeren Viereck zu üben.

- Im versammelten Trab bis B sollte das Pferd wieder mit guter Stellung geritten werden, um es vom rechten Zügel loszubekommen und um bei B präzise die Rechtswendung reiten zu können. Das rechtzeitige Beenden dieser Wendung auf der Verbindungslinie B-E mit dem inneren Schenkel und dem äußeren Zügel ist Voraussetzung, dass auf korrekter Linie und im sicheren Geradeaus
- die ganze Parade bei X zum Halten gelingen kann. Diese sollte keinesfalls zu früh geritten werden, weil sonst das folgende Rückwärtsrichten erschwert würde. Im Training ist es zweckmäßig, gelegentlich sogar bewusst erst ein bis zwei Meter hinter X zu halten. Wie schon bei der Grußaufstellung angesprochen, sollte das Pferd daran gewöhnt werden, in Ruhe zu stehen.
- Um dem Pferd einerseits zu zeigen, dass jetzt gleich das Rückwärtsrichten folgt, es andererseits dabei auch gut gerade und vor sich halten zu können, ist es sinnvoll, schon beim Hinreiten zu dieser ganzen Parade die Unterschenkel ca. eine Handbreit verwahrend zurückzunehmen. Ist zu erwarten, dass das Pferd beim Halten bzw. beim Rückwärtsrichten etwas gegen die Hand geht, muss der Reiter seine Hände sicher aufrecht und sogar etwas oberhalb der Linie Ellbogen-Hand-Pferdemaul tragen; neigt das Pferd eher dazu, etwas tiefer zu kommen und eng zu werden, müssen die Zügel betont tief geführt werden; Letzteres ist bei Zäumung auf Kandare ganz besonders wichtig. Treten schon beim Halten Spannungen, z.B. im Genick auf, muss der Reiter die Ruhe bewahren, das Pferd mit den treibenden Hilfen gut vor sich behalten, mit durchhaltender, aber ruhiger Zügelhand ein wenig warten bis das Pferd nachgiebig wird. Keinesfalls darf er hektisch werden und versuchen, das Pferd trotz des Widerstandes rückwärts zu ziehen. An sich reichen gemäss der Vorschrift für die geforderte Strecke von einer Pferdelänge drei Tritte aus. Ein oder zwei Tritte mehr rückwärts schaden auch in der Prüfung nichts, solange erkennbar ist, dass sie vom Reiter bestimmt sind. In der Arbeit ist es bei den meisten Pferden besser, grundsätzlich zwei oder drei Tritte mehr zu verlangen, natürlich unter der Voraussetzung, dass es gelassen und in diagonaler Fußfolge erfolgt.
- Daraus im Mittelschritt anzureiten dürfte nach zwei- bis dreimaligem Üben eigentlich kein Problem darstellen. Wenn der Reiter das Pferd während des Rückwärtsrichtens genügend vor sich hatte, braucht er seine Schenkel nur aus der leicht verwahrenden wieder in die treibende Position dicht am Gurt nach vorn zu nehmen und seine Hände etwas Richtung Pferdemaul vorzuschieben ohne natürlich die Verbindung aufzugeben.
- Das darauf folgende Stück Mittelschritt auf der linken Hand muss fleißig nach vorn, keinesfalls eilig, mit guter Verbindung und eventuell auch leichter Stellung geritten werden. Die Ecke nach K kann wieder sehr gut dazu genutzt werden, vermehrt mit dem inneren Schenkel an den äußeren Zügel heranzureiten, das Pferd zu stellen und auch etwas zu biegen. Auf dem kurzen Stück bis A kann er diese Stellung und Biegung beibehalten, um dann die letzten zwei oder drei Schritte vor der Kurzkehrtwendung das Pferd etwas mehr zu schließen, es also etwas zu versammeln.
- Im Idealfall sollte die Kurzkehrtwendung ausgeführt werden, wenn das Pferd sich mit sei-

nen Hinterbeinen genau bei A befindet. Auch bei dieser Lektion wird der Reiter beim Üben feststellen, wie schnell die Pferde wissen, was als Nächstes in der Aufgabe folgt. Deshalb ist im Training wieder sorgfältig darauf zu achten, dass das Pferd Schritt für Schritt auf die Hilfen wartet und weder von selbst die Wendung beginnt noch versucht herumzueilen. Um dem vorzubeugen oder entgegenzuwirken, kann man z.B. die Wendung bei A ansetzen, dann noch ein paar Meter weiterreiten und sie erst vor der Ecke ausführen; auch ein Halten mitten in der Lektion oder ein Wenden nur um 90° können manchmal sinnvoll sein, wobei dann der innere Schenkel noch entscheidendere Bedeutung hat. Beim Üben sollte nach der Kurzkehrtwendung noch für einige Schritte die Stellung beibehalten werden, um grundsätzlich einem Verlust von Stellung und Biegung schon während der Lektion vorzubeugen. Danach wird aber die Ecke wieder gut genutzt, um mit Hilfe des rechten Schenkels das Pferd vermehrt an den linken Zügel heranzureiten und so

- die für das Angaloppieren notwendige Stellung sicherzustellen. Je besser dabei in die Ecke hineingeritten wird, desto mehr Zeit bleibt, noch ein Stück sicher geradeaus zu reiten, um dann präzise am Wechselpunkt K anzugaloppieren. Das dafür notwendige Umlegen des verwahrenden äußeren Schenkels darf nicht übertrieben und mit zu viel Druck geschehen, weil dadurch die Hinterhand hereingeschoben würde. Gerade bei sehr eifrigen und gehfreudigen Pferden hat es sich sehr gut bewährt, vor dem Angaloppieren den inneren Schenkel ca. eine Handbreit zurückzunehmen, beim Angaloppieren entlang des Haares damit wieder vorzustreichen und so gefühlvoll, in diesem Fall den Rechtsgalopp zu fordern. Da im Galopp die Pferde wegen des diagonalen Bewegungsablaufs auf beiden Händen zur Schiefe neigen, muss während der gesamten Arbeit in dieser Gangart an Schultervor gedacht werden, also mit dem inneren Schenkel gut an den äußeren Zügel herangetrieben werden.
- Nach der mit leichter Stellung (s.o.) gerittenen langen Seite folgt die Kehrtvolte in der Ecke bei H. Für diese Übung gilt bezüglich der natürlichen Schiefe des Pferdes analog, was oben im Zusammenhang mit den zwei halben Volten im Trab schon angesprochen wurde. Die Kehrtvolte wird wie eine Zwei-Drittel-Volte (Durchmesser 8 m) so weit herumgeritten, dass sie etwa zwischen dem Zirkelpunkt und E auf dem Hufschlag endet. Wie in jeder Wendung muss das Pferd dabei sicher an den äußeren Hilfen stehen, der Reiter vom inneren Zügel loskommen, in diesem Fall besonders auch, damit das innere Hinterbein genügend durchspringen kann.
- Diesen Durchsprung gilt es auch für den folgenden Kontergalopp zu erhalten, indem der nach wie vor innere rechte Schenkel Galoppsprung für Galoppsprung fordert. Wenn der Reiter zu sehr mit der Vorstellung reitet, ein eventuelles Umspringen verhindern zu wollen, wird er sicherlich den äußeren verwahrenden Schenkel zu stark einsetzen, sodass das Pferd wahrscheinlich schief wird und sich renversartig bewegt. Leider, und dafür sind auch einige Ausbilder und Richter verantwortlich, wird häufig zu viel Stellung, oder richtiger gesagt Halsabstellung, verlangt, – die Hälse mit der inneren Hand „krumm gezogen", wodurch der sichere Durchsprung und die Geraderichtung im Galopp beeinträchtigt wird. Der Außengalopp verlangt schon ein erhebliches Maß an Versammlung; es darf aber gerade dabei niemals ein langsamer Bewegungsablauf in Kauf genommen werden, bei dem nicht mehr der klare Dreitakt gegeben ist.
- Der für den einfachen Wechsel notwendige Übergang Galopp-Schritt ist mit die anspruchsvollste Übung einer Dressur-Aufgabe der Klasse L. Er kann nur korrekt gelingen, wenn das Pferd vorher im Außengalopp dank guter, seriöser Versammlung und Aufrichtung sich genügend selbst trägt und sicher an den treibenden

11.	(A-K)	(Der Mittelschritt).
12.	K	Im versammelten Tempo rechts angaloppieren.
13.	(K-H)	(Der versammelte Galopp).
	H	Aus der nächsten Ecke kehrt (8 m) ohne Galoppwechsel.
14.	(E-K-A)	(Der Außengalopp).
15.	A	Einfacher Galoppwechsel.

➤ Teilnahme an Dressurprüfungen

16.	(A-F-M)	(Der versammelte Galopp).
	M	Aus der nächsten Ecke kehrt (8 m) ohne Galoppwechsel.
17.	(B-F-A)	(Der Außengalopp).
18.	A	Einfacher Galoppwechsel
19.	K-H	Mittelgalopp.
	H	Versammelter Galopp.
20.		(Übergänge vom versammelten Galopp zum Mittelgalopp und vom Mittelgalopp zum versammelten Galopp).
21.	C	Versammelter Trab.
	M-X-K	Im Mitteltrab durch die ganze Bahn wechseln.
	K	Versammelter Trab.
22.		(Übergänge vom versammelten Galopp zum versammelten Trab, vom versammelten Trab zum Mitteltrab und vom Mitteltrab zum versammelten Trab).
23.	A	Auf die Mittellinie abwenden.
	X	Halten. Grüßen.
		Im Mittelschritt am langen Zügel die Bahn verlassen.

Hilfen des Reiters steht. Dann wird auch die Anlehnung entsprechend leicht sein, sodass das Pferd in der Parade hinten Last aufnehmen kann und nicht auf die Vorhand kommt. In der Prüfung sollen drei bis fünf klare Schritte folgen, bevor erneut, nunmehr links angaloppiert wird (siehe oben). Im Training muss ganz konsequent so lange Schritt geritten werden, bis das Pferd wieder gelassen schreitet, ohne dabei auf die Galopphilfe zu lauern. Auch hierbei ist wieder entscheidend, dass der Reiter mit den treibenden Hilfen Schritt fordert und nicht versucht, mit den Zügeln ein vorzeitiges Angaloppieren zu verhindern. Der Außengalopp auf der anderen Hand und der erneute einfache Wechsel werden unter Beachtung der natürlichen Schiefe analog zum ersten geritten.

- Auch bei dem dann folgenden Mittelgalopp an der langen Seite von K nach H ist ein entscheidendes Kriterium das Geradegerichtetsein wie vorher im versammelten Tempo. Allerdings erfordert es in der Verstärkung ein erheblich höheres Maß an Durchlässigkeit, um vom Zulegen bis zur Rückführung das Pferd gerade und auf dem Hufschlag zu halten. Wie oben beim Mitteltrab schon erklärt, muss der Reiter jeden Galoppsprung kontrollieren und keinesfalls dem Pferd die Initiative überlassen. Das Aufnehmen kann nur dann durchlässig und mit entsprechender Lastaufnahme der Hinterhand gelingen, wenn das Pferd im Training genügend bezüglich Versammlungsfähigkeit und -bereitschaft geschult wurde. Wenn dabei zu starke und zu lang durchhaltende Zügelhilfen gegeben werden, kann das Pferd nicht mit den Hinterbeinen heranschließen, sondern es wird auf die Vorhand kommen, eventuell sogar ausfallen. Mit den Schenkeln, besonders mit dem inneren, muss jeder Galoppsprung sorgfältig abgefragt werden. Wegen der Neigung der Pferde im Galopp, besonders beim Zulegen und beim Wiederaufnehmen, schief zu werden, muss dabei stets an Schultervor gedacht werden. Das heißt der Reiter muss die Vorstellung haben, das Pferd so sicher an die Hand heranzutreiben, dass er es mit der Vorhand etwas von der äußeren Hufschlagkante lösen kann. Zwei häufig zu beobachtende Fehler gilt es dabei zu vermeiden: Zum einen sollte er dabei nicht versuchen, mit der äußeren Hand die Schulter herüberzudrücken, weil er damit ein Verwerfen im Genick provozieren würde; zum anderen darf er aber auch nicht versuchen, mit dem inneren, etwas zurückgenommenen Schenkel die Hinterhand herauszuschieben, weil sonst das Pferd zur Vierecksbegrenzung drängeln und Balanceprobleme bekommen würde, eventuell auch die Aktivität des inneren Hinterbeines eingeschränkt werden würde.
- Wenn der versammelte Galopp wieder in guter Selbsthaltung gesprungen ist, wird der Übergang zum versammelten Trab präzise und flüssig gelingen. Um schon den Mitteltrab vorzubereiten, muss jeder Tritt von einer leichten, gut mit den treibenden Hilfen gerittenen halben Parade begleitet werden.
- Der Mitteltrab auf der Diagonalen mit den Übergängen wurde oben schon besprochen. Allerdings wird er jetzt von der anderen Hand begonnen, sodass für die Wendung wieder differenziert werden sollte, ob man von der festeren oder der etwas hohlen Seite kommt. (s.o. bei Lektion 3)
- Entsprechendes gilt auch für das letzte Aufmarschieren auf der Mittellinie mit der Linkswendung. (Zum Halten s. Teil 1, Kapitel 4.4.2)

Nun viel Erfolg und Freude beim Üben und auf dem Turnier!

➔ Übergänge; Abreiten sowie alle angesprochenen Übungen und Lektionen

Anreiten –
Grundschule für Pferde

Teil 6

➢ Anreiten – Grundschule für Pferde

1. Prägende Erfahrungen

Wenn junge Pferde angeritten werden, muss bedacht werden, dass gerade diese erste Zeit des Kennenlernens neuer Aufgaben und vielleicht auch neuer Menschen prägend wirkt – positiv oder negativ. Dem verantwortungsvollen Pferdefreund muss klar sein, dass diese Aufgabe in die Hände kompetenter Reiter und Ausbilder gehört.

Nur wer langjährige Erfahrung im Sattel und im Umgang mit verschiedenen Pferden hat, kann das junge Pferd verständnisvoll ausbilden, ihm eine optimale Grundausbildung geben. Zusätzlich muss er über Gefühl verfügen und bereit sein, das einzelne Pferd richtig einzuschätzen und mit ihm entsprechend umzugehen.

In den Richtlinien sind die wichtigsten Prinzipien sehr gut aufgelistet, die der Ausbilder, übrigens auch, wenn er Reiter unterrichtet, berücksichtigen sollte.

> **Die Ausbildung muss:**
> - planvoll vonstatten gehen,
> - systematisch vom Leichteren zum Schwereren führen,
> - methodisch richtig aufgebaut sein,
> - Kontinuität aufweisen,
> - abwechslungsreich und vielseitig sein,
> - den Wechsel von Belastung und Erholung berücksichtigen,
> - von Verständlichkeit und Konsequenz geprägt sein,
> - unbeherrschte Emotionen des Reiters ausschließen,
> - eine regelmäßige Überprüfung der Ausbildungsfortschritte enthalten,
> - die Individualität eines jeden Pferdes berücksichtigen,
> - zum äußeren und inneren Gleichgewicht von Pferd und Reiter führen.[1]

Die richtige Einstellung und Vorstellung zu dem, was man vorhat, ist entscheidend. Man muss sich im Klaren sein, dass die spätere Einsatzfähigkeit und Einsatzbereitschaft des Pferdes davon abhängt, wie zufrieden und wohl sich das Pferd in der Hand und unter dem Sattel fühlt. Um dem Rechnung zu tragen, muss sich der Ausbilder Gedanken machen, was in psychologischer Hinsicht im Umgang mit dem Pferd und in der Ausbildung zu berücksichtigen ist.

Das Pferd begreift den Menschen als Artgenossen, wird ihm aber nur folgen, wenn die Rangordnung geklärt ist. Um sicher die Position des Ranghöheren zu erreichen, muss der Reiter seinen Verstand und Willen einsetzen; sein Auftreten im Umgang mit dem Pferd muss von Sicherheit und Bestimmtheit geprägt sein. Bei jedem Fehler, den das Pferd macht, muss er sein Handeln in Frage stellen, ob das Pferd ihn richtig verstehen konnte oder ob er es überfordert hat.

Beim richtigen Umgang wird das Pferd sehr schnell zum Menschen Vertrauen fassen und sich bei ihm geborgen fühlen.

Dank der Arbeit der Züchter in den letzten 40 bis 50 Jahren, die sich an Reitpferde-Eigenschaften orientierten, stehen heute wunderbare und leistungsbereite Pferde zur Verfügung. Das bedeutet für den Reiter, dass er mit entsprechender Grundrittigkeit und nach guter Ausbildung mit hohen Durchlässigkeitswerten rechnen kann, andererseits in Bezug auf Balance des Sitzes, Feinheit im Umgang und gefühlvolle Hilfen mehr gefordert ist.

Häufig steht zwar ein geschickter und fähiger Reiter zur Verfügung, der aber auf Grund seiner Jugend noch nicht genug Erfahrung, aber vielleicht auch noch nicht genügend Ruhe, Gelassenheit und Konsequenz hat, um sich in schwierigen Situationen richtig verhalten zu können. Das muss auf jeden Fall durch einen entsprechend kompetenten Helfer und Ausbilder ausgeglichen werden.

2. Wann kann mit dem Anreiten und mit der Ausbildung des Pferdes begonnen werden?

Normalerweise sollte mit der Pferdeausbildung unter dem Reiter nicht vor Vollendung des drit-

---

[1] s. Richtlinien für Reiten und Fahren, Bd. 1, **FN**-Verlag, Warendorf, 27. Auflage 2000 (Nachdruck 2003), S. 152, 27. Auflage

ten Lebensjahres begonnen werden. Auch muss auf den häufig sehr unterschiedlichen Zustand des einzelnen Pferdes, was Körperbau, Wachstum und Konstitution anbelangt, wohl überlegt eingegangen werden.

Weil bei Pferden – wie bei Menschen auch – die Lernfähigkeit, besonders was die Motorik angeht, mit zunehmendem Alter abnimmt, sollte nur im Ausnahmefall der Ausbildungsbeginn hinausgeschoben werden.

Bei einzelnen Pferden ist es sinnvoll, bereits nach Abschluss der dritten Weidesaison, also im Alter von etwa zweieinhalb Jahren, einen kurzen Abschnitt zur Gewöhnung an Sattel und Reiter vorzunehmen. Wenn über einen Zeitraum von drei bis sechs Wochen das Pferd mit Zaumzeug, Sattel und Reiter vertraut gemacht wird, zahlt sich das ein Jahr später beim Anreiten aus; die Mühe ist nicht umsonst. Gerade bei dem frühen Vertrautmachen, das mit einem kurzen Besuch der Vorschule vergleichbar ist, kommt es besonders auf die Kompetenz des Ausbilders an. Nur wenn dieser ein gutes Auge und Gefühl für das junge Pferd hat, kann die Arbeit wertvoll und für das Pferd problemlos sein.

3. Gewöhnung an Zaum- und Sattelzeug

Auch wenn es nicht immer so ist, soll davon ausgegangen werden, dass das junge Pferd fachmännisch aufgezogen wurde. Dazu gehört, dass es von frühester Jugend an gelernt hat, den Menschen zu respektieren und dass es sich in seiner Obhut sicher und geborgen fühlen kann.

Folgende Dinge sollten möglich sein:
- Führen und Anbinden mit dem Halfter
- Putzen mit Hufpflege
- Auflegen einer Decke
- Freilaufen lassen auf beiden Händen mit Beachtung des die Peitsche führenden Menschen

Wenn das Pferd mit Trense und Sattel vertraut gemacht werden soll, nimmt dies möglichst eine fürs Pferd bekannte Person vor oder ist wenigstens dabei.

Spätestens jetzt muss das Pferd daran gewöhnt werden, zumindest stundenweise einzeln in einer Box zu stehen, weil es auch beim Aufsitzen und Anreiten die ersten Male allein sein wird.

Das Auflegen der Trense dürfte für das halftergewöhnte Pferd kein Problem darstellen. Das Gebiss muss sorgfältig ins Maul geschoben werden. Dabei können ein paar Krümel Hafer oder ein Leckerchen helfen.

Ist das Pferd am Kopf und an den Ohren empfindlich, kann es sinnvoll sein, die Trense zum Auflegen größer zu schnallen und erst nach dem Auftrensen am Kopf die Backenstücke wieder auf die richtige Länge zu kürzen. Auf keinen Fall sollte die Trense im zu großen Zustand längere Zeit am Pferd bleiben, weil es sonst animiert wird, mit dem Gebiss zu spielen. Die Trense muss optimal passen. Bei Pferden mit kleiner Maulspalte ist ein Wassertrensengebiss mittlerer Stärke, also 18 Millimeter, empfehlenswert. Um dem Spielen mit Gebiss und Zunge vorzubeugen, sollte von Anfang an ein gut passendes Reithalfter benutzt werden, normalerweise ein englisches oder kombiniertes, das mäßig zugeschnallt wird.

Bei den vielen großen Pferden, die es heute gibt, sind die ersten Auftrensübungen von einer großen Person vorzunehmen, die gut an den Kopf heranreicht und bei der das Pferd nicht gleich die Erfahrung machen kann, dass es sich mit einem Hochnehmen des Kopfes entziehen kann.

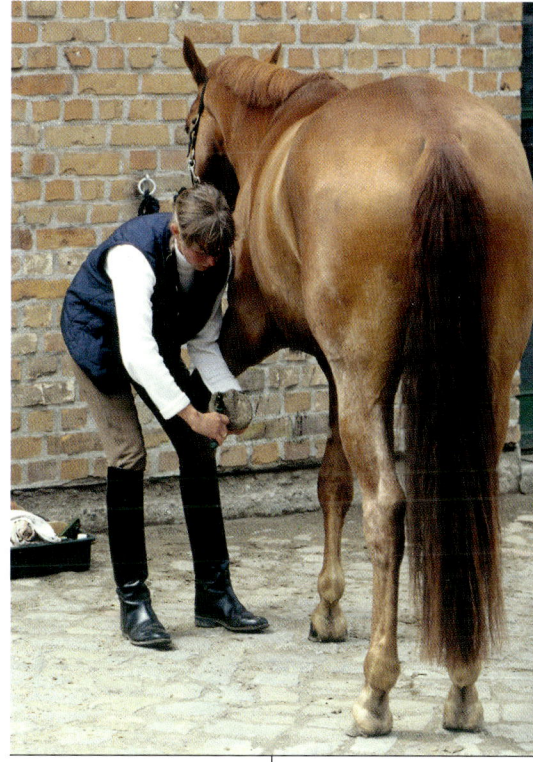

Sich Anbinden und Putzen lassen muss für das junge Pferd etwas Gewohntes und Angenehmes sein.

Reiten mit *Verstand und Gefühl* **241**

➢ Anreiten – Grundschule für Pferde

Junges Pferd an der Longe unter dem Reiter

Bei diesen Übungen, genau wie beim Aufsitzen und den ersten Reitübungen, ist sicher zu stellen, dass das Pferd bei der Sache ist und nicht durch andere Pferde oder Störungen von außen abgelenkt wird.

Der Sattel, der aufgelegt wird, sollte einigermaßen zu dem jungen Pferd mit noch nicht ausgeprägtem Widerrist passen. Ein Vielseitigkeitssattel mit gut sitzender Satteldecke hat sich am Besten bewährt, zumal das Anreiten mit etwas kürzeren Steigbügeln erfolgt. Mit Augenmaß kann gleich ein passender Gurt gefunden werden, der leichtes Angurten ermöglicht. Bei sehr empfindlichen und kitzeligen Pferden haben sich glatte Ledergurte, die im Bereich der Ellbogen etwas schmaler sind und auf einer Seite Gummieinsätze haben, bewährt. Beim Auflegen des Sattels und beim Angurten sollte auf jeden Fall eine zweite Person helfen.

Gelegentlich gibt es Pferde, bei denen mangels guter Gurtlage der Sattel nach hinten zu rutschen droht. Dann muss zumindest am Anfang mit einem Vorderzeug gearbeitet werden.

4. Das erste Mal Reitpferd

Das erste Satteln und Trensen hat geklappt. Nun wird der Pferde-Grundschüler ans Longieren gewöhnt und der Reiter sitzt zum ersten Mal auf. Wie der Ausbilder vorgehen sollte, wird im folgenden Abschnitt beschrieben.

Wenn das Auflegen der Trense und des Sattels gelungen ist, kann das Pferd auf dem Longierzirkel angeführt und anlongiert werden. Zum ersten Anführen sollte ein Helfer zur Verfügung stehen. Später kann der Ausbilder am besten selbst Longe und Peitsche führen, der Helfer bleibt in der Nähe.

Auch das Abtrensen muss bei einem jungen Pferd sehr sorgfältig vorgenommen werden: Wenn das Genickstück über die Ohren nach vorne gestreift ist, soll die Trense noch gut oben gehalten werden, damit das Pferd Zeit bekommt, das Gebiss auszuspucken. Eventuell muss mit der linken Hand nachgeholfen werden. Es darf auf keinen Fall einfach die Trense vom Kopf gezogen werden, weil sonst das Gebiss dem Pferd gegen die Zähne schlägt.

Wenn das Pferd gelernt hat, eine Decke zu tolerieren, wird das Auflegen des Sattels und das Angurten unproblematisch verlaufen. Das erste Satteln sollte außerhalb der Box vorgenommen werden, am Besten in einem offenen oder gedeckten Longierzirkel oder auf einem abgeteilten Platz im Freien oder in der Halle.

Weil das Pferd den Peitschenführer und die Peitsche schon vom Freilaufenlassen kennt, kann der Ausbilder nach dem Nachgurten das Pferd mit Longe und Peitsche auf dem Zirkel in Bewegung setzen. Es wäre gut, wenn das Pferd erst im Schritt bleibt und der Ausbilder sich langsam auf einem etwas kleineren Kreis, in einem

242 Reiten mit *Verstand und Gefühl*

Eine Schaumgummi-unterlage sorgt für guten, sicheren Sitz des Longiergurtes.

gewissen Abstand zum Pferd parallel bewegen kann. Bei der ersten Übung werden noch keine Ausbindezügel benutzt, die Zügel sind ausgeschnallt oder an dem am Sattel angebrachten „Maria-Hilf-Riemen" befestigt.

Die Longe kann bei dieser Arbeit auf unterschiedliche Weise befestigt werden:

- An einem Kappzaum, der exakt verpasst und eng zugeschnallt sein muss, weil er sonst dem Pferd um den Kopf herumrutscht.
- An einem gut passenden Halfter: Die Longe wird an den seitlichen Ringen des Halfters angebracht, so wird vermieden, direkt am Maul einzuwirken.
- Steht ein abgegrenzter Longierzirkel oder eine Longierhalle zur Verfügung, dass ein Ausbrechen des Pferdes nach außen ausgeschlossen ist, kann die Longe gut über einen etwas längeren Verbindungsriemen am Gebiss befestigt werden, ohne dass das Maul irritiert wird.
- Wenn am Longenende eine Schnalle befestigt ist, kann die Longe auch durch den Trensenring und das Reithalfter verschnallt werden.

Auch wenn das Pferd noch nicht beschlagen ist, sollten zumindest an den Vorderbeinen Gamaschen zum Schutz gegen Anschlagen benutzt werden.

Die Steigbügel werden mit dem Riemen gut festgemacht (siehe Foto S.244), damit sie nicht herunterrutschen und dem Pferd beim Traben oder Galoppieren unter den Bauch klopfen. Inwieweit das Pferd im Trab oder Galopp bewegt werden kann, muss der erfahrene Ausbilder vom Pferd und der Situation abhängig machen.

Auf keinen Fall soll das Pferd über mehrere Tage an der Longe in Kondition gebracht werden, bevor mit dem Aufsitzen begonnen wird.

Dieser Akt geht bei Pferden mit guter Kinderstube, die nicht durch fehlerhaften Umgang verdorben sind, meist schnell und problemlos vonstatten.

Außer einem geeigneten Reiter sollen beim ersten Aufsitzen zwei bis drei Helfer zur Verfügung stehen: Der Ausbilder hält das Pferd an der Longe und steht an der linken Seite etwas vor der Schulter des Pferdes. Ein Helfer steht auf der rechten Seite, hält das Pferd mit der rechten Hand an der Trense und hilft mit der linken Hand, wenn es soweit ist, dem Reiter in den Bügel. Ein zweiter Helfer, notfalls der die Longe führende Ausbilder, hilft dem Reiter erst an das Pferd und später auf das Pferd.

Schon beim Satteln und zwischendurch beim Handwechsel während des Longierens, fasst man immer wieder am Sattel an und bewegt ihn auf dem Pferderücken seitwärts, um zu testen wie das Pferd wohl beim Aufsitzen reagieren wird. Bei kleineren Pferden kann ein größerer Ausbilder seinen rechten Arm über den Sattel legen, etwas Druck ausüben

Anbringung der Longe…

…am Trensenring

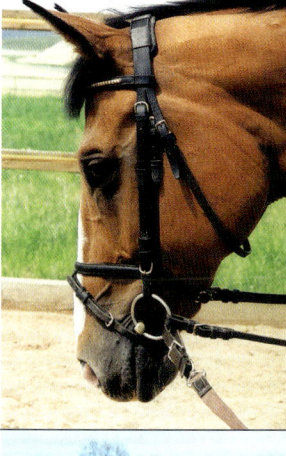

…an Trensenring und Nasenriemen

…an Trensenring und Sperrriemen

…am Kappzaum

➢ Anreiten – Grundschule für Pferde

So kann man die Bügel zum Longieren sicher festmachen.

und vielleicht einmal auf der rechten Seite etwas klopfen.

Vor dem ersten Aufsitzen wird das Pferd ablongiert, um Stallmut herauszulassen. Die Bügel sind dabei schon heruntergezogen.

4.1 Das Aufsitzen

Die beiden Helfer, die das Pferd halten, sollten aufpassen, dass das Pferd stehen bleibt und nicht wegspringt oder wegstürmt. Der Reiter wird vom Helfer zuerst nur an das Pferd herangehoben, um zu testen, wie das Pferd darauf reagiert, wenn hinter und über ihm der Reiter erscheint.

Man vermutet, dass bei manchem Pferd mehr durch die Tatsache des über ihm erscheinenden Reiters ein Fluchtinstinkt ausgelöst wird als durch das Reitergewicht. Das Heranheben des Reiters wird beim zweiten, dritten Mal so weit gesteigert, dass sich der Reiter schon etwas über das Pferd legen kann und mit seinem vollen Gewicht das Pferd belastet. Geht das ohne Spannung vor sich – bei ständigem Loben und gelegentlichem Zustecken eines Leckerchens – kann der Reiter richtig in den Sattel gehoben werden. Dabei müssen alle Beteiligten so geschickt sein, dass der Reiter sanft in den Sattel gleiten kann, sich entlastend etwas klein macht und vermeidet, mit dem rechten Bein das Pferd hinter dem Sattel zu erschrecken. Wenn bei diesem Üben das Pferd gelassen stehen bleibt, ohne sich allzu sehr zu spannen, lässt sich der Reiter wieder geschickt aus dem Sattel gleiten, lobt das Pferd ausgiebig von unten und das Ganze wird zwei- bis dreimal geübt.

Wenn dieses Auf- und Absitzen einigermaßen spannungsfrei vonstatten geht, kann der nächste wichtige Schritt in Angriff genommen werden: das Anführen.

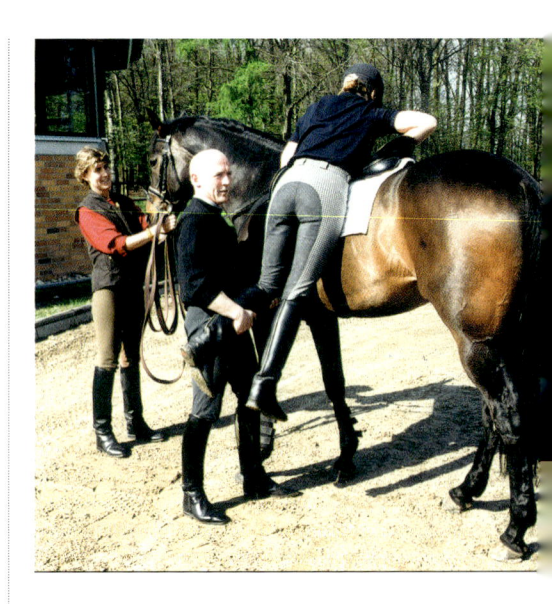

4.2 Das Anführen

Selbst wenn das Pferd beim Auf- und Absitzen recht gelassen stehen bleibt, ist oft der erste Schritt, die erste Bewegung mit dem Reiter im Sattel ein schwieriger Moment, weil sehr leicht Balanceprobleme auftauchen. Deshalb muss es ein geschickter, gut ausbalancierter Reiter sein, der den leichten Sitz sicher beherrscht. Um diesen Moment der Spannung beim ersten Anführen zu vermeiden, versuchen manche Ausbilder, den Reiter in den Sattel heben zu lassen, während das Pferd im Schritt geführt wird.

Im weiteren Verlauf wird mehrfach angehalten und wieder angeführt. Erst wenn das sicher und gelassen möglich ist, der Reiter mit leichtem Schnalzen und beim Halten mit der Stimme helfen kann und der Ausbilder sich bei Längerlassen der Longe der Zirkelmitte nähert, ist es sinnvoll, über erste Trabtritte unter dem Reiter nachzudenken. Spätestens, wenn damit begonnen wird, muss der Reiter die Zügel in die Hand nehmen, um damit auf das Pferd einwirken zu können.

Wie schnell vorgegangen, wann auf der anderen Hand getrabt werden kann und auf wie viele Tage die Arbeit verteilt werden muss, ist individuell zu entscheiden.

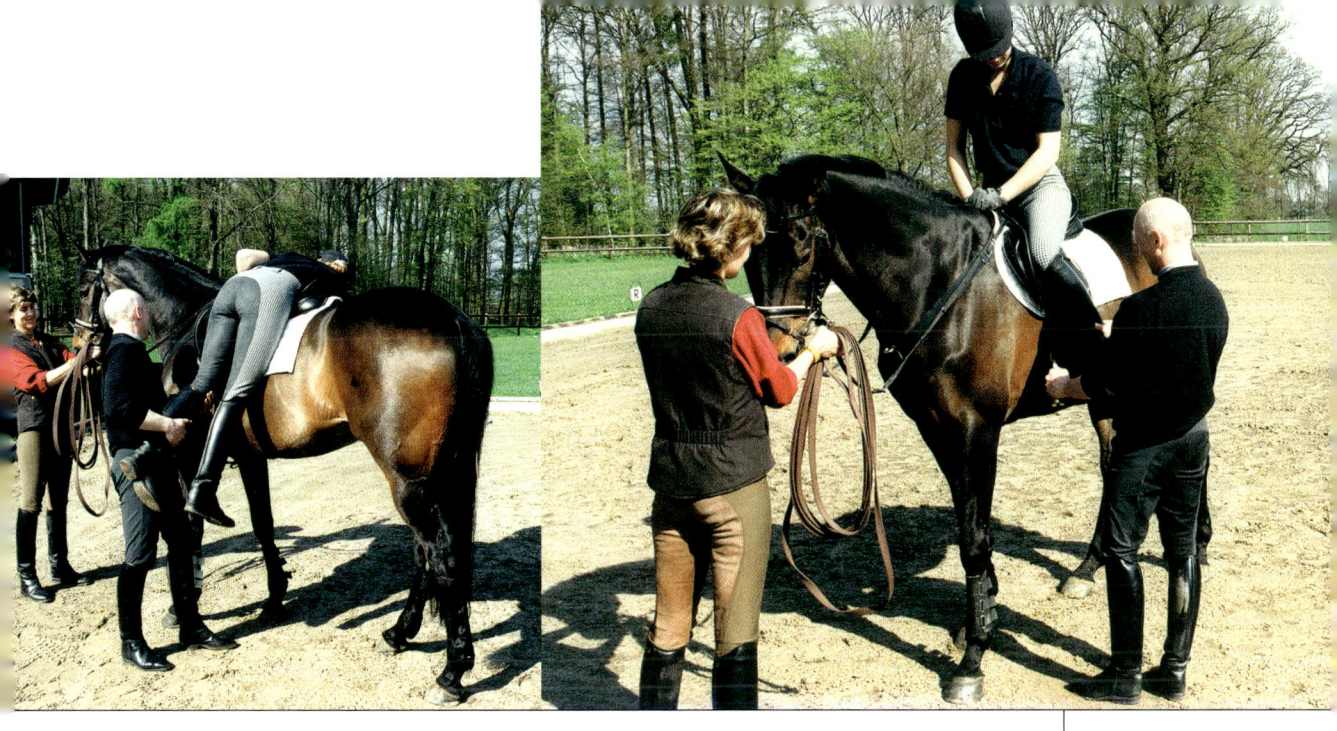

Um das richtige Maß zu finden, braucht der Ausbilder einen guten Blick für Pferde und möglichst reiche Erfahrungen mit ihrer Grundausbildung. Bei aller Ruhe und Sorgfalt, mit der in dieser Phase vorgegangen werden muss, sollte auf Konsequenz und Regelmäßigkeit (tägliches Üben) geachtet werden. Ein übermäßiges Hinauszogern des richtigen Reitens ist in der Regel nicht förderlich. Bei gut aufgezogenen, unverdorbenen Pferden sollte diese Ausbildungsphase bis zum ersten Reiten an der Longe kaum länger als drei bis fünf Tage dauern.

4.3 Reiten ohne Longe

Wann der Ausbilder die Longe vom Pferd lösen kann, um den Reiter erst auf einem abgegrenzten Zirkel, später in einer Halle oder einem gut eingegrenzten Platz reiten zu lassen, wobei er von unten mit der Longierpeitsche beim Treiben helfen kann, lässt sich nicht festlegen. Spätestens dann sollte der Reiter eine kleine Springgerte mit Klatsche in der Hand haben, um sie an der Schulter als treibendes Hilfsmittel einzusetzen, weil das junge Pferd zu diesem Zeitpunkt für die Schenkelhilfe noch wenig empfänglich ist.

Ein wichtiger weiterer Schritt in der Anreitphase ist der erste Galopp unter dem Reiter. Er sollte auf keinen Fall erzwungen werden. Man kann davon ausgehen, dass jedes Pferd den Galopp anbietet, wenn es sich so weit loslässt und unter dem Reiter ausbalanciert fühlt, dass es sich das Galoppieren zutraut.

Bewegt sich der Reiter mit dem jungen Pferd ohne Longe in einer Halle oder auf einem abgegrenzten Platz, kann der Ausbilder eventuell mit einem Helfer beim Treiben und bei Handwechseln unterstützen, indem er mit großer Sorgfalt, wie beim Longieren oder Freilaufenlassen, immer die richtige Position auf dem Platz bezieht und sich richtig bewegt.

In dieser Phase kann es sinnvoll sein, ein oder zwei weitere – möglichst erfahrene – Reitpferde mit in der Bahn zu haben und sie zum Teil als Führpferde zu benutzen. Ständiges Reiten hinter einem Führpferd sollte aber von Anfang an vermieden werden, weil es sonst später schwierig wird, das Pferd selbstständig zu reiten und es immer wieder versuchen wird, sich hinter ein anderes Pferd zu hängen.

„Steuern" mit Hilfe

Bei diesem oben angesprochenen Helfen des Ausbilders oder Helfers von unten werden genau wie beim Longieren oder Freilaufenlassen

Erstes Aufsitzen

➢ Anreiten – Grundschule für Pferde

Ein Führpferd kann anfangs sehr hilfreich sein.

natürliche Reaktionen des Pferdes ausgenutzt. Ähnlich geht ein guter Pferdetrainer bei der Freiheitsdressur im Zirkus vor.

Dazu ein paar Beispiele:
Um das Pferd zuerst im gleichmäßigen Vorwärts zu halten, also das Verständnis des Pferdes für die treibenden Hilfen zu fördern, muss der Peitschenführer sich so bewegen, dass er das Pferd immer etwas vor sich hat. Dazu bewegt er sich auf dem Viereck oder in der Halle etwa im Bereich eines Ovals (siehe Abb. S.245). Je schmaler der Platz ist, desto sorgfältiger muss er vermeiden, dem Pferd im Weg zu stehen. Der Durchgang zwischen Bande oder Vierecksbegrenzung darf dem Pferd nicht zu eng erscheinen. Genau diesen Effekt kann man ausnutzen, um beim Handwechsel zu helfen (siehe Abb. S.247).

Wenn bei diesen Übungen der Reiter und der Peitschenführer gut zusammenarbeiten, lernt das Pferd innerhalb weniger Tage, sich vom Reiter allein „steuern" zu lassen.

Dieser Lernprozess kann nur unter einem gut ausbalancierten Reiter erfolgreich sein, der seine Gewichts-, Schenkel- und Zügelhilfen sowie den Einsatz der Springgerte sicher und gefühlvoll aufeinander abstimmen kann.

Im weiteren Verlauf stehen die Ausbildungsziele und -abschnitte unter der Vorgabe der ersten drei Punkte der Ausbildungsskala, „Takt", „Losgelassenheit" und „Anlehnung".

Wenn es Ausbilder und Reiter bis hier gelungen ist, unnötige Spannungen oder Überforderungen zu vermeiden, steht einer erfolgreichen und auch relativ zügigen Ausbildung und Förderung des jungen Pferdes kaum etwas im Wege.

Ein Teilziel ist in dieser Phase eine zunehmend sichere Tempokontrolle. Besonders im Trab muss erreicht werden, dass der Reiter möglichst von Anfang an das passende Grundtempo wählen und bestimmen kann. Je besser das gelingt, desto schneller balanciert sich das Pferd aus, fühlt sich wohl und lässt sich los.

Wichtigste Voraussetzung auch hierbei: Reiterliches Gefühl und die Fähigkeit, immer im Gleichgewicht zu sitzen.

Der Reiter muss mit dem Pferd im Gleichgewicht sitzen und deshalb vermeiden, auch bei überraschendem Zulegen, hinter oder bei überraschendem Verkürzen vor die Bewegung des Pferdes zu kommen. Dasselbe gilt auch für seitliche Stabilität bei unvorhergesehenem Abweichen der Hufschlaglinie. Dank dieser Balance und Losgelassenheit des Reiters kann mit vom Sitz unabhängiger Hand für eine konstante und weiche Verbindung zum Pferdemaul gesorgt werden. Das verbessert das Vertrauen des Pferdes und erhöht die Bereitschaft, Zügelhilfen anzunehmen.

Wie bei der täglichen Arbeit dann im Weiteren vorgegangen wird, ob das Pferd immer noch

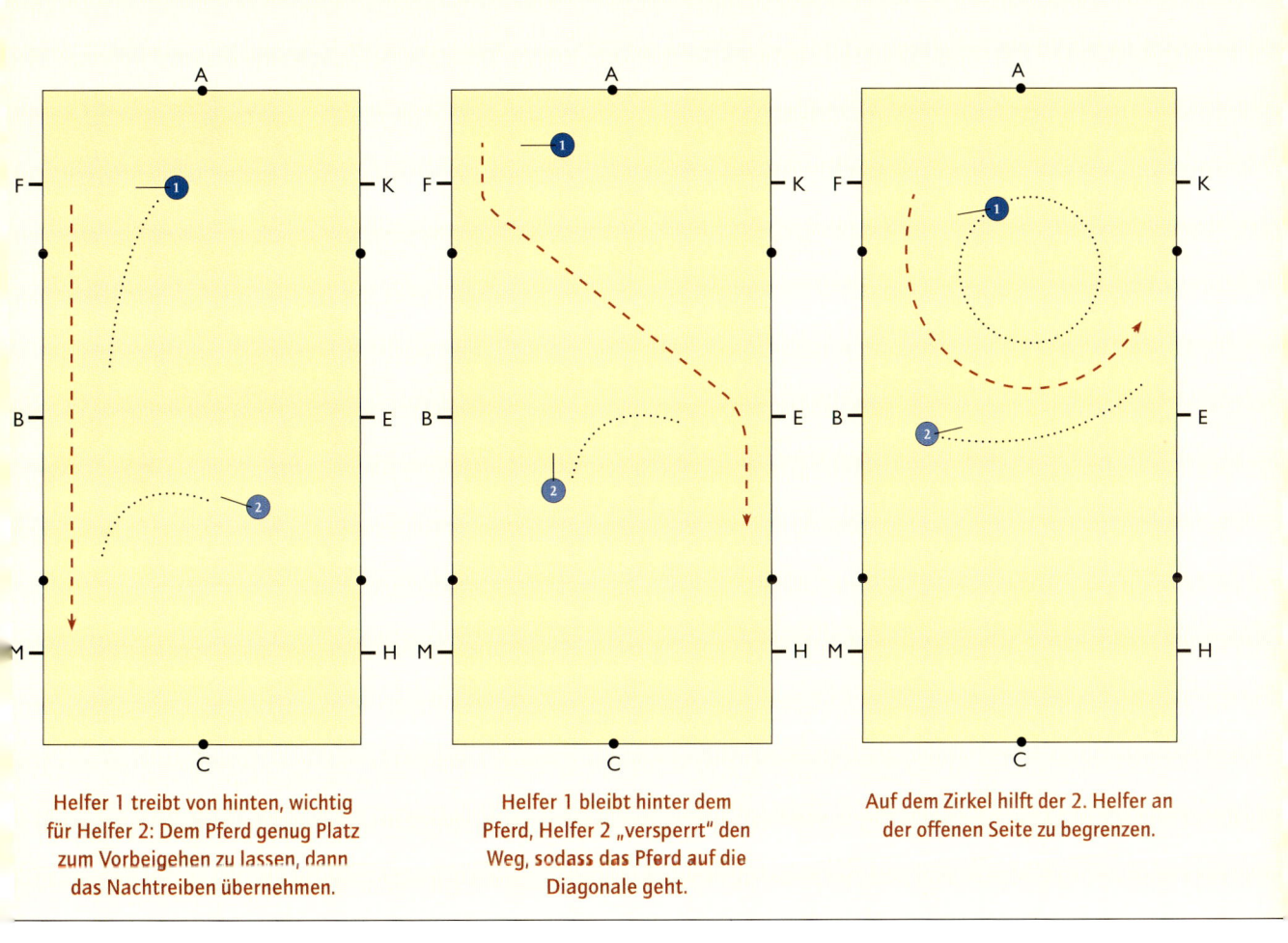

Helfer 1 treibt von hinten, wichtig für Helfer 2: Dem Pferd genug Platz zum Vorbeigehen zu lassen, dann das Nachtreiben übernehmen.

Helfer 1 bleibt hinter dem Pferd, Helfer 2 „versperrt" den Weg, sodass das Pferd auf die Diagonale geht.

Auf dem Zirkel hilft der 2. Helfer an der offenen Seite zu begrenzen.

ablongiert oder laufen gelassen wird, muss individuell entschieden und von der Haltungsform (z. B. vorheriger Weidegang) abhängig gemacht werden.

An dieser Stelle noch ein wichtiger Gedanke für das Verständnis der Zügelhilfen:

Möglichst frühzeitig muss das Pferd lernen, also entsprechend konditioniert werden, im richtig verstandenen Sinn „zu ziehen". Das bedeutet, dass der Reiter, wenn das Pferd sich verhält und nicht genügend vorwärts geht, zwar vermehrt treibt, eventuell auch mit der Springgerte, und unterstützt wird vom Peitschenführer, dass er aber die Verbindung zum Pferdemaul bestehen lässt und nicht die Hände vorschiebt und die Zügel durchhängen lässt. Umgekehrt muss er, wenn das Pferd vermehrt vorangeht, immer wieder nachgeben, darf auf keinen Fall ins Ziehen oder gar ans Festhalten kommen und dem Pferd das Gefühl vermitteln, festgehalten zu werden.

Wenn bis hier alles positiv verlaufen ist, das Pferd den Galopp angeboten hat und es gelingt, sich im Galopp auf großer Linie im Gleichgewicht zu bewegen, wird es höchste Zeit, die Ausbildung im Gelände, zumindest auf einem großen Außenplatz einzubeziehen. Dadurch kann dem Pferd mehr Abwechslung geboten werden, auch was Bodenverhältnisse und Geländegegebenheiten anbelangt.

Kann die Ausbildung nur in der Halle oder auf einem Dressurplatz stattfinden, sollte man Bodenricks oder Stangen nutzen.

Je nachdem, wie „guckerig" das Pferd ist, wird erst mit einem Bodenrick auf gerader Linie mit Fängen gearbeitet. Gegebenenfalls kann ein Führpferd helfen. Wie schnell die Anforderun-

➤ Anreiten – Grundschule für Pferde

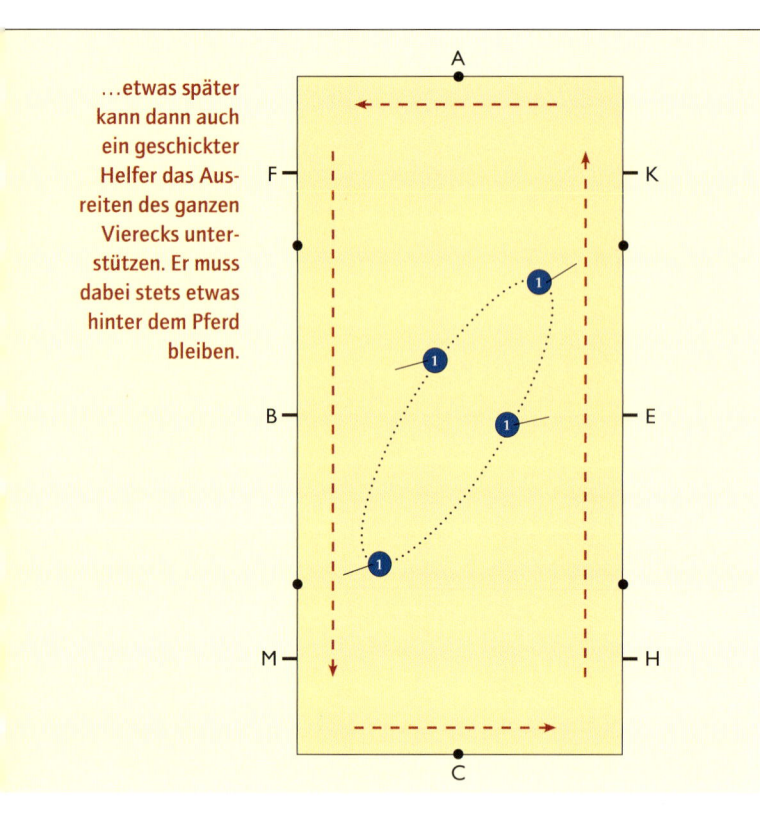

...etwas später kann dann auch ein geschickter Helfer das Ausreiten des ganzen Vierecks unterstützen. Er muss dabei stets etwas hinter dem Pferd bleiben.

Junges Pferd in angemessener Haltung. Die Reiterin sollte den inneren Zügel leichter führen.

gen, was die Zahl der Bodenricks und die Gangart anbelangt, gesteigert werden, muss vom Pferd abhängig gemacht werden.

Leider verläuft das Anreiten nicht immer problemlos. Erfahrungsgemäß gibt es gerade bei Pferden, die sich später durch besonders hohe Leistungsfähigkeit und -bereitschaft auszeichnen, in den ersten Phasen der Ausbildung immer wieder Spannungen und Probleme. Das hängt mit ihrer besonders ausgeprägten Sensibilität zusammen.

Von Anfang an, schon beim ersten Auflegen des Sattels, muss bei aufkommenden Spannungen gefragt werden, was die Ursache ist, ob sie vermeidbar sind oder das Pferd durch sorgfältige, aber konsequente Gewöhnung gelehrt werden muss, sich damit abzufinden.

Wenn nun tatsächlich das junge Pferd anfängt zu buckeln, ist es von Vorteil, wenn der Reiter dies geschickt aussitzt und im Sattel bleibt. Je besser das Pferd auf seiner Linie und im Vorwärts bleibt, desto leichter ist das möglich. Auch in solch einer Situation kann die Springgerte an der Schulter und der Peitschenführer von unten helfen. Um die Spannung nicht noch zu erhöhen, muss der Reiter möglichst ausbalanciert sitzen und das Pferd daran hindern, den Kopf zwischen die Vorderbeine zu nehmen. Auf jeden Fall muss überprüft werden, warum das Pferd gebuckelt hat.

Wenn der Reiter tatsächlich das Buckeln nicht aussitzen konnte und den Sattel verlassen musste, darf er auf keinen Fall aus Ärger das Pferd von unten in irgendeiner Form strafen. Nach Überprüfen und Beseitigen der Ursache muss er möglichst umgehend wieder aufsitzen und konzentriert weiterreiten.

Die Ursachen, warum ein junges Pferd beginnt zu buckeln, können ganz unterschiedlich sein:

- Balancestörungen durch den Reiter, der vielleicht durch eine unerwartete Tempo- oder Richtungsänderung des Pferdes überrascht wurde.
- Probleme mit dem Sattel, der vielleicht nicht genügend angegurtet oder nach

Ausbalancierter leichter Sitz im Galopp

Junge Pferde brauchen viel Abwechslung

hinten gerutscht ist.
- Störungen können selbstverständlich auch von außen kommen, zum Beispiel durch bestimmte Geräusche, besonders wenn das Pferd davon nichts sieht.

Erfahrungsgemäß gibt es immer Gründe, meistens Fehler der Ausbilder oder der Reiter, wenn hartnäckigere Probleme auftauchen. Wegen des stark prägenden Einflusses aller Erlebnisse in dieser frühen Ausbildungsphase sollte bei auftauchenden Problemen nicht gezögert werden, fachmännischen Rat und gegebenenfalls Hilfe zu suchen. Auch wenn drei oder vier Wochen Ausbildung beim Fachmann teuer erscheinen, sind sie unter dem Strich preiswert und wertvoll.

→ Pferd und Reiter im Gleichgewicht; Instinktiv – richtig?

5. Vorstellen junger Pferde in Reitpferdeprüfungen

Gemäß unserer LPO soll in Reitpferdeprüfungen das junge Pferd bezüglich seiner natürlichen Bewegungen in den drei Grundgangarten, des Typs und der Qualität des Körperbaus sowie des Gesamteindrucks einschließlich des Temperaments beurteilt werden. Dabei spielt auch auf der Grundlage der Kriterien der Ausbildungsskala die altersgemäße korrekte Grundausbildung und die angemessene Art der Vorstellung eine Rolle. In die Gesamtbeurteilung fließen die Ausstrahlung, die Rittigkeit und der Gehorsam ein.

Bei so jungen Pferden (3- und 4-jährig), die unter dem Reiter häufig noch nicht voll ausbalanciert sind und sich teilweise auch noch im Wachstum befinden, kommt es noch mehr als sonst darauf an, dass der Reiter in der Lage ist, möglichst in jeder Situation mit seinem Pferd im gemeinsamen Gleichgewicht zu sein. Dass dieser also z. B. bei einem unerwarteten Zulegen oder Verhalten nicht hinter bzw. vor der Bewegung des Pferdes sitzt. Nur dann ist er auch im Stande, mit vom Sitz unabhängigen Hilfen einzuwirken.

➢ Anreiten – Grundschule für Pferde

Vorstellung junger Pferde in einer Reitpferdeprüfung

Er muss das Leichttraben besonders elastisch und geschmeidig beherrschen, im Galopp auch aus einem entlastenden Sitz heraus das Pferd gut vor seinen Hilfen behalten und im Schritt mit feiner Hand aus elastischem Schulter- und Ellbogengelenk heraus am langen Zügel die Nickbewegung zulassen und mitmachen können.

Was diese genannten Punkte anbelangt, sind sehr große Reiter etwas im Nachteil. Ein größenmäßiges Zusammenpassen von Reiter und Pferd ist in einer solchen Prüfung mit Sicherheit von Vorteil, weil es, gerade bei etwas weniger großen Pferden, einfach zu einem harmonischeren und gefälligeren Gesamtbild beiträgt.

Je besser und systematischer das junge Pferd angeritten und ausgebildet ist, desto weiter und schöner hat es sich in seiner Bemuskelung entwickelt und desto sicherer wird es in allen drei Grundgangarten auch unter dem Reiter schon ausbalanciert sein. Je losgelassener es sich unter seinem Reiter bewegt, wenn es also vertrauensvoll und zufrieden an die ruhige Hand herantritt, desto schwungvoller und gelassener wird es in der Prüfung auftreten. Dies alles wirkt sich selbstverständlich auf die Bewertung der Grundgangarten, aber auch auf die Bewertung des Gebäudes (z. B. wegen der besseren Bemuskelung und Entwicklung der Oberlinie) und des Gesamteindrucks einschließlich des Temperaments positiv aus.

Wenn in der Vorbereitung und beim Vorstellen des jungen Pferdes diese Zusammenhänge berücksichtigt werden, können die Richter alles optimal bewerten. In der Trabarbeit ist in erster Linie der Arbeitstrab im jeweils individuell passenden Grundtempo wichtig; Zulegen bzw. Tritte verlängern wird nur in kurzen Reprisen verlangt. Ein überzogenes Vorwärtsreiten dient ebenso wenig der bestmöglichen Benotung wie ein zu verhalten gewähltes Grundtempo. In beiden Fällen wird das Pferd aufgrund mangelnder Losgelassenheit, besonders auch im Rücken, nicht so gut mit den Hinterbeinen aktiv nach vorn durchschwingen können, also tatsächlichen Schwung entfalten.

Leider gibt es immer wieder einige Reiter, die glauben für ihr Pferd mit größtmöglicher Strampelei die besten Trabnoten erzielen zu können. Dabei gelingt es ihnen gelegentlich, bei festgehaltenem und verspanntem Rücken eine spektakuläre Aktion der Vorderbeine zu erreichen. Der fachkundige Beobachter wird sich aber dadurch nicht blenden lassen, sondern erkennen, dass die Pferde ohne Rücksicht auf ihren tatsächlichen Ausbildungsstand künstlich, das heißt mit den Händen im Genick oben hingestellt sind und wegen der stark eingeschränkten Rückentätigkeit wenig echten Schwung (Schub aus der Hinterhand) und wenig Raumgriff zeigen.

Besonders negativ wirkt sich diese Art des Reitens und Vorstellens auf den weiteren Ausbil-

Korrektes Vormustern im Schritt

dungsweg dieser jungen Pferde aus: Sie können sich auf keinen Fall im Rahmen ihrer Anlagen optimal entwickeln, sondern werden physisch und psychisch Schaden nehmen.

Abgesehen von kurzen Reprisen wird in solchen Prüfungen nur Leichttraben verlangt. Deshalb sollte auf keinen Fall mit übermäßig langen Bügeln geritten werden. Beim Zulegen im Trab an den langen Seiten muss versucht werden, das Pferd sich entwickeln zu lassen, - es muss ziehen, das heißt zulegen wollen. Dies wird dann besonders gut der Fall sein, wenn die treibenden Hilfen gefühlvoll rhythmisch und nicht zu kraft- und druckvoll eingesetzt werden und der Reiter beim Zulegen eher etwas leicht entlastend als zu schwer sitzt.

Ganz Ähnliches gilt für den Galopp. Je besser das Pferd an den rhythmisch und gefühlvoll vortreibenden Hilfen steht, der Reiter es vor sich hat und ihm auch in den Verstärkungen Gelegenheit gibt, sich zu entwickeln, desto besser wird es im Rahmen seiner Möglichkeiten schon bergauf galoppieren und umso weniger wird es dabei auf die Vorhand (auf den Kopf) kommen.

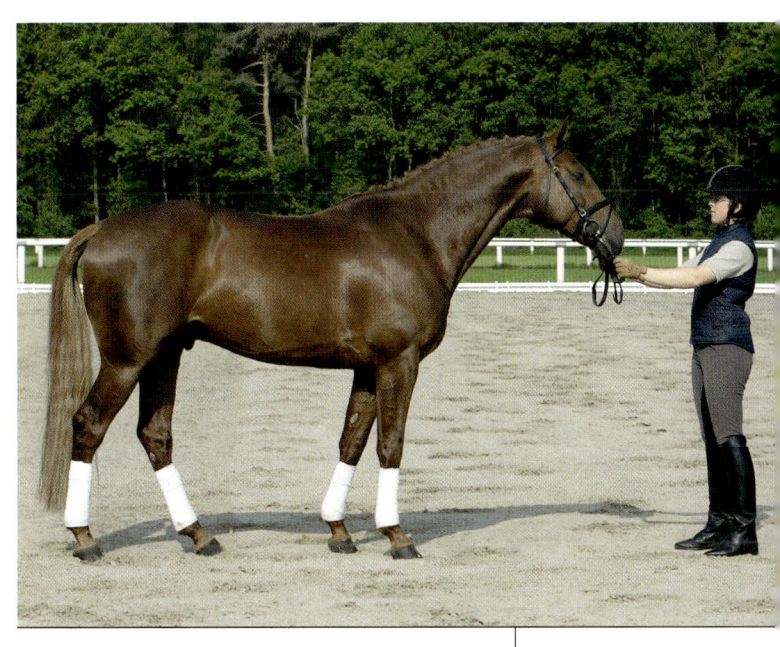

Der Schritt sollte grundsätzlich am langen Zügel (s. Teil 3, Kapitel 2. Schrittreiten), nicht aber mit hingegebenen Zügeln gezeigt werden. So wird es im Übrigen auch in dem Merkblatt für das Richten von Reitpferdeprüfungen gefordert. Ob ein Pferd sich im Schritt optimal präsentiert, hängt noch mehr als in den anderen Grundgangarten davon ab, wie gut es sich loslässt. Je besser es also in der kurzen Zeit der Ausbildung schon gelernt hat, sich unter seinem Reiter wohl zu fühlen und dabei vertrauensvoll an die Hand heranzutreten, desto besser wird es auch im Schritt taktmäßig fleißig, aber gelassen schreiten. Es kann dann in feiner Anlehnung an die aus der Schulter und dem Ellbogen heraus mitgehende Hand die natürliche Nickbewegung zeigen und aus dem losgelassenen Rücken heraus den ihm möglichen Raumgriff entwickeln. Auch im Schritt kann eventuell mangelnder Fleiß nur durch gefühlvolles wechselseitiges Treiben verbessert werden, eventuell kann auch einmal ein kurzer entschlossener Impuls mit dem Schenkel helfen. Ein ständiges aufwändiges und sehr kraftvolles Treiben wird dagegen eher dazu führen, dass das Pferd sich noch mehr verhält. Neigt es im Schritt zu Übereifer, muss zunächst einmal

So wird ein Pferd korrekt aufgestellt. Die Zügel sollten noch ca. drei Handbreit länger sein.

➢ Anreiten – Grundschule für Pferde

Tipps zum Vorstellen in Reitpferdeprüfungen

- Was eigentlich bei allen anderen Prüfungen auf Turnieren gilt, sollte für Reitpferdeprüfungen besonders beachtet werden, dass nämlich nur Pferde vorgestellt werden, die sich in einem guten Allgemein- und Pflegezustand befinden.

- Auch wenn man, was die Schönheit anbelangt, über das Einflechten von Mähne und Schweif sehr geteilter Meinung sein kann, so ermöglicht es bei guter Ausführung doch eine viel bessere Beurteilung der Halsung und der Oberlinie bzw. der Hinterhand und der Kruppenformation.

- Auch das Üben des Vormusterns unter fachkundiger Anleitung und mit entsprechender Hilfe schlägt sich in einer verbesserten Präsentation und meist auch Bewertung nieder. Ähnlich wie unter dem Sattel, sollte das Pferd sich dabei aufmerksam und interessiert zeigen, einfach einen besseren Eindruck hinterlassen. Beim Präsentieren des Pferdes an der Hand hat es sich bewährt, dafür zu sorgen, dass das Pferd sich auch beim Aufstellen vor den Richtern wach und mit entsprechend gut entfalteter Haltung des Halses, aber eben auch mit entsprechendem Gesicht, also großen Augen und gespitzten Ohren zeigt. Manche Reiter führen dazu beim Vormustern einfach einen Zweig mit Laub mit sich, mit dessen Rascheln sie die Aufmerksamkeit des Pferdes erregen. Eventuell kann dazu auch ein Helfer, der etwas zurück mit getragener Peitsche steht, helfen. Zum Absatteln, Glattbürsten oder -wischen und eventuell zum geschickten Nachtreiben empfiehlt es sich ohnedies einen kundigen Helfer bereit zu haben.

- Während der Überprüfung der Grundgangarten unter dem Reiter zeigt sich dessen Geschick nicht zuletzt durch eine jeweils passende Wahl des Abstandes zum Vordermann. Je nach Situation kann ein eher etwas größerer oder aber gelegentlich auch einmal, wie oben im Zusammenhang mit dem Schrittreiten dargestellt, ein eher etwas knapperer Abstand von Vorteil sein.

geschickt der Abstand zum Vordermann klein gehalten werden, quasi als Bremse, denn ein großer Abstand animiert das Pferd noch schneller und eiliger zu werden, weil es nicht den Anschluss verpassen will. Außerdem muss, in feiner Abstimmung von treibenden und verhaltenden Hilfen, ein ruhigerer Bewegungsablauf gefordert, nicht aber durch ausschließlich verhaltende Hilfen ein eiligerer Bewegungsablauf verhindert werden.

Nach dem Vorstellen der Pferde im Trab, Galopp und im Schritt folgt dann jeweils zur Beurteilung des Gebäudes und auch der Gangkorrektheit das Vormustern an der Hand. Dies wäre ein Thema für sich, deshalb hier nur ein Stichwort dazu: Auch das Vormustern will geübt sein, um das Pferd im entscheidenden Moment vor den Richtern bestmöglich – jeweils offen – aufstellen zu können.

Leider verhindern gelegentlich widrige Witterungsverhältnisse, dass ein Pferd sich optimal zeigt und angemessene Beurteilung erfahren kann. So kommt es immer wieder vor, dass junge Pferde sich schlecht loslassen oder gar verhalten, wenn es regnet und ein kalter Wind geht. Auch mit zu hartem oder zu tiefem Boden haben manche junge Pferde erhebliche Schwierigkeiten. Aus allen diesen Gründen ist es also auch bei Reitpferdeprüfungen vollkommen normal, dass ein und dasselbe Pferd auf verschiedenen Turnieren recht unterschiedlich benotet wird.

Jeder verantwortungsbewusste Ausbilder muss beachten, dass auch qualitätsvolle Pferde in späteren Jahren – dann in anspruchsvolleren Prüfungen – nur erfolgreich sein können, wenn man sie als drei- und vierjährige nicht überfordert hat, sie also nicht zu oft gestartet hat, und auch in den Prüfungen niemals vergessen hat, dass sie tatsächlich noch im Wachstum befindliche Remonten sind.

➔ Grundgangarten; Losgelassenheit; Anreiten

Schlusswort

Wer beim Lesen dieses Buches bis hierhin gekommen ist, hat bewiesen, dass er sich mit ernsthaftem Interesse, Engagement und Herz dem Reiten widmet.

Umso mehr hoffe ich, dass es mir gelungen ist, aufzuzeigen,
- wie pferdegemäß korrektes Ausbilden und Reiten nach den Grundsätzen der so genannten klassischen Lehre ist,
- dass deren Theorie nicht grau, sondern logisch sowie interessant ist und ihre Umsetzung das Reiten erleichtert und
- dass Verstand und Gefühl im gleichen Maße wichtig sind und sich gegenseitig ergänzen.

Allen Lesern wünsche ich viele Aha-Erlebnisse mit ihren Pferden, Freude am zunehmend harmonischen Miteinander beim täglichen Reiten, den möglicherweise angestrebten sportlichen Erfolg, besonders aber die Befriedigung, das jeweilige Ziel auf eine Art erreichen zu können, die ihrem Pferd seine Gehfreude, Leistungsbereitschaft und „Persönlichkeit" erhält.

Michael Putz

Der Autor Michael Putz, geb. 1946, begann seine reiterliche Laufbahn im Alter von 11 Jahren. Schon mit 22 übernahm er die selbstständige Führung eines Turnier- und Ausbildungsstalls.

Parallel dazu studierte er mehrere Semester Jura und absolvierte dann ein Studium für das Lehramt an Grund- und Hauptschulen an der Universität Erlangen/Nürnberg.

Von 1977 bis 1980 war er als Bereiter bei Dr. Josef Neckermann tätig und leitete dort den Turnier und Ausbildungsstall. Michael Putz ist erfolgreicher Reiter aller Disziplinen bis zur Klasse S, Pferdewirtschaftsmeister und Träger des Goldenen Reitabzeichens, verfügt über eine jahrzehntelange Erfahrung als Ausbilder und Turnierrichter auf allen Ausbildungsstufen, sowohl in der Dressur als auch im Springen.

Michael Putz war u.a. über 15 Jahre als Leiter der Westfälischen Reit- und Fahrschule in Münster/Westf. tätig. Seit 2001 arbeitet er freiberuflich als Ausbilder. Er gibt Einzelunterricht, leitet Lehrgänge für Profis und Amateure und hat seit 2002 schon mehrmals einige Monate in Neuseeland verbracht, um dort Richter, Ausbilder und Reiter in Praxis und Theorie zu schulen.

Über seine praktischen Tätigkeiten hinaus, ist Michael Putz Mitautor der Richtlinien Band 1 und 2, Autor zahlreicher Fachbeiträge in Zeitschriften, er arbeitet als Sachverständiger für Gerichte, ist Mitglied in Ausschüssen, Arbeitskreisen und Verbänden und darüber hinaus anerkannter Fachlektor für Bücher des **FN**verlages.

Literaturverzeichnis

- Brückner, S. (Hrsg.): Hippo-logisch! Warendorf. Erscheint voraussichtlich Winter 2004.
- Bürger, U.: Vollendete Reitkunst. Berlin/Hamburg 1959
- Bürger, U./Zietschmann, O.: Der Reiter formt das Pferd. Warendorf 2003. Neuauflage der Reprint-Ausgabe 1939.
- Deutsche Reiterliche Vereinigung (Hrsg.): Deutsche Reitlehre – Das Pferd. Warendorf 2002.
- Deutsche Reiterliche Vereinigung (Hrsg.): Deutsche Reitlehre – Der Reiter. Warendorf 2000.
- Deutsche Reiterliche Vereinigung (Hrsg.): Richtlinien für Reiten und Fahren Band 1: Grundausbildung für Reiter und Pferd. Warendorf. 27. Auflage 2000 (Nachdruck 2003).
- Deutsche Reiterliche Vereinigung (Hrsg.): Richtlinien für Reiten und Fahren Band 2: Ausbildung für Fortgeschrittene. Warendorf. 13. Auflage 2001 (Nachdruck 2003).
- Deutsche Reiterliche Vereinigung (Hrsg.): Richtlinien für Reiten und Fahren Band 6: Longieren. Warendorf. 7. Auflage 1999 (Nachdruck 2003).
- Deutsche Reiterliche Vereinigung (Hrsg.): Sportlehre – Lernen, Lehren und Trainieren im Pferdesport. Warendorf. 2. Auflage 1998.
- Dietze, S.v.: Balance in der Bewegung. Warendorf. Neuauflage 2003.
- Dietze, S.v.: Balance in der Bewegung. VHS Video. Warendorf 1994.
- Heipertz-Hengst, Chr.: Fit fürs Pferd. Lüneburg. 1. Auflage 2002.
- Hertsch, Bodo: Anatomie des Pferdes. Warendorf. 4. Auflage 2003.
- Hölzel, P.: Mit dem Pferdesport aktiv bleiben. Warendorf 2004.
- Kapitzke, G.: Das Pferd von A bis Z. München. 6. Auflage 2003.
- Kleven, H. K.: Physiotherapie für Pferde. Warendorf. 2. Auflage 2001.
- Kleven, H. K.: Physiotherapie für Pferde. VHS Video Warendorf. 1999.
- Klimke, I. und R.: Cavaletti – Dressur und Springen. Stuttgart 1997.
- Knopfhart, A.: Dressur von A-S. CH-Cham 2001.
- Krämer, M.: Siege werden im Stall errungen. Warendorf. Erscheint voraussichtlich Winter 2004.
- Lindgren, Major Anders: Übungsreihen für Dressurlektionen bis Grand Prix. Warendorf 2003.
- Löhneysen, G.E.: Della Cavalleria. Hildesheim 1977.
- Lührs-Kunert, K.: 111 Lösungswege für das Reiten. Warendorf 2003.
- Meyners, E.: Bewegungsgefühl – das innere Auge des Reiters. Düsseldorf 1996.
- Meyners, E.: Das Bewegungsgefühl des Reiters. Stuttgart 2003.
- Rahn, A.; Fellmer, E.; Brückner, S.: Pferdekauf heute. Warendorf. Neuauflage 2003.
- Rau, G: Die Beurteilung des Warmblutpferdes. Warendorf. 4. Auflage 1999.
- Riegel, R.J.: Bild-Text-Atlas zur Anatomie und Klinik des Pferdes. Hannover 2002.
- Schinke, B. und R.: Erfolgreicher Reiten mit mentalem Training. Warendorf 1999.
- Schoeller, Ph. v.: Reiten war dabei. Warendorf. Erscheint voraussichtlich Winter 2004.
- Seunig, W.: Am Pulsschlag der Reitkunst. Warendorf 1988.
- Seunig, W.: Von der Koppel bis zur Kapriole. Berlin 1943
- Steinbrecht, G.: Gymnasium des Pferdes. Warendorf. Neuauflage 2004.
- Strick, M.: Denk-Sport Reiten. Warendorf. 2. Auflage 2002.
- Swift, S.: Reiten aus der Körpermitte. CH – Cham. 6. Auflage 1997.
- Willrich, G.: Angstfrei reiten. Warendorf. Erscheint voraussichtlich Herbst 2004.
- Zettl, Walter: Dressur in Harmonie. Warendorf. 1. Auflage 2003.

Videos/DVDs

- Blaue Lehrfilmserie der Deutschen Reiterlichen Vereinigung e.V.:
  Teil 1: Der Sitz des Reiters. VHS-System. ca. 33 Min.
  Teil 2: Der Weg zum richtigen Sitz. VHS-System. ca. 28 Min.

Teil 3: Grundausbildung Pferd und Reiter Dressur – Die Skala der Ausbildung.
VHS-System. ca. 26 Min.
Teil 4: Ausbildung des Reiters – Springreiten für Einsteiger. VHS-System. ca. 20 Min.
Teil 5: Grundausbildung des Reiters im Geländereiten. VHS-System. ca. 29 Min.
Teil 6: Fortgeschrittene Ausbildung im Springreiten. VHS-System. ca. 30 Min.
Teil 7: Grundausbildung des Pferdes – Gewöhnung und Anreiten. Als Video (VHS-System) und DVD. ca. 43 Min.
Teil 8: Ausbildung des Reiters – Dressurreiten für Fortgeschrittene Kl. A und L. Als Video (VHS-System) und DVD. ca. 45 Min.
Teil 9: Ausbildung des Pferdes – Dressur Niveau Kl. A und L. Als Video (VHS-System) und DVD. ca. 49 Min.

- Dietze, S. v.: Balance in der Bewegung.
  VHS Video. Warendorf.
- Kleven, H. K.: Physiotherapie für Pferde.
  VHS Video Warendorf.

Weitere Videos/DVDs der Deutschen Reiterlichen Vereinigung e.V. Warendorf:
- Dressur transparent
  Teil 1 bis Teil 3. Nur als DVDs.
  Jede DVD ca. 60 Min.
- Faszination Geländereiten.
  VHS-System. ca. 45 Min.

Putz, M.: Die Reitschule Teil 1, 2, 3. TV-Vogel.

Bücher/Videos/DVDs/CDs aus dem **FN**verlag erhältlich über den Buch- und Reitsporthandel oder direkt beim **FN**verlag, Warendorf
FNverlag, Freiherr-von-Langen-Straße 13, 48231 Warendorf, Tel.: 02581/6362-154/-254;
Fax: 02581/6362-212
www.fnverlag.de
E-Mail: vertrieb-fnverlag@fn-dokr.de

Webseiten mit Informationen zum Reitsport:
www.pferd-aktuell.de

Fotonachweis

Arnd Bronkhorst Photography, Garderen/NED
Seite 147 r., 210, 219

Dirk Caremans, Hemiksen/BEL
Seite 125

Hugo Czerny, München
Seite 253 sowie Umschlag Rückseite

Werner Ernst, Ganderkesee
Seite 188 (entnommen PSI-Katalog 14)

Bernd Eylers, Hude
Seite 103 (entnommen dem Hengstprospekt der Hengststation Ludwig Kathmann)

Karl-Heinz Frieler, Gelsenkirchen
Seite 6

Thoms Lehmann, Warendorf
Seite 7; Seite 27 (3), 44 l., 61 u., 106 ru., 162, 178 (5) (ab Seite 27 alle entnommen aus Deutsche Reitlehre – Der Reiter. Deutsche Reiterliche Vereinigung (Hrsg.). Warendorf 2000. Seite 81, 126 l., r., 135)

Löhneysen, Georg Engelhard
Seite 81 (entnommen aus: Löhneysen, G. E. Della Cavalleria. Hildesheim 10. Reprint 1977.

Neddens Tierfotografie, Wuppertal
Seite 174 r.

Peter Prohn, Barmstedt
Seite 11, 14, 15 (3) lo., mo., ru., 17 (2) ro., ru., 19 ru., 20 (2), 21, 23 (2), 24, 25 lo., 26, 28, 30, 31, 33, 38 ro., 39 ro., 41, 44 r., 48 ro., 51, 52, 53, 55, 57, 58 (2) r., l., 59 (2) l., m., 61 (2) o., m., 63, 66, 79 l., 83 (4) Nr. 1,2, 3,5, 87 ru., 88, 93 (2), 95 l., 98, 104, 106 (3) lo., lu., ro., 107, 108 (2), 110, 111, 113, 114 l., 116, 124, 128 (2), 133, 137, 138, 139, 142, 143, 144, 146, 147 l., 148 (2), 157, 166 (2), 167, 173 (2), 174 l., 176 (2), 180, 183, 184, 186, 187, 192, 194, 195, 196 (2),

Fotonachweis

198, 199, 201, 205, 208, 217, 220, 223 ro., 227, 229, 232, 241, 242, 243 l., 244 l., 248, 249 r., 250, 251 (2)

Karin und Michael Putz, Erlangen
Seite 8, 15 ro., 16 (2) r., 17 (3), lo., m., 18 (2), 19 o., 22, 25 ro., 35, 38 (3) lo., 39 lo., 40, 42 (2), 43, 45 (3), 48 lo., 49 (2), 50, 58 m., 59 r., 60, 65, 70, 71 (2), 72, 74, 75, 78, 79 r., 80, 81, 82, 83 Nr. 4, 85, 87 ro., 89, 90, 91, 94, 95 r., 105, 114 r., 117, 118, 119 l., 123, 126, 131, 132, 149, 152, 153, 158, (2), 175, 181, 202, 207, 223 (2) lo., ru., 228, 230, 239, 243 (4) r., 244 r., 245 (2), 246, 249 l.

Norbert Schamper, Telgte
Seite 50 l. (aus Deutsche Reitlehre – Der Reiter. Deutsche Reiterliche Vereinigung (Hrsg.). Warendorf 2000. Seite 104 oben.)

Ute Schmoll, Wiesbaden
Seite 43 lu., 62, 64, 68, 69, 238, 252

Björn Schröder, Berlin
Seite 150 (entnommen PSI-Katalog Nr. 27)

Illustrationen

Abbildung Seite 84 (entnommen aus: Kapitzke. G. Das Pferd von A-Z. München. 6. Auflage 2003.)

Gerrit Kreling, Waldalgesheim
Seite 29, 56, 145

Ute Schmoll, Wiesbaden
Zeichnungen auf der Grundlage von: Richtlinien für Reiten und Fahren Band 1. Grundausbildung für Reiter und Pferd. Deutsche Reiterliche Vereinigung (Hrsg.). Warendorf 2000 und Deutsche Reitlehre - Der Reiter. Deutsche Reiterliche Vereinigung (Hrsg.). Warendorf 2000.
Seite 16, 24, 37, 43 (2), 47, 81 (2), 88, 91, 92 (2), 96, 104, 105 (2), 107, 119 r., 120, 127, 137, 138, 139, 140, 161, 162, 163 (5), 164 (3), 165 (3), 166 (2), 170, 171 (2), 172, 179, 180 (2), 182, 185, 193, 195, 196, 197, 198, 199, 200, 202, 203 (2), 204 (2), 205, 206, 209, 220, 221 (3), 222, 224 (3), 226 (3), 247 (3), 248